EXÉGÈSE ET THÉOLOGIE

Les Saintes Écritures
et leur interprétation théologique

D. 1968, 0035.3
Dépôt légal Paris : 3e trimestre 1968, no 3714
(Imprimé en Belgique.)

BIBLIOTHECA EPHEMERIDUM THEOLOGICARUM
LOVANIENSIUM

XXVI

DONUM · NATALICIUM · IOSEPHO · COPPENS
SEPTUAGESIMUM · ANNUM · COMPLENTI
D · D · D ·
COLLEGAE · ET · AMICI

Vol. III

Exégèse et Théologie

Les Saintes Écritures
et leur interprétation théologique

par
G. Thils et R. E. Brown

P. Asveld - J. Cahill - J. Coppens - P. Grelot - L. Malevez -
M. L. Ramlot - U. Scheire - S. Trooster - G. Van Riet - A. Vögtle

GEMBLOUX
J. DUCULOT
Éditeur

PARIS
P. LETHIELLEUX
Éditeur

PRÉFACE

A la fin d'une journée de ministère, la foule s'étant retirée, les disciples demandaient à Jésus de leur expliquer ses paraboles. Depuis l'âge apostolique, de génération en génération, les chrétiens s'efforcent de « comprendre ». Le Seigneur viendra-t-il chaque fois, de quelque manière, comme pour les disciples d'Emmaüs, leur « interpréter les Écritures » ? (Lc., XXIV, 27). *Nous aussi, nous cherchons à comprendre. Comprendre un texte, en fixer la teneur originelle et la réexprimer en fonction des hommes d'aujourd'hui. Comprendre la doctrine révélée, en la faisant passer au crible inexorable de la raison. Comprendre la Parole de Dieu, non seulement grâce à une approche mystique, mais à travers l'actualisation concrète de l'événement de cette Parole.*

1. *Ardu et complexe est le labeur exégétique visant à dégager le kérygme des représentations étrangères à la foi chrétienne. Que de problèmes à déblayer, que d'apories à évoquer ! Certes, les exégètes attelés à la tâche dite de la « démythologisation » visent à exprimer le message chrétien en fonction des structures générales et formelles de l'existence humaine. Mais que penser de cette « interprétation existentiale » dont M. Grelot écrivait : « l'exégèse biblique doit être existentiale, par fidélité à l'Écriture autant que par attention aux requêtes de l'homme d'aujourd'hui »* [1] *?*

Tandis que les exégètes « démythologisent » et élaborent une interprétation existentiale, les dogmaticiens se posent la question de savoir quelle doit être leur attitude. Maintenir, avec la Bible, et donc avec les Pères et la Liturgie, une image du monde ancienne, non « scientifique » ? Ou faut-il intégrer le message révélé dans une représentation « scientifique » du monde ? Peut-être devra-t-on envisager de juxtaposer l'un et l'autre dans la vie de l'Église. Dans tous les cas, il faudra toujours examiner les possibilités de dépasser, de « transgresser » les représentations. D'abord, en intégrant dans notre réflexion l'apport considérable de la philosophie de la parole, du langage : car toute parole fait intervenir des sens préalablement constitués. Aussi, en réveillant fréquemment la ferveur de l'acte de foi, car celui-ci, par nature, tend à dépasser les énoncés dogmatiques, toujours inadéquats, pour atteindre la réalité religieuse.

---

1. P. Grelot, *La Bible, Parole de Dieu*, p. 230.

2. *Nous voulons aussi « comprendre » la doctrine révélée, à savoir fixer et dégager au maximum l'intelligibilité rationnelle des dogmes chrétiens. Le philosophe se sent appelé, par vocation, à la « critique rationnelle » des « énoncés révélés ». Mais, diront les dogmaticiens, sont-ils adéquatement armés à cet effet ? Que signifient, pour cette « critique rationnelle », l'apport éventuel du magistère ecclésiastique, l'inspiration des Écritures, le « sensus plenior », la lumière de la foi ? Ces éléments n'apportent-ils pas aux énoncés révélés un « surplus de signification », donc un contenu nouveau, ou leur confèrent-ils seulement une « valeur de vérité », une « affirmation sur la réalité » de ce qui est engagé ?*

Dans la première éventualité, on exige, entre le sujet connaissant et l'objet connu, une homogénéité sui generis, *pour conclure, en fin de compte, que le contenu de l'Écriture est plus riche pour le croyant que pour l'incroyant. Sans doute, lorsqu'il s'agit d'une personne, la différence entre l'exégèse du croyant et celle du non croyant peut demeurer imperceptible. Mais si l'explication de la révélation était entreprise pendant un siècle par des générations d'incroyants, d'une part, et, de l'autre, par des croyants, l'influence des facteurs théologiques signalés ci-dessus, ne s'inscrirait-elle pas aussi, de quelque façon, dans les résultats mêmes de cette exégèse ?*

Tous les exégètes et dogmaticiens n'accepteront pas cette opinion. La lumière de foi, disent-ils, est une « source de lumière », mais qui n'ajoute rien au contenu du texte. L'inspiration n'est pas révélation. Ni le Magistère. Quant à l'adhésion croyante, elle ne transforme pas l'objet sur lequel elle porte ; c'est qu'en effet l'apport de la foi se situe autre part, à savoir que seul le croyant est en état d'affirmer les mystères de foi comme réalité.

Que décider ? Sur ce sujet, les théologiens ne parviennent pas à se mettre entièrement d'accord, comme pour le problème de la « philosophie chrétienne ».

3. *Mais ne faut-il pas, en fin de compte, interpréter la Parole de Dieu elle-même ? Non pas grâce à une θεολογία mystique, au sens où l'entendaient certains Anciens, tel Diadoque* [2], *qui nous invitait à participer, dans la charité, à la Lumière divine elle-même. Il s'agirait plutôt de scruter la portée concrète de l'événement de la Parole dans l'univers chrétien et dans le monde tout court. Car, dit-on parfois, comment comprendre adéquatement la Parole de Dieu, sinon là où elle est adressée à l'homme et au monde, dans la réponse même que donnent l'homme et le monde, réponse qui précisément en dévoile le sens concret, et ce, d'âge en âge, dans la tradition de l'Église et dans l'histoire du monde tout simplement. Nous savons en effet que l'Esprit du Seigneur nous introduira dans la vérité totale, et comment le ferait-il sinon à travers chaque croyant, en « dévoilant », jour après jour, pour l'Église, la signification précise de la Parole éternelle ?*

2. D. M. Rothenhaeusler, *La « theologia » chez Diadoque,* dans *Irénikon,* 1937, pp. 536-553.

Des exégètes contemporains ont fortement valorisé l'apport de la philosophie de la parole et du langage pour la détermination du sens à donner à l'herméneutique biblique.

* * *

La dix-septième Session des Journées Bibliques de Louvain — en septembre 1966 — a été consacrée au thème Exégèse-Théologie. Ses rapports ont répondu à quelques questions posées ci-dessus. A ces exposés s'ajoutent des études et des travaux divers. Rapports et exposés constituent un ample matériel de réflexion pour l'exégète et pour le dogmaticien.

Le problème est d'abord posé dans son ensemble par M. G. Van Riet, professeur à l'Université de Louvain: la confrontation avec la réflexion et la critique philosophique est une des plus dures épreuves que doit passer le travail exégétique. Sa conclusion se résume en un vœu dont on perçoit la portée, et la difficulté: « que le philosophe s'intéresse à l'exégèse, et que de son côté l'exégète s'ouvre à la philosophie ».

Après le problème, pourrait-on dire, il y a les problèmes, à savoir concrètement les problèmes théologiques soulevés par l'exégèse critique. M. P. Asveld, professeur à l'Université de Graz, les expose. Quel est le rôle des antecedent probabilities *dans l'exégèse du dogmaticien? Quelle influence exercent sur lui les décisions du magistère ecclésiastique? Comment « déterminer la volonté révélatrice de Dieu à travers la volonté d'affirmation des auteurs inspirés »? Quelle est la portée de l'exégèse spirituelle et du sens plénier en théologie dogmatique? « La distinction de l'exégèse critique et de l'exégèse dogmatique n'est pas trop compliquée en soi, conclut-il, mais il importe de remarquer que, de toute façon, l'exégèse critique n'est jamais une exégèse sans présupposés. »*

Il est impossible de s'intéresser aux rapports entre l'exégèse et la dogmatique sans rencontrer Bultmann. M. P. Grelot, professeur à l'Institut Catholique de Paris, s'est demandé, non pas si le propos de démythologisation est justifié, mais si « l'interprétation existentiale » est possible, valable? Il est parfaitement exact, dit-il, que le problème de l'homme et de son existence « occupe une place centrale dans la révélation biblique ». Non pas en ce sens que « la révélation serait anthropocentrique » et que « son objet réel se réduirait à une anthropologie ». Mais en ce sens qu'« éclairant le rapport de l'homme à Dieu, la situation de l'homme devant Dieu, elle dévoile du même coup le sens de la temporalité humaine et définit de façon décisive les coordonnées de notre existence ».

Le thème « révélation et histoire » évoque aux yeux du théologien, et sans doute aussi de l'exégète, une foule de problèmes. On sera reconnaissant à l'un des maîtres de l'exégèse néotestamentaire, M. A. Vögtle, professeur à l'Université de Fribourg (Breisgau), d'avoir osé aborder le sujet suivant: Die hermeneutische Relevanz des geschichtlichen Charakters der Christusoffenbarung. *A ses yeux, la révélation apportée par le Christ ou en Lui a comme caractère essentiel d'être progressive, réellement ; et la résurrection du Seigneur constitue, dans ce développement, un moment d'extrême importance. Accepter cela comme principe d'herméneutique permet, entre autres, d'expliquer de façon plus normale la « kérygmatisation » de la vie terrestre de Jésus.*

« Le Christ et la foi » a également fait l'objet d'une étude très remarquée du P. L. Malevez, professeur au Collège théologique S. J. d'Eegenhoven. Celui-ci étudie, à la lumière de l'Écriture et de la réflexion théologique, « quelques-uns des rapports majeurs de la foi au Jésus prépascal et au Christ ressuscité ». Bien que publié déjà dans la Nouv. Revue Théol., *déc. 1966, pp. 1009-1043, ce travail sera certainement accueilli avec reconnaissance par les lecteurs de ces Mélanges.*

Il convenait de s'arrêter alors à certains thèmes plus déterminés. Le P. R. Brown, professeur à la Faculté de St. Mary (Baltimore) propose des réflexions personnelles sur le sensus plenior *et sur sa mise en œuvre, somme toute difficile. M. J. Cahill, professeur à la Bellarmine School of Theology (North Aurora, Ill.), fait un relevé systématique des divers antécédents du thème « la mort de Dieu » et de ses caractéristiques théologiques.*

Aux Journées Bibliques aussi, les exégètes et les théologiens se sont rencontrés sur la question de l'Eucharistie. Mgr Coppens nous fixe les données recueillies par l'exégèse et le P. S. Trooster, professeur au Collège théologique S. J. de Maastricht, développe une approche théologique du mystère. Enfin le P. M.-L. Ramlot, O. P., de Toulouse, nous offre une étude toute pleine d'aperçus originaux sur Histoire et Mentalité symbolique.

Deux importants compléments d'ordre bibliographique, l'un sur l'œuvre si importante de H. Duméry, l'autre sur les publications modernes touchant l'herméneutique biblique, achèvent ce tome III. Le premier est l'œuvre d'un de nos brillants étudiants qu'une mort prématurée et tragique a ravi à ses études. Ils rendront, nous en sommes persuadé, de grands services à tous ceux que préoccupent les problèmes des rapports entre l'exégèse et la théologie.

Je tiens enfin tout particulièrement à rappeler que mon collègue de la Faculté de théologie de Baltimore, St. Mary's Seminary, R. Brown, voulut bien partager la présidence de la XVIIe Session des journées bibliques de Louvain et qu'il contribua grandement à leur succès.

Gustave THILS.

TABLE DES MATIÈRES

EXÉGÈSE ET RÉFLEXION PHILOSOPHIQUE

Pour procéder utilement à une confrontation de l'exégèse et de la réflexion philosophique, il conviendrait qu'on les ait pratiquées l'une et l'autre. Comme nous n'avons pas cet avantage, nous éviterons de nous engager dans des analyses qui supposeraient une pratique effective de l'exégèse, en particulier de l'exégèse biblique ; nous nous en tiendrons à l'intention qui anime les démarches de l'exégète et du philosophe.

Pour le dire d'emblée, nous pensons que ces démarches sont parentes et se situent dans une même orientation de recherche. Dans la mesure où elles se distinguent, elles nous paraissent complémentaires, et toutes deux gagnent à leur contact mutuel. Nous croyons que, lorsqu'elle va jusqu'au bout de son intention propre, l'exégèse est finalement une recherche de la vérité, et que de son côté la philosophie, qui s'est toujours voulue recherche de la vérité, n'atteint son but qu'en se penchant sur les textes. Nous souhaitons donc que le philosophe s'intéresse à l'exégèse, et que pareillement l'exégète s'ouvre à la philosophie. Mais, avant d'en venir à ce qui sera notre conclusion, il nous faut parcourir un assez long chemin dont, par souci de clarté, nous indiquons par avance les étapes.

Nous commencerons par fixer le point de départ de notre cheminement, en rappelant la question qui nous occupera. Nous envisagerons ensuite trois types d'exégèses, à savoir : 1) l'exégèse stricte, ou recherche du sens littéral d'un texte, c'est-à-dire du sens qu'a voulu lui donner son auteur ; 2) l'exégèse large, ou reprise de ce sens par d'autres écrivains ; 3) enfin et surtout l'exégèse critique, ou recherche du sens vrai.

* * *

Délimitons d'abord le problème dont il s'agira.

L'exégèse peut se définir comme la recherche du sens d'un texte. Il est clair que cette recherche serait sans objet, si les mots formaient une série de signes qui renvoie univoquement à une série correspondante de « choses » ou d'atomes isolés les uns des autres et existant indépendamment de nous. Dans cette hypothèse, en effet, il n'y aurait plus de langage, mais seulement une succession de termes dont chacun se suffirait à lui-même ; une proposition, le lien entre deux termes, l'attribution, deviendraient impossibles. Le monde parlé n'est pas le reflet, le double, le décalque, du monde réel : il en est l'expression humaine ; le langage traduit, non pas des choses séparées entre elles et séparées de nous, mais le réel tel que nous le visons intellectuellement, sensiblement, affectivement, esthétiquement, axiologiquement, ou encore le réel tel qu'il prend sens pour nous. Si l'herméneutique fait problème, si l'exégèse est une recherche, c'est, nous semble-t-il, pour deux motifs fondamentaux : d'une part, parce que les mots ont des relations entre eux, et d'autre part, parce qu'ils ont des relations avec le réel qu'ils servent à exprimer. Remarquons-le : ces deux motifs concernent tous deux des rapports, de liens : liens des mots entre eux, liens des mots avec le réel. C'est dire que le problème de l'exégèse, sous ses deux faces, est essentiellement un problème de *cohérence :* comment les mots *se tiennent*-ils entre eux, comment mots et choses sont-ils *liés* ?

Si, de façon très générale, le problème de l'exégèse est un problème de cohérence, il va cependant se spécifier selon l'étendue plus ou moins grande des ensembles que l'on va considérer ; d'après le nombre et l'ampleur des éléments que l'on visera à unir, à rendre « cohérents », on aura des types différents d'exégèses, qui répondent d'ailleurs à des attitudes subjectives différentes.

Ainsi, un premier type d'exégèse, que nous avons appelé exégèse stricte, cherche à déterminer le sens littéral d'un texte, c'est-à-dire le sens que lui a donné son auteur, et cela indépendamment de sa valeur de vérité ; l'attitude qu'on adopte est strictement historique. On peut se demander, par exemple, ce que saint Paul entendait par « justification », sans se préoccuper de savoir si ce qu'il dit est valable ou non.

Cette attitude restrictive se fonde sur la conviction qu'il est possible, et légitime, de faire abstraction de la vérité d'un énoncé, pour s'intéresser uniquement à son sens. Si le sens s'identifiait à la vérité, il n'y aurait plus d'erreurs ; or il existe des énoncés sensés, qui sont faux ; la première condition requise pour qu'un énoncé puisse être faux, est justement que cet énoncé ait un sens ; un énoncé dépourvu de signification intelligible, un énoncé « incohérent », n'est ni vrai ni faux ; c'est un *flatus vocis*, un ensemble de sons, une expression purement verbale, une parole qui ne recouvre aucune pensée.

Les problèmes de pure signification ne sont pas pour autant aisés à résoudre. Des énoncés apparemment simples et exempts de toute ambiguïté, tels que « Anaxagore fut un philosophe grec », recèlent des difficultés insoupçonnées dès qu'on tente de déterminer de façon rigoureuse leur signification exacte. Il suffit, pour s'en convaincre, de consulter les travaux des analystes du langage, tels qu'on les pratique surtout en milieu anglo-saxon.

Bien qu'elle ne se situe pas à ce niveau, — élémentaire ou fondamental, comme on voudra, — l'exégèse littéraire se trouve confrontée à des problèmes analogues, sans doute même plus complexes. On s'y intéresse, non pas à des énoncés apparemment simples, mais à des *œuvres*, c'est-à-dire à des ensembles d'énoncés ; les éléments expressifs du discours y sont infiniment variés : on y rencontre non seulement des énoncés catégoriques ou tautégoriques, mais des exemples, des allégories, des symboles, des sentences, des antiphrases, etc. Il y a des styles, des genres littéraires, des manières de dire ou de signifier. Pour les déterminer, les « amis du langage » ou les philologues ont inventé des techniques subtiles, que nous nous garderons d'inventorier. Mais il nous semble que le principe fondamental qui guide toute leur recherche, l'idée directrice de toute herméneutique, est qu'il doit exister une *unité de sens* [1]. Chaque texte doit être remis dans son contexte ; chaque détail prend sens par le tout, et le tout se comprend par l'harmonie des détails. Toujours on recherche une unité qui rende compte de l'ensemble, une clé, un secret, qui rende le tout cohérent. On retrouve ainsi, au niveau de l'exégèse littéraire, une intention analogue à celle qui préside aux travaux des analystes du langage : ceux-ci nous rappelaient que l'on pense, non par mots isolés, mais par phrases ou par enchevêtrement de noms et de verbes. Maintenant on nous invite à chercher le sens, non de phrases isolées, mais d'œuvres entières. N'est-ce pas cette conviction qu'une œuvre possède son unité de sens, qui suscite les recherches classiques d'authenticité, de datation, de but, de circonstances de composition, de rédactions successives, de sources, etc., ainsi que le recours à des disciplines auxiliaires, telles que l'histoire, la linguistique, l'ethnologie, la psychologie ?

Le but dernier de ces recherches est de reconstituer le sens consciemment voulu par l'auteur [2]. Aussi néglige-t-on les œuvres postérieures à la date où fut écrit le texte étudié ; on néglige pareillement les œuvres antérieures à cette date, si l'on ne peut établir historiquement leur influence ou leur caractère de sources. Mais ces directives sont toutes deux négatives. On ne dispose d'aucun critère positif qui garantisse qu'on a atteint « le sens consciemment voulu par l'auteur ». Et cela se

---

1. Précisons que cette unité de sens est un idéal qui guide la recherche, qui sert d'idée directrice. Elle ne se trouve pas toujours réalisée de fait. Il y a des œuvres « décousues », des compositions « lâches », qui manquent d'unité. Mais précisément, si l'on découvre ce « manque », c'est parce qu'on cherche l'unité.

2. Nous songeons au cas simple, où une œuvre est due à un seul auteur. S'il s'agit d'œuvres qui ont elles-mêmes une histoire et qui ont été formées grâce à des rédactions successives, dues à plusieurs auteurs, on recherchera le sens qu'avait le texte dans le milieu et à l'époque où il fut écrit. Bien que plus complexe, ce second cas ne diffère pas radicalement de celui que nous évoquons.

comprend aisément. Ce sens est, en effet, mal défini et même rigoureusement indéfinissable, en raison de l'imprécision attachée à l'adverbe « consciemment ». L'auteur a-t-il effectivement dit ce qu'il « voulait » dire, savait-il lui-même ce qu'il voulait dire ? N'a-t-il pas dit plus, ou moins, ou autre chose que ce qu'il cherchait à dire ? Ces questions n'ont rien d'étrange ; elles se posent chaque fois qu'un homme parle ; on constate en effet qu'après avoir parlé, l'homme continue à parler, explique ce qu'il a déjà dit, corrige ses expressions premières, se reprend, même s'il prétend dire toujours la même chose. Sans doute cette situation tient-elle à l'essence même du langage, et peut-être s'explique-t-elle par le fait que l'homme est, indissolublement, expérience vécue, présence à soi, communion vitale avec le monde, sur le mode tacite et préréfléchi, et d'autre part qu'il est aussi expression, clarification, thématisation de cette vie préréfléchie, langage intelligible. Or jamais l'expression ne parvient à épuiser entièrement, à dire sans reste, ce qui était vécu. D'ailleurs, le langage dont se sert l'individu lui a été imposé, lui préexiste ; il charrie un fonds de significations coextensif à une culture et à une histoire, qui dépasse ce que l'individu en saisit consciemment, et qui donc à son insu remplit la fonction de « source ».

Puisque l'auteur qu'on étudie est incapable de nous confier ce qu'il veut dire autrement que par des mots, et que ceux-ci ne recouvrent jamais parfaitement ce qu'il a cherché à dire, on peut conclure que l'exégèse stricte, qui vise à déterminer le sens littéral ou le sens consciemment voulu par l'auteur, n'aboutira pas à des résultats absolument définitifs. Elle laisse en tout cas le champ libre pour un second type d'exégèse, que nous allons très brièvement envisager maintenant.

Cette seconde exégèse, que nous avons appelée exégèse large, répond elle aussi à un souci historique ; elle s'intéresse au sens des textes, sans se prononcer sur leur valeur de vérité. Mais elle ne recherche pas directement ce que l'auteur lui-même a voulu dire, ou le sens que les textes qu'il a écrits avaient à ses yeux ; elle cherche le sens « objectif » du texte, dans la vie indépendante qu'il mène une fois qu'il est écrit et qu'il est coupé de son auteur. Cette face objective du texte, ce visage qu'il présente aux autres, c'est justement chez d'autres écrivains qu'on le découvrira. On replacera donc le texte étudié dans un contexte plus large que tout à l'heure ; on consultera les écrits antérieurs, même ceux qui ne sont pas des sources ; on consultera également les écrits ultérieurs qui peuvent l'« éclairer », en particulier ceux qui en dépendent littérairement, qui en fournissent un commentaire ou une interprétation.

Dans cette seconde manière d'entendre l'exégèse, on espère donc comprendre un auteur, non seulement aussi bien, mais même mieux qu'il ne s'est compris lui-même [3]. On considère un texte, non seulement comme l'aboutissement d'un passé qui l'a préparé, mais comme le point de départ d'un avenir qu'il contient en germe. Exégèse stricte et exégèse large ne peuvent être confondues ; elles ont toutes deux leur intérêt.

A notre connaissance, on pratique couramment ces deux types d'exégèses en histoire de la philosophie. On cherche à savoir ce qu'ont pensé Platon ou Descartes ; mais on n'hésite pas à « relire » Platon à la lumière d'Aristote, ou Descartes à la lumière de Kant. Ces deux recherches sont tenues pour des « interprétations » ; la question est ouverte de savoir laquelle des deux est la meilleure, laquelle nous restitue au mieux le « vrai Platon » ou le « vrai Descartes ».

Sans doute en va-t-il de même pour les Livres Sacrés. On peut chercher leur sens littéral strict, ce qu'ont voulu exprimer les écrivains inspirés. Mais on peut également comprendre un livre par un autre, interpréter Isaïe à l'aide de tout l'Ancien Testament, l'évangile de Marc à l'aide de tout le Nouveau Testament, éclairer l'Ancien Testament par le Nouveau, replacer toute la Bible dans le vaste mouvement religieux dont elle est issue et dans celui auquel elle a donné naissance, c'est-à-dire l'interpréter à l'aide de la Tradition, ou d'un de ses organes majeurs, le Magistère de l'Église [4].

Tout ce travail, notons-le, peut s'effectuer sans qu'on se soucie de la vérité des textes qu'on interprète ; il ne vise qu'à déterminer le sens de ces textes. En ce qui concerne l'exégèse biblique, entendue de manière stricte ou de manière large, elle peut se faire sans qu'on adhère soi-même à la foi chrétienne, à l'Église, et même sans qu'on accepte comme valable le monde religieux.

Mais il est temps d'en venir à la troisième et dernière sorte d'exégèse que nous avons annoncée, celle qui recherche de façon critique le sens vrai d'un texte. Cette exégèse nous paraît la plus importante, la plus difficile aussi, des trois. Ici les intentions, et même les démarches, de l'exégète et du philosophe se rejoignent. Ici le problème de la cohérence se pose dans toute son ampleur : non seulement cohérence des mots entre eux, mais cohérence des mots et des choses, c'est-à-dire vérité.

De façon très générale, il s'agit, non plus de rechercher historiquement le sens voulu par l'auteur ou repris par d'autres écrivains, mais de déterminer le sens valable d'un texte, son sens pour moi, son sens vrai.

---

3. Les auteurs du Nouveau Testament comprennent ceux de l'Ancien mieux que ceux-ci ne pouvaient se comprendre. La vérité en germe dans l'Ancien Testament s'épanouit dans le Nouveau : thèse classique déjà chez les Pères.

4. Il importe de distinguer entre l'acte interprétatif accompli avec autorité par le Magistère, et le travail d'un théologien qui tâche d'interpréter l'Écriture en s'appuyant sur les déclarations du Magistère.

Se pose donc ici, mais d'une manière très originale, la question de la vérité. Cette question est difficile, peut-être même insoluble. Notre intention n'est d'ailleurs pas de tenter de la résoudre, mais de mettre en lumière son originalité : nous voudrions montrer que, telle qu'elle se pose, elle relève de l'exégèse et ne pourra être résolue que par un travail d'interprétation des textes.

Pour faire comprendre, de façon plus précise, ce qu'est cette recherche du sens vrai, il nous paraît nécessaire de dire d'abord et même avec quelque détail, ce qu'elle n'est pas. Dans l'exégèse critique, il ne s'agit pas, après avoir établi de manière historique le sens d'un texte, de se demander s'il a valeur de vérité. Cette question, notons-le, est légitime, on pourrait la poser. On peut même dire que, pour effectuer au mieux l'exégèse historique, on devrait non seulement la poser, mais l'avoir déjà résolue. En effet, comme on le rappelle souvent, l'historien doit connaître quelque chose, ou avoir une certaine précompréhension, du domaine dont parlent les textes qu'il étudie ; il doit être philosophe, s'il s'intéresse à l'histoire de la philosophie ; il doit être théologien, s'il veut retracer les doctrines théologiques ; s'il étudie la Bible, il doit être familiarisé non seulement avec la langue, l'histoire, le milieu culturel des écrivains sacrés, mais avec le monde religieux lui-même. Certes, on dit parfois que, pour être objectif, l'historien doit se défaire de tout préjugé ; mais, par ailleurs, il convient de rappeler que ce n'est pas l'ignorant qui interprétera le mieux ; plutôt que de rejeter tout préjugé, il est préférable de partir avec les meilleurs préjugés possibles, c'est-à-dire, à la limite, en sachant d'avance ce qui en est dans la réalité des choses, en ayant déjà soi-même la vérité. Ainsi on appréciera le mieux les diverses approximations de la vérité qu'on lit dans les textes, comme le maître comprend les copies de ses élèves mieux qu'ils ne les ont comprises eux-mêmes : il y discerne ce qui est exact et ce qui ne l'est pas, il sait même pourquoi ses élèves se sont trompés.

Seulement, ce qu'il importe de souligner, c'est que pareille *appréciation* critique de la vérité de textes dont le sens est établi, ne constitue pas elle-même une exégèse ; elle suppose que nous possédions déjà la vérité par ailleurs, ou que nous puissions l'obtenir sans recourir aux textes que nous apprécions. Dans quels domaines cela se réalise-t-il ?

D'abord, semble-t-il, dans le domaine des sciences de la nature. Supposons que nous nous trouvions par exemple devant des textes anciens traitant d'astronomie. Pour les comprendre, nous nous reporterons à l'expérience que pouvaient avoir les anciens, et nous referons sur la base de cette expérience limitée l'essai d'explication qu'ils ont tenté. Si nous connaissons l'astronomie actuelle, nous pourrons déterminer dans quelle mesure les anciens ont dit vrai, dans quelle mesure ils ont fait erreur, bref avec quelle approximation ils se sont approchés de ce que nous savons aujourd'hui. Mais notre science d'aujourd'hui, en tant que science, ne repose pas sur la science d'hier. Certes, les inventions, les découvertes scientifiques se font progressivement ; mais le passé comme tel n'y intervient plus ; il est rejeté comme une béquille qui a servi, mais qui est désormais inutile. L'histoire des sciences n'a pas d'intérêt scientifique, mais seulement un intérêt historique ; généralement, d'ailleurs, les hommes de science ignorent tout de l'histoire de leur science. Cela veut dire aussi que la science est une activité individuelle. Certes, en fait, elle s'obtient par collaboration. Mais, tout comme le passé, l'aide des autres est un secours que je rejette lorsque je vois moi-même. La vérité scientifique est communicable, accessible à chaque individu ; ce que l'un a démontré ou expérimenté, l'autre peut à son tour le démontrer ou l'expérimenter. Ces caractéristiques de la science de la nature tiennent sans doute à l'objet dont elle s'occupe : la nature semble être devant nous, immuable dans sa structure, elle attend que nous la découvrions, comme l'Amérique attendait l'arrivée de Christophe Colomb. Si l'acquisition de la science comporte des efforts, des lenteurs, des échecs, c'est en raison de notre manque de perspicacité ; finalement, savoir de science, c'est voir, en spectateur impartial, c'est atteindre l'objectivité.

On peut concevoir la philosophie, en particulier l'anthropologie et l'ontologie, sur le schéma des sciences de la nature, c'est-à-dire dans une perspective réaliste. En gros, c'est ce qu'on a fait depuis Platon jusqu'à Kant. Pour la philosophie grecque, reprise par la scolastique, l'être est, il est ce qu'il est. Il est intelligible, connaissable, mais le fait d'être connu ne l'affecte en rien. La connaissance est conçue comme un regard, une spéculation, une réceptivité à l'égard de l'être qu'on appelle justement alors le « donné ». Nos sens, dit-on, sont passifs ; notre intellect, du moins celui par lequel nous connaissons à proprement parler, est également passif. S'en tenir au donné, l'exprimer tel qu'il est, c'est être dans la vérité. Dépasser le donné, c'est faire œuvre propre, imaginer, se laisser aller à sa « fantaisie » ; l'imagination est généralement considérée comme source d'erreur. Pour se conformer au réel, le langage philosophique évite l'équivoque, il tend à l'univocité, car, selon la remarque d'Aristote, « ne pas signifier une chose une, c'est ne rien signifier du tout » ; la philosophie usera d'un langage propre, formel ; elle exclut le langage métaphorique, figuré, symbolique. Le savoir philosophique forme finalement un système, cohérent et vrai. Il n'épuise pas le réel, car il est abstractif ; il peut indéfiniment être enrichi ; pourtant il a valeur absolue, car il exprime le réel tel qu'il est. L'évidence (ou, en termes modernes, le Cogito, c'est-à-dire la conviction intime de *voir* ce qui *est*), constitue le critère dernier et insubstituable de la vérité. Aussi, comme nul ne peut voir à la place d'un autre, la philosophie réaliste est œuvre personnelle ; mais comme elle dit ce qui est, et que le réel est le même pour tous, elle est communicable et intemporelle. Pas plus que l'homme de science, le philosophe réaliste ne s'appuie sur les autres ou sur l'histoire ; il n'a nul besoin de textes pour découvrir la vérité. S'il consulte des textes, il le fera en historien ; puis il jugera de la vérité qu'ils énoncent, il cherchera les choses sous les mots, ces choses qu'il croit pouvoir connaître sans l'aide des mots.

Si pareil jugement critique semble possible dans le domaine des sciences de la nature, ou même en anthropologie et en ontologie, on voit mal comment on pourrait y parvenir dans le domaine de sciences humaines telles que l'histoire ou la religion. En fait, d'ailleurs, le réalisme n'a jamais donné naissance à une philosophie de l'histoire ou à une philosophie de la religion, élaborées sans recours aux textes. De toutes manières, un jugement critique ainsi conçu n'est manifestement pas lui-même une exégèse ; il est un jugement sur un énoncé dont le sens est fixé, il n'est plus la recherche d'un sens.

Aussi par « exégèse critique » entendons-nous autre chose. Nous visons une recherche qui relève de l'exégèse elle-même, et qui prolonge l'exégèse historique. Cette fois, on part du présupposé que le texte étudié énonce une vérité. S'il énonce une vérité, il doit avoir un sens, car seul un énoncé sensé peut être vrai. On se demande alors quel peut bien être ce sens qui rend l'énoncé vrai. Comment faut-il entendre cet énoncé pour qu'il soit acceptable ? Si, pris dans sa littéralité, il semble incohérent ou faux, on lui cherchera un sens latent, caché.

On pose ainsi de manière originale la question de la vérité. Au lieu de rechercher, à propos d'un énoncé dont la signification est fixée, s'il est vrai ou faux, on recherche, à propos d'un énoncé dont la vérité est admise, quel est son sens. L'alternative n'est donc plus « vérité ou erreur », mais : sens valable ou illusoire, sens caché ou sens manifeste, sens latent ou sens patent.

Que telle est bien la perspective dans laquelle se place l'exégète, on s'en convaincra si l'on veut se reporter à l'attitude concrète que prend tout spontanément l'exégète. Cette attitude n'est pas simplement l'attitude désintéressée qui caractérisait les deux premiers types d'exégèses dont nous avons parlé (exégèse stricte, exégèse large). D'emblée, nous semble-t-il, l'exégète se met dans une attitude de « dialogue », — ce mot étant pris dans son sens fort, et non pas dans le sens dévalué qu'il a souvent aujourd'hui. L'exégète lit un *texte ;* il se trouve, non pas devant une matière quelconque, un paysage, la nature, ou l'être, mais devant une *parole d'homme*, qui lui est adressée. Son interlocuteur est un homme, c'est donc un être intelligent, sensé, qui a quelque chose à dire, quelque chose qu'il a vu, que peut-être il est seul à avoir vu, en tout cas quelque chose qui a valeur à ses yeux, et qui en conséquence, puisque nous sommes hommes comme lui, devrait avoir valeur pour nous. D'emblée, l'exégète est à l'écoute d'un message, il est dans l'attente d'une vérité éclairante, d'une sorte de révélation.

Que signifie cette attente ?

Essentiellement, deux choses. D'une part, une contestation de nos propres évidences immédiates, de notre savoir individuel, de ce que nous voyons ou pouvons voir par nous-mêmes, et d'autre part, en vertu de cette contestation, une promotion et un élargissement de notre conscience.

Si je lis un texte à la manière dont le fait l'exégète, si j'écoute une parole dans l'attitude de dialogue, j'admets qu'il y a une autre vérité que la mienne, précisément la vérité d'un autre. Cette vérité, comme vérité ou comme évidence, m'est et me restera toujours radicalement inaccessible. Il ne s'agit pas, en effet, notons-le bien, d'écouter un enseignement comme l'élève écoute son professeur de sciences ; il ne s'agit pas de recevoir une aide psychologique quelconque qui nous permettrait de voir nous-mêmes et par nous-mêmes. Il s'agit d'écouter une parole étrangère, que nous considérons à priori comme valable, sans que nous parvenions jamais à décider nous-mêmes de cette validité. A la limite, c'est introduire dans notre conscience le soupçon que nos évidences pourraient être fallacieuses ; autrui nous déloge de notre propre Cogito : nous pourrions mal voir, méconnaître. Non pas simplement être dans l'ignorance ou dans l'erreur sur tel ou tel point, mais en bloc, avoir l'esprit faussé, vivre dans l'illusion.

Et c'est dans ces conditions que cette parole étrangère doit acquérir un sens pour nous, puisqu'elle nous est adressée. L'exégèse critique sera alors la recherche de ce sens, et entraînera ainsi une promotion, un élargissement de notre conscience.

Tout cela est dit très abstraitement. Mais, pour parler de manière plus concrète, songeons à ce qu'est un témoignage, et référons-nous au cas précis de l'exégèse biblique, dont il est bon de rappeler qu'elle est historiquement à l'origine de toute l'élaboration de l'herméneutique.

Les deux moments, d'extériorité et d'intériorité, qu'il s'agit de concilier sont traditionnellement exprimés dans la formule bien connue : *Crede ut intelligas, intellige ut credas*. C'est ce qu'on appelle le fameux « cercle herméneutique ». *Crede :* il faut ajouter foi au témoignage d'un autre, du Tout-Autre. Et cependant ce témoignage doit être saisi dans son sens, *intellige*, car seule cette compréhension rend possible la foi.

On pourrait remarquer que dans la Bible le premier moment, celui de la contestation du Cogito, a parfois été souligné avec une force inégalée. Écouter la Parole de Dieu, a-t-on dit, c'est accepter une vérité au regard de laquelle la nôtre est illusion. « Mes pensées ne sont pas vos pensées », dit le Seigneur. La Sagesse de Dieu peut paraître folie aux yeux des hommes ; mais, et ceci est plus grave, la sagesse des hommes *est* folie aux yeux de Dieu. L'homme qui se confie à son propre entendement, à sa propre justice, est un pécheur, un aveugle, un insensé. La Parole de Dieu l'invite à se convertir, à renoncer à sa suffisance, à la vanité de ses pensées, pour devenir pauvre, petit, humble. En tant que contestation du Cogito, les trois auteurs contemporains qu'on cite souvent ensemble et qu'on appelle les grands démythificateurs de la conscience, Marx, Nietzsche et Freud, n'ont pas fait mieux que la Bible ; d'après eux, la conscience claire s'illusionne sur elle-même, elle doit se convertir, et ainsi reconnaître son illusion.

La situation complexe créée par l'union du croire et du comprendre dans le « cercle herméneutique » est bien connue des exégètes de la Bible. Comme l'homme recherche la vérité dans deux directions, du côté des faits et du côté des valeurs, elle fait surgir deux types de questions. Ce qui est narré sous forme d'histoire, est-ce de l'histoire au sens moderne du mot, ou est-ce l'illustration d'une valeur ? Et quel est le statut précis de ces valeurs elles-mêmes ? Sont-elles objectives, réelles, ou bien sont-elles imaginaires et ne traduisent-elles rien d'autre que le mouvement ou le désir de notre conscience ?

Qu'il se l'avoue ou non, l'exégète n'échappe pas à ces alternatives fondamentales. Il ne pourrait y échapper que si, en ces matières, il savait *par ailleurs* où se trouve la vérité ; ainsi, dans l'interprétation de textes scientifiques, on peut assez aisément trancher en faveur de l'objectivité ou au contraire en faveur de l'imagination, car on peut trouver la vérité par soi-même, sans recourir au témoignage d'autrui. Mais lorsqu'il s'agit de l'historicité de faits passés ou de la valeur de doctrines religieuses, on ne découvre la vérité que par la médiation de textes, et ce sont précisément ces textes qu'il s'agit d'interpréter.

Telle qu'elle est couramment pratiquée, l'exégèse critique s'intéresse principalement aux faits ; elle est « historico-critique » et est apparentée à la critique historique ; elle vise à cerner l'événement tel qu'il s'est effectivement produit [5]. On pourrait difficilement exagérer l'importance de pareille recherche. Pourtant, le problème le plus aigu, non seulement à l'heure actuelle, mais en soi, concerne le statut des valeurs religieuses. Il commande celui de l'historicité des faits : dans une large mesure, les options personnelles de l'historien influencent le jugement qu'il porte sur la réalité événementielle de faits miraculeux, de gestes ou de paroles d'ordre religieux. Aussi l'exégèse historico-critique doit-elle trouver un complément, et même un fondement, dans une autre

---

5. Elle veut retrouver, par delà l'interprétation, réductrice ou amplifiante, due aux auteurs eux-mêmes, l'*événement* brut dont parlent leurs textes, ou, s'il s'agit de doctrines, l'*événement* que constitue leur formulation effective, à tel moment, dans tel milieu, par tels auteurs ; dans ce dernier cas, elle est l'auxiliaire indispensable de l'exégèse stricte.

exégèse, qu'on pourrait appeler « philosophico-critique », mais pour ne pas préjuger, par cette appellation même, des rapports entre exégèse et philosophie, nous la nommerons « exégèse critique intégrale ».

Afin d'éclairer quelque peu la nature de cette exégèse intégrale et de faire voir comment elle s'élabore à l'intérieur du « cercle herméneutique », nous en évoquerons deux exemples caractéristiques, d'ailleurs très différents l'un de l'autre, celui du réalisme thomiste et celui de la phénoménologie.

Si nous nous référons d'abord à saint Thomas, c'est parce qu'on peut le considérer comme le modèle par excellence d'une certaine manière d'interpréter l'Écriture, qui a conduit, dans les premiers siècles de notre ère, à la transposition de la Bible en dogmatique, et qui a trouvé son parachèvement dans la théologie spéculative. Même si cette manière d'interpréter soulève des difficultés, il est incontestable qu'elle est magistrale, et qu'elle mérite d'être admirée, tant pour la hardiesse que pour la simplicité de ses principes. D'ailleurs, qu'on l'admire ou non, elle ne cesse de hanter notre pensée.

Elle repose sur deux convictions. La première, c'est que la Bible, étant la révélation de Dieu, est absolument vraie. La seconde, c'est que l'intelligence humaine est faculté du réel, et qu'elle peut donc, elle aussi, énoncer des vérités absolues, notamment en philosophie. Pour saint Thomas, il y a dès lors deux sortes de vérités ; comme toutes deux reflètent le réel et que le réel est unique, elles sont foncièrement homogènes et doivent être compatibles. La révélation de Dieu ne conteste donc pas l'évidence humaine, elle ne fait que la compléter, l'enrichir. La foi ne s'oppose pas au savoir, elle se définit plutôt comme un savoir déficient : elle concerne des énoncés qui sont objets de savoir pour Dieu et pour les bienheureux, mais qui pour nous dans notre condition présente sont encore inévidents.

Qu'en résulte-t-il pour l'interprétation de l'Écriture ? D'abord que, sans recourir à une sélection par la différence des genres littéraires, on osera, avec une sereine audace et sous la seule responsabilité de la raison, faire un triage radical dans les vérités révélées. On y distinguera d'une part des vérités qu'on appellera « naturelles » : ce sont celles que l'homme est capable de découvrir par lui-même, mais que Dieu a révélées pour que tous puissent les connaître sans retard et sans risque d'erreur. D'autre part, on y discernera des vérités que, par opposition aux premières, on appellera « surnaturelles », ou des mystères : l'homme ne peut ni les trouver, ni les démontrer. Seules ces dernières sont objets de foi. Mais comment les interpréter ? D'après saint Thomas, la raison peut découvrir le sens, le sens vrai des vérités de foi, le sens qu'elles ont pour Dieu, auteur principal de la Bible. Comment procédera-t-elle dans cette exégèse critique ? Exactement comme en métaphysique elle classait, distinguait, hiérarchisait les modes d'être, à savoir en les rendant cohérents. L'exégèse rendra les énoncés de foi cohérents entre eux et cohérents avec les énoncés philosophiques ; puisque tous expriment le réel et que le réel est unique, il faut que les aspects du réel révélés par Dieu soient compatibles entre eux et compatibles avec ceux que découvre la philosophie. Les énoncés de foi formeront un système, une sorte de métaphysique supérieure, ou l'extension du savoir métaphysique à des réalités dont seule la révélation nous atteste l'existence. Ce système de la foi est la théologie (spéculative, comme nous disons) ; ses principes sont les dogmes ; ses conclusions, des thèses auxquelles on adhère.

Chez saint Thomas, on n'y insistera jamais assez, la théologie est le système *de la foi*, l'interprétation, d'une parole étrangère dont on accepte par avance la vérité. Elle est une « exégèse intégrale » de l'Écriture ; le sens qu'elle découvre est le sens vrai, car ce sens est cohérent avec le tout. Il se fonde sur l'être ; et l'être est le tout : hors de l'être, il n'y a rien. La théologie s'ajoute à la philosophie, elle la complète. Les deux systèmes sont distincts : s'ils se ressemblent par leur méthode et leur structure, ils s'alimentent à deux sources distinctes de vérités.

Seulement, en raison de l'inspiration réaliste qui leur est commune, — en d'autres mots, parce que l'un et l'autre systèmes traduisent le réel et qu'on ne s'intéresse qu'au seul réel, — on va, après saint Thomas, oublier qu'ils furent obtenus de deux manières foncièrement différentes. Il suffit d'ailleurs de considérer la foi comme une évidence *sui generis*, d'insister sur le *lumen fidei* et de le comparer à la lumière de l'intellect agent, pour que le lien de fondation entre la théologie et l'Écriture soit rompu : du coup, la théologie cesse d'apparaître comme une exégèse, elle ressemble à la philosophie, et l'ensemble philosophico-théologique devient un système unique, un savoir universel, dont le théologien, confident de Dieu, est dépositaire. Ce savoir, pourtant, ne tire son unité et sa valeur que du présupposé réaliste ; il n'est dès lors guère étonnant qu'on y verra plutôt un dogmatisme, une idéologie, une simple *Weltanschauung*, lorsqu'on mettra en question ce présupposé.

C'est précisément ce qu'a fait la phénoménologie, qui représente ainsi un second exemple typique d'exégèse critique intégrale. Pour la phénoménologie, l'illusion majeure est l'objectivité scientifique, l'idéal de vérité du réalisme, la conscience claire ayant en face d'elle un objet absolu. En atteignant l'être, dit-on, on pensait atteindre le tout ; mais l'être n'est pas le tout ; dans la perspective objective, ou plus exactement objectivante, du réalisme, la conscience méconnaît, car elle s'oublie elle-même et néglige sa propre opération. D'après la phénoménologie, l'accès à l'objet fait partie de l'être même de l'objet. Cela signifie d'abord que tout objet est corrélatif d'une certaine attitude, d'une *Einstellung* ;

ainsi, il n'y a d'objet religieux que pour une conscience religieuse. Cet objet, corrélat d'une attitude, est un sens ou un phénomène ; il n'y a pas lieu de rechercher derrière lui un réel en soi, qui existerait en lui-même et indépendamment de toute manifestation ; le phénomène, c'est l'être véritable, l'être révélé, dans l'*alètheia* ou le dévoilement de sa présence. C'est par l'homme qu'il y a des phénomènes ; ils sont le fruit de l'expérience humaine, des actes donneurs de sens, dont le principal est le langage. En outre, il faut noter que ces actes sont multiples, ils s'enchaînent, certains en impliquent et en supposent d'autres; corrélativement, les significations sont liées entre elles, des sens nouveaux se constituent sur la base de sens déjà formés. Dès lors, comprendre un objet, ce n'est plus rechercher ce qu'il *est* en lui-même, mais c'est rechercher comment il a été constitué, ou retracer sa genèse intentionnelle. Cette démarche est apparentée à la démarche historique, mais elle la dépasse ; c'est sans doute dans et par l'histoire que des sens ont été formés ; mais ils l'ont été selon une logique propre, et non au gré du hasard ou d'après la contingence des événements. L'analyse intentionnelle remontera ainsi du langage clair, univoque, spéculatif, au langage originaire, archaïque, fondateur, celui qui révèle le sens à son origine, lors de son premier surgissement. Ce langage premier est essentiellement un langage symbolique, où les mots ont plusieurs sens liés entre eux, où ils sont, comme on dit, « lourds » de sens, « chargés » de sens. Ce langage est celui de la poésie, des récits de rêves, des textes religieux ; il exprime le pacte primordial, toujours déjà lié, entre l'homme et le réel.

Dans l'étude de textes religieux, l'attitude que prend le phénoménologue n'est pas sans analogie avec celle de la théologie dite positive, dans la mesure où celle-ci est une théologie, s'appuie sur une foi et se distingue ainsi d'une simple histoire des dogmes et des doctrines. La phénoménologie de la religion s'intéresse, il est vrai, à toutes les religions, sans en privilégier aucune ; mais elle demeure animée par une foi : on croit que les textes traduisent une valeur propre, originale, qu'on appelle le « sacré » [6]. Cette valeur ne peut être mise entre parenthèses, neutralisée ; elle résiste à la réduction. L'exégète s'attend à ce que « quelque chose » s'adresse à lui, se dévoile à lui. Comme l'écrit P. Ricœur, « ce qui est implicite à cette attente, c'est une confiance dans le langage ; c'est la croyance que le langage qui porte les symboles est moins parlé par les hommes que parlé aux hommes, que les hommes sont nés au sein du langage, au milieu de la lumière du *logos* « qui éclaire tout homme venant au monde ». C'est cette attente, c'est cette confiance, c'est cette croyance

6. La foi chrétienne relaie et prolonge cette foi en quelque sorte « fondamentale », elle est ouverture à la valeur proprement chrétienne, à l'originalité irréductible du christianisme.

qui confèrent à l'étude des symboles sa gravité particulière »[7]. Au commencement, était la Parole ; non pas l'Être, mais l'être déjà dit, le *logos*, le sens.

On le remarquera : la philosophie, dans cette perspective, devient exégèse. Elle apparaît comme essentiellement liée à l'histoire et aux autres ; elle est recherche d'un sens, du sens de textes auxquels on se fie en acceptant par avance qu'ils expriment la vérité. Au lieu de rechercher la vérité sans les mots ou sous les mots, en regardant soi-même le réel et en réfléchissant sur lui, comme on le fait dans une philosophie réaliste, on pense n'obtenir la vérité que par les mots et grâce à eux. Le « sens vrai » des textes sera dès lors le sens qui les rend cohérents entre eux, d'abord dans une région déterminée, par exemple dans le domaine religieux, puis en considérant toutes les régions ensemble. On le recherchera d'abord grâce à une phénoménologie régionale, telle que la phénoménologie de la religion, puis grâce à la phénoménologie universelle. Seule celle-ci livrera le sens total, « plénier » si l'on peut dire, celui que prend un texte quand il est replacé non seulement dans son contexte immédiat (celui de l'œuvre, celui de l'auteur, celui de l'époque, celui d'une culture), mais dans la totalité du contexte, c'est-à-dire dans l'histoire humaine intégrale, au centre de laquelle le chrétien salue la geste salvatrice de Dieu. Essentiellement exégèse de *textes*, cette phénoménologie universelle entend tenir compte aussi de tous les autres signes qui peuvent être comparés à un texte, c'est-à-dire de toutes les œuvres humaines.

Le sens total ou intégral est le sens vrai ; rien ne peut le modifier ou le corriger, puisqu'il englobe tout. *Das Wahre ist das Ganze*. Un sens partiel n'est pas une erreur, mais une illusion, ou dans un certain langage, un mythe. Démythiser, c'est démasquer une partialité qui s'ignore, une objectivation ou une réification injustifiées, c'est dégager des présupposés, mettre à jour les fondements, le *Grund*, c'est renverser des idoles en vue de faire apparaître le sens vrai, fondé.

Cette phénoménologie universelle, cette démythisation intégrale, est-elle possible ? Est-il possible de tout élucider, y compris l'acte même par lequel on élucide ? Peut-on tout comprendre, y compris soi-même ? Peut-on embrasser le tout ?

Cette dernière question, à vrai dire capitale, est passionnément débattue à l'heure actuelle.

Beaucoup y répondent par la négative. Il est impossible, disent-ils, de parvenir à une affirmation sans présupposé, à un fondement qui se fonderait lui-même, à un Savoir Absolu de type hégélien qui survolerait l'histoire ou du moins la supposerait achevée. Toute signification se détache sur un horizon non encore élucidé ; cela tient à son essence

7. P. Ricœur, *De l'interprétation. Essai sur Freud*. Paris, 1965, p. 38.

même. La phénoménologie est dès lors une tâche infinie, une exégèse sans cesse revisable. Elle se meut à l'intérieur du « cercle herméneutique », elle passe d'une foi naïve à une foi post-critique. Cette « foi seconde » de l'herméneute est, selon Ricoeur, « une foi raisonnable puisqu'elle interprète, mais c'est une foi parce qu'elle cherche, par l'interprétation, une seconde naïveté » [8].

Mais d'autres sont plus hardis. Ils font remarquer que s'il est aisé d'ironiser à propos du Savoir Absolu, il est extrêmement difficile de s'en passer : on le postule en effet dans l'acte même par lequel on le nie. La caractéristique de Hegel est de se situer à l'extérieur, mais aussi à l'intérieur du cercle herméneutique, de refuser l'alternative de la foi et du savoir, en concevant la foi comme un savoir immédiat, tandis que la philosophie est un savoir médiatisé par la foi, c'est-à-dire une foi arrivée à la conscience de soi.

Nous n'avons pas la prétention de trancher ces questions difficiles, si âprement discutées de nos jours, qui transposent dans un autre langage le vieux problème des rapports entre théologie et philosophie ; de leur solution dépend finalement le problème qui nous occupe, celui des rapports entre exégèse et réflexion philosophique.

* * *

Des considérations qui précèdent, on est en droit, semble-t-il, de retenir quatre conclusions que l'on peut regarder comme fermes, — et comme indépendantes des questions qui demeurent en suspens.

1. Par rapport à l'interprétation des textes bibliques qui traitent de valeurs religieuses, on peut distinguer trois types d'exégèses : l'exégèse littéraire au sens strict, l'exégèse littéraire au sens large, et l'exégèse critique intégrale. Ces trois exégèses se situent dans une même orientation : toutes trois tentent de « comprendre » le texte sacré, mais elles le font en l'insérant dans des « unités de sens » de plus en plus vastes. La recherche de l'unité de sens la plus « compréhensive », si elle aboutit, fournira, non seulement un sens parmi d'autres, mais le sens vrai : elle répond à ce qui est le vœu de toute exégèse, à savoir d'atteindre la vérité.

2. L'exégèse critique intégrale concerne le sens ; elle recherche la vérité de manière originale, en scrutant le sens. Elle intervient là où l'évidence immédiate, caractéristique du savoir, fait défaut. Elle est intermédiaire entre l'adhésion obscure et le savoir accompli ; elle médiatise nos évidences par le témoignage d'autrui, sans que nous puissions jamais arriver à une synthèse qui rendrait inutile cette médiation. Elle ne consiste pas à porter un jugement critique sur des textes pour y discerner ce qui est vrai, ce qui est faux ; elle consiste à croire à la vérité

8. *Ibid.*, p. 37.

des textes comme on croit à un témoignage véridique, et à en rechercher le sens valable, vrai, — le « sens vrai » étant le contraire, non pas de l'erreur, mais de l'apparence ou de l'illusion. Si elle ne prétend pas juger la foi par la raison, elle espère trouver une signification de la foi qui soit cohérente avec l'ensemble du savoir.

3. Les difficultés qu'a rencontrées, à l'époque contemporaine, l'exégèse théologique de saint Thomas ne proviennent pas avant tout d'un refus de croire en une révélation divine, mais bien plutôt d'une contestation de l'idéal réaliste d'objectivité suivant lequel, depuis le début de l'ère chrétienne, on a compris l'objet de foi et son mode de révélation. Dans l'attitude phénoménologique, on ne refuse pas de croire en une révélation ; on ne vise pas à constituer un savoir purement rationnel et autonome où l'on rejetterait toute autorité, un rationalisme qui procéderait à priori et qui ne devrait rien à l'écoute docile de la parole d'un autre ; il serait plus exact de dire qu'on étend au contraire — *mutatis mutandis* — au témoignage de tout homme le privilège que jadis on réservait à la seule Écriture. La question majeure que soulève l'exégèse critique intégrale n'est pas non plus, comme on l'entend dire parfois, de savoir ce que signifie l'expression « Dieu a parlé ». Si l'on s'interroge aujourd'hui sur les modalités d'une révélation divine, ce n'est pas en vue de substituer à Dieu, source dernière de la Bible, les hommes qui lui prêtèrent leur voix, comme si l'on espérait par là édulcorer l'autorité ou l'inerrance de l'Écriture. Pareil espoir, d'ailleurs, est vain, car le vrai problème est ailleurs : il concerne, non pas l'autorité de l'Écriture, mais sa signification. Or la conviction qu'un message est vrai ou même absolument vrai, ne constitue en aucune façon une règle, un critère, qui permettrait de préciser le sens de ce message. Croire que tel énoncé est révélé par Dieu, et donc vrai, ne dispense pas l'exégète de rechercher le sens de cet énoncé, de découvrir en quel sens il est vrai. Dans l'attitude de foi en une révélation proprement divine, la tâche de l'exégèse critique, ou la découverte du sens vrai, demeure donc entière.

4. Dans cette tâche, exégèse et philosophie se recouvrent. En d'autres mots, exégèse et philosophie coïncident, au moins partiellement. La philosophie est exégèse, dans la mesure où elle est, non pas une intuition du réel, mais un retour réflexif sur les œuvres humaines, en particulier sur l'histoire, en vue d'en dégager le sens. D'autre part, l'exégèse est philosophie, dans la mesure où, recherchant le sens vrai des textes qu'elle interprète, elle dépasse le niveau d'une étude purement historique, ou celui d'une spéculation théologique ignorante de ses propres présupposés.

Comme l'on rencontre ici une tâche commune au philosophe et à l'exégète, nous formons le vœu que le philosophe s'intéresse à l'exégèse, et que de son côté l'exégète s'ouvre à la philosophie.

Louvain, rue de Tirlemont. Georges Van Riet

EXÉGÈSE CRITIQUE
ET EXÉGÈSE DOGMATIQUE

PROBLÈMES THÉOLOGIQUES SOULEVÉS PAR L'EXÉGÈSE CRITIQUE [1]

1. *Position du problème.*

La distinction indiquée dans le titre de cette conférence est bien connue, tant des exégètes et des théologiens bibliques que des théologiens dits spéculatifs. Ainsi, *L'Introduction à la Bible* éditée par A. Robert et A. Feuillet distingue dans l'introduction générale qui ouvre le premier volume les règles de la critique rationnelle et l'interprétation catholique de la Bible [2]. Quant aux théologiens spéculatifs, personne n'ignore que les développements récents de la théologie historique n'ont cessé d'accroître leurs difficultés et de rendre urgente une reprise du dialogue avec les exégètes.

Les progrès réalisés par les études historiques, qui sont dans le domaine de la théologie strictement scientifique le fait marquant des cent dernières années, ont provoqué une crise diagnostiquée, il n'y a pas mal de temps déjà, par R. Draguet, à savoir la crise de la preuve directe, historique ou spéculative, en théologie. Beaucoup auront encore présents à l'esprit les débats provoqués par une mise en doute de la valeur des preuves spéculatives, sur la foi d'une connaissance historique meilleure de leurs prémisses révélées [3]. Par ailleurs, dans les discussions récentes à propos des *sine scripto traditiones*, les meilleurs historiens du dogme nous ont dit et redit qu'il serait vain de compter, en matière de foi, sur un certain type de preuve historique directe *ex traditione.* Tout le contenu de la Bonne Nouvelle du Salut se trouverait donc « de quelque manière » dans l'Écriture. Comment peut-on espérer l'y découvrir ? Par une argumentation historique directe ? En vérité, les

1. Notre intention première est de signaler en ces pages quelques problèmes cruciaux qui ont besoin d'être éclaircis.

2. H. Cazelles et P. Grelot, *Les règles de la critique rationnelle*, dans *Introduction à la Bible*, sous la direction de A. Robert et A. Feuillet, t. I, p. 69-118. P. Grelot, *L'interprétation catholique des livres saints*, *ibid.*, p. 169-213.

3. On peut songer d'une part à l'émotion provoquée en haut lieu par les livres : M. D. Chenu, *Une école de théologie. Le Saulchoir*, Le Saulchoir, 1937 et L. Charlier, *Essai sur le problème théologique*, Thuillies, 1938, et d'autre part à la querelle dite de la « nouvelle théologie » dans les premières années de l'après-guerre.

travaux bibliques récents ont secoué la tranquillité des théologiens davantage encore que les autres disciplines historiques. La mise en question s'opère à un double plan, au plan du contenu du message de l'Église des temps dits apostoliques et à celui de sa crédibilité. Les deux plans ne coïncident pas. Pour ne citer qu'un exemple entre mille, R. Bultmann ne nie pas que les premiers chrétiens aient cru très tôt à la préexistence divine du Christ et donc au dogme de l'Incarnation, mais sa conception de la genèse de la tradition néotestamentaire lui paraît le dispenser de croire à cet élément du message biblique. Par ailleurs, si certaines parties du dogme catholique ont des attaches très visibles dans l'Écriture sainte, d'autres n'y sont pas visibles à l'œil nu. Deux ordres de questions se posent dès lors, répondant au double plan indiqué : comment, par quelles méthodes, à l'aide de quels principes arrive-t-on à rattacher à l'Écriture tout le contenu de la révélation ; comment établit-on le contenu explicite et implicite de la foi biblique ? Et ensuite, comment prouve-t-on la crédibilité de ce message ? Dans quelle mesure ce double travail peut-il se réaliser par les méthodes critiques, — neutres si l'on peut dire, — de l'historien et du philosophe, et jusqu'à quel point présuppose-t-il la foi en l'Église, la certitude que le travail d'explicitation que la conscience chrétienne opère au cours des siècles sur les réalités du salut dont elle vit, est guidé par l'Esprit que le Christ a promis à son Église ?

Les problèmes que nous venons d'esquisser, nous voudrions les préciser par touches successives, et tout d'abord en proposant quelques remarques sur ce que nous entendons de manière précise par les termes d'exégèse, d'exégèse critique et d'exégèse dogmatique.

2. *Exégèse, exégèse critique et exégèse dogmatique.*

L'exégèse est la pratique d'un art appelé l'herméneutique. Celle-ci est l'art de la compréhension historique appliqué aux vestiges, — surtout littéraires, — du passé. On peut étendre plus ou moins loin la tâche de l'exégète. Nous la comprenons ici dans un sens aussi large que possible. Illustrons ce que nous voulons dire par un exemple, celui de l'institution de l'Eucharistie dans la perspective bultmannienne. Se basant sur des considérations à la fois de critique littéraire et de critique historique, R. Bultmann, on le sait, présente de la genèse de la tradition eucharistique l'image que voici [4]. Du souvenir des paroles prononcées par Jésus lors d'un des derniers repas avec des disciples serait né dans la communauté primitive le thème d'un repas pascal, qui se serait chargé progressive-

4. R. Bultmann, *Die Geschichte der Synoptischen Tradition*, 3e éd., Goettingue, 1957, p. 285-287, 298, 301-302, 334 ; *Theologie des Neuen Testaments*, 2e éd., Tubingue, 1954, p. 41, 59 s., 143 s., 309 s., 401, 406, 455, 459, 556.

ment d'éléments théologiques. Sur cette couche se serait greffée ensuite, en milieu hellénistique, l'interprétation de la dernière cène comme mystère sacramentel. Ce jugement, descriptif en soi, entraîne chez Bultmann un jugement de valeur : « Que *Mc.*, XIV, 22-25 nous présente une légende cultuelle, je n'ai plus besoin de le prouver après les travaux d'Eichhorn et d'Heitmüller »[5]. Tout ceci, à notre avis, est du travail, — bon ou mauvais, — pour le moment, peu importe, — d'exégèse. Sur cette base, Bultmann pourrait et devrait se poser d'autres questions comme celle-ci : en permettant une telle évolution historique et dogmatique, Dieu a-t-il voulu nous transmettre un message ? Mais, en soi, la réponse à cette question n'est plus du ressort de l'exégète, mais du théologien.

Prenons un autre exemple. Parlant de l'implantation du christianisme en milieu hellénistique, R. Bultmann fait remarquer que le discours de mission y devait nécessairement commencer par la prédication du monothéisme, sur le modèle de la mission juive. Et il ajoute : « Le concept juif vétérotestamentaire de Dieu y est souvent modifié ou caché par le concept du Dieu de la tradition philosophique grecque, que caractérise l'idée d'un déterminisme cosmique. On reprend la théologie naturelle de la Stoa avec ses preuves de l'existence de Dieu et, en conséquence aussi, la mise en évidence de la *πρόνοια* de Dieu dans le développement du monde et la preuve de la théodicée divine »[6].

Il s'agit là d'un jugement d'exégète. Il va sans dire que Bultmann, comme théologien, ne voit pas dans ce fait une indication, que Dieu ait voulu nous révéler la possibilité de prouver par la raison naturelle l'existence de Dieu.

En donnant ces deux exemples, nous voulons avant tout souligner le fait que les préoccupations de l'exégète sont d'ordre littéraire et même avant tout historique. Il veut essayer de se prononcer sur les faits rapportés dans les récits, pour autant qu'ils ressortissent de la science historique ; il veut expliquer la genèse et l'évolution des convictions des écrivains sacrés pour autant que cela est possible dans l'ordre de la causalité seconde.

Mais pour étendu que l'on conçoive le travail de l'exégète, il a des limites. Ce n'est plus l'exégète comme tel qui détermine le message que Dieu a voulu nous transmettre à travers les faits et l'évolution des convictions qui marquèrent sur le plan visible la naissance du christianisme.

Illustrons ce que nous voulons dire par un autre exemple encore. La résurrection du Christ est un fait qui n'échappe pas *en soi* à l'observation de témoins oculaires. Il en va de même des apparitions du ressuscité pour leurs bénéficiaires. Dès lors, le jugement de vérité portant sur le fait de la résurrection et des apparitions du ressuscité peut être un

5. R. Bultmann, *Die Geschichte der Synoptischen Tradition*, p. 285.
6. R. Bultmann, *Theologie des Neuen Testaments*, p. 67.

jugement d'historien et donc d'exégète. Par contre, l'Incarnation, la présence eucharistique du Christ, la Trinité ne sont aucunement des faits ou des réalités observables. Le jugement de vérité qui porte sur eux n'est pas en soi un jugement d'exégète.

La délimitation du travail de l'exégète que nous venons d'esquisser est-elle pleinement satisfaisante ? Nous ne le croyons pas. Elle répond certes à l'application des lois générales de l'herméneutique, mais elle ne tient pas suffisamment compte d'une vérité qui se trouve au centre de l'exégèse catholique, à savoir l'inspiration des Écritures entendue de façon à ce que Dieu doit en être dit l'auteur. Si nous voulons tenir compte de ce fait, nous sommes obligés de modifier notre concept du travail exégétique et d'y introduire la détermination de ce que l'auteur divin des Écritures comme tel a voulu nous dire.

Après avoir précisé ce qu'il convient d'entendre par exégèse, indiquons brièvement ce qui, selon nous, différencie l'exégèse critique de l'exégèse dogmatique. Le concept d'exégèse critique désigne pour nous simplement une espèce dont la différence spécifique est constituée par une absence. L'exégèse critique est une exégèse non dogmatique, c'est-à-dire une exégèse qui, dans son travail d'herméneutique, renonce à faire appel à certaines convictions acquises grâce à la révélation.

Il ne peut être question de définir l'exégèse critique comme une exégèse libre de tout présupposé, car une exégèse qui ne présuppose rien est, comme tout jugement sans présupposés, radicalement impossible. Ne nous laissons pas induire en erreur par le modèle cartésien du doute méthodique ou par l'exemple de la géométrie. Tous nos jugements sur le réel sont portés par l'entièreté de notre expérience antérieure. Nous ne jugeons jamais sans un certain nombre d'à prioris, et en particulier sans une échelle, — peut-être préréflexive, — de ce qui est à notre avis impossible, improbable, possible, probable, certain, etc. On sait combien est grand dans l'épistémologie de Newman, par exemple, le rôle des *antecedent probabilities*.

Mais, précisément, on pourrait, à la lumière de ce fait, songer à mettre en doute la possibilité même d'une exégèse critique chez le croyant. Celui-ci n'aborde-t-il pas inévitablement les textes bibliques à la lumière de sa foi, nanti donc d'une échelle des valeurs nécessairement influencée par ses convictions chrétiennes ? Le problème posé ici n'est pas sans analogie avec celui de la philosophie critique pratiquée par les chrétiens. Il ne peut être question de nous y arrêter longuement ici. Disons simplement qu'il est possible en soi, à notre avis, de faire abstraction de ses convictions religieuses, mais que la pratique d'une exégèse critique est extrêmement difficile et ne réussit en fait qu'en dialogue ininterrompu avec l'exégète libéral, rationaliste, non croyant. L'apologète et, d'une manière générale, le fondamentaliste, est confronté d'une façon particulièrement constante et pénible avec les difficultés d'une exégèse, d'une philosophie théorique, d'une éthique, d'un droit naturel vraiment « naturels ».

Dans l'exposé qui suit, nous ne traçons pas les grandes lignes de l'exégèse critique ; nous nous occupons uniquement de l'incidence des convictions dogmatiques du croyant sur son travail d'exégète. La pratique de l'exégèse dogmatique dans l'Église tout au long de son histoire présente des aspects et pose des problèmes fort variés, dont nous voudrions aborder à présent quelques-uns.

3. *L'analogia fidei*.

Il serait abusif de vouloir centrer l'étude du phénomène de l'exégèse dogmatique autour de la notion d'inspiration scripturaire. Il y aurait une exégèse dogmatique, même si l'Écriture sainte n'était pas inspirée, et les aspects du problème que nous voulons signaler tout d'abord sont tout à fait indépendants de l'inspiration. Ainsi que nous l'avons dit plus haut, l'homme aborde presque fatalement les événements et les textes à la lumière de son expérience totale, qui lui dicte, souvent à son insu, une échelle du vrai et du faux, du vraisemblable et de l'invraisemblable, du possible et de l'impossible, du réel, du nécessaire. S'il a fait siens dans sa foi les convictions, les réactions, les mécanismes qui se sont accumulés dans l'Église au cours des siècles, il n'abordera pas les textes scripturaires avec les mêmes présupposés que celui à qui cette foi fait défaut. Illustrons cette considération générale d'herméneutique par un exemple, celui des miracles évangéliques, exemple actuel, dont les exégètes ne sauraient se désintéresser. Il est clair que celui qui croit en la réalité du miracle dans la vie et dans le culte des grands saints, nonobstant le foisonnement des légendes hagiographiques, qui croit en la réalité de pas mal de miracles à Lourdes malgré le caractère douteux de nombreuses guérisons, abordera l'étude des miracles évangéliques avec d'autres présupposés, avec une autre échelle d'*antecedent probabilities*, que celui qui ne croit pas au miracle dans l'histoire de l'Église et pour qui, au surplus, tout miracle est de prime abord hautement improbable, sinon impossible, en tout cas fort gênant. Cela n'empêche pas évidemment l'exégète croyant d'aborder les récits néotestamentaires avec un esprit critique, d'étudier de près les lois qui ont gouverné de fait la genèse de la tradition chrétienne primitive, de considérer les faits miraculeux rapportés dans l'Écriture à la lumière des genres littéraires où ils sont encastrés et du *Sitz im Leben* auquel ces genres renvoient, d'introduire une distinction entre simples guérisons, résurrections de morts et les prodiges cosmiques, de prêter son attention aux récits miraculeux dans les traditions religieuses parallèles, etc. Mais ce qui est impossible ou presque à des exégètes partant d'autres présupposés, ne le sera pas pour lui ; ce que d'autres estimeront de prime abord de la plus haute invraisemblance, il l'abordera avec plus de sympathie ; en un mot, il sera plus facile à convaincre. Revenons brièvement à la résurrection du Christ, à savoir sa résurrection corporelle et non pas simplement sa survie glorieuse, sa glorification simplement spirituelle. Qui niera que non seulement les convictions philosophiques, la *Weltanschauung* de l'exégète catholique, mais aussi sa foi nourrie par l'Église influencera invinciblement l'esprit dans lequel il abordera les récits néotestamentaires ?

Il faut noter en passant qu'en abordant les textes scripturaires à la lumière de son expérience totale, l'exégète n'adopte pas une attitude différente, quoi qu'il puisse en sembler, de celle de l'homme de science et du philosophe. L'homme de science ne déduit pas ses théories des lois, mais les développe de telle manière qu'il puisse en déduire les lois, qui elles-mêmes ne font que codifier l'expérience. Quant aux philosophes, ils emploient des procédés circulaires plus souvent qu'ils ne veulent l'admettre. D'après Heidegger, cela est inévitable, et l'on ne pourrait traiter ces cercles de vicieux.

4. *Les décisions du magistère ecclésiastique.*

Les décisions du magistère ecclésiastique constituent une forme particulière de l'influence de la foi dogmatique sur l'exégèse. Le professeur de théologie fondamentale doit exposer à ses élèves, dans le traité consacré à l'épistémologie théologique, la doctrine de l'infaillibilité de l'Église en matière de foi. Dans le cadre de cette brève conférence, nous limiterons notre attention, en ce qui concerne l'objet matériel de cette infaillibilité, à la seule doctrine révélée. Selon l'enseignement du premier concile du Vatican, l'infaillibilité de l'Église a pour cause finale le bien de l'Église entière, mais son organe privilégié est le magistère ecclésiastique, que celui-ci se fasse entendre en un acte précis soit du pape parlant *ex cathedra*, soit des évêques avec le pape [7] unis en un jugement prononcé conjointement, ou qu'il s'agisse du magistère universel ordinaire, comme on dit, c'est-à-dire des évêques dispersés de par le monde et s'exprimant non en un jugement prononcé conjointement, mais par leur façon habituelle et moralement unanime d'enseigner depuis un laps de temps considérable.

Il est hors de doute que la doctrine infaillible du magistère puisse porter et porte aussi en fait sur des doctrines contenues d'une manière

---

7. Nous employons la formulation reçue et faisons abstraction de la question du statut exact des laïcs et des dignitaires étrangers à la dignité épiscopale qui ont eu, au cours des siècles, et pourraient encore avoir, droit de vote aux Conciles.

explicite dans l'Écriture [8]. Il est non moins certain que parmi ces doctrines il y en a que l'exégèse critique indépendante tend à récuser. Citons en exemple, plusieurs articles des Symboles de notre foi [9]. Dans d'autres cas, la tension entre l'exégèse et les définitions du magistère prend une forme différente. L'exégèse, pratiquée dans une atmosphère œcuménique, tend à voir dans certaines définitions du magistère une interprétation dépassant de loin le degré d'explicitation des Livres Saints et d'autant plus difficilement acceptable qu'elle semble liée à une philosophie récusée par la plupart de nos contemporains et par ailleurs inutile pour sauvegarder l'essentiel du message biblique. Tel semble bien être le problème posé par la définition du Concile de Trente sur le changement subi par le pain et le vin sous l'effet des paroles eucharistiques, dans la mesure où cette définition impliquerait une certaine philosophie.

La preuve par le magistère ordinaire est plus difficile à manier encore que l'argument du magistère extraordinaire. Nous sommes particulièrement sensible à la difficulté suivante, que nous nous permettons de soumettre à nos collègues. Lorsque pendant de longs siècles le magistère, les théologiens et le peuple fidèle donnent d'une manière unanime à certains textes scripturaires un sens déterminé et enseignent en conséquence le caractère révélé de certaines doctrines, la théorie reçue de l'infaillibilité du magistère ordinaire ne nous oblige-t-elle pas à considérer ces interprétations scripturaires et ces doctrines comme infailliblement garanties ? Or, n'en trouve-t-on pas parmi elles que l'exégèse critique récente, même catholique, tend soit à mettre directement en doute, soit à déclarer libres ? Ainsi, l'Église entière n'a-t-elle pas enseigné unanimement pendant de longs siècles le monogénisme, l'existence individuelle d'Adam et d'Ève comme une doctrine garantie par une série de textes vétéro- et néotestamentaires ? L'histoire ecclésiastique est, a-t-on dit, la mauvaise conscience de l'Église. N'est-il pas temps de fixer d'une manière plus précise, à la lumière de l'évolution récente des sciences exégétiques, les conditions d'application de la doctrine du magistère ordinaire ?

---

8. Encore que nous ne croyions pas que les règles reçues de l'interprétation des textes conciliaires et papaux permette de dire avec P. Grelot que l'Église ait « défini » par un « jugement solennel » le sens de *Rom.*, V, 12 (D. B. 791), de *Mt.*, XXVI, 26 (874), ainsi que de *Lc.*, XXII, 19, *Mt.*, XVI, 18 et *Jn.*, XXI, 16 (D. B. 1822). Cfr P. Grelot, *op. cit.*, p. 199-200.

9. La conception virginale du Christ constitue un exemple particulièrement frappant. L'application de la *Formgeschichte* à l'Évangile de l'enfance a jeté le trouble dans beaucoup d'esprits. N'a-t-on pas entendu récemment des théologiens catholiques, dans des conversations privées, appeler la conception virginale un ballast inutile, liquidé depuis pas mal du temps dans telle ou telle université ?

5. *L'inspiration et l'inerrance bibliques.*

Passons, à présent, à la considération des problèmes que pose à l'exégète la doctrine du caractère inspiré des Livres Saints. Il va sans dire que nous entendons ici le terme d'inspiration au sens que lui donnent les documents du magistère consacrés à l'Écriture, en particulier le Premier Concile du Vatican au chapitre deuxième du décret sur la foi, les encycliques *Providentissimus Deus* (publiée en 1893 par le pape Léon XIII), *Spiritus Paraclitus* (publiée en 1920 par Benoît XV) et *Divino afflante Spiritu* (publiée en 1943 par Pie XII), sans oublier le Deuxième Concile du Vatican au chapitre troisième de sa Constitution sur la Révélation.

D'après ces documents, les livres du Canon furent écrits sous l'inspiration de l'Esprit de Dieu au point que Dieu doit en être dit l'auteur. Une des conséquences du caractère inspiré des Livres Saints est leur inerrance. Le Deuxième Concile du Vatican résume fidèlement la doctrine des documents antérieurs lorsqu'il proclame au chapitre troisième de sa constitution sur la Révélation : « Divinitus revelata, quae in Sacra Scriptura litteris continentur et prostant, Spiritu Sancto afflante consignata sunt. Libros enim integros tam Veteris quam Novi Testamenti, cum omnibus eorum partibus, sancta Mater Ecclesia ex apostolica fide pro sacris et canonicis habet, propterea quod, Spiritu Sancto inspirante conscripti... Deum habent auctorem, atque ut tales ipsi Ecclesiae traditi sunt. In sacris vero libris conficiendis Deus homines elegit, quos facultatibus ac viribus suis utentes adhibuit, ut Ipso in illis et per illos agente, ea omnia eaque sola, quae Ipse vellet, ut veri auctores scripto traderent. — Cum ergo omne id, quod auctores inspirati seu hagiographi asserunt, retineri debeat assertum a Spiritu Sancto, inde Scripturae libri veritatem, quam Deus nostrae salutis causa Litteris Sacris consignari voluit, firmiter, fideliter et sine errore docere profitendi sunt » [10].

Le Magistère a réprouvé inlassablement toutes les tentatives faites pour venir à bout des difficultés inhérentes à la doctrine de l'inerrance biblique en limitant l'inspiration et l'inerrance d'une manière quantitative. La seule voie laissée ouverte aux exégètes est la suivante. Il n'y a d'erreur possible que pour autant qu'il y a jugement, car le lieu de la vérité et de l'erreur est le jugement. Mais tout jugement doit être interprété en fonction de l'intention significative de celui qui juge. Il faut donc tenir compte de cette intention et, pour déterminer cette dernière, il est permis à l'exégète catholique de faire son profit de toutes les ressources de l'herméneutique critique. Il convient toutefois de

10. L'on sait que le Concile refusa de retenir l'expression *veritatem salutarem*, qui aurait pu être interprétée comme l'affirmation positive de la limitation de l'inerrance aux *Heilswahrheiten*.

se demander si, d'une part, la solution proposée n'est pas en certains cas illusoire et si, d'autre part, la pratique de l'exégèse catholique se laisse toujours enfermer dans les limites tracées.

Selon la doctrine reçue de l'inspiration et de l'inerrance, le Saint Esprit avalise les déclarations explicites des auteurs humains inspirés par Lui. Mais la question d'auteur n'est pas toujours facile à régler. Limitons notre attention au Nouveau Testament. Quand on considère la genèse des écrits néo-testamentaires les plus importants, on se rend compte que leur paternité est fort complexe. Ils sont le produit, non d'un seul auteur, mais de plusieurs, dont les intentions ne sont pas toujours identiques. Nous n'en sommes plus à considérer les Évangiles, par exemple, comme des créations littéraires jetées sur le papier par un seul auteur humain travaillant sous la dictée de l'Esprit. Sans doute, ils ne font pas songer non plus, loin de là, à des écrits qui auraient amassé les matériaux les plus disparates. Mais. tout de même, les exégètes catholiques reconnaissent aujourd'hui que nos Évangiles sont le résultat d'une évolution extrêmement complexe, tant pour le contenu que pour la forme. Aucun auteur catholique ne nie, non plus, que les intentions, — et donc la volonté d'affirmer, — aient plus d'une fois évolué d'un chaînon à l'autre de l'histoire de la tradition qui aboutit à la rédaction finale de ces écrits. Quel est donc l'auteur dont l'Esprit Saint avalise les affirmations ? La réponse la plus conforme à la logique consisterait à considérer le dernier rédacteur comme l'hagiographe dont parlent les documents du Magistère. Mais peu d'exégètes ou théologiens catholiques appliquent, croyons-nous, un tel système d'herméneutique. Lorsqu'il s'agit, par exemple, de découvrir par delà les couches successives de la tradition la vie, les gestes, les miracles, la doctrine du Christ terrestre, les corrections apportées par certains exégètes même catholiques à l'image brossée par les derniers rédacteurs sont nombreuses. Dira-t-on que les derniers rédacteurs n'ont pas cru en l'historicité substantielle des affirmations que nous sommes tenté de récuser ? Ceci ne serait certes pas une réponse universellement acceptée. D'ailleurs les historiens spécialisés dans l'étude de la naissance et de l'évolution des traditions hagiographiques ne souscriront certainement pas à cette supposition. Il arrive certes souvent que le rédacteur d'un récit, le créateur d'un fait miraculeux soit parfaitement conscient, à un premier stade, de son rôle créateur, mais que cette conscience disparaisse bien vite dans la suite. Affirmera-t-on sérieusement que l'inspiration empêche dans tous les cas une évolution semblable dans la genèse des Livres Saints ? Dans la pratique, pas mal d'exégètes catholiques paraissent se montrer, croyons-nous, convaincus du contraire. En vérité, la conscience d'ensemble d'une communauté ou d'un groupe de communautés évolue souvent avec le temps d'une manière dont les intéressés sont bien moins conscients que l'historien postérieur.

Le but de toutes ces considérations est donc de souligner à quel point la détermination de la volonté révélatrice de Dieu à travers la volonté d'affirmation des auteurs inspirés peut s'avérer difficile dans la pratique. Elles ont également pour but d'attirer l'attention sur un déplacement dans les difficultés en matière de théologie biblique. Aussi longtemps que l'on concevait l'inspiration biblique comme une dictée de l'Esprit et que faisait défaut, en conséquence, la conscience vivante de la distance qui sépare souvent le récit des événements évoqués, la question presque unique était celle de savoir ce que ces auteurs avaient voulu dire. Les développements de l'exégèse critique depuis cent ans et spécialement l'avènement de la *Formgeschichte* ont modifié les perspectives. Le problème essentiel est devenu celui de l'évolution dogmatique, non plus dans l'Église post-apostolique, mais dans les communautés dites apostoliques [11].

L'application du principe herméneutique de l'inspiration à l'interprétation dogmatique des écrits vétérotestamentaires pose des problèmes analogues, plus difficiles, peut-être, sur le plan technique, mais moins brûlants en ce qui regarde le contenu de notre foi. La mention de l'Ancien Testament et d'une exégèse moins brûlante nous fournit l'occasion de passer à la considération d'un autre aspect, paisible, mais fécond, de l'interprétation de l'Ancien Testament, à savoir de son exégèse dite spirituelle dans les écrits du Nouveau.

6. *L'interprétation spirituelle de l'Ancien Testament.*

Nous ne devons pas nous étendre longuement sur le problème du sens plénier des Écritures, car il fera l'objet d'autres conférences au cours de ces journées. Nous donnons ici aux expressions « sens spirituel » et « sens plénier » une signification très large et équivalente. Nous ne considérons donc pas ici « le sens plénier » comme une espèce particulière, à côté du sens typologique, du genre « sens spirituel ».

La théologie a pris depuis la deuxième guerre mondiale un visage passablement différent de celui d'il y a trente ans. R. Aubert en a esquissé les traits dans un petit livre dont le déroulement du Deuxième Concile du Vatican a confirmé pleinement le diagnostic [12]. Pour notre part, nous nous contenterons de dire que nous assistons pour le moment à une personnalisation et à une historisation des perspectives et des

11. Il est temps, croyons-nous de faire un usage plus large de la vérité suivant laquelle la Révélation ne fut close qu'à la mort de dernier apôtre, et de l'appliquer en particulier aux cas de *Rückprojizierung*, de projection dans la vie du Christ terrestre de doctrines, de vues nées plus tard, que les rédacteurs des Évangiles aient encore été ou non conscients du phénomène.

12. R. AUBERT, *La théologie catholique au milieu du XXe siècle*. Tournai-Paris 1954.

concepts théologiques essentiels. Le christianisme apparaît aujourd'hui, non plus essentiellement comme une super-métaphysique révélée, mais comme un message de salut adressé par Dieu à l'homme, un message et un salut encastrés dans une histoire du salut. Dans cette perspective, l'exégèse dogmatique de l'Ancien Testament revêt une importance toute particulière.

On ne peut pas dire, croyons-nous, que cette exégèse soit facile. Il n'est guère aisé, de déceler ce qui répond véritablement à la volonté révélatrice de Dieu. On nous objectera peut-être que nous sommes d'une part trop pessimiste et que nous semblons d'autre part, à l'encontre de la volonté explicite du Magistère, établir une distance trop grande entre l'exégèse critique et l'exégèse spirituelle. De fait, habitué comme professeur de théologie fondamentale à déterminer les possibilités de l'historien profane en contact avec les livres de l'Ancien Testament, nous ne sommes guère enclin à les surestimer. Les richesses de l'Ancien Testament ne se révèlent pour une bonne part qu'à l'exégète qui aborde les écrits vétérotestamentaires avec les yeux de la foi. Mais il y a plus. Quand nous limitons les possibilités de l'exégèse critique de l'Ancien Testament, nous ne songeons pas uniquement au jugement de valeur à porter sur les textes et les événements qui y sont relatés, mais aussi et surtout à la découverte de leur sens profond [13]. Les richesses les plus essentielles de l'Ancien Testament ne se révèlent que dans le cadre de l'évolution dogmatique à l'intérieur du message biblique, ou, en d'autres termes, aux yeux de l'exégèse dogmatique, explicitant, à la lumière de l'inspiration scripturaire, les implications profondes de la conscience antérieure en fonction des développements postérieurs [14].

---

13. Quand S. Paul, par exemple, découvre dans l'Exode les *τύποι* des sacrements chrétiens, il faut la foi en l'inspiration des écrits néotestamentaires non pas simplement pour faire confiance aux auteurs vétérotestamentaires, mais pour découvrir, à la suite de S. Paul, leur sens profond.

14. A titre de comparaison, voici l'image de l'utilisation du midrash néotestamentaire brossée par R. GRELOT : « La Bible fixe la révélation. Or cette révélation est une, homogène, continue. Elle culmine dans le Mystère du Christ, révélé en totalité au moment où il se réalise dans l'histoire humaine ; mais ce mystère lui est déjà présent d'une certaine façon dès le moment où elle débute. La religion de l'Ancien Testament est déjà centrée sur lui... Le Mystère du Christ est donc l'unique objet de l'Écriture... A cet égard la démarche de l'exégèse n'est pas la même suivant qu'elle se situe dans un contexte d'apologétique ou dans un contexte de théologie. Dans le premier cas, il est indispensable de suivre rigoureusement le chemin de la critique, pour établir la réalité et le vrai visage des faits où l'on décèlera les signes de l'intervention divine dans l'histoire... Dans le second cas, le problème de la foi étant supposé résolu, il s'agit seulement de relire à sa lumière tous les textes et d'éclairer par là les divers aspects du Mystère du Christ... Cependant, la révélation n'a pas été donnée aux hommes *en bloc*. Elle s'est développée avec le temps. Dans l'Ancien Testament, la présence du Mystère du Christ reste voilée. Elle informe des structures qui ne sont que préparatoires des structures chrétiennes. C'est ici

7. *Le sens plénier du Nouveau Testament.*

Le problème du sens plénier des Écritures, cela va sans dire, ne concerne pas uniquement les écrits de l'Ancien Testament. Les procédés d'explication utilisés dans les écrits néotestamentaires à l'égard de l'Ancien Testament, les Pères de l'Église ont continué à les employer dans leur exégèse des écrits du Nouveau Testament et des réalités dont ceux-ci parlent. Et les progrès des sciences historiques, loin de rendre une telle exégèse superflue, en ont souligné la nécessité. En mettant en évidence les limites exactes de la conscience explicite chez les auteurs néotestamentaires et, en conséquence, toute l'étendue de l'évolution dogmatique dans l'Église postapostolique, en détruisant d'autre part le recours arbitraire à des *sine scripto traditiones*, les historiens ont contribué à faire voir d'une manière plus aiguë les difficultés de l'exégèse dogmatique.

Dans la mesure où il ne regarde pas uniquement la valeur épistémologique des affirmations néotestamentaires, mais concerne aussi leur sens plénier, le problème de l'herméneutique théologique du Nouveau Testament n'est autre que le problème bien connu de l'évolution du dogme en son sens classique. Nous avons signalé plus haut les difficultés inhérentes à l'utilisation du concept de l'auteur humain de la Bible et de ses intentions, qui se trouve au centre de la théorie catholique de l'inerrance biblique. Il faudrait, d'une manière analogue, mettre en évidence les difficultés inhérentes à l'application de la notion d'auteur à l'activité inspiratrice de Dieu. Quelles sont les relations entre l'intention divine révélatrice et l'intentionalité consciente des auteurs humains de la Bible ? Dans quelle mesure les conceptions traditionnelles en la matière

que s'insère la *typologie* biblique. En effet, reconnaître que les réalités chrétiennes sont déjà sous-jacentes aux choses de l'Ancienne Alliance, c'est affirmer que ces choses en sont les *signes*, encore énigmatiques mais déjà pleins de sens, assez liés aux réalités futures pour permettre au peuple de Dieu d'y participer secrètement... Il y a plus. Puisque la révélation forme un tout, toutes ses parties sont cohérentes. Pour éclairer chaque texte biblique, il convient donc de ne pas l'isoler. Le rapprocher des autres textes, et plus généralement de tout le contenu de la foi tel que la tradition vivante le conserve (ainsi que l'exégèse l'a toujours fait dans le Judaïsme et dans l'Église), c'est le plonger dans son milieu vital, le placer dans sa perspective exacte... Par exemple, la façon dont la foi juive puis chrétienne a compris et commenté *Gen* 3,15 aide à préciser l'orientation générale du passage, même si sa signification obvie est en rapport avec un stade archaïque de la révélation. Il ne s'agit pas de vouloir y projeter artificiellement un contenu dogmatique qui ne s'est affirmé que plus tard ; mais il convient de souligner que ce contenu dogmatique s'y esquisse déjà, aussi estompée que puisse être l'esquisse... Il peut ainsi y avoir un décalage entre le sens que les auteurs bibliques ont *consciemment* attaché à leurs textes et la portée que ceux-ci ont acquise depuis à la lumière de la révélation ultérieure... Dieu la prévoyait dès le début et, en inspirant les écrivains, il l'a dès lors enclose dans leur œuvre. » Cfr P. GRELOT, *op. cit.*, p. 196-8.

subsistent-elles devant les résultats les plus récents de l'exégèse biblique et de l'histoire doctrinale postérieure ? Que veulent dire au juste les auteurs pour qui tout le contenu de la foi se trouve « d'une certaine manière » dans l'Écriture ? Quelle est cette manière, et en quel sens l'Écriture est-elle un contenant ? Autant de questions posées aujourd'hui par tous ceux qui réfléchissent sur le problème de la foi. Il est probable qu'elles n'admettent pas une solution uniforme, mais exigent des réponses variées, différentes suivant les vérités en question.

Les questions concrètes que nous venons de soulever conduisent tout naturellement à une question générale relative au sens exact de la contenance dans l'Écriture. Quand et à partir de quel moment peut-on dire que quelque chose est contenu dans l'Écriture ?

Cette question fait songer à une autre, plus générale encore et tout aussi mal analysée d'habitude, relative au sens exact du mot révélation. A partir de quel moment peut-on dire que quelque chose est révélé ou a été révélé ?

Qu'il nous soit permis de recourir à une analogie profane. Lorsque nous donnons cours, le sens de nos paroles ne se réduit pas à ce que nos élèves en comprennent au premier abord. Mais cette discrépance a des limites. Il ne suffit pas que nous ayons voulu dire quelque chose pour que nous l'ayons dit réellement. La révélation de notre pensée exige une certaine extériorisation accessible à l'auditoire.

Si nous passons au cas de Dieu révélant la Bonne Nouvelle du Salut, les différences, sans doute, sautent aux yeux. En principe, Dieu dit réellement ce qu'il veut dire. En outre, il ne peut y avoir chez Lui d'aucune façon ce que nous appelons de l'implicite inconscient ou imparfaitement conscient. Cela n'empêche que le terme de révélation fait songer tout naturellement à un enlèvement réel du voile qui cachait jusque là la réalité dévoilée. De quel droit, dès lors, enseigne-t-on la clôture de la révélation à la mort du dernier apôtre, lorsque le voile n'a été enlevé de l'esprit des chrétiens par l'Esprit de Dieu que bien longtemps après ? Lorsqu'on lit les débats entre catholiques et anglicans, par exemple, relatifs à la note d'apostolicité et au développement dogmatique, l'on se rend compte à quel point le concept de révélation qui soustend la discussion est imparfaitement analysé.

Des équivoques analogues alourdissent le concept de la contenance de l'Écriture. Toute la révélation, nous dit-on, se trouve d'une certaine façon dans l'Écriture. Avant de discuter plus avant sur cette façon, il faudrait s'entendre sur le sens général du mot « se trouver dans » appliqué à l'Écriture. Dans quelle mesure est-il permis, pour justifier cette inclusion, de recourir à l'auteur divin de la Bible, au-delà et même indépendamment de la conscience de l'auteur humain ?

8. *Conclusions.*

Les questions parfois brûlantes que nous venons de poser aux exégètes s'articulent autour d'un certain nombre de distinctions, que nous voudrions résumer brièvement en guise de conclusion.

Lorsqu'il s'est agi de délimiter la tâche de l'exégète, nous avons distingué le travail du critique littéraire, de l'historien et du théologien. Il nous semblait que l'exégète est en soi un historien, mais que la doctrine de l'inspiration scripturaire en fait inévitablement aussi un théologien.

La distinction de l'exégèse critique et de l'exégèse dogmatique n'est pas trop compliquée en soi, mais il importe de remarquer que, de toute façon, l'exégèse critique n'est jamais une exégèse sans présupposés.

L'exégèse dogmatique ne se limite pas à l'application du principe de l'inspiration scripturaire. Sans faire entrer celle-ci en ligne de compte, l'exégète peut aborder les textes sacrés à la lumière de sa situation totale et globale de croyant catholique. De cette influence globale de la foi il importe de distinguer le rôle du Magistère ecclésiastique, soit ordinaire, soit extraordinaire.

En ce qui regarde l'objet de l'influence exercée par la foi sur l'exégèse, il importe de distinguer la manière dont elle influence notre jugement de *valeur* sur les textes étudiés, quel que soit leur sens accessible, et l'influence exercée sur la détermination du *sens* des textes. Cette distinction n'est pas sans importance lorsqu'il s'agit de mesurer la portée exégétique de la doctrine de l'inspiration et de l'inerrance scripturaires.

L'évolution dogmatique à l'intérieur des Écritures pose des problèmes plus délicats encore que l'évolution dogmatique à l'âge post-apostolique. Elle rend en particulier fort délicate l'application de la doctrine de l'inspiration relative à l'hagiographe humain et à ses intentions.

La notion catholique de l'inspiration fait apparaître la réalité d'un auteur divin des Écritures à côté des hagiographes humains et la possibilité, en conséquence, d'un sens plénier des Écrits inspirés.

La technique de la découverte du sens plénier n'est pas en tous points identique pour le Nouveau Testament et pour l'Ancien.

La mise en valeur de l'Écriture sainte par le Deuxième Concile du Vatican et la consigne générale donnée aux prêtres dans le ministère de prêcher l'Écriture rendent une reprise du dialogue entre l'exégète et le théologien spéculatif particulièrement urgent. Le but de notre conférence était de stimuler ce dialogue en soulevant un certain nombre de questions relatives, non pas aux rapports entre l'exégèse et la théologie, mais aux rapports entre l'exégèse critique et l'exégèse dogmatique.

Les difficultés inhérentes à l'exégèse dogmatique reçue dans l'Église proviennent des progrès de l'exégèse critique, solidaires des progrès tant de la philosophie que des sciences historiques et positives. Indépendamment même du caractère inspiré des Livres Saints, ces progrès soumettent à une pression de plus en plus forte à la fois le dogme en soi tel qu'il est enseigné dans l'Église et l'exégèse que le dogme a façonnée en partie tout en y cherchant son fondement essentiel. A la lumière des difficultés concrètes soulevées par la pensée contemporaine, il s'agit de repenser les principes et les limites de l'ingérence légitime de la foi de l'Église et de son expression dogmatique dans l'interprétation de la Bible.

L'exégèse scripturaire n'intéresse le chrétien comme tel que pour autant qu'il atteint dans l'Écriture la parole de Dieu. Sans doute, l'acte divin de révélation est loin de s'identifier avec l'acte divin de l'inspiration des Écritures. Cela n'empêche que, grâce à l'inspiration, le témoignage des auteurs bibliques sur Dieu, les hommes, les événements et les choses nous fait toucher avec plus de sûreté la main de Dieu. Ici encore, cependant, les difficultés concrètes soulevées par la philosophie et les sciences nous forcent à repenser continuellement le problème des modalités et des limites de l'inspiration et de l'inerrance scriptuaires. En effet, comme œuvres humaines, les Livres Saints sont souvent le résultat d'une évolution parfois fort complexe. Des auteurs successifs, souvent très nombreux, s'y expriment. La question se pose de savoir dans quelle mesure et selon quelles modalités Dieu prend à son compte ces témoignages successifs, jusqu'à quel point Il fait siens leurs jugements de réalité et de valeur et nous parle à travers eux.

Université de Graz, Ulrichsweg, 18. Paul ASVELD

QUE PENSER DE L'INTERPRÉTATION EXISTENTIALE ?

Il est impossible d'aborder actuellement le problème des rapports entre l'exégèse et la théologie sans rencontrer sur sa route la question de l'interprétation existentiale, dont Bultmann s'est fait le protagoniste. Chez beaucoup de théologiens catholiques, l'examen critique des théories bultmanniennes s'arrête de préférence au principe de la démythologisation, sans remarquer suffisamment que celle-ci constitue seulement le moyen pratique employé pour réaliser une interprétation existentiale de l'Écriture. On critique la démythologisation, on dénonce à juste titre les équivoques sous-jacentes à cet emploi abusif du mot *mythe*, on accuse Bultmann de vider en fait la théologie et la christologie de leur contenu réaliste. Mais le projet positif du théologien de Marburg est-il apprécié à sa juste valeur ? Je ne me propose pas ici de disserter sur la démythologisation du Nouveau Testament : d'autres théologiens catholiques l'ont déjà fait avec une parfaite compétence (notamment, en langue française, le P. Malevez [1] et le P. Marlé [2]). Est-il même nécessaire d'exposer et de discuter une fois de plus ce que Bultmann entend par interprétation existentiale ? Bien plutôt, comme théologien et exégète catholique, je désire me laisser interpeler par ce collègue protestant qui entend me ramener au problème fondamental de l'herméneutique : oui ou non, dois-je entreprendre à mon tour de fournir à mes contemporains une interprétation existentiale de l'Écriture ? l'opération a-t-elle sa place en théologie catholique, et, si oui, dans quelle mesure et de quelle manière ? Il ne s'agit pas, on le voit, de distribuer à Bultmann des blâmes ou des éloges (ce qu'on ne peut tout de même omettre complètement), mais plutôt de comprendre l'intention profonde qui l'anime, de se demander si celle-ci est étrangère à la foi catholique, de dire finalement si l'exégèse et la théologie doivent faire droit à sa requête [3]. Ce propos est peut-être trop ambitieux pour le temps restreint qu'on y consacrera ici, mais l'enjeu est tel qu'il vaut la peine de s'y arrêter. Je rappellerai pour commencer comment Bultmann a été amené à poser le problème,

---

1. L. Malevez, *Le message chrétien et le mythe*. Bruxelles-Bruges-Paris, 1954.
2. R. Marlé, *Bultmann et l'interprétation du Nouveau Testament*. Paris, 1956.
3. Voir sur ce point la position prise par H. Bouillard, *Bultmann et la théologie catholique*, dans *Logique de la foi*. Paris, 1964, p. 141 ss.

ne serait-ce que pour définir exactement celui-ci. Je me demanderai ensuite si la théologie catholique des siècles passés ne l'a pas posé équivalemment sous d'autres formes. Pour finir, j'esquisserai un programme de travail qui, dans la perspective où je me suis placé, intéressera à la fois l'exégèse et la théologie catholiques.

I

Pour comprendre le projet de Bultmann, il faut se souvenir du contexte dans lequel il a été élaboré : celui de l'exégèse et de la théologie protestantes en Allemagne à la fin du XIXme siècle et au début du XXme [4]. Comment se présente alors la situation ? Mentionnons pour mémoire l'existence d'un certain courant orthodoxe qui s'en tient aux confessions de foi des XVIme et XVIIme siècles, s'allie à une exégèse conservatrice et trouve dans le piétisme affectif l'expression de sa spiritualité. S'il recouvre encore une large fraction des masses croyantes, il est depuis longtemps battu en brèche dans les universités par le courant libéral. Or celui-ci, en dogmatique, réinterprète les croyances traditionnelles en fonction d'une philosophie où l'héritage de l'Aufklärung rejoint celui de Hegel ; en exégèse, il pratique une critique hardie, volontiers radicale, qui lui semble donner une base scientifique à sa façon de concevoir l'*essence du christianisme*. L'évangile tend ainsi à se réduire à une sorte d'éthique universelle fondée sur la foi en Dieu comme Père. Mais l'expression de cette foi dans le Nouveau Testament, et à plus forte raison dans l'Ancien, se voit dépouiller des éléments « mythiques » qui la rendent inassimilable à un esprit moderne. Tout se passe en somme comme si l'évangile avait fait émerger dans la conscience humaine un contenu idéologique qu'elle renfermait virtuellement et qui demeure aujourd'hui encore l'idéal spirituel de l'humanité en marche. La tâche de l'exégèse est de mettre en lumière les étapes de son émergence, et la tâche de la dogmatique se réduit plus ou moins à retracer l'histoire des idées religieuses qui en a résulté dans les siècles chrétiens. Quant au résultat ainsi obtenu, il suppose une dé-mythisation radicale des textes anciens, qui s'attache moins à apprécier la valeur positive de leur langage qu'à en sauver un résidu. C'est par cette voie que la foi-confiance peut encore y trouver sa nourriture, Jésus demeurant le modèle de l'*Homo religiosus* que chacun de nous doit être à sa suite. Il y a naturellement bien des nuances à l'intérieur de cette appréciation générale : le Jésus de Harnack, prédicateur de la morale de l'amour et du culte en esprit et en vérité, ne ressemble guère à celui de J. Weiss, annonciateur

---

4. On trouvera un tableau de ce contexte historique dans l'ouvrage de R. MARLÉ chap. I. Cfr l'exposé de A. MALET, *Mythos et Logos. La pensée de Rudolf Bultmann* Genève, 1962, p. 137-182.

apocalyptique du Jugement de Dieu tout proche. Ajoutons à cela qu'à partir du début du siècle l'École de l'histoire des religions (W. Bousset) cherche à rejoindre les valeurs du christianisme primitif par une toute autre voie : ce que la littérature du Nouveau Testament a traduit en termes mythiques, c'est d'abord un état d'âme qu'on peut appeler mystique et qui constitue l'essence du phénomène religieux en général. Ici encore, une dé-mythisation s'impose, si l'on veut conserver ces valeurs éternelles que leur revêtement anachronique risque de rendre étrangères à l'homme d'aujourd'hui. Remarquons qu'en exégèse l'École de l'histoire des religions pratique le même radicalisme critique que le protestantisme libéral. Seulement, dans les deux cas, que reste-t-il de la conception néo-testamentaire de la foi ?

Pour sortir de cette impasse où s'était fourvoyée la théologie protestante sans cesser pour autant de prendre au sérieux les requêtes légitimes de la critique, le mouvement de la théologie dialectique [5] entendit, dans les années 20, réaffirmer avec force le primat absolu de la Parole de Dieu, auquel répond chez l'homme le paradoxe de la foi : une foi sans appui humain et sans démonstration rationnelle, puisque Dieu est le Tout-Autre qui fait irruption dans l'homme pécheur pour lui donner, par un miracle de grâce, l'assurance de son salut et le transformer en homme nouveau. C'est chez Karl Barth que cette nouvelle entreprise dogmatique s'est affirmée à l'état le plus pur et sous la forme la plus systématique, bousculant les *à priori* tendancieux de l'exégèse libérale, où elle discernait les traces d'un rationalisme orgueilleux complètement étranger au message du Nouveau Testament. Or si Bultmann parut, durant un certain temps, naviguer dans les eaux de la théologie dialectique, il ne tarda pas à s'en distinguer par sa façon originale de poser le problème de l'herméneutique. De quoi s'agissait-il donc à ses yeux ? D'éviter les conséquences ruineuses de la dé-mythisation libérale, mais sans perdre le bénéfice des travaux critiques qui avaient paru lui donner un appui ; de conduire jusqu'à leur limite les exigences de la théologie dialectique, mais sans revenir aux exégèses conservatrices dont la pensée barthienne avait pratiquement besoin. De là, chez lui, un *radicalisme critique* hérité des exégètes libéraux et de l'École de l'histoire des religions [6], mais, en même temps, une volonté de maintenir

---

5. Bref exposé sur la question dans R. Marlé, *Le problème théologique de l'herméneutique. Les grands axes de la recherche contemporaine*, Paris, 1963, p. 26-34. Analyse détaillée des positions barthiennes dans H. Bouillard, *Karl Barth. Genèse et évolution de la théologie dialectique* (t. I) ; *Parole de Dieu et existence humaine* (t. II-III), Paris, 1957.

6. Bultmann parle à ce propos d'une honnêteté critique absolue, qu'il entend pour sa part conserver (cfr A. Malet, *op. cit.*, p. 181, qui adhère sans restriction à ce radicalisme critique, p. 182, note 1).

envers et contre tout le *paradoxe de la foi* [7]. L'alliance de ces deux éléments ne permettra-t-elle pas à la foi de n'être pas abandonnée aux croyants sans exigences scientifiques, mais de devenir plutôt l'exigence finale sur laquelle la critique elle-même débouchera, sans en fournir pour autant la moindre preuve ?

Pour parvenir à ce résultat, le Nouveau Testament va fournir à Bultmann l'élément fondamental de son herméneutique et de sa théologie. La question essentielle que son message pose à l'homme est en effet celle d'une *décision existentielle* qu'il lui faut prendre en face de la Parole de Dieu : croire, ou refuser la foi. Cette décision n'est pas de l'ordre des évidences intérieures que l'Évangile ferait surgir du fond de nous-mêmes, ni de l'ordre du sentiment mystique qui nous ferait d'une certaine façon éprouver le divin. Elle est l'acte suprême de la liberté de l'homme affrontée à Dieu dans sa Parole, un acte qui détermine le sens donné par chaque individu à sa propre existence : ou bien, refusant la foi, il demeure dans une existence « naturelle » où la Parole de Dieu fait discerner la présence du péché, avec au terme la perspective de la mort ; ou bien, répondant à la Parole de Dieu qui lui fait grâce, il accède à l'existence eschatologique qui constitue la vie véritable [8]. Les appels de Jésus à croire, l'annonce paulinienne de la justification par la foi, la présentation johannique du drame noué autour du Christ vie et lumière, retrouvent ce même point focal qui est au centre du message du Nouveau Testament. Or ici, le message recoupe exactement ce qu'un certain courant de la pensée moderne nous dit de l'homme : que la question de l'existence est le problème central de la philosophie et que, en dehors de cette question, tous les problèmes sont mal posés, s'ils traitent l'homme comme un objet observable du dehors, alors qu'il est un sujet surgissant à l'existence et se projetant vers l'avenir dans les actes mêmes où sa liberté s'affirme. On perçoit en ce point l'héritage de Kierkegaard, réagissant avec force contre l'idéalisme allemand. Mais depuis Kierkegaard, le courant issu de lui a pris une forme réflexive plus rigoureuse, notamment en Allemagne. Husserl, dans sa phénoménologie, a tâché de cerner le phénomène humain pour en déceler scientifiquement la signification. Heidegger surtout, du moins dans ses premiers ouvrages *(Sein und Zeit)*, a projeté de construire une ontologie où la temporalité et l'historicité de l'existence humaine seraient intégralement respectées.

---

7. Ce double aspect du projet bultmannien ressort de la conclusion de sa *Theologie des Neuen Testaments*, 2e éd., Tubingue, 1954, p. 577-591, dont on trouvera une traduction française dans R. BULTMANN, *L'interprétation du Nouveau Testament* Paris, 1955, p. 27-42, Introduction et traduction de O. LAFFOUCRIÈRE.

8. On comprend dans cette perspective le caractère privilégié que revêt, dans l'œuvre de Bultmann, l'œuvre johannique (cfr *Theologie des Neuen Testaments*, p. 421 ss.).

C'est pourquoi Bultmann n'hésite pas à reprendre le langage de Heidegger pour formuler ses propres principes exégétiques et théologiques [9]. Ce que la Parole de Dieu nous dévoile dans le Nouveau Testament, n'est-ce pas en effet la structure même de notre être, distendu entre deux modes d'existence contradictoires : l'existence inauthentique de l'homme pécheur, coupé de Dieu, et l'existence authentique de l'homme sauvé par grâce de Dieu ? Autrement dit, ce que la philosophie nous montrait comme les catégories existentiales constitutives de notre être, posant ainsi un problème auquel nos décisions existentielles pouvaient seules apporter une réponse non théorique mais vécue, trouve consistance dans le message que renferme pour nous l'événement du Christ. Le problème qui se pose à l'interprète de l'Écriture est donc de savoir retrouver en celle-ci cette mise en question de l'existence humaine. La théologie pourra se construire à partir de là, non comme un système idéologique où les réalités religieuses (Dieu, le Christ, la grâce, etc...) seraient objectivées de telle sorte que nous en possédions une connaissance positive, analogue à celle des réalités du monde, mais comme une détermination des catégories existentiales dans lesquelles notre être et notre agir trouvent effectivement leur sens. Cela ne nous dispense évidemment pas d'opérer pour notre propre compte la décision existentielle par laquelle nous répondrons à la Parole de Dieu : l'acte de foi. Mais cela nous permet, à l'intérieur de la foi elle-même, de découvrir les structures mêmes de notre être, non dans son essence, mais en tant qu'existant [10].

Il en résulte pour l'exégèse une tâche fondamentale : c'est de dépasser les résultats auxquels la critique peut conduire (analyse des idées attestées dans l'Écriture, détermination de ses formes littéraires et de ses modes d'expression, histoire de la pensée biblique et découverte de ses sources, etc.), pour déboucher sur le seul problème qui ait une importance réelle parce qu'il nous concerne encore aujourd'hui : la compréhension de notre existence affrontée à la Parole de Dieu. On voit ce que veut dire *interprétation existentiale*. Il s'agit d'un acte de réflexion théologique qui,

9. Sur le rapport de Bultmann et de Heidegger, voir l'exposé de A. MALET, *op. cit.*, p. 277-311, et l'explication de Bultmann lui-même : *L'historicité du Dasein et la foi*, dans *L'interprétation du Nouveau Testament*, p. 114-138. Cfr B. QUELQUEJEU, *Herméneutique bultmannienne et analytique existentiale*, dans *Rev. Sc. Phil. Théol.* , 1965, p. 577-596. Il faut noter que Heidegger a finalement abandonné son projet primitif de construire une ontologie, et qu'il se défend d'être un philosophe « existentialiste », étiquette que Sartre est le seul à revendiquer explicitement.

10. On a ici la clef des distinctions bultmanniennes entre le *Was*, domaine de l'essence visé par l'ontologie statique des grecs, et le *Wie*, domaine de l'ec-sistence visé par l'ontologie dynamique de l'existentialisme ; entre l'ontique, qui désigne les déterminations concrètes des *étants* au plan de l'existentiel, et l'ontologique, qui « exprime la structure formelle de l'être humain ». Cfr A. MALET, *op. cit.*, p. 11s.

sans se couper de nos décisions existentielles, nous en donne la pleine intelligence. Assurément, selon Bultmann, il est certain que, pour traduire l'expérience de foi le Nouveau Testament a recouru à des modes d'expression mythiques, en raison du milieu syncrétiste où la foi chrétienne s'est d'abord affirmée [11]. Sous ce rapport, son langage primitif est irrémédiablement périmé, car l'homme moderne pense selon d'autres catégories. Mais, à la différence de la théologie libérale ou de l'École de l'histoire des religions qui *évacuaient* le mythe pour conserver seulement son noyau idéologique, Bultmann cherchera à l'*interpréter*, pour discerner le message en face duquel l'homme est acculé au choix décisif, aujourd'hui comme au temps du Nouveau Testament. Je n'ai pas à dire pour l'instant si cette formulation du problème est satisfaisante sous tous les rapports, si le radicalisme critique auquel Bultmann emboîte allégrement le pas a des bases scientifiques aussi assurées qu'il le pense, si le principe de la dé-mythologisation résoud avec exactitude le problème du langage employé dans l'Écriture. En supposant même qu'il faille faire des réserves sur tous ces points, l'essentiel de la question demeurerait : Bultmann a-t-il raison ou tort de conduire l'exégèse dans la voie de l'interprétation existentiale ? Que faut-il en penser en théologie catholique ?

II

Si la réponse à cette question semble à première vue difficile, c'est que, dans le catholicisme, les coordonnées du problème de l'herméneutique diffèrent profondément de celles qui ont en quelque sorte déterminé la prise de position de Bultmann. La conception de la foi comme solution paradoxale du problème de l'existence tragique, qui à travers Kierkegaard va de Luther à Bultmann, n'a marqué en profondeur ni la théologie ni la spiritualité catholiques. De même, le retard avec lequel le catholicisme a intégré la *critique* littéraire et historique à son exégèse l'a dispensé d'expérimenter pour son propre compte l'antinomie entre le dogme et les excès hypercritiques du protestantisme libéral ; ou plus exactement, il a rejeté de son sein les modernistes qui avaient engagé leurs recherches dans ce sens. Enfin la fermeté de sa *dogmatique*, enracinée dans une tradition patristique et une problématique thomiste qui ont connu une vraie renaissance depuis le milieu du XIXme siècle, ont évité à sa théologie de se mettre à la remorque de la philosophie des Lumières, du kantisme et de l'hégélianisme ; il n'a donc pas connu l'impasse dont Bultmann a cherché à tirer la théologie protestante. Je ne dis pas que

11. Voir notamment le chap. V de l'ouvrage : *Le christianisme primitif dans le cadre des religions anciennes*, trad. fr., Paris, 1950, p. 143ss. : Le christianisme primitif considéré comme phénomène syncrétiste. Ici Bultmann est tributaire de l'École de l'histoire des religions.

cette situation n'ait présenté aucun inconvénient, je me borne ici à l'enregistrer comme un fait. Car s'il me fallait en esquisser la critique, je remarquerais qu'en accentuant de façon unilatérale le caractère intellectualiste de la foi, les théologiens n'ont pas toujours suffisamment pris en considération son caractère existentiel de libre option en face de la Parole de Dieu et de la grâce [12] ; qu'en s'enfermant dans la défense perpétuelle des positions conservatrices, ils ont placé leur apologétique en porte-à-faux et se sont longtemps privés des apports d'une critique bien comprise [13] ; qu'en se figeant dans la problématique scolastique, ils ont pratiquement évité tout dialogue réel avec leur temps, dont ils ne parlaient plus le langage.

Ces défauts de l'exégèse et de la théologie post-tridentines me font penser que le problème de l'interprétation existentiale dans la tradition catholique ne doit pas être étudié à leur niveau. Il faut remonter plus haut, jusqu'aux époques où la théologie et l'action pastorale de l'Église, étroitement liées entre elles, n'avaient pas distendu leur rapport organique avec l'Écriture ni, par conséquent, avec l'exégèse. Il en allait ainsi dans l'antiquité patristique. C'était encore le cas aux grands siècles du moyen-âge, bien que la conception scolastique de la « théologie à l'état de science » portât en elle le germe des ruptures expérimentées depuis lors [14]. Il ne s'agit pas, bien sûr, de poser aux auteurs de ces divers temps (fût-ce à saint Thomas !) des questions formulées en termes modernes : quoi d'étonnant, s'ils se montraient incapables d'y répondre directement ? Il faut se placer au contraire dans l'axe même de leur pensée pour saisir la valeur de leur exemple. Or cet axe me paraît exactement défini par la doctrine classique des *quatre sens de l'Écriture*, lieu géométrique où se recoupent l'exégèse, la théologie et la pastorale : l'exégèse, puisqu'il s'agit d'explorer sous divers angles le contenu de l'Écriture, soit comme texte, soit comme témoignage relatif à une histoire significative ; la théologie, puisque les divers domaines que recouvre celle-ci correspondent justement aux divers « sens » que l'interprète décèle dans la Parole de Dieu ; la pastorale, puisque l'exégèse et la théologie ne se proposent pas autre chose que de confronter la Parole de Dieu avec des hommes concrets, vivant dans l'Église, pour y trouver la règle pratique de leur existence chrétienne.

---

12. De là ses discussions formelles sur la liberté de l'acte de foi, où les seules questions envisagées concernent la légitimité de l'intervention de la volonté dans la connaissance de foi, le mode et le moment de son intervention, etc. Ce recours systématique à la psychologie scolastique et à sa distinction des facultés humaines s'adapte mal à une situation où l'homme les unifie pour s'engager tout entier dans sa décision de foi.

13. Renvoyons sur ce point à notre exposé antérieur : *La Bible, Parole de Dieu*, p. 98-100, 211-215.

14. *Exégèse, théologie et pastorale*, dans *Nouv. Rev. Théol.*, 1966, p. 11-13.

Cette dernière remarque nous introduit au cœur de l'exégèse antique et médiévale : au-delà des *méthodes* auxquelles recourent alors les interprètes, selon les moyens qu'offre la culture de leur temps, elle décèle une *intention directrice* qu'il va falloir analyser [15]. Interpréter l'Écriture, ce n'est pas seulement rejoindre par la pensée l'*histoire* qu'elle atteste, ou recueillir les *idées* qui s'y trouvent exprimées pour les organiser en système. C'est écouter Dieu qui, en elle, ne cesse de parler à son Église ; c'est donc comprendre la vie actuelle de cette Église, qui a pour unique source la Parole de Dieu ; c'est voir finalement comment cette Parole est un message toujours actuel où l'homme doit trouver la nourriture de sa foi et la lumière de sa vie. Dans le contenu global de l'Écriture, l'interprète discerne donc une *historia* qui fonde tout le reste ; mais cette *historia* n'atteint l'homme d'aujourd'hui que par la triple signification qu'elle porte en elle : *allegoria, anagogia, tropologia.* Que faut-il entendre par là ? Non pas une triple application de la méthode allégorique empruntée à la culture alexandrine : ce n'est là que le côté le plus superficiel de cette exégèse ; mais une triple relation des textes et des réalités dont ils parlent à la vie du chrétien. L'*historia* des deux Testaments est, en premier lieu, la manifestation d'un mystère de salut qui déploie ses dimensions dans le temps et se consomme finalement par la vie de Jésus, que viennent consommer la passion, la résurrection et l'ascension, puis par la vie de l'Église, où l'Esprit Saint est communiqué aux hommes et où la Parole de Dieu opère grâce à l'annonce de l'Évangile et à l'économie sacramentaire. La mise en lumière de ce point constitue le domaine de l'*allegoria*. Cependant le mystère ainsi manifesté en ombres et en figures, par la médiation de certaines réalités qui s'inscrivent dans l'expérience temporelle des hommes, se situe par essence au-delà du temps, car c'est le mystère de Dieu même, auquel le Christ est venu relier les hommes. La tension de la foi vers les réalités divines, supra-terrestres et ultra-temporelles, invite donc à découvrir au-delà de l'*historia* et de l'*allegoria* une signification dernière qui délimite le domaine de la mystique chrétienne : c'est l'*anagogia*. Dans la perspective définie par cette *allegoria* et cette *anagogia*, la *tropologia* va prendre sa véritable portée : ce n'est pas un sens moral quelconque, rattaché vaille que vaille aux textes scripturaires, mais la personnalisation et l'intériorisation du mystère révélé par la Parole de Dieu. Ici le sens spirituel de l'Écriture n'est autre chose que son point d'impact dans la vie de l'homme, son actualisation dans l'existence de chaque jour. Car, comme écrit le P. de Lubac, « tout ce qui se fit une première fois dans l'histoire n'avait pas d'autre fin que cela ; tout ce qui s'accomplit dans l'Église elle-même n'a pas

15. Ce travail a été fait en détail par H. DE LUBAC, *Exégèse médiévale : Les quatre sens de l'Écriture*, Ire Partie, Paris, 1959 ; IIme Partie, t. I, 1961 ; t. II, 1964.

d'autre fin ; tout se consomme dans l'homme intérieur »[16] : « quidquid vel sub historia, vel sub allegoria, sive sub tropologia docetur, causa hujus pacti, id est, nostræ restaurationis edocetur »[17]. Autrement dit, la tropologie a pour contenu et l'anthropologie et la spiritualité chrétiennes[18]. En conséquence, « c'est par le sens tropologique ainsi compris que l'Écriture est pleinement *pour nous* la Parole de Dieu, cette Parole qui s'adresse à chacun, *hic et nunc,* aussi bien qu'à toute l'Église, et disant à chacun ce qui intéresse sa vie »[19].

Ce qui est ici en cause, c'est donc la nature et les normes de l'existence chrétienne, organiquement reliée, d'une part, au mystère du Christ et au mystère ecclésial, d'autre part, à sa finalité transcendante. Et puisque l'*allegoria* et l'*anagogia* ne constituent pas des domaines du savoir théologique indépendants de la vie pratique mais sont polarisées par la *tropologia* sur laquelle elles débouchent, il s'ensuit que l'interprétation de l'Écriture est tout entière finalisée par la compréhension et la réalisation effective de l'existence chrétienne. Il s'agit bien d'une interprétation *existentiale,* toujours rapportée à un but pratique d'ordre *existentiel :* la vie dans la foi, la décision de répondre par la foi vivante à la Parole que Dieu nous adresse dans l'Écriture, la soumission aux exigences de cette Parole dans les comportements quotidiens. Saint Thomas n'a aucunement modifié ces idées traditionnelles quand il a posé en principe que le sens direct du texte *(sensus litteralis)* peut seul être allégué comme preuve pour démontrer une thèse théologique[20] (au sens technique où il entend la théologie) : il va de soi que, pour lui, ce *sensus litteralis* atteste, d'une part, le mystère du Christ et de l'Église, et d'autre part, le mystère de Dieu et de la vie éternelle, pour définir et pour régler la vie chrétienne de chaque jour. En outre, précisant dans le *Quodlibet* 7 (q. 6) ce qui constitue à ses yeux le « sens des choses » dans l'Écriture, qu'il appelle *sensus spiritualis,* il ne se contente pas de dire que les choses en question sont caractérisées par leur caractère historique (« *res cursum suum peragentes* significant aliquid aliud… »[21]) ; il remarque : « Veritas quam sacra Scriptura per figuras rerum tradit, ad duo ordinatur : scilicet, ad recte credendum, et ad recte operandum »[22]. *Ad recte operandum :* c'est le sens tropologique ; *ad recte credendum :* c'est le Christ dans la totalité de son mystère, et c'est l'Église en son économie terrestre et son statut ultra-terrestre. Or, pour prendre un exemple,

16. *Ibid.*, Ire Partie, p. 563.
17. *Ibid.*, p. 363-64. citant Garnier de Rochefort.
18. *Ibid.*, p. 555s.
19. *Ibid.*, p. 666, citant saint Grégoire le Grand.
20. Ia, q. 1, art. 10, ad 1 ; cf. *Quodl.* 7, q. 6, art. 14, ad 4, et *In sent.*, prol., q. 1, art. 5.
21. *Quodl.* 7, q. 6, art. 3, in corp.
22. *Quodl.* 7, q. 6, art. 2, in corp.

même ce qui est dit du Christ constitue une révélation en figures de notre agir chrétien : « ea quæ ad litteram de ipso Christo capite dicuntur, possunt exponi et allegorice, referendo ad corpus ejus mysticum ; *et moraliter, referendo ad actus nostros, qui secundum ipsum debent reformari ;* et anagogice, in quantum in Christo est nobis iter gloriæ demonstratum » [23]. Ainsi la christologie incluse dans l'Écriture renferme-t-elle une révélation conjointe de cette « existence eschatologique » qu'est la vie de l'homme nouveau, tendue vers la vie éternelle dont elle apporte les arrhes. Faut-il donc voir dans la tropologie ancienne et médiévale une première forme d'interprétation existentiale ? J'incline à répondre affirmativement, puisque cette tropologie ne vise pas seulement à édifier le lecteur de l'Écriture en provoquant chez lui les décisions existentielles qui feront passer sa foi dans ses actes, mais à définir les structures mêmes de sa vie de foi et de l'être nouveau qu'il devient en Jésus-Christ [24].

Reste la question des moyens mis en œuvre par l'exégèse pour atteindre cette fin. Ici, il est évident qu'ils sont conditionnés par la culture du temps où vivent les interprètes. Leur souci de fonder tout l'édifice exégétique et théologique sur une *littera* (un texte) qui atteste en premier lieu une *historia* montre que le recours à l'allégorie (ou exégèse des symboles) est chez eux une opération seconde, très exactement : une réflexion sur l'histoire, que Dieu a providentiellement disposée pour être la révélation du mystère du Christ et de notre vie dans ce mystère. Le P. de Lubac a souligné le fait non seulement dans l'exégèse latine du moyen-âge, mais chez l'initiateur de cette allégorie chrétienne systématisée : Origène [25]. L'intentionnalité générale d'une telle méthode ne ressemble donc en rien à celle de l'allégorisme grec ou philonien, même si elle use de procédés pratiques semblables. Elle suppose en effet une attention sérieuse à la portée obvie de la *littera*, ce qui ouvre en principe la voie à la critique du langage et à la critique littéraire, pour comprendre ce que Dieu nous dit par le truchement des auteurs inspirés. Elle suppose aussi un examen objectif de l'*historia*, ce qui ouvre la voie à la critique historique, pour connaître les événements constitutifs de l'histoire du salut. Mais ces opérations, chaque âge les a faites selon ses

23. *Ibid.*, ad 5.

24. On peut même faire une remarque supplémentaire. Les *choses* dont il s'agit dans cette réflexion théologique ne sont pas des réalités *statiques* contemplées au plan des essences, mais des réalités *historiques* marquées par la temporalité humaine. Or ce que vise la réflexion, c'est d'en *déchiffrer le sens* en fonction du dynamisme qui les anime et dont le Christ a dévoilé le dernier secret. N'y a-t-il pas là une amorce d'analyse phénoménologique, menée évidemment avec les moyens que fournissait la culture du XIIIe siècle ?

25. H. DE LUBAC, *Histoire et esprit. L'intelligence de l'Écriture d'après Origène*, Paris, 1950, chap. III.

moyens propres. Il ne faut pas s'étonner si les exégèses ancienne et médiévale manifestent à leur sujet des faiblesses que nul ne nie. De même, l'exubérance d'une symbolique artificielle correspond au goût d'un temps que la philosophie platonicienne avait profondément marqué : c'est l'élément le plus caduc de cette exégèse, à laquelle saint Paul et l'épître aux Hébreux avaient fourni ses principes directeurs [26].

Mais le problème le plus délicat n'est peut-être pas là. On le rencontre au niveau des systématisations théologiques qui ont tenté d'exprimer dans le langage philosophique du temps le contenu de la Parole de Dieu trouvée dans l'Écriture. Le stoïcisme, puis le platonisme, puis l'aristotélisme, ont fourni aux théologiens un outillage conceptuel pour formuler le dogme et en expliquer la portée. Le message de l'Écriture s'est ainsi coulé dans un moule qui, primitivement, lui était étranger. Faut-il, avec Bultmann, estimer que ce message s'est par là même obnubilé, puisque les catégories de pensée de l'*homme naturel* (dont le Grec fut le type achevé) ont été substituées pratiquement à celles de l'Écriture, axées non sur la nature de l'homme mais sur son historicité et sa vocation, non sur la nature de Dieu mais sur la relation que l'homme entretient avec lui [27] ? Il y a dans cette appréciation une erreur certaine sur le genre de service que les théologies patristique et médiévale ont demandé à l'outil philosophique qu'offrait la pensée grecque. En réalité, l'usage de cet outil était déterminé par la nature du message à traduire, si bien que ses catégories de pensée et son langage étaient (au moins en droit) refondus en fonction de la nouvelle perspective où la théologie les plaçait. Je dis : *au moins en droit*, car il n'est pas exclu qu'en pratique des théologiens se soient adonnés parfois à une spéculation intempérante, où l'emploi de la philosophie grecque voyait s'obscurcir son intentionnalité. Un outillage conceptuel insuffisamment critiqué risquait, c'est l'évidence, d'imposer abusivement ses formes à une théologie qui se voulait pourtant biblique en son principe et en sa méthode, puisqu'elle cherchait toujours son point de départ dans l'Écriture. On n'en conclura pas que l'ontologie classique utilisée par les Pères et les théologiens médiévaux a gauchi le message de l'Écriture en l'habillant à la mode grecque. Bien plutôt, les Pères et les théologiens médiévaux ont manifesté leur confiance absolue dans la force de la Parole de Dieu, lorsque, tout en répudiant le paganisme foncier de l'*homme naturel*, ils n'ont pas hésité à

26. Sur cette jonction d'un élément théologique apporté par la révélation biblique, et d'un élément culturel puisé dans la civilisation où vivent les interprètes, voir : *La Bible, Parole de Dieu*, p. 191s. On trouvera une analyse succincte de l'élément théologique dans : *Sens chrétien de l'Ancien Testament*, Tournai-Paris, 1962, p. 16-27. Il y aurait lieu toutefois de se demander si l'*allégorie* de l'exégèse médiévale ne représente pas un essai d'herméneutique des symboles qui, malgré ses imperfections, n'est pas étranger à la problématique des modernes.

27. Exposé sur ce point dans le livre de A. MALET, *Mythos et Logos*, p. 21-27.

employer le langage de l'ontologie grecque pour faire comprendre le contenu de l'Évangile à leurs contemporains. Introduite dans les catégories existentiales que fournissait l'Écriture, cette ontologie « convertie » prenait un sens nouveau. Quand saint Augustin emprunte au néoplatonisme ses notions de souverain Bien et de béatitude pour définir le mouvement qui porte l'homme vers Dieu, il y coule une réalité qui est celle de l'expérience chrétienne, telle que la définissent saint Paul et saint Jean. Et quand saint Thomas emprunte à Aristote ses notions d'Acte pur et de premier Moteur immobile pour définir la dépendance de toutes les créatures à l'égard du Créateur, il y met un contenu qu'il tire de l'Écriture, c'est-à-dire, l'existence de l'homme-dans-le-monde en face du Dieu vivant qui le fait surgir à l'être. Il peut sembler paradoxal qu'une interprétation existentiale de l'Écriture ait recouru à cette ontologie apparemment statique, inattentive à l'historicité de l'homme, pour traduire certains aspects de la révélation biblique. Mais ce n'est là qu'un point particulier de la transformation de l'homme par la grâce qui fait de lui une « nouvelle créature » : non seulement sa volonté, mais aussi sa pensée, sont effectivement recréées en Jésus-Christ.

Toutefois, il en va de cette soumission de la philosophie à la Parole de Dieu comme de tous les actes de la vie chrétienne : elle ne reste fidèle à son projet fondamental qu'au prix d'un effort constamment renouvelé, d'un contact de tous les instants avec le Livre où la Parole de Dieu lui est immédiatement accessible. S'il arrivait que le théologien néglige ce ressourcement et se contente d'emprunter à ses prédécesseurs les énoncés doctrinaux où ils ont expliqué le sens des dogmes, quitte à en discuter certaines modalités, il serait à craindre qu'il mette sur le même plan des éléments qui, en réalité, sont de natures différentes. On peut se demander si la théologie post-tridentine a suffisamment pris garde à cela. D'un côté, pour donner une assise solide à l'orthodoxie catholique, elle a cherché son point de départ réflexif chez saint Thomas, au lieu de refaire tout son travail à partir de l'Écriture (ce qui ne dénotait d'ailleurs pas une fidélité particulière à l'exemple donné par saint Thomas). De l'autre côté, son thomisme fut notablement influencé par une certaine « philosophie des essences », fort peu perméable aux catégories existentiales fournies par la révélation biblique. De ce fait, malgré son opposition radicale à Spinoza, à la philosophie des Lumières et à Hegel, elle a plus ou moins participé à l'esprit du temps, et la critique bultmannienne de l'ontologie classique vise peut-être en réalité ses positions, réelles ou apparentes [28], plutôt que celles des Pères ou des théologiens médiévaux, dont Bultmann ne semble pas avoir une

28. Cette critique atteint à la fois la philosophie et la théologie qui en empruntait le langage, car on ne saurait dissocier la théologie, comme expression raisonnée de la foi, de ses instruments conceptuels.

connaissance approfondie. Lorsque, par exemple, en réaction contre le subjectivisme kantien, elle a insisté sur l'*objectivité* de la connaissance religieuse assurée par l'acte de foi, s'est-elle rendue compte qu'elle employait un langage ambigu ? En effet, s'il est faux de dire que la foi construit son objet à partir de l'expérience intérieure, il ne serait pas moins faux d'assimiler le réalisme qu'on lui attribue à l'objectivité de la connaissance scientifique du monde : ces deux ordres de connaissance posent des problèmes totalement différents. Cette remarque m'amène au seuil de la question qui nous occupe ici : comment la théologie doit-elle se comporter aujourd'hui pour réaliser une interprétation existentiale de l'Écriture ?

III

Tout ce que j'ai dit jusqu'ici suppose en effet que j'admets la vérité de la problématique « existentiale », à condition qu'elle soit comprise correctement. Il est parfaitement exact que le problème de l'existence de l'homme occupe une place centrale dans la révélation biblique. Non pas en ce sens que la révélation serait anthropocentrique et que son objet réel se réduirait à une anthropologie [29] ; mais en ce sens qu'en éclairant le rapport de l'homme à Dieu, la situation de l'homme devant Dieu, elle dévoile du même coup le sens de la temporalité humaine et définit de façon décisive les coordonnées de notre existence. De ce fait, la *théo*logie et l'*anthropo*logie ont partie liée dans les deux Testaments : le Christ les unit l'une à l'autre de façon indissoluble, puisqu'en lui Dieu révèle ce qu'il est *pour l'homme*, en même temps qu'il révèle à l'homme le mode d'existence où celui-ci sera vraiment lui-même en étant relié *à Dieu*.

Il serait sans doute utile de préciser ici qu'en parlant du *problème* de l'existence j'emploie une expression équivoque qui peut prêter le flanc à la critique. Car, pour reprendre une remarque de Gabriel Marcel, « un *problème* est quelque chose que je rencontre, que je trouve tout entier devant moi, mais que je puis par là même cerner et réduire ». Or tel n'est pas le cas de mon existence quand je m'efforce de la penser : « le problème de l'être empiète sur ses propres données et s'approfondit à l'intérieur du sujet qui le pose », de sorte qu'il vaudrait mieux

29. Cette conséquence est tirée par une certaine gauche bultmannienne qui aboutit, en fait, à une théologie totalement sécularisée. Mais tel n'est pas le projet de Bultmann lui-même, qui reproche à l'orthodoxie elle-même de faire des discours *sur* Dieu en s'imaginant le connaître, alors qu'il faudrait parler *de* Dieu en affirmant d'abord sa transcendance absolue par rapport à la pensée humaine. Cfr A. MALET, *op. cit.*, p. 82-106.

parler à son sujet d'un *mystère*, c'est-à-dire de « quelque chose en quoi je suis moi-même engagé » [30]. Pourquoi cette remarque d'ordre philosoque ? Parce qu'elle rejoint, au niveau de l'expérience commune, ce qui va se retrouver à propos de l'expérience de foi. Dieu ne se révèle pas à l'homme par sa Parole indépendamment de la relation que l'homme noue avec lui par l'engagement de la foi, qui est un libre accueil de cette Parole. Aussi la conscience que j'ai de lui comme croyant ne me permet-elle pas de l'*objectiver* comme une chose qui me serait extérieure. *Intimior intimo meo*, selon le mot de saint Augustin, il ne se laisse approcher par moi qu'à partir de ce centre secret de mon être où sa Parole m'atteint, puisque c'est là qu'elle me fait surgir à l'existence non seulement en me créant, mais aussi en me recréant en Jésus-Christ. Il n'y a de *connaissance* de foi qu'à l'intérieur de l'*expérience* de foi, donc de l'option existentielle où ma liberté s'engage en reconnaissant la Parole absolue que Dieu me dit en Jésus-Christ. Ne parlons pas ici d'un *problème* que l'on pourrait mettre en formules, mais d'un *mystère* dont il faut s'approcher concrètement en le vivant. Du point de vue du croyant qui accueille la Parole de Dieu, le mystère de Dieu est donc inséparable du mystère de l'existence : la Parole de Dieu les éclaire ensemble, parce que la foi introduit dans un mode d'existence qui est l'existence-avec-Dieu.

Ces considérations sembleront peut-être subtiles. Elles sont cependant importantes si l'on veut définir correctement l'objet même de la théologie. Celui-ci n'est pas constitué par un certain nombre de réalités *objectivables* que le théologien pourrait regarder du dehors, disséquer, définir, réduire en concepts méticuleusement classés comme les végétaux recueillis dans un herbier. Il s'agit du *mystère-de-Dieu-avec-les-hommes*, tel qu'il s'est dévoilé au cours des âges dans un ensemble de signes dont le Christ fut le centre, tel qu'il se rend présentement accessible par l'annonce de l'Évangile et l'économie sacramentaire de l'Église, tel enfin qu'il est vécu par chaque croyant dans les actes concrets d'une existence à laquelle la foi donne son sens [31]. On est doublement justifié à parler ici de *mystère :* parce que, d'une part, les secrets divins qui se révèlent ont un contenu inépuisable qui excède les limites de notre esprit et déborde tous nos concepts ; parce que, d'autre part, nos décisions existentielles sont impliquées dans la conscience même que nous

30. G. MARCEL, *Être et avoir*, Paris, 1935, p. 169. L'existentialisme de Gabriel Marcel, quoique moins élaboré techniquement que celui de Heidegger, peut aider à retrouver les catégories existentiales-ontologiques sous-jacentes à une ontologie classique sainement pratiquée.

31. Dans *La gloire et la croix. Les aspects esthétiques de la révélation*, I. *Apparition*, Trad. fr., Paris, 1955, H. URS VON BALTHASAR analyse d'abord l'expérience de foi (chap. 2) avant d'examiner ce qu'il appelle « la Figure de révélation » dont le Christ est le centre (chap. 3-8).

en prenons. Ainsi le donné *objectif* dont le théologien s'efforce d'acquérir l'intelligence lui devient-il *intérieur* par l'acte de foi qui précède nécessairement sa réflexion [32]. Il reste vrai que ce donné s'est inscrit dans le temps, que sa manifestation s'est opérée par la conjonction de la Parole de Dieu et d'une histoire révélatrice dont le contenu existe indépendamment du sujet qui en scrute la signification, que le mystère-de-Dieu-avec-les-hommes ne se réduit pas aux dimensions de la décision de foi que je suis appelé à prendre en face de la Parole qui m'est adressée aujourd'hui. Mais en retour, la Parole de Dieu proférée dans les âges passés, l'expérience historique dont elle a éclairé le sens pour l'intégrer à l'Évangile, la réalité ecclésiale où je vis actuellement, définissent les catégories qui structurent mon existence et ma décision de foi. Ainsi la révélation même a une dimension *existentiale*, qui ne peut être laissée de côté sans que tout son contenu soit littéralement dénaturé.

On doit donc dire la même chose du travail de la théologie. Il ne s'agit aucunement de prétendre qu'en dehors de la question de l'existence tous les objets classiques de son étude sont dénués d'intérêt : Trinité, christologie, ecclésiologie, grâce et sacrements, etc... ; ni de prétendre que ses formulations classiques en termes d'ontologie sont des créations humaines où l'intellectualisme grec aurait défiguré le pur existentialisme de l'Écriture. Il s'agit de comprendre que tous les aspects du mystère-de-Dieu-avec-les-hommes constituent des données existentiales que la théologie a pour fonction de mettre au jour et d'élaborer. En conséquence, leur rapport au problème de l'existence ne doit pas apparaître comme une sorte d'appendice, surajoutée après coup à un exposé qui se suffirait sans cela. Il doit être partout présent à l'horizon et, sans absorber en lui la *réalité objective* du mystère ainsi considéré, empêcher qu'elle ne soit *objectivée* à la façon des réalités de ce monde-ci, qui relèvent de la science et non de la connaissance de foi. Je touche ici au problème que pose, en théologie, l'emploi du langage conceptuel emprunté à la philosophie grecque. Je n'ai aucune envie de préconiser la substitution d'une ontologie de style heideggérien (s'il en existe une !) à l'ontologie classique utilisée par les Pères et les théologiens médiévaux. Mais la légitimité de principe qu'on doit reconnaître à celle-ci n'empêche pas qu'il faille prendre au sérieux l'élément formel qui qualifie toujours les réalités auxquelles on en applique le langage : ce rapport à l'existence humaine qui en détermine justement le sens, non *en soi*, dans l'univers abstrait des réalités intelligibles contemplées du point de vue de Sirius, mais

32. Non seulement ce donné de la foi ne devient intelligible qu'à partir de l'expérience qui en est faite dans l'acte de croire, mais la question même de la foi n'est intelligible qu'à partir de l'acte d'exister qui en fournit une sorte d'intelligence préalable. Nous rejoignons ici la remarque de Bultmann sur la nécessité d'une précompréhension (*Vorverständnis*) pour l'interprétation existentiale de l'Écriture.

pour nous, qui sommes directement concernés par les réalités en cause. Peut-être la réflexion théologique trouverait-elle là le principe d'une réforme intérieure qui, en la délestant de questions anachroniques ou oiseuses, et surtout en le replaçant dans l'axe de la révélation elle-même, lui permettrait de se réinsérer plus fortement au cœur de l'action pastorale de l'Église, comme c'était le cas à l'époque patristique et aux grands siècles du moyen-âge.

Donnons quelques exemples. Est-il inconcevable que la christologie, au lieu de paraître tourner autour de discussions abstraites sur des sujets dont nous ignorerons toujours le fin mot, apparaisse comme la manifestation dans le Christ-Chef de cette *existence eschatologique* à laquelle nous accédons par la foi ? Cela n'exclut certes pas qu'on attache un intérêt réel à l'être du Christ considéré en lui-même, dans son rapport à celui qu'il nomme son Père et à l'Esprit qu'il a promis aux siens : il n'y aurait pas pour lui d'*existence* eschatologique sans un substrat *ontologique* [33], que les conciles du Vme siècle ont tâché de cerner, et que les textes évangéliques nous permettent d'entrevoir à partir de son expérience d'homme, telle qu'il l'a vécue en face de Dieu. Mais s'il est né comme homme dans notre race, n'est-ce pas « propter nos et propter nostram salutem », afin d'inaugurer ici-bas l'existence de cette humanité nouvelle dans laquelle la décision de foi nous fait entrer ? De même l'ecclésiologie, en étudiant sous ses diverses faces le mystère d'une Église qui constitue le Corps du Christ et prolonge par là dans le temps le mystère de l'incarnation, détermine certaines structures essentielles de notre propre existence eschatologique, et l'espérance chrétienne fait apercevoir en ombres et en figures le mystère ultra-terrestre et méta-historique qui polarise cette existence. Quant à l'anthropologie et à la morale, elles n'ont pas à renier l'effort séculaire qui leur a fait assimiler nombre d'éléments fournis par la métaphysique ou la morale des anciens. Mais ne doivent-elles pas, pour rester chrétiennes, recentrer sans cesse ces éléments sur l'unique problème dont la solution détermine notre situation réelle en face de Dieu : l'engagement de notre liberté en présence de sa Parole ? Ne serait-il pas étrange, par exemple, qu'en morale l'étude

---

33. J'emploie ici le mot *ontologique* au sens classique, non au sens heideggérien. Dans la terminologie de Heidegger, l'existence concrète de Jésus devant Dieu relèverait d'ailleurs de l'ordre *ontique*, tout en manifestant les existentiaux qui définissent ontologiquement notre être racheté. Mais même dans cette perspective, l'être de Jésus ne peut être défini en lui-même qu'à partir de son rapport aux hommes et à Dieu, tel qu'il résulte de ses paroles et de ses attitudes pratiques. Pour approcher du centre du mystère, la théologie n'emploie-t-elle pas une méthode analogue à celle de la phénoménologie, dans la mesure où elle interprète le sens des phénomènes à travers lesquels ce mystère s'est dévoilé aux yeux de ceux qui croient ?

de la liberté humaine se borne à analyser les *mécanismes* du libre arbitre, en marquant au passage tous les conditionnements dont il est présentement affecté, sans examiner la question de son *sens* en fonction de l'option spirituelle qui constitue son acte propre ? C'est dans cette perspective en effet que nous voyons s'ouvrir le débat dramatique de la chair et de l'esprit (au sens paulinien de ces termes), du Moi pécheur et de la grâce libératrice, qui trouve son issue dans la vie de charité. Abordés sous un tel angle, les problèmes de l'action morale et du péché prennent un tour nouveau, car ils se voient situer dans le cadre où ils sont effectivement vécus par nous. De telles remarques n'ont aucun caractère révolutionnaire, même si, de la théologie scolaire, elles en appellent à une tradition plus profonde qui fut vivante dans le passé.

Je n'ai pas, jusqu'ici, beaucoup parlé d'exégèse. C'est à la théologie comme telle que j'ai adressé ma requête, en la priant de poursuivre toujours ses réflexions sur deux registres, ontologique et existential, pour respecter la nature de la révélation biblique, qui explicite le second et implique le premier [34]. Mais je n'oublie pas que, dans ce travail, la théologie ne fait qu'énoncer pour l'homme d'aujourd'hui le contenu du message apporté par la Parole de Dieu, et que, pour atteindre cette Parole dans son intégralité, il lui faut *partir de l'Écriture*, en la lisant dans une lumière fournie par l'expérience de l'Église. Partir de l'Écriture : l'opération est absolument traditionnelle en théologie patristique et médiévale. La Tradition n'est pas une source *à côté* de cette première source ; elle est l'expérience ecclésiale de la même Parole de Dieu à laquelle l'Écriture permet d'accéder directement en la saisissant à sa source [35]. Le théologien ne saurait donc échapper au problème de l'interprétation de la Bible, qui est au contraire capital pour lui. Il se peut qu'il doive recourir sur ce point aux services de l'exégète spécialisé, pour savoir quel sens revêtaient exactement les textes dans le temps et dans le milieu où ils ont été composés. En retour, l'exégète ne peut ignorer que son propre travail s'intègre nécessairement à une œuvre plus grande qui intéresse toute l'Église : l'élucidation de la Parole de Dieu pour les hommes de notre temps, afin de leur permettre d'effectuer en pleine clarté leur engagement dans la vie de foi. Le même point de vue existential qui s'imposait au théologien, s'impose donc aussi à lui avec une urgence renouvelée. Le fait est d'autant moins difficile à admettre

34. Cela implique évidemment que l'instrument philosophique utilisé par les théologiens unisse aussi les deux registres, en développant la dimension existentiale de l'ontologie classique, au lieu d'en faire abstraction pour cerner les réalités surnaturelles « dans leur essence ». Les exigences de la théologie peuvent requérir sur ce point une réforme sérieuse de la philosophie elle-même, dans son intention et dans ses méthodes. Mais ce n'est pas le lieu de traiter de ce point.

35. Cfr *La Bible, Parole de Dieu*, p. 26-32. Sur ce point, voir la constitution *Dei Verbum*, chap. II, 9-10.

que la structure historique de la révélation biblique n'est ni une simple insertion de la Parole de Dieu dans un cadre d'histoire qui lui serait de soi indifférent, ni le simple déroulement d'une « histoire du salut » que la lecture de l'Écriture rendrait en quelque sorte empiriquement constatable. En réalité, si une certaine tranche d'histoire humaine a pu jouer ainsi une fonction révélatrice, c'est parce qu'alors, en adressant sa Parole aux hommes, *Dieu les a amenés à expérimenter dans la foi ce qui, actuellement encore, structure notre existence chrétienne* [36]. Autrement dit, la dimension existentiale que nous avons décelée dans la révélation était présente dès l'origine dans la Parole de Dieu et dans l'Écriture qui l'atteste. Toute exégèse bien conduite doit donc l'y mettre en évidence ; autrement, ce serait le signe qu'elle interroge l'Écriture sur toutes sortes de choses, à l'exception de l'essentiel.

Nous voici introduits au cœur de la critique biblique. Car il ne s'agit pas de superposer une interprétation existentiale des textes et de l'histoire qu'ils attestent, à une recherche préalable de leur sens obvie qui pourrait intéresser l'historien sans toucher au domaine du théologien. Au fait, qu'est-ce donc qu'un historien, et pourquoi s'intéresse-t-il au passé humain ? Au-delà de ses essais, plus ou moins fructueux, pour restituer le visage externe des événements dont certains hommes ont été les acteurs, quelle question vitale pose-t-il à l'histoire ? Sans même descendre jusqu'aux couches profondes de la conscience où se décide le destin des hommes devant Dieu, n'est-il pas déjà guidé dans son étude par le désir de *déchiffrer le sens général de la temporalité humaine* [37], à partir de certains cas concrets qui lui paraissent éclairants ? Le pur érudit mérite-t-il le nom d'historien ? Ne le devient-il pas seulement quand il dépasse son érudition pour appliquer aux données événementielles les méthodes de la phénoménologie, pour que les faits manifestent leur signification humaine ? Que dire, lorsque l'histoire considérée est celle des libertés humaines affrontées à la Parole de Dieu ? Or tel est constamment le cas dans l'Écriture, à tel point que ce drame spirituel des hommes est le seul qui fasse, chez les auteurs sacrés, l'objet d'un enseignement formel. Il va de soi que, du même coup, l'insertion de la Parole dans le tissu des événements, le message qu'elle a apporté à chaque temps, l'expérience événementielle dont elle énonçait le sens, entrent dans le domaine ainsi déterminé. Mais, comme l'a fait justement remarquer le P. Malevez à propos de la discussion entre Cullmann et Bultmann [38],

---

36. Sur cette fonction révélatrice des choses engagées dans l'histoire du peuple de Dieu, voir *La Bible, Parole de Dieu*, chap. VI.

37. Voir les remarques de Heidegger dans *Sein und Zeit*, chap. V, § 76. En traduction française de H. CORBIN, dans *Qu'est-ce que la métaphysique* ? Paris, 1951, p. 201-208.

38. L. MALEVEZ, *Les dimensions de l'histoire du salut*, dans NRT, 1964, p. 570-578.

la densité propre de l'histoire sainte comme telle résulte du drame qui s'y noue entre Dieu et les libertés humaines ; tous les écrivains bibliques en sont conscients, même lorsqu'ils ne peuvent encore en expliciter complètement les données. L'étude critique de leurs œuvres conduit ainsi l'historien plus loin que l'histoire événementielle d'une communauté humaine parmi les autres, plus loin que l'histoire de ses idées religieuses, jusqu'au seuil d'une *histoire des libertés*, où il ne peut pénétrer lui-même sans se voir interpelé à son tour par la même Parole de Dieu qui jadis en détermina le sens.

Situation incommode, puisqu'elle accule l'historien, *en tant qu'homme*, à opter pour son propre compte en face de ce Message qui a pour centre (et finalement pour objet unique) Jésus-Christ. C'est pourtant dans ces conditions que tout exégète, croyant ou incroyant, doit exécuter les travaux relatifs à l'objet de son étude. Sa critique ne saurait donc se prévaloir d'une neutralité impossible [39]. Il peut pratiquer l'*épochè* définie par Husserl, pour atteindre une compréhension correcte des textes, des hommes, des événements. Mais non seulement il le fait toujours à partir d'une prise de position personnelle qui guide fatalement sa recherche et oriente ses hypothèses de travail ; il ne s'y applique finalement qu'à cause de l'intérêt suprême qu'il y trouve *en tant qu'homme*, étant donné son propre choix d'une conception de l'existence. Ceux qui s'imaginent agir autrement se font simplement illusion. En un certain sens, on pourrait soutenir sans paradoxe que tout effort critique se relie spontanément à une apologétique, croyante ou incroyante, puisque ses résultats fournissent des motivations rationnelles à l'option qu'effectue, sur la question fondamentale, la conscience de l'homme qui le fait. Cela dit, le problème des méthodes critiques aptes à conduire une telle recherche ne s'en pose pas moins à tous. Et comme il s'agit d'une opération commune aux croyants et aux incroyants, ce n'est pas à la théologie qu'il revient d'en fixer les règles, bien qu'elle puisse attirer l'attention des exégètes croyants sur certains aspects du problème auxquels leurs collègues incroyants seraient insuffisamment sensibles. De ce point de vue, la vigoureuse réaction de la théologie catholique contre les excès hypercritiques du rationalisme ou du protestantisme libéral était en soi un réflexe de santé, bien qu'elle ait passé les bornes en retardant indûment l'introduction d'une critique assez exigeante en exégèse catholique. Nous n'en sommes heureusement plus là ; mais le problème de l'orientation à donner à la critique se pose à nous sous une forme renouvelée, dans la perspective ouverte par la recherche d'une interprétation existentiale correctement comprise.

---

39. *La Bible, Parole de Dieu*, p. 337-340.

Puisqu'il s'agit d'un texte à interpréter, — la Bible, — la première question à envisager est celle de la critique du langage et de la critique des formes littéraires, dans leur rapport au milieu où les livres bibliques sont nés. Je rejoins en ce point la problématique de Bultmann ; mais je n'ai aucune envie de définir comme lui la méthode à employer en parlant de *démythologisation*. Je tiens cette formulation pour particulièrement ambiguë, comme la suite le montrera. Je laisserai de côté le problème des formes littéraires : il est fort important pour déterminer la visée didactique de chaque écrivain et de chaque livre biblique ; mais il reste second par rapport au problème bien plus fondamental du langage qui s'y trouve employé[40]. Si en effet les formes littéraires sont commandées par les conventions en usage dans un milieu de civilisation donné ou dans une communauté humaine plus restreinte, le langage en manifeste les structures mentales, avec leurs instruments conceptuels, leurs points de vue sur les réalités du monde, sur les rapports inter-personnels ou sur l'expérience intérieure, leurs façons d'appréhender tout objet de connaissance et de sentir ce qui est au-delà des idées claires. Bultmann, soucieux de mettre à nu le message que renferment *pour nous* les livres bibliques et qui constitue la Parole de Dieu, a été amené à penser que les auteurs de ces livres ont traduit ce message, non certes dans le langage *objectivant* de la science moderne ou de la philosophie grecque, mais dans un langage *mythique* qui parlait du Dieu tout-autre en termes adaptés à l'expérience de ce monde-ci. A cette mythologisation du kérygme devrait donc correspondre chez l'interprète une dé-mythologisation, qui permettrait de rejoindre l'expérience existentielle des témoins de la Parole de Dieu. On peut donner aux mots le sens qu'on veut à condition de les définir. Le présent emploi du mot *mythe* ne me choquerait pas particulièrement, s'il ne simplifiait pas outrageusement le problème du langage biblique [41]. Répartir les structures mentales des hommes en scientifique (la nôtre) et en mythique (celle des anciens), ce n'est pas décrire objectivement un fait, c'est prononcer un jugement de valeur emprunté au scientisme positiviste du XIXme siècle. Non pas que le langage de la Bible ne soit point marqué par des structures mentales et une culture en constante évolution qui différaient profondément des nôtres. Il y a là au contraire une donnée fondamentale qui oblige l'interprète à un effort de compréhension intelligente, s'il veut établir le sens et la portée des textes qu'il étudie, non seulement par rapport au milieu où ils ont vu le jour, mais aussi pour nous.

C'est cet effort même qui prend une forme scientifique dans la *critique du langage* correctement pratiquée. Celle-ci, prolongée par la critique des formes littéraires, va donc devenir l'instrument indispensable de

---

40. *La Bible, Parole de Dieu*, p. 347-350.
41. L. MALEVEZ, *Le message chrétien et le mythe*, p. 163-167.

l'interprétation existentiale. Remarquons sans plus tarder que, pour exprimer le message dont ils étaient porteurs, les auteurs sacrés ont très peu recouru aux catégories abstraites du langage philosophique : c'est à peine si l'on en trouve quelques traces lointaines dans la Sagesse de Salomon, chez saint Paul et dans l'épître aux Hébreux. Ils usent d'un langage concret, existentiel, immédiatement connexe à leur expérience de foi [42]. Mais ce langage comporte évidemment plusieurs niveaux, car tous les éléments que renferme l'expérience de foi ne se prêtent pas de la même manière à être traduits dans les mots de tous les jours. N'importe quel langage religieux est, par nécessité, de caractère symbolique : le rapport entre l'homme et la divinité s'y trouve exprimé à l'aide d'analogies fournies par ses rapports avec le monde, avec les autres, avec lui-même (qu'on songe ici au *Soi* de la tradition hindoue). L'intentionnalité des symboles utilisés est déterminée par la nature de l'expérience *sui generis* qui se déroule au cœur de la conscience humaine. Que, dans la Bible, cette expérience soit mise en branle et structurée par la Parole de Dieu, ne change rien au fond de l'affaire, si ce n'est que le même Dieu qui parle par ses envoyés fait reconnaître sa présence dans des événements-signes où sa révélation entre en quelque sorte dans l'expérience humaine. De là l'existence, en milieu biblique, d'une source de symboles inconnue partout ailleurs : le domaine de l'histoire [43].

Est-ce à dire que les écrivains sacrés n'aient pas besoin parfois de recourir à des *représentations* analogues à celles de toutes les mythologies antiques, quand ils veulent exprimer sous des formes concrètes une présence de Dieu, un agir de Dieu, un rapport de l'homme à Dieu, impossibles à formuler en langage direct ? Bien sûr que si, et c'est alors qu'on peut parler légitimement de langage *mythique*, le mythe étant dans ce cas une pure forme littéraire où l'imagination remplit une fonction parfaitement repérable [44]. C'est le cas notamment lorsque des métaphores spatiales servent à traduire, soit la transcendance et l'inaccessibilité divines (le ciel), soit l'inconnu du mystère de la mort (les enfers). Bultmann a précisément choisi cet exemple pour justifier la nécessité de ce qu'il nomme démythologisation [45]. Mais il s'est ainsi facilité la besogne, car il existe des cas très différents. Lorsque, par exemple, la relation entre les hommes et Dieu est évoquée en termes de relations inter-personnelles, l'élément mythique du langage se réduit

42. *La Bible, Parole de Dieu*, p. 82-85, 90-93.

43. *Ibid.*, p. 84.

44. *Ibid.*, p. 124-126. On trouvera une excellente mise au point sur cette question dans l'exposé de H. Fries, *Le mythe et la révélation*, dans *Questions théologiques aujourd'hui*, t. I, trad. fr., Bruges-Paris, 1964, p. 47-58.

45. R. Bultmann, *Nouveau Testament et mythologie. Le problème de la démyth(olog)isation du kérygme*, trad. fr. dans *L'interprétation du Nouveau Testament*, p. 139-143.

aux conventions anthropomorphiques qui affectent nécessairement toute représentation du Dieu *personnel ;* mais c'est précisément grâce à elles que le langage religieux revêt alors une dimension existentiale, tandis que le langage philosophique garderait un caractère abstrait. Bultmann lui-même le reconnaîtrait sans trop de peine. Malheureusement sa dépendance à l'égard de la théologie libérale, dont il partage à cet égard les préjugés, l'empêche d'en tirer les conséquences au moment où il pose en principe, à juste titre, que *Dieu nous a dit son dernier mot en Jésus-Christ.* Le problème essentiel est en effet de savoir en quoi consiste le rapport personnel du Christ à Dieu. Si le Nouveau Testament répond à cette question en reconnaissant Jésus comme Fils de Dieu au sens fort de ce terme, c'est, dit Bultmann, parce qu'il use d'un langage mythique qui *projette* sur lui des catégories de pensée issues du syncrétisme judéo-hellénistique [46]. Mais si l'origine de ce langage se trouvait en réalité dans l'*expérience* de Jésus lui-même, comme le montre la façon dont il parlait à Dieu et parlait de Dieu ? Si le christianisme apostolique n'avait fait qu'élaborer ici une donnée qu'il tenait directement de Jésus ? L'élément central du langage que Bultmann qualifie de *mythique* découlerait alors d'une expérience *existentielle* qu'il faudrait bien prendre en considération pour construire une théologie sérieuse. Par delà l'existence *des hommes* devant Dieu et leur choix décisif en face de l'Évangile, on entrevoit ici, dans la pénombre mystérieuse d'une conscience individuelle impossible à scruter jusqu'au fond, l'existence *de Jésus* devant Dieu. C'est elle qui a inauguré ici-bas l'existence eschatologique d'une humanité nouvelle effectivement reliée à son Créateur, parce qu'elle était l'existence *du Fils :* à-travers la conscience filiale de Jésus et sa compréhension de lui-même comme pure relation au Père, on aperçoit un *mystère ontologique* auquel il est nécessaire d'accorder une consistance véritable. En formulant ce mystère dans un langage dont l'Ancien Testament fournissait ordinairement le point de départ, les auteurs du Nouveau Testament n'ont pas projeté sur Jésus leur propre expérience de foi, qu'ils tâchaient de traduire en termes conventionnels empruntés à leur milieu ; ils ont montré que cette expérience avait pour source celle même de Jésus, dont ils s'efforçaient de faire comprendre la teneur à la lumière des Écritures [47].

L'interprétation existentiale du Nouveau Testament va donc se déployer conjointement sur un double registre : celui du rapport des textes à l'être de Jésus, et celui de leur rapport à notre être. Tantôt le langage des textes est directement « existential », à l'un ou l'autre de ces points de vue, ou mieux, aux deux ensemble ; alors il n'est pas difficile de voir comment ils définissent les catégories où notre existence

---

46. *Ibid.*, p. 173 s.
47. *La Bible, Parole de Dieu*, p. 238-251.

devient intelligible, et comment ils fournissent les bases conjointes de la *christologie*, de la *théologie* et de l'*anthropologie* chrétiennes. Tantôt ce langage emprunte à l'Ancien Testament les expressions qui servent à définir le contenu de la révélation évangélique ; alors il faut se rappeler que la référence (ouverte ou implicite) aux *textes* sacrés inclut une référence à l'*expérience existentielle* que ces textes évoquaient ou dans laquelle ils avaient pris forme : c'est là qu'il faut chercher, soit une préformation de l'expérience du Christ et des chrétiens, soit une manifestation du besoin du Christ dans une humanité pécheresse affrontée à la Parole du Dieu vivant [48]. Tantôt enfin ce langage, quelles que soient ses racines existentielles, recourt impunément à des représentations qu'on peut qualifier de *mythiques* ; alors il faut s'interroger sur le rapport du *mythe* en cause à l'existence de l'homme dans le monde et devant Dieu. Car le langage mythique n'est en aucun cas un jeu *gratuit* de l'imagination humaine. Une exégèse d'esprit scientiste qui le traiterait avec dédain montrerait seulement qu'elle n'en a compris ni l'intention, ni la source, ni le sens. En effet, ce qu'il traduit en représentations imaginaires n'est jamais autre chose que l'expérience même de l'homme. La valeur de ces représentations dépend donc de la valeur de l'expérience qui les soutient. De ce point de vue, la valeur du langage biblique est assurée par la structure même de l'expérience où il s'enracine, puisque cette expérience est commandée par la Parole de Dieu. Mais, ce point étant acquis, il reste évidemment nécessaire d'opérer une interprétation existentiale du langage « mythique », là où on peut le rencontrer ; c'est alors que le principe posé par Bultmann acquiert sa pleine validité, parce que le mot *mythe* revêt un sens dénué de toute équivoque. J'ai tenté naguère d'en donner un exemple à propos de la théologie biblique de la mort [49], qui use de la représentation spatiale du Shéol comme lieu des morts pour évoquer l'expérience irréprésentable de la mort. Notons que la théologie néotestamentaire de la descente du Christ aux Enfers et de sa résurrection des Enfers recourt typiquement au même genre de langage. Il y aurait une façon de l'*objectiver* qui, sous prétexte de conserver le réalisme du dogme, aboutirait à des conséquences absurdes. Dans ce cas précis, une interprétation existentiale ne prendra pas seulement en considération le problème que nous pose *à nous* la nécessité de la mort, mais d'abord la situation *du Christ* en face de cette même nécessité et la façon dont il a expérimenté pour son propre compte ce que dit l'actuelle Préface de la Messe des défunts : *Vita mutatur, non tollitur* [50]. C'est là en effet que la compréhension chrétienne de la mort

---

48. De là l'importance du « sens des choses » dans l'Ancien Testament : *ibid.*, p. 251-287.

49. *La théologie de la mort dans l'Écriture sainte*, dans *Supplément de la Vie Spirituelle*, 1966, p. 143-193.

50. *Ibid.*, p. 171-184.

trouve sa source en dernière analyse. Il est vrai que pour retrouver, dans les évangiles, l'écho vivant des paroles où Jésus a exprimé les certitudes de son âme en face de la mort (comme aussi des paroles où il a traduit sa conscience filiale en face de Dieu), il ne faut pas appliquer à priori aux textes le principe pseudo-critique suivant lequel toute parole où se rencontrerait un écho de la foi chrétienne serait nécessairement une création de la communauté primitive, à un stade plus ou moins avancé de son développement idéologique. Sur ce point, Bultmann est encore victime de préjugés tenaces issus de la critique libérale, dont il n'a pas su se débarrasser. Nous ne le suivrons pas dans cette voie ; mais notre critique aura tout à gagner à être sous-tendue par ce projet d'interprétation existentiale, qui gardera notre théologie de verser dans l'abstraction.

Conclusion

En disant cela, j'ai conscience de tracer un programme, plutôt que de faire le bilan de l'exégèse catholique actuelle. Nos discussions sur la théologie du Nouveau Testament ne restent-elles pas trop souvent au niveau des analyses conceptuelles ? Nous tâchons d'établir objectivement les *idées* des auteurs sacrés, de repérer leurs sources, de noter leur développement, etc. Et quand nous passons à l'Ancien Testament, nous faisons de même. Ensuite, nous laissons aux théologiens *spéculatifs* le soin de recueillir ce donné pour le construire en système. Après tout cela, des pasteurs le confronteront avec les problèmes vitaux que le chrétien d'aujourd'hui rencontre à chaque pas. Est-ce la bonne méthode ? Ne manque-t-il pas à notre exégèse elle-même une dimension essentielle : celle que j'ai tâché de décrire rapidement ? Il y aurait lieu, me semble-t-il, d'effectuer le même travail dans une optique différente, où il rejoindrait plus directement les préoccupations pastorales et, du même coup, permettrait à la théologie de s'y relier organiquement à son tour. Nous retrouverions alors, à partir d'une critique rigoureuse, la situation qui me paraît avoir été celle de l'âge patristique et même, à un degré peut-être moindre, celle de la grande scolastique. Encore une fois, il n'y aurait rien là de révolutionnaire, et la tension latente que l'on remarque si souvent entre la critique biblique et la théologie pourrait être heureusement dépassée. L'interprétation *existentiale* constituerait un des aspects de l'exégèse théologique. Sur cette base, la pastorale développerait selon ses besoins une interprétation *existentielle* qui appliquerait les textes bibliques à la vie concrète des hommes d'aujourd'hui [51]. Si un tel projet est difficile à réaliser, il est toujours permis d'en rêver.

Paris VIe, rue d'Assas. P. Grelot

---

51. Ma conclusion présente complète et rectifie dans une certaine mesure celle à laquelle j'aboutissais dans : *Sens chrétien de l'Ancien Testament*, p. 423.

DEATH OF GOD THEOLOGY AS BIBLICAL HERMENEUTIC

The death of God theology is hermeneutic, as are the secularistic movements which are rather closely associated with it. I say that this theological movement is truly a hermeneutic becauses it engages by disposition and explicit effort in the task of interpretation and goes on to provide a series of principles, some more articulated than others, underlying the interpretation. The object of the interpretation is man, the world, the Bible, and theology. The death of God theology is an atmosphere of thought which seeks to relate man to the word of the absent God. This paper will attempt to give some of the antecedents of this theology or hermeneutic, to describe some of the characteristics of the theological climate, and finally to present some concluding observations [1].

I. Antecedents of the death of God theology

It is necessary to allude briefly to the antecedents of the death of God theology lest the theologian and exegete think that this theology is a novelty or a passing trend. The fact of the matter is that the theology quite recently popularized has a long and sometimes distinguished history. This history covers virtually the whole spectrum of human thought. Further, from an examination of the antecedents one may glimpse the general directions in which such thought patterns of the past have moved.

Literary Antecedents. — There are literary antecedents to the death of God theology. One finds the roots of this theology in the literature of nineteenth-century Russia. Michael Bakunin, profoundly influenced by David Friedrich Strauss and Ludwig Feuerbach, has written that if there is a God, this fact denies human reason and human justice. And even if there is a God man must get rid of him [2]. All that smacks of dogma, doctrine, or authority is condemned by Bakunin in the name of

---

1. A paper delivered at the *Journées Bibliques de Louvain*, september 6, 1966; revised october 1966.

2. Denis Dirscherl, *Varieties of Unbelief in Nineteenth-Century Russia*, in *Theological Studies* (Woodstock, Maryland), 1966, t. XXVII, p. 358-361.

liberty and humanity [3]. At the same time Alexander Herzen had said that Christianity was really a fruit which failed to mature because there were really no true Christians ; and in the life of every Christian one is able to discover a bit, more or less, of the pagan. Christianity never really lived either in the individual or in the community. ,, To Herzen's way of understanding, ' Christianity has remained a pious hope. Now, on the eve of death, as in the first century, it comforts itself with heaven, paradise ; it would be lost without heaven. To instill the idea of a new life is an incomparably harder task in our age. We have no heaven, no ' God's abode '. Our abode is a human one and has to find its fulfilment on the soil on which everything real exists, on the earth " [4].

Vissarion Belinsky developed the same theme in writing that human progress in this world does not come from the church but from the efforts of men. The ecclesiastical hierarchy, precisely because it is a hierarchy, is the champion of inequality [5]. Of its very nature the hierarchy cultivates authority and in principle should deny the brotherhood of men. Belinsky's heros were Luther, Voltaire, the encyclopedists, and the terrorists, — men who opposed the then existing authorities.

The fourth figure in Russian literature is Leo Tolstoy who was never able ,, to reconcile reason and revelation in the Russian Orthodox Church " [5]. For L. Tolstoy belief was a form of superstition, and the world was filled with nonbelievers because ,, nobody really believed the dogmas of the Orthodox Church. And the reason for this very lack of belief was that there was really no reason or foundation for such beliefs " [7].

We may here pass over F.M. Dostojewesky who is sufficiently well known not to need explanations except to point out that William Hamilton has a long essay on Dostojewesky entitled, ,, Banished from the Land of Unity, Dostojewesky's Religious Vision Through the Eyes of Dimitry, Ivan and Alyosha Karamazov " [8].

In French literature perhaps the most significant figure is Albert Camus who has his parallels in the American literature of Th. Dreiser, A. Miller, S. Lewis, Fitzgerald, H. Melville, W. Faulkner and E. Hemingway.

In any case, the death of God theology has its roots in the literature of the great writers. Much of this literature, in addition to manifesting the

---

3. *Ibid.*, p. 361.
4. *Ibid.*, p. 364.
5. *Ibid.*, p. 367.
6. *Ibid.*, p. 374.
7. *Ibid.*, p. 375-376.
8. Thomas J. J. Altizer and William Hamilton, *Radical Theology and the Death of God*, New York, The Bobbs-Merrill Company, Inc., 1966, p. 52-84.

tenor of the times, was a large factor in social change and in the beliefs which effected the change.

Philosophical Antecedents. — Philosophical theories too have influenced the death of God theology. Perhaps the most prominent influence is that of Fr. Nietzsche. In his book, *The Gay Science,* God is dead. The author bids us, „ Behold man ". By these ideas Nietzsche wishes to affirm the existence of the new man, the man of the future, „ the man to be, " „ over-man, " who is completely given to this world and dedicated to the principle of immanence. Man is in charge of the world, for better or for worse, and needs no postulates outside the world [9]. Interestingly enough, one finds the same sentiments in the writings of Rudolph Bultmann, but in a profoundly religious sense when he speaks of *Wort, Antwort, Verantwortung,* in the context of revelation, i.e., that man is to receive the Word and react responsibly in this world. It is only when this Word becomes effectively immanent to man that revelation takes place. It might be added here that William James and John Dewey are probably the most representative American philosophers who would provide a climate of empiricism favorable to the emergence of the death of God theology.

Theological Antecedents. — Among the theological antecedents of the death of God theology one may single out Ludwig Feuerbach who concluded that theology is truly anthropology, for nothing other than the science of man is divine. God is simply an idea constituted by the most elevated and purified predicates of man. Here is a definite but attenuated presence of God.

Dietrich Bonhoeffer (1906-1945) has exercised a very great influence on the death of God theologians, especially in his book written while a prisoner in Germany. His phrase that God wishes us to live as if there were no God is well known. It is quite clear from this very phrase, of course, that there is no question of atheism here. D. Bonhoeffer then went on to write of a Christianity without religion. It is precisely at this point that the disciples of Bonhoeffer and they are of an immense variety, have found a key enabling them to open the door to a theology predicated on the absence of God.

9. The immanentist principle is clearly present in the works of Heidegger. In Bultmann's system ,however, the Word comes from outside man. In studying Bultmann and the death of God theologians one wonders if Bultmann has not touched a profound point, the fact that man is saved in this world only by something outside this world. If this is the message of the Bible, then Bultmann, despite his hermeneutical principles which prove congenial to the death of God theologians, would be the very antithesis of a death of God theologian.

Bultmann's influence is through the media of his famous article on demythologizing and his later essays on hermeneutics. He has quite firmly established the hermeneutic principle that the Bible must be interpreted in the significance that it has for human existence. Naturally myths are the most difficult literary form to interpret. This principle, accurate and profound, applied to the Bible would quite obviously move from the literary form of myth to the interpretation of the being called God, — a fact that is clearly evident from the contributions to the *Honest to God* debate [10]. Since Bultmann has provided a hermeneutical principle for the death of God theology [11], his influence is primarily methodological.

Biblical Antecedents. — Despite long exegetical explanations, it does seem reasonably clear that man in the New Testament did expect the parousia. At least one finds this idea in the inspired writings on a wide level. On this subject Gabriel Vahanian has said : „ In Saint Paul's classic passage... ' the appointed time has grown very short ; from now on, let those who... mourn (live) as though they were not mourning, and those who rejoice as though they were not rejoicing, and those who buy as though they had no goods, and those who deal with the world as though they had no dealings with it ' (*I Cor.*, VII, 29-31) " [12]. But the parousia did not as a matter of fact come. There is not yet a new world except the world created by man, by man's own powers. Over the generations, therefore, man has more and more come to the realization that the present world does not look like it is going to end from an outside agency. And thus man has begun to assume responsibility for the shape and form of his world. Rather than living „ as if " the world will soon terminate, man today will live most easily if he assumes the very opposite posture to that suggested in the New Testament. Thus the emergence and growth of the principle of immanence. Awareness of this principle of immanence which creates and modifies wordly existence is an idea shared by all the authors who write on the subject of the death of God. In view of the fact that man literally makes his world, one feels more and more the presence of the absence of God.

Then too, in the Bible, especially in the New Testament, happiness has been interpreted as a future good, not one achieved in this life. Here again G. Vahanian writes : „ Even the age old dream has not varied : the

10. Cfr JOHN A. T. ROBINSON, *Honest to God*, Philadelphia, The Westminster Press, 1963. Also, JOHN A. T. ROBINSON et alii, *The Honest to God Debate*, Philadelphia, The Westminster Press, 1963.

11. For the influence of Paul Tillich, cfr THOMAS J. J. ALTIZER, *The Gospel of Christian Atheism*, Philadelphia, The Westminster Press, 1966, p. 10-11.

12. Gabriel VAHANIAN, *The Death of God*, New York, George Braziller, Inc., 1961, p. 203.

lamb lying next to the lion is a favorite of the popular imagination. Because these ideals are so deceptively simple, Christianity today more than ever stumbles over them. For Christianity, as the popular mind conceives it, promises the realization of these ideals in the future beyond this life. The present climate gravitates round their realization here and now " [13]. In modern life one sees quite easily that happiness is a relative term. There is a fairly general awareness that man is reasonably happy when he finds self-fulfilment through another person and through the use of his talents. Feelings of being needed, of being loved, of contributing something to the human struggle, — these are at least partial elements necessary for happiness and, indeed, for the development of the person. Recession from these conditions is recession from manhood. Thus the state of the ,, lamb lying next to the lion ", while an age old dream, is not the normal quest of modern man. In fact the biblical promise contradicts the modern mentality on two scores : man seeks his happiness here and now in his present bodily condition, not in the future ; secondly, happiness is not produced by the absence of conflict (as seems to be implied by the biblical statements) but by the fulfilment achieved through creative effort, reciprocal love, and suitable living conditions.

Ecclesiastical Antecedents. — The nature of the Church and its operation in history is sometimes invoked as a condition or cause of the death of God theology. So in the period of the Reformation one notes a secular tendency resulting from the reaction against certain definite religious practices and ecclesiastical institutions.

There was the definite extension of the worldly into what had hitherto been thought of as the sacred. Baptism, for example, made the layman a priest and made the function of ordination superfluous. More to our current point, the principle, *sola fide,* inimical to natural theology as it was then known to the Reformers, does tend to predicate the absence of God from the world as man knows it : there is nothing in man's own personal experience nor is there any empirical evidence that can bring man to the stage where he is prepared to make an act of faith, nor is the act of faith continuous with anything in man's essential makeup. Faith, and faith only, is both its own foundation and justification. On this principle there is a necessary isolation of faith from worldly evidence and profane activity.

At all periods of history there has been what Gabriel Vahanian terms ,, the progressive lack of currency of the Christian ideals [14]. But this lack of currency has been far more evident in some periods than in others. In recent centuries there has been a feeling of doctrinal irrelevance as

13. *Ibid.,* p. 191.
14. *Ibid.,* p. 84.

well as the thought that the institutional Church seemingly did not concern itself sufficiently with some of the great social issues that one would think should be prominent in church preaching and concern if one adheres to the gospel ideals. G. Vahanian, furthermore, cites the traditional emphasis on church structure as the main characteristic of Christianity. And, he goes on to say, this concern with structure has been present during the silence of the Church in the face of great social evils, for example, slavery, widespread poverty, racial injustice [15]. Indifference to social evil and concern for structure would lead to man's concrete experience of the absence of God where one would suppose it to be most readily found.

Sociological Antecedents. — The world today has been created by scientific and technological development, a force that gradually moves to the underdeveloped nations and gives hope of world wide betterment. In general, this scientific and technological development assumes that man creates his world. It assumes likewise that problems of hunger, illness, justice, longevity, working conditions, personal maladjustment and a host of other problems are at the control of man, both as an individual and as a community. Man does not look outside the human community for assistance. This necessary confidence in man's own powers, the principle of immanence, has been the basis for a stronger assertion of God's remoteness or absence from the world.

It is clear that if scientific and technological development do really lead to a better life on this earth and do actually lead to the amelioration of social evils (and in many cases achieve this end more efficiently than any institutional religion), it is but a small step forward to call into question traditional religious and moral teaching. While the Church may say we must love our neighbor and that we must likewise manifest our love through deeds, the business community too knows the ethical imperative of neighborly love in fair and open employment practices as well as in its hope to extend the consumer's market. Thus scientific and technological development tending to the social betterment of man finds its analogue in the business community. Hence the sociological community would seem to have built in laws tending to human betterment.

It should not be supposed that the sociological antecedent of the death of God theology is based exclusively on the argument that man is always in the process of creating a better world, — and this by his own power. No one need recall that the world of recent wars, of social injustice, of genocide, is also the world created by man and his creative powers. But even here, when the destructive side of man is most in prominence, he does not look to an outside agency to rectify his evil

15. *Ibid.*, p. 181.

tendencies. Nor does he anticipate another world where human injustice will be rectified. Man knows that he is responsible for the evil and that he alone and in community will (and must) redeem the past by his present efforts. Thus man's total technological predicament affirms the absence of God.

Personal Antecedents. — The major personal dimension in the formation of the death of God theology may be described in words often ascribed to H. Newman : ,, O God, if there is a God, save my soul, if I have a soul. " There is a certain religious malaise noticeable not only in the propounders of this radical theology but also in many committed believers.

William Hamilton speaks for many men when he describes himself as alienated, not necessarily as not believing, but simply in a frame of mind removed from the traditional religious beliefs. Hamilton has described this state of mind in a touching essay, where he portrays the theologian as simply going through the motions of the theological enterprise. In brief, ,, the theologian is alienated from the Bible, just as he is alienated from God and the church " [16]. Gabriel Vahanian describes the phenomenon by saying, ,, ...God's absence, or the death of God itself, has become what a man directly experiences... What today's anthropocentrism expresses is the irrelevance of God — be he real or just an idea — to concrete existence. God is dead, not in sheer intellectual scaffoldings, but in the down-to-earth give and take of the human condition " [17].

We cannot here give a thorough description of the conditions which generate the personal experience of the absence of God. The state may, however, be described in the words of a man of literature. ,, It is not easy to characterize the twentieth century, not because we are in the middle of it or because we do not know all that can be said of it. The difficulty is that one is depressed by a multiplicity of evidence that all is not going well. Perhaps the most significant fact of the times is the curious intermixture of success and failure. This is a century of homelessness and exile, of nervous disorder and persecution, of actual enslavement and barbaric cruelty. It is also a century of the highest advances in technology and comfort, of the profoundest social and critical sensitiveness. The greater the wisdom and the more widespread the social aspirations, the greater the disillusion with false leaders and false movements. When things go wrong, as they so often do, disillusion then matches expectation. It may not be true that more has gone wrong in this century than in any other ; it is certainly true that mankind

---

16. T. J. J. Altizer and W. Hamilton, *Radical Theology*, p. 90.
17. G. Vahanian, *Death of God*, p. 187.

is more conscious now of its failures, just because it knows so much more surely what it ought to be able to accomplish. For this reason the twentieth century has to be judged in terms of the opposites which make up its power. It is just as false to speak of its homelessness without speaking first of its belief in social and economic justice, as it would be to speak of its technology without speaking of the wars which absorb so much of that technology " [18].

Ralph Harper goes on to point out that the twentieth century is characterized by personal non-recognition, the state where a man is not known as familiar, as a person ; by homelessness and anonymity. ,, In the twentieth century there are four kinds of pressure which encourage non-recognition, homelessness, and anonymity. We have mentioned three of these already : the reality of totalitarian government, bourgeois indifference, the acceleration and overwhelming complexity of modern life. Their effects are seen on both the physical and the psychological, levels " [19]. Whether one agree totally with this analysis of modern life it does seem reasonably clear that the state described by Harper as homelessness and anonymity and non-recognition parallels the condition portrayed by Hamilton as that of alienation, — alienation from the household gods and thus from the traditional God of Christianity.

II. Characteristics of the death of God theology

The concern of the death of God theologians and those involved in the secularization movements is not simply an effort at translation, except occasionally. The atmosphere of the death of God theology centers about the one basic question : Is there a transcendent being ? In general the Bible does not answer today's question in terms of the question. Rather the Bible assumes the existence of the transcendent being and then moves forward to describe his acts in history. Yahweh is the Yahweh of Israel. Christ is the Christ for man. The Bible is essentially a relational book. God is presented as the God for man. The death of God theologians are making the same type of transition that was made when Nicea asked, ,, Who is Jesus Christ *in Himself ?* " ,, A passage has been made from a conception of what Christ the Son is-to-us to a conception of what the Son, Christ is-in-himself " [20]. The context of the question may be vastly different from Nicea and the resulting affirmation may be diverse. But

---

18. Ralph Harper, *Nostalgia. An Existential Exploration of Longing and Fulfillment in the Modern Age*, Cleveland, The Press of Western Reserve University, 1966, 21.

19. *Ibid.*, p. 25.

20. John Courtney Murray, *The Problem of God*, New Haven and London, Yale University Press, 1964, p. 46.

I would suggest that the question results from the same dynamism of the human mind which always moves from the relational God-for-me to God in himself. The question today is : whether He exists and if so what is He.

Interestingly enough the questions posed by the death of God theologians really lie outside the major concerns and interests of the theologian who affirms that to know God is to know God as he is for me. Melanchthon's words : ,, To know Christ is to know his benefits ", are true on the intersubjective, salvific level of religious experience. But the death of God theology, apparently lacking this religious experience, asks the inevitable and ultimate question about the existence and nature of God. Current theology does not have the equipment to answer that question convincingly.

Further, the question about the existence of a transcendent being lies outside the mainstream of the current theological climate, which, in general, denies the validity of any form of natural theology and the aptitude of the human mind to conclude to the existence of a supreme being. It is in general assumed that if a God exists, He is so unlike the world in which man lives that one cannot invoke the analogy of being to arrive at a knowledge of this transcendent being.

This strong distinction between the world of religious faith where one knows God by what used to be called connaturality and the world of theory created by intellectualized systems has a long history which we cannot trace here. But it may be affirmed at present that if faith has its own knowledge by affective connaturality, so too do es the intellect have the power of creating a world of theory. Yet these two worlds of religious faith and articulate theory are different in end, object, and language. The end is different. The intelligible world or the world of theory is where the intelligible is sought in itself. A knowledge of God as He is in himself is the aim of the world of theory. The world of religious faith (sometimes called the world of intersubjectivity or of common sense) brings forth the intelligible not in itself but in its singularity here and now, in its relation to me. The end of this knowledge or experience is to know God and Christ in relation to myself. There is further diversity in object in the world of faith and theory. In the world of theory, the object is sought in itself and in its relation to other objects. Who are the divine persons ? Who are they in relation to each other ? The world of religious faith proposes the object as specifically related to me. But the same object-in-relation-to-me may be considered in the world of theory, the world in which theology is a science. While the Bible is predominantly in the world of intersubjectivity, the *Summa theologica* is in the world of theory. Thirdly, there is a vast difference in the language of the two worlds. In the world of theory one seeks technical terms which are capable of saying in a word what otherwise would have to be expressed in a book or in a long series of explanations. The world of religious faith uses quite ordinary language, non-technical, rhetorical language [21]. The point in bringing up these distinctions is that the death of God theology involves questions that are most properly answered in the world of theory. But by and large this world of theory does not find a dominant place in the modern theological concern. The fact that the world of theological theory was not at its best in the Nominalists (whom Martin Luther knew) nor in the rationalists (against whom Sören Kierkegaard rebelled) does not argue against the world of theory.

To be more concrete, one must observe that the question about a transcendent being lies outside Catholic planning today as this planning is shown in the revision of the seminary curriculum. Theology here too largely means biblical studies. There is very little room given to a truly speculative theology or a philosophical theology. The question of a transcendental anthropology has very few practioners. The interdisciplinary approach, — theology and literature, theology and racial justice, theology and the city, theology and non-belief, — is only very recently being structured into the seminary curriculum. Thus the main stream of Catholic theology has been caught unawares by the death of God theology.

If theology by and large means biblical studies, biblical studies themselves can be a positivistic exercise concerning itself with the literary form, the meaning of terms within Scripture and the cognate languages, chronology, problems of authorship, purpose, structure, literary characteristics. Though Vatican II urges that translations of the Bible be made available for non-Christians, there is very little study of precisely what is the point of this statement [22]. It is true that there are biblical studies that are classic efforts at biblical theology. But thus far there is no biblical theology that directly relates to the non-believer. And even for the believer, one cannot be simultaneously a follower of Rudolph Bultmann and Karl Barth.

Perhaps the basic problem is that biblical studies are very seldom truly bi-polar, i.e., that biblical studies infrequently relate the Bible as understood from within to man as he here and now exists. The very justifiable and understandable reason for this is twofold : first, there is an enormous amount of technical skill required to control an understanding of the Bible from within ; secondly, to relate the Bible from within to modern man demands an equally great amount of work to understand man as he exists in the modern world. Yet one must admit

---

21. For the distinctions and ideas of these paragraphs I am indebted to Bernard J. F. Lonergan.

22. *The Documents of Vatican II*, general editor Walter M. Abbott, New York, Guild Press, 1966, p. 128.

that an understanding of man and his contemporary location must somehow or another be a part of biblical interpretation. Suggestions on this point will be offered later.

In the face of the above difficulty, people such as F. J.J. Altizer, W. Hamilton and the secularists Paul Van Buren and Harvey Cox are performing a hermeneutic work left undone by exegetes, for these men are offering both an *existentzial* and an *existenziell* interpretation of the Bible. It is quite possible to disagree with the interpretations. But in the sense that the aforementioned writers interpret biblical texts, biblical themes, and man confronted with the word of God, they are constructing a theology which is truly a biblical hermeneutic.

III. Conclusions

It may seem elementary to note that biblical studies are, after several thousand years, still in a state of evolution and growth. They must, therefore, manifest the imperfection common to all organic growth. As understanding of the Bible grows, so too understanding of man develops. With two evolving terms one may confidently assert that biblical studies will always be in a stage of evolution.

It is worthwhile to note that the Bible itself is an effort in the direction of religious persuasion. Apologetics was an old and distasteful term to describe the persuasive intent of the Bible. Yet biblical study must follow the aim of the Bible, — religious persuasion. It is to the credit of Rudolph Bultmann, long before the formal arrival of the death of God theology, that he grasped the persuasive intent of the Bible as well as the variable nature of man in an ever developing contemporary situation. He had proposed a system ,, to make revelation relevant for the modern man through a speculative theology and a pertinent interpretation of modern significance. Bultmann proposes an existentialist speculative theology. In the light of this speculative theology, he has proceeded to the other problem of preserving the biblical categories while interpreting them in existentialist terms and thought patterns of pertinence to the modern man. While we cannot agree with the mode of the twofold interpretation, Bultmann has, in his own way, attempted to bridge the gap between the rich, modern interpretations of Scripture, a speculative theology, and the concrete ' existentiel ' man. Criticisms of his total system should not obscure his grasp of the problem ; and his projected solution with its twofold interpretation could be carefully studied by all theologians who must be concerned with the problem of theological relevance, the aim of which would be first to understand

and interpret the modern biblical flowering in terms of speculative theology and then to interpret this theology in terms of contemporaneous man " [23].

Rudolph Bultmann, in his original essay on demythologizing, has also indicated a point not sufficiently stressed. It is impossible for one or other exegete or theologian to provide the biblical interpretation involved. Thus it might be well to propose a possibility which could be a major part of the theological enterprise today. Exegesis must be performed within a total community of interpretation. This community should be international as well as truly ecumenical. The community must be made of theologians, biblical theologians, philosophers, scientists, professional men ; these members of the community of interpretation should be both believers and non-believers. Normally the group proposed has been called a university whose aim is universal knowledge. The point here is that such a community of interpretation has not really existed in the sphere of theology and exegesis except in the world of the technical journal.

If biblical study deals with religious problems of ultimate significance, then somehow or another all men must be concerned with these problems, even though unknowingly. In a community of interpretation the prediscursive, the pre-logical, and the pre-predicative may rise to the discursive, the logical, the predicative. To make this transition a community of interpretation must have the assistance of men other than theologians and exegetes. The indicated procedure will move exegesis and biblical theology to the state of bi-polarity.

From this proposal it would seem clear that exegesis must transcend confessional lines also. For example, it would not seem sufficient to have a Catholic professor teach the Johannine gospel to Catholic students. If one admit that in dialogue a genuinely new and unforeseen truth emerges, then teaching too should be a dialogue. A professor of another persuasion would be able to correct and modify the basic unexamined prejudices of the Catholic. Further, there should be a man of literature and a man of science involved in this interpretation made by both the Catholic and Protestant to see if this presentation speaks to the man of today.

Finally, the study of the Bible must somehow or another be continuously self-critical so that exegetes continually ask themselves : how is my work directly relating to the world in which we find ourselves ? If this question is not asked, the study of the Bible will tend to be an isolated discipline, the study of a beautiful, interesting book, but a study largely

23. JOSEPH CAHILL, *The Scope of Demythologizing*, in *Theological Studies*, 1962, t. XXIII, p. 86.

removed from the world in which man lives his life. And it is precisely the area of concrete living that the Bible is meant to influence.

To the death of God theologians one might propose the following observations.

The principle of immanence is seen to be contradictory or at least contrary to transcendence. It must be granted that today there is no theology of immanence in relation to transcendence. We do not have a fully developed theology which locates man's need of God in himself or in his own personal experience. On the other hand, reflections on revelation as founded in an immanentist basis are not missing from all theological tradition. I here refer to the work of Henry Newman, Maurice Blondel, and some beginning efforts by Karl Rahner. There is also the work of Bernard J.F. Lonergan who considers revelation as an extension of man's capacity to know and thus locates the principles of unity in the knowing subject. There is thus not so radical a discontinuity between the Word of God as believed and the word of man as believed.

In the Catholic tradition an immanentist position has not developed because of the difficulty of reconciling the gratuity of revelation with man's capacity to receive God. And among both Protestants and Catholics there is a tendency to reject any theology which calls itself anthropological, any theology which affirms that statements made about man are also statements about God. But both Karl Rahner and Rudolph Bultmann seem to agree that there is such a thing as a transcendental anthropology which is essentially theology. Unfortunately, for reasons given above, the lines of this anthropology have not been delineated. Further, when one proposes a theological anthropology, he is accused of being so dependent upon some philosophical construct that the end-product ceases to be theology, at least as we know theology from Scripture. To this objection I would offer the note that a theological anthropology can ultimately be based on Scripture, which is, as we now see, a hermeneutical book, i.e. a series of diverse reactions to one and the same saving event. In the construction of such an anthropology, the system could be a new and diverse reaction to one and the same saving event. That the construct must use philosophical terminology, in no way militates against its validity, any more than the fact that Luke uses Greek philosophy in the Areopagus discourse or the fact that the Yahwist and Elohist use imaginative mythology argue against the religious truth of the narratives. One must use various modes of thought, — either imaginative or discursive, — to relate himself to the acts of God.

Here I find the death of God theologians somewhat deficient. There is in general a rejection of certain doctrinal presuppositions in order that one might better achieve what has been called the ethical demand, namely, involvement in the world, — whether this involvement be expressed in secular terms or secular activity. It is true that love of neighbor and the consequent involvement that this principle demands, may not have been stressed enough by theologians nor sufficiently practiced by Christians. This, however, is not the fault of the scriptural injunction. The love of neighbor-command was, both in the Old and New Testament, somehow or another based on the authority of God. It is not sufficient here and now to substitute a Jesus, devoid of doctrines about him, who seems simply to be a man in place of God. Ultimately the thinking man will note that this reduced Jesus really has no more divine authority than a Socrates. Follow him if you wish, but there is no intrinsic reason why one should follow him.

Secondly, the death of God theologians basically remove themselves from all past Church tradition, while attempting to say that the Church is where Christ is present. To render Christ present is precisely the function of the Church and the Spirit who admittedly may work outside and seemingly independently of the ,, Church ", considered in its structural form. No one would seriously quarrel with the death of God theology in its attempt to find the Church in any movement where the spirit of the gospel is present. This effort on the part of the death of God theology is not formally a rejection of the Church but is rather an attempt to give voice to three aspects of Christian life. This rejection of doctrinal presuppositions and the traditional mode of understanding the Church's presence in the world is a voice saying more about Church practice than Church theory.

First of all, faith is not vision ; it is not supported by empirical evidence. Faith, therefore, is essentially disquieting. And the more intense the scrutiny, the greater the possible malaise. To articulate this disquiet felt in the depths of the concerned soul, is characteristic of our forthright age. To wish that God might directly manifest himself to me is not unreasonable. But in the majority of instances this wish is not fulfilled and faith does not become vision. But I would here suggest that to define Christ as the man for others (Paul Van Buren) is no adequate substitute for the equivalent identification of Christ, the God-man, with man, — an identification that must be accepted on faith in the belief that God himself becomes man and thus creates a divine imperative that man love and work for his neighbor, even to the point of death (cf. *Mt.*, XXV, 37-39 ; XXV, 32-33).

Secondly, the tradition against which the death of God theology speaks does not really seem to be the terminology of the Church nor all of its interpretation of Scripture. The death of God theology seems more concerned with the fact that the Church has not always been the humble servant Church. In its human dimension it has often been uncompassionate, unconcerned, and unloving. Marxists have stressed this dimension. In missionary work, for example, there has been a confusion of Christianity with imperialism and western civilization. The authority of service has at times seemed to be exchanged for the authority of the secular state. In short, the posture of the church has, on some occasions, caused (in Maurice Blondel's words) people to doubt the goodness of the Church.

In contrast to this situation one finds the spirit of the Gospel quite present in men and organizations that are not formally tied to the Gospel ; and this can be an unnerving paradox. To stress Church deficiencies and to move what should be the preaching, teaching and presence of the Church into the completely secular is, I would suggest, an equally dangerous alternative to having a quite imperfect Church. For the Church has within itself a power to reform, — not completely, not totally. Yet this dimension of the Church of sinners, based as it is on the existence of another world and another message, can be of much more meaningful to the world than strictly secular thinking. With this power the Church always has the ability and obligation to redefine its mission and to perfect its operation. This power of reform is ultimately based on the Church's life as a reduplication of Christ's life and command. The power to reform and redefine is not simply a juridical power but one based on the prophetic nature of the Church as well as on her eschatological function. The genuinely prophetic and eschatological cannot be transmuted into the simply secularistic because the secular definition of man confines itself to this world, whereas the prophetic speaks the word of God out of the world into the world and the eschatological presumes that man is definable in terms larger than this world. History is a fairly good indication of man's capacity for evil when left to himself, when left in a totally secularistic milieu, governed by secular principles, however remotely these principles try to find their roots in the New Testament. ,, The supernatural virtutes of faith, hope and charity are named theological because they orientate man to God as He is in Himself. None the less they possess a profound social significance. Against the perpetuation of explosive tensions that would result from the strict application of retributive justice, there is the power of charity to wipe out old grievances and make a fresh start possible. Against the economic determinism that would result were egoistic practicality given free rein, there is the liberating power of hope that seeks first the Kingdom of God. Against the dialectic, discernible in the history of philosophy and in the development and decline of civil and cultural communities, there is the liberation of human reason through divine faith ; for men of faith are not shifted about with every wind of doctrine " [24].

Finally, the death of God theology does not really seem to be so much a reaction against the nature of the Church or the nature of revelation as it is a complaint against the infirmities of theology and exegesis. Scriptural

24. BERNARD, J. F. LONERGAN, *The Role of the Catholic University in the Modern World*, in *Continuum* (Chicago, Illinois), 1966, t. IV, p. 281.

studies, it is true, could stand improvement in the area of religious relevance. Speculative theology, apart from some outstanding exceptions, fails to find man where he is. Often speculative theology has been a discipline convenient for assembling various opinions on theological subjects. No one theory dominates, that is to say, no one theory is adequate, otherwise it would have replaced prior and inadequate theories. Frequently too systematic theology has invented a man and addressed its message to that imaginary product. Expressed in other words, many of the traditional theological disciplines were not closely related to preaching the Word of God effectively, — which is what the study of revelation is all about. Disciplines such as ethical theology were generally behind the questions posed by modern civilization and were largely removed from their biblical contexts, so that moral teaching seemed to be a human construct rather than a relevant demand arising out of man's nature as this nature is here and now evolving in the light of the biblical revelation interpreted in the Church. So too there has been a feeling that some theological disciplines promote rubric rather than worship, legalism rather than law. In varying degrees anyone acquainted with theological and biblical studies may have experienced one or other of the aspects mentioned above. But all of the above deficiencies, in so far as they are remediable by human efforts, can only be modified, corrected, and changed by a new study of the mission of the Church, by an investigation of the religious *a priori* of man, as well as by a concern for the understanding and interpretation of the biblical ideas in the contemporary situation. These are the current tasks of theology — and the death of God theology is one effort to begin the work. For both the death of God theology and its secularistic allies it must be said that they have located the problems and have likewise read very well the signs of the times [25].

October 21, 1966.

230, South Lincoln Way,
North Aurora, Ill., 60.542.

P. Joseph CAHILL, S.J.
Bellarmine School of Theology

25. For a recent Dutch survay of modern theological trends cfr J. SPERNA WEILAND, *Oriëntatie, Nieuwe wegen in de theologie*, Baarn, Het wereldvenster, 1966.

THE PROBLEMS OF THE *SENSUS PLENIOR*

This conference will be a short, personal reflection on the subject rather than a scientific treatment. When Mgr. Coppens invited me to preside at the Louvain biblical meeting, he suggested that I also give a paper on the *sensus plenior* (henceforth SP). This is obviously an appropriate topic since it touches on both exegesis and theology. However, I confess that I myself would not have chosen the topic : in the past years I have written on the subject [1], and I did not feel that I had much more to say about it. But perhaps in my very reluctance to take up the topic again, I was subconsciously grappling more realistically with the real problems of the SP than I have hitherto done in all the formal writing.

As a preliminary I might recall what the SP is : the deeper sense of the words of Scripture intended by God but not clearly intended by the human author, — a sense uncovered only by further revelation or development in revelation. Because the SP is a sense of the words of Scripture, it is related to the literal sense ; it is not simply a new sense but the homogeneous *approfondissement* of the literal sense. The theory of the SP was originally proposed by A. Fernández in 1925 and has been defended by important scholars since. In the period ca. 1950 it received a new life through the advocacy of J. Coppens. A very important factor that explains the popularity of the theory has been its usefulness in winning in the Church a tolerance for the historical-critical exegesis of the Bible. In the 1930s and 1940s it was becoming more and more obvious to Catholic scholars that the traditional exegesis of the Bible (patristic, liturgical, theological) did not agree in many points with modern critical exegesis. For instance, to the critical exegete it was apparent that Isaiah did not know about Jesus ; yet Christian tradition

---

1. *The History and Development of the Theory of a Sensus Plenior*, in *CBQ*, 15 (1953), p. 141-62. — *The Sensus Plenior of Sacred Scripture*, Baltimore, St. Mary's University, 1955. — *The Sensus Plenior in the Last Ten Years*, in *CBQ*, 25 (1963), p. 262-85. The documentation for much of what I say in the present conference may be found in the writings just listed. Of the literature published since 1963, let me call attention to the following : B. VAWTER, *The Fuller Sense : Some Considerations*, in *CBQ*, 26 (1964), p. 85-96 ; R.E. MURPHY, *The Relationship between the Testaments*, in *CBQ*, 26 (1964), p. 349-59 ; J.M. ROBINSON, *Scripture and Theological Method : A Protestant Study in Sensus Plenior*, in *CBQ*, 27 (1965), p. 6-27.

applied *Isaiah*, VII, 14, to the birth of Jesus. How to solve the dilemma ? A solution that would respect both the results of biblical criticism and the authority of traditional exegesis was to distinguish between the literal sense of the prophet's words applicable to his own times and the SP that had reference to Jesus. It could be maintained that the latter was intended by God unknown to Isaiah and did not become apparent until Christian times.

Serious objections to this theory were proposed, but it seems to me now that the problems debated in the early days are no longer very important. Let me mention three of them as examples. *First*, the protagonists of the SP were divided among themselves on whether or not the human author was conscious of the SP of his words. All agreed that he was not fully conscious of it (or the SP would not differ from the literal sense), but was he partially conscious of it ? Among those who demanded that he be partially conscious various explanations were offered for how such consciousness might have come about. Appeal was even made to the *theōria* of which the ancient Antiochian exegetes had spoken, i.e., a vision whereby the prophet sees the future through the present that he is describing. However, there is no real evidence that the Hebrew prophets fully or partially foresaw the distant future ; their religious genius was in their conviction that they could interpret God's will for their own times. It would seem that the theory of the SP is scientifically respectable only if one admits that this sense was completely unknown to the human author.

This leads us to a *second* great problem in past discussions, a problem in which the Spanish proponents took a great interest. How can one reconcile the theory of a SP with the Thomistic theory of instrumentality so basic to the generally accepted understanding of inspiration ? Precisely if the human author was not conscious of the SP, would he have been a truly human instrument in relation to it ? While I have maintained that one can defend the SP within the framework of a scholastic discussion of instrumentality, the whole question of the precise mechanics of inspiration and the analysis of instrumentality is becoming irrelevant. In discussing inspiration theologians tended to use such an analysis to tell us what God could and could not have done, but now the insistence that God had to conform to an instrumental theory of inspiration is on the wane. God has always shown a supreme freedom in doing exactly what man thought He could not do. There was too much of the a priori in such a discussion.

The classification of the SP was a *third* problem. Is it a literal or a non-literal sense ? It is literal if one defines the literal sense as a sense of the words ; it is not literal if one defines the literal sense in terms of the human author's intention. In his most recent book on the subject,

P. Grelot [2] has offered a solution by distinguishing between *le sens littéraire* and *le sens littéral*. The former is a sense of the words themselves ; the latter is a sense intended by the author. Accordingly the SP would be a *sens littéraire* but not a *sens littéral*. (The distinction offers difficulty in English, for if one translated the former by " literary sense, " to most hearers this term would suggest something to do with estimating the quality of literature.) In any case dœs one really solve much by such classifications ? There is a gain in clarity, but the problem of the usefulness of the SP remains.

* * *

With this last statement we are led from the somewhat theoretical problems of the past discussion of the SP to the problems that must be confronted today. I think that, unless the theory of the SP can resolve the problems I mention below, in the next century it will be remembered only by way of footnote in hermeneutical textbooks, if there are still textbooks in the twenty-first century. We shall consider three problems.

Let us consider *first* and at greatest length the problem of usefulness. After having written a doctoral dissertation and several articles on the SP, I find that in teaching Sacred Scripture I virtually never mention the SP in class. (When I jokingly told Mgr. Coppens that his students also report that he rarely ever mentions the SP in class, he reminded me that he teaches exegesis and not theology, and that the SP was advocated more for the benefit of the theologian than for the exegete. We shall discuss below the theological utility of the SP.) Perhaps this represents a personal idiosyncrasy, but it does make me wonder just how practical the whole discussion of the SP has been. Let us consider the exegetical difficulties that the SP was meant to solve in order to evaluate its usefulness and success.

The difficulty of the NT exegesis of the OT and the harmony of the two Testaments springs immediately to mind. We have mentioned that Matthew's interpretation of *Isaiah*, VII, 14 in reference to the virgin birth of Jesus might be an example of the uncovering of a SP. Homogeneous relationship between the literal sense of the passage and the Matthean use might be traced through the interpretation of Isaiah by the LXX : " virgin " not " maiden ". But for most of the non-literal NT interpretation of the OT no such evidence of homogeneity can be offered. Many of the techniques of imaginative exegesis, popular in late post-exilic Judaism, passed over into the NT. The priority of

2. *La Bible, parole de Dieu*, Paris, 1965, p. 311-91.

the literal sense in biblical interpretation is a modern development; and while the NT does not veer toward the the exaggerations of Philonic allegory or of the Qumrân *pesharim*, it does for the most part exemplify a loose midrashic exegesis of the OT that cannot be directly related to the literal sense of the respective passages, as that literal sense would be conceived by modern scholars.

The same difficulty is encountered in any attempt to use the SP as a classification for most of patristic exegesis. Actually, however, the great proponents of more-than-literal patristic exegesis have preferred some other classification to that of the SP, e.g., "spiritual sense" (H. de Lubac), typology (J. Daniélou). Perhaps what should be asked more fundamentally here is how valuable is patristic more-than-literal exegesis, no matter under what name we classify it. Despite the serious attempt in our times to vindicate the exegesis of the two great exegetical schools of antiquity, Alexandria (Origen) and Antioch (Theodore of Mopsuestia), I would judge the attempt to give great value to patristic exegesis *as exegesis* a failure. I am not saying that the patristic study of Scripture is without importance — far from it, for it is the source of much of our theology. The Church Fathers accomplished a true hermeneutic task: they made the Scripture of an earlier and largely Semitic period speak meaningfully to a later Greco-Roman world. Perhaps at no subsequent period in the history of Catholic Christianity has the Bible been so much the focus of attention as it was in the patristic period. But while appreciating the rich patristic legacy in theology and spirituality drawn from the Bible, I think that we must recognize that the exegetical method of the Fathers is irrelevant to the study of the Bible today. The frequent insistence in ecclesiastical documents that we be faithful to the scriptural interpretation of the Fathers is best understood in terms of theological implication, rather than strictly in terms of biblical criticism, i.e., these documents wish to insist that biblical criticism cannot be used to overturn the theology of the Fathers when that theology represents common Christian teaching. It is not by accident that the emphasis on the literal sense developed in our times. The historical-critical method by which the literal sense is uncovered is sympathetic to modern man's whole mode of thought. The richly imaginative and symbolic exegesis of the Fathers may be appreciated as a form of literary art, but its characteristic indifference toward the literal sense militates against its revival today. Perhaps some will find my judgments too stringent. Yet I have purposely exposed some of my best students to various types of patristic exegesis, and unanimously they found such interpretation strange and forced.

Much of the symbolical liturgical exegesis of the Bible would face the same strictures. For instance, I do not think that we can invoke the SP to classify and thus to justify the liturgy's mariological application of OT passages describing personified Wisdom. Perhaps one may use the theory of the SP in reference to the christological interpretation of these passages, but the mariological interpretation is too remotely related to the literal sense to be called a SP. Personally I think that one of the most commendable liturgical reforms would be to reshape the scriptural usage in the liturgy in order to bring it into harmony with modern exegesis.

Thus in the area of the NT exegesis of the OT and in the areas of patristic and liturgical exegesis I have found relatively little usefulness for the theory of the SP. When they formulated this theory, scholars related the SP to the literal sense in order to prevent the SP from being confused with accommodation. Yet this very fact means that the SP cannot be used as a category for much of the exegesis of the past which was accommodation. I realize, of course, that many patristic and medieval scholars would not agree with my categorizing the exegesis of these periods as accommodation. But once again, while I deeply respect what such exegesis accomplished in its own time, I must judge it by the standards of today, and by these standards it is largely accommodation. Yet there remains one area where perhaps the SP has a larger usefulness — the area of the relation of theology to Scripture.

Some of the classical theological positions of the early centuries concerning christology and the Trinity went beyond the literal sense of the NT. The doctrine of the Trinity, for instance, as it emerged in the fourth and fifth centuries, goes beyond the understanding of the biblical authors. In his theory of original sin, Augustine goes beyond Paul. Can such theological developments be classified as the SP of Scripture ? Here I am more sympathetic. These developments flowed from a discussion of Scripture and often captured the logical and ultimate implications of biblical passages. It is interesting here to recall the attitude of Athanasius in regard to the Nicene confession of Jesus as " true God of true God ". He and the other council fathers knew that by using this formulation they were going beyond biblical categories ; yet they felt that this was the only way to preserve the real witness of the NT in face of the Arian distortions. In many instances, at least, the early theological interpretations have homogeneity with the literal sense of the Scriptures and can be classified as SP.

The difficulty increases, however, when one begins to discuss the theology of a later period, a theology with a more peripheral relationship to the Bible. For instance, does the category of the SP offer a way in which the mariological doctrines can be said to be scriptural ? Can the Immaculate Conception or the Assumption be found in the SP of a passage like *Genesis*, III, 15 ? Here I am not sympathetic at all, for I regard such questionable exegesis as part of the mania to find all revelation *in* Scripture.

In my opinion, if Vatican II was wise in rejecting the " in Scripture and in Tradition " formula, it was just as wise in *not* phrasing its statement on the subject in terms of an exclusively " in Scripture " formula. Revelation involves God's *action* for the salvation of men and the *interpretation* of that action by men whom God has raised up and guided for that purpose — in short, it involves both deeds and words motivated by God. Now the truly revelatory *action* of God bringing about the salvation of men is found in what He has done in Israel and what He has done in Jesus, and this action is described in the books of Scripture. Scripture also offers an *interpretation* of that action, e.g., the interpretation of the Sinai covenant by the prophets, and the interpretation of Jesus' mission by himself and by the apostles. This scriptural interpretation of God's revelatory action is the most important and essential interpretation. It is an interpretation that should guide all subsequent interpretation, so that there really is an enduring responsibility to Scripture. But the scriptural interpretation is still a limited interpretation ; it reflects the understanding of God's action in a period that extends approximately from 1000 B.C. to A.D. 125. God's *action* for the salvation of man came to a climax in Jesus Christ who is once and for all (*eph hapax* : *Hebrews*, X, 10) ; but there is no reason to believe that God has ceased to guide the *interpretation* of that action. Indeed, the subsequent role of the Spirit in the history of the Church and in the history of men, the writings of the Father and theologians, the pronouncements of the Church — all of these enter into what we call Tradition which is the post-scriptural interpretation of the salvific action of God described in Scripture. If one has to propose a formula describing where one can find revelation, instead of saying that all revelation is in Scripture, I would prefer to say : " The revelation of God to men is found in God's action on behalf of man's salvation, *as that action is interpreted* by the Scriptures themselves and by later authoritative Tradition. " The importance of Scripture is that it contains both the narrative of that action and the fundamental interpretation of that action, but there can be subsequent *normative* interpretation of God's action that is not found in Scripture.

And so, returning to the question of the SP, I see no need to think that all subsequent interpretations of God's action by Tradition have to be the SP of the scriptural interpretation of God's action. Some of the early doctrines, as we have said, may well have been the SP of the scriptural interpretation of Jesus. But this is not true for many of the later doctrines. I would say that the doctrine of the Assumption is a normative interpretation of what God has done in Jesus Christ, and therefore it fits our description of revelation in terms of divine action and divinely guided interpretation. But the Assumption as an interpretation of God's action is not found in Scripture in any sense [3]. Thus, even in the question of the relation of theology to Scripture, I see only limited use for the SP.

Moving on from the question of usefulness, we find that modern reflection on inspiration presents to the theory of the SP a *second* problem. Can the idea of a SP be reconciled with a non-scholastic understanding of inspiration ? The theory of the SP was originally formulated against the background of the description of inspiration offered in *Providentissimus Deus* by Pope Leo XIII. This description was formuated in terms of God's moving the human author to write and assisting him in the process. In inspiration God guided the mind of the author to understand what God wanted understood ; God moved the will of the author to write down and express aptly what God wanted written. With such a conception of the composition of the Scriptures, it was intelligible that God could have guided the author to phrase a certain passage in such a way that a deeper meaning might be lnciuded, unknown to the author and visible only at a later time.

But what future has such a description of inspiration ? It is quite apparent in recent Catholic writings that most Catholic exegetes are restless with such an *a priori* approach, even though they have not come to a common agreement about a new approach. The repetition of the traditional description at Vatican II was prompted by the inchoative character of the modern discussion : it was better to repeat an old formula rather than too hastily to canonize a new one. The modern discussion (e.g., K. Rahner, J.L. McKenzie) seems to concentrate on inspiration as the factor that called for the writing of books. Thus one can speak of community inspiration, for the community's need prompted the writing of the biblical books and, in turn, those books were constitutive of the community. While I do not foresee that such theories will replace all emphasis on the inspired author, he will undoubtedly become part of a much larger context. Such a development will also be necessitated by our realization that relatively few biblical books were entirely written by one man. I strongly suspect that even P. Benoit's truly important contributions to the study of inspiration are too scholastic to survive intact. The discussion of God's action on the active and passive intellect and the fine analysis of the machinery of inspiration may well belong to a passing era.

3. In the article cited in note 1, the Protestant scholar James M. Robinson, who is favorable to the idea of a SP, warns, *op. cit.*, p. 16 : " He [the Protestant] can fear that the discussion of the *sensus plenior* will so converge with the tendency in Catholicism today to define all doctrine as Scriptural that Catholic Biblical scholarship will be forced into the awkward position of providing the demonstration that doctrines previously developed on the basis of tradition are also ' homogeneous ' with the *sensus litteralis* of the Bible and hence, as *sensus plenior*, themselves Biblical. " I have tried to meet this danger above.

If these impressions prove correct and the theological study of inspiration moves away from speculation about God's working on the mind of the human author, then much of the past discussion about the SP will seem irrelevant, e.g., whether the author was fully or partially conscious of it, whether it meets the requirements of instrumentality, etc. Perhaps we must shift our approach and deal with the possibility of a SP more from the analysis of language than from the analysis of the mind of the author. In modern literary approach much is made of the thesis that the words of an author can have a life of their own and take on a richer signification than their author anticipated. The same principle may be applied to the Bible. Thus, when seen in the light of the NT, part of the OT does have more meaning than it had before. This is not simply an added or created meaning, but the focusing of new light on hitherto hidden possibilities. I do not know whether such an approach to the SP from the viewpoint of language will be sufficient to liberate the theory from the scholasticism in which it was conceived, but it is worth trying. Otherwise the theory may not survive the contemporary shift in the study and understanding of inspiration.

The *third* and final problem I might mention concerns the compatibility of the theory of the SP with the great hermeneutical tendencies of the day, especially among non-Catholics. Unless there is some compatibility, the SP has little future, for it will be dismissed or ignored as a peculiar or obscure product of Catholic speculation. The two most obvious hermeneutical tendencies that may be mentioned are seen in the discussions of the Christian dimension of the OT and of the so-called New Hermeneutic.

Several recent works on the Christian dimension of the OT [4] show that the views of the many writers on the subject are not harmonious, but in general there is a tendency to distrust emphasis on the OT *prediction* of Christ. The relation between the two Testaments is seen more in terms of typology (W. Eichrodt, G. von Rad) or in terms of promise / fulfillment running through salvation history (W. Zimmerli, C. Westermann). The suggestion that NT ideas may be found as deeper meanings of OT texts does not have much following among non-Catholic authors, for they see in this a crypto-fundamentalist attempt to revive prophecy as the foretelling of the future. Yet some Catholic works [5] are sympathetic to the idea that prediction in one form or another does play an

4. B. W. ANDERSON, ed., *The Old Testament and Christian Faith*, New York, 1963. — C. WESTERMANN, ed., *Essays on Old Testament Hermeneutics*, Richmond, 1963. The article by R. E. Murphy mentioned in note 1 is a good summary.

5. C. LARCHER, *L'actualité chrétienne de l'ancien testament*, Paris, 1962. — P. GRELOT, *Sens chrétien de l'ancien testament*, Tournai, 1962.

important role in the relations of the Testaments. Thus, at the moment, the SP plays at most a subsidiary role in the discussion of the Christian use of the OT.

If I may be permitted a brief digression, I think it has been typical in Catholic thought to overemphasize the importance of the Christian dimension in the OT. This is a weakness of the treatment of the OT in Vatican II. It would be salutary if we would recognize the need to think of the OT books as *old*. They were primarily written for their contemporaries to teach them how to live in the love of God ; they were not primarily written to prepare for the coming of Jesus Christ. Precisely because the parts of the OT that are directly preparatory for Christ are so few, the quest to Christianize the OT has led either to allegorizing or to the disuse of the OT, once the project was realized to be impractical. Only by firmly admitting that the principal value of the OT is independent of the NT can we accept the whole OT in its literal sense. It is a shocking statement but a true one that if Christ had never come, the OT would still be a book containing God's revelation to men.

The " New Hermeneutic " is another facet of modern hermeneutical interest. For a fuller treatment and bibliography I must refer the student elsewhere [6], since the whole question of how the philosophy of the later Heidegger can be applied to hermeneutics is quite complicated. The basic principle involves the role of language in interpreting being. In harmony with this, E. Fuchs and G. Ebeling have, in different ways, stressed the need of allowing Scripture to speak to the man of today and to interpret him. The idea that Scripture speaks to each generation and must be translated into the present situation has led H.-G. Gadamer to maintain that one always understands the text differently from the way the author himself understood it. As James M. Robinson has pointed out, this hermeneutical tendency has a certain harmony with the idea of the SP. And perhaps if, as we insisted above, the SP has to be studied from the viewpoint of the analysis of language, the theory of the SP may have a certain future in the Catholic contribution to the New Hermeneutic. But it should be obvious too that the problem of translating the literal sense into the present situation so that it interprets man is a much broader problem than that of the SP, and in such a process one may go farther beyond the literal sense than would be consonant with the idea of the SP.

Here I conclude my presentation of the modern problems that face the theory of the SP. I have not solved them, and it may be that my treatment of them has been too pessimistic. My own stance is a rather

6. R. E. Brown, *After Bultmann, What ? An Introduction to the Post-Bultmannians*, in *CBQ* 26 (1964), especially, p. 13-20.

peculiar one. I continue to insist that the standard objections brought against the theory of the SP by scholars like J.L. McKenzie and B. Vawter are not valid and that the theory of the SP represents an aspect of hermeneutics that has genuine importance. But because of the scholastic and peculiarly Catholic origins and formulation of this theory, I think that it cannot in its present form meet the problems that confront it. It must be reformulated and become part of a wider hermeneutical movement if it is to be truly useful. I wish that what I have said here at Louvain may challenge someone to undertake the task of reformulation and thus, twenty years after Mgr. Coppens' work, to give the SP yet another lease on life.

Roland Park R.E. Brown, S.S.
Baltimore, Md. (U.S.A.) St. Mary's Seminary

HISTOIRE ET MENTALITÉ SYMBOLIQUE

La Bible ne serait-elle pas le lieu d'affrontement d'une mentalité symbolique avec la révélation historique ? Elle apparaîtrait ainsi comme une tension entre les symboles asiatiques, dont Israël est l'héritier, et les événements de l'histoire du salut qui caractérisent et intègrent la foi du peuple élu.

Nous voudrions prendre le risque d'envisager si cet affrontement n'est pas spécialement éclairant pour la naissance de l'historiographie biblique et antique. Notre témérité sera donc d'essayer une nouvelle approximation de l'impact de la mentalité symbolique sur l'histoire.

Déjà Chateaubriand avait senti combien l'Asie était une terre-mère pour le symbolisme religieux lorsqu'il écrivait : « Le secret est d'une nature si divine que les premiers hommes de l'Asie ne parlaient que par symboles » [1].

N'oublie-t-on pas un peu trop que la Bible est une littérature asiatique tout autant que sémitique ? L'arrière-fond sumérien de bien des symboles n'est plus à démontrer. Et cependant, tout en accueillant les symboles universels ou asiatiques, la Bible, de l'avis des meilleures compétences, se montre allergique aux mythes. G. von Rad a sur ce point convaincu P. Ricœur [2].

Quand de la Bible on passe à la littérature apocryphe, on s'aperçoit aussitôt de la prolifération exubérante des symboles jusqu'à l'exténuation de l'histoire, laquelle tend à se produire dans le Talmud et devient complète dans la kabbale ou la mystique chrétienne médiévale.

Albert Gelin se plaisait à dire que les travaux de Mircea Eliade lui avaient apporté un éclairage sur la Bible plus avantageux que celui de n'importe quel commentaire d'exégète. Notre propos serait de prolonger cette expérience en l'élargissant, non certes en vue de formuler une conférence de conclusions, mais en proposant quelques itinéraires pour des essais exploratoires, non seulement vers les constellations de symboles qui s'inscrivent dans le ciel de l'histoire sacrée, mais plus encore à l'inté-

---

1. CHATEAUBRIAND, *Le génie du Christianisme*, Ire partie, Livre 1, ch. 2, dans *Oeuvres Complètes*, Paris, 1842, t. III, p. 5-6.

2. P. RICŒUR, *Structure et Herméneutique*, dans *Esprit*, nov. 1963, p. 611 ss., texte développé dans le volume collectif : *Ermeneutica e Tradizione*, Rome, Padoue, 1963, sous le titre : *Symbolique et temporalité*, p. 6, 18. Cf. p. 33.

rieur de la mentalité symbolique qui fut celle de plusieurs écrivains bibliques.

Notre méthode consistera bien sûr à faire notre entraînement dans le domaine des sciences religieuses et historiques non bibliques pour reprendre ensuite l'exploration du ciel biblique où scintillent tant de symboles religieux, et d'en recenser quelques arrangements, mais surtout d'examiner les implications d'une hypothèse directrice concernant la mentalité symbolique et la naissance de l'histoire chez les peuples de l'antiquité.

On parlait naguère de « mentalité primitive » en dégageant ses caractères prélogique ou hétérologique et asyntactique en même temps que la dominante affective d'une telle culture, qui serait soumise à la loi de participation (ou pensée participante). Mais on a dû bien vite renoncer à une vue évolutionniste qui nous distancerait de cette « mentalité primitive ». Remarquable fut sur ce point l'avis mesuré d'un bon juge. Déjà en 1928, G. van der Leeuw s'exprima comme suit : « Ni M. Lévy-Bruhl, ni aucun autre de ceux qui ont décrit cette mentalité primitive n'ont soutenu que les primitifs seraient entièrement dominés par la pensée prélogique (...), d'autre part, que l'homme moderne se comporte *primitivement* jusqu'à un certain point, il en résulte que la *mentalité primitive* n'est liée ni à une période, ni à un certain degré de culture mais qu'il faut la considérer comme une forme, un caractère, en un mot, une structure de notre psyché. Cependant, il reste vrai que nous pouvons étudier cette structure sous une forme relativement pure chez les peuples non civilisés » [3].

Les études contemporaines, qu'il s'agisse de l'application du structuralisme à la *pensée sauvage* ou des approches phénoménologiques des mythes de notre propre civilisation, semblent mettre le bien fondé de l'opinion de G. van der Leeuw à l'abri des contestations majeures. Certes, on a pu rejeter les étiquettes « primitive » ou « prélogique », car le premier mot

---

3. G. VAN DER LEEUW, *La Structure de la mentalité primitive*, Paris, 1928, p. 27 ; extrait de RHPR. Article complété par une histoire des recherches, p. 33-45. — *L'Homme primitif et la religion*, Paris, 1940. On trouvera une bibliographie abondante dans l'important ouvrage de Jean CAZENEUVE, *Les rites et la condition humaine*, Paris, 1958. On complètera par la *Mentalité archaïque* du même auteur, coll. A. Colin, section philosophie, nº 16, 1964. J. CAZENEUVE, *Les méthodes techniques à l'âge préhistorique*, dans *Diogène*, 27 (1959), pp. 117-138. L'A. remarque ici que pour éviter l'emploi du mot « archaïque » qui laisserait entendre que les sociétés en question seraient plus proches des origines que la nôtre, certains anthropologues en viennent à proposer : « peuples sans écriture » ; mais ce critère n'est pas toujours facile à préciser. Lire aussi M. ELIADE, *Aspects du mythe*, Paris, 1963, spécialement, p. 15 sur les mythes modernes. Lire A. OLLY, *La mentalité primitive chez les peuples civilisés*, dans *Mél. économiques et sociaux offerts à Émile Witmeur*, Paris, Librairie du Recueil Sirey, 1939, pp. 264-270 (non vidi).

était trop manifestement écrasant sinon péjoratif et le second trop ambigu. Mais ces ajustements nécessaires de l'analyse conceptuelle ne minent pas la profonde et sérieuse recension des faits ethnologiques élaborée par le professeur de Groningue. Au lieu de primitif on parle aujourd'hui de « civilisations archaïques » ou de « pensée sauvage », en soulignant fortement les premiers termes, les substantifs [4]. Quant au « prélogique » proposé avec beaucoup d'insistance par Lévy-Bruhl, il a fait l'objet des critiques de J. Maritain et d'Olivier Leroy, son disciple [5].

N'envisageant pas des différences de *nature* entre mentalités archaïque et civilisée, mais plutôt d'état, J. Maritain nous invite donc à distinguer d'une part, entre la mentalité primitive qu'il appelle *le régime ou l'état dominé par l'imagination* et, d'autre part, notre mentalité soit *le régime ou l'état dominé par l'intellect* [6]. Nous proposerions *mentalité symbolique et mentalité logique* (au sens de *logos*).

Le fait est que l'on reconnaît de plus en plus les vestiges de cette mentalité primitive même chez les Grecs de l'âge classique, car à côté de la philosophie, les religions populaires et les religions à mystères ont maintenu sans cesse non seulement l'irrationnel mais toute une « mentalité archaïque » [7].

L'un des pionniers parmi les mieux équipés pour ce genre de recherche, E.R. Dodds ne craignait pas d'écrire dès 1957 : « Pourquoi devrions-nous

---

4. Lire les remarques de J. CAZENEUVE, *Les rites et la condition humaine*, Paris, 1958, pp. 4-5.

5. J. MARITAIN ne trouvait pas de différence de *nature* entre l'intelligence du primitif et la nôtre, mais une différence fondamentale d'*état*. Cf. J. MARITAIN, dans *Signe et Symbole*, *R. Thom.*, 1938, p. 299-333 ; cfr p. 319, et la lettre de Lévy-Bruhl à Maritain, *ibid.*, p. 482-483. Dans *Les Carnets de Lévy-Bruhl* (publication posthume) Paris, 1949, on peut lire « que la mentalité primitive est en réalité un aspect, un *état* (MARITAIN) de la mentalité humaine en général » (p. 136). O. LEROY, *La Raison primitive*, Paris, 1927.

6. J. MARITAIN, *Pour une Philosophie de l'Histoire*, Paris, 1957, p. 90 ; cf. p. 107.

7. L'ouvrage fondamental est ici E.-R. DODDS, *The Greeks and the Irrational*, Berkeley, 1957. L. ROBIN, *Quelques survivances dans la pensée philosophique des Grecs d'une mentalité primitive*, dans *Revue des Études Grecques* (REG) t. XLIX, 1936, p. 255-292. Cet auteur renvoie aux travaux de Th. GOMPERZ et de P.-M. SCHUHL.

Sur l'intérêt de l'ethnologie pour les civilisations classiques, outre J. FRAZER, *Le Rameau d'or*, déjà très dépassé, on peut lire P.-M. SCHUHL, *Essai sur la formation de la pensée grecque*, Paris, 1949, p. XII-XV.

Clémence RAMNOUX, dans son petit livre si riche de substance : *La nuit et les enfants de la nuit de la tradition grecque*, Paris, 1959, a montré les réapparitions à l'époque hellénistique d'une pensée théogonico-cosmogonique, « comme un retour à un nouveau mode de mythologie. Car d'une part, on habille la philosophie en oripeaux de théogonie. Mais d'autre part, les constructions théogoniques elles-mêmes évoluent selon leurs lois propres, plus proches des lois de l'imaginaire que des lois de la pensée rationnelle ». Cf. p. 8, 255.

attribuer aux Grecs de l'Antiquité une immunité aux modes de pensée « primitifs », immunité que nous ne rencontrons dans aucune société accessible à notre observation directe ? »[8]. Et tout récemment on est venu nous rappeler que le Pythagorisme « nous offre l'exemple d'une pensée à mi-chemin entre le *logos* et le *muthos* »[9]. Est-il besoin de rappeler que M.-J. Lagrange orienta dès le début de ce siècle plusieurs de ses disciples vers l'ethnographie ? Les inappréciables travaux de Savignac et Jaussen en sont le fruit[10]. L'ouverture de plus en plus grande aux travaux ethnologiques du *Supplément* au *Dictionnaire de la Bible* nous paraît une importante conquête de l'exégèse catholique[11].

Depuis la publication des « souvenirs personnels » de M.-J. Lagrange nous possédons de nouveaux aperçus sur sa conception de l'historicité du Pentateuque. On y rencontre, écrit-il « une manière de raconter qui n'était pas la sobre histoire telle que nous la concevons ». Car si la « réalité substantielle des faits relatés dans les quatre premiers livres lui parut en parfaite harmonie avec la nature du pays, ses aspects, ses cultures, ses traditions », il voyait bien sur le terrain toutes les difficultés des récits. De là vient sa règle d'*idéalisation*. « Ne fallait-il pas conclure que des faits parfaitement historiques avaient été comme idéalisés pour devenir le symbole du peuple de Dieu, de la future Église de Dieu ? »[12].

Mais ce serait une faute originelle impardonnable de méthodologie que de prendre les Hébreux pour des primitifs, ou d'assimiler univoquement leur culture à celles des Bantous ou des Bambaras. Les Hébreux apparaissent au point de rencontre des bissectrices issues des grandes civilisations-pilotes de l'antiquité : Égypte, Mésopotamie, Monde égéen et Grèce. Dans cet Orient des caravanes et des ambassades, des colonisations et des migrations, il est impossible aujourd'hui d'y voir encore un bloc erratique de sauvages. Dès le début de leur histoire originale, les Hébreux appartiennent à l'horizon civilisé et non à l'horizon sauvage.

8. E.-R. Dodds, *Les Grecs et l'irrationnel*. Trad. de l'anglais par Michaël Gilson, Paris, 1965, p. 10. On corrigera la date de 1950 indiquée pour la préface (p. 11) en 1957.

9. M. Detienne, *La notion de daïmôn dans le Pythagorisme ancien*, dans Bibliothèque de la Faculté de Philosophie et Lettres de l'Université de Liège, fasc. CLXV, Liège, 1963, p. 169.

10. A. Jaussen, *Coutumes des Arabes au pays de Moab*, Paris, 1908. A. Jaussen et Savignac, *Mission archéologique en Arabie. De Jérusalem au Hedjaz*, Paris, 1909. — Suppl. au vol. II, *Coutumes des Fuqarâ*, Paris, 1914.

11. Voir les art. « mythe » et « nomadisme » dans DBS VI.

12. M.-J. Lagrange, *Au service de la Bible. Souvenirs personnels*. Préface du P. Benoit, Paris, 1967, p. 55. Voir ses « réflexions sur le Pentateuque » pp. 54-56 ; cf. p. 135, 180-182.

Lors de notre conférence aux journées bibliques de Louvain, ces textes n'avaient pas encore été publiés.

Mais de même qu'en Sumer, en Égypte ou en Grèce, nous pouvons rencontrer des survivances archaïques ou primitives, nous pouvons regarder l'historiographie chez les Hébreux nomades comme encore imprégnée de pareilles survivances. Disons tout de suite que nous envisagerons ici ces survivances à la fois au plan des institutions : lieux sacrés, pierres consacrées, arbres, hauts lieux, etc., et au plan des procédés historiographiques : temps qualitatif, nombres symboliques, généalogies qualitatives.

Il est d'autant plus remarquable que dans ces environnements symboliques le dieu des Hébreux se présente presque dès les origines comme un dieu unique, abstrait et personnel.

Le mystère personnel est le grand axe du dialogue biblique d'Adam à Jésus-Christ. Le Dieu personnel, celui d'Abraham, d'Isaac et de Jacob, est celui que les philosophes grecs ne découvriront jamais. La religion de Platon et d'Aristote se nourrissait de raisons nécessaires. Le Judéo-christianisme est greffé sur la contingence d'événements historiques. De toutes les littératures de l'Antiquité, aucune anticipation n'est plus moderne que notre Révélation d'un Dieu-Personne. Mais cette révélation est tombée chez un peuple de poètes et de symbolistes. Et voilà le début de nos problèmes d'occidentaux, héritiers de vingt-cinq siècles de discours spéculatifs historiques, et parfois logiques, auxquels je crains d'ailleurs d'ajouter le mien.

D'un autre côté, il est non moins certain que l'archéologie vient d'année en année renforcer la valeur documentaire des traditions de l'Orient antique, de la Grèce, et en général de tout le monde méditerranéen. La Bible apparaît ici comme une bénéficiaire privilégiée, non seulement des fouilles mais des progrès de l'humanité ancienne. N'est-ce pas dans son aire géographique que fut inventé l'alphabet qui fut le plus grand accélérateur des civilisations antiques ?

Mon propos serait de faire éclater l'alternative : légende ou histoire, mythe ou logos, en trouvant une troisième longueur d'onde qui serait celle de l'histoire en mentalité symbolique, telle qu'on peut la retrouver plus ou moins chez tous les peuples à l'heure originelle. Car cette longueur d'onde intermédiaire, moyenne, sera acceptable par tous, à la condition de n'être pas fabriquée à l'usage et à la mesure de notre Bible.

Et du point de vue « pastoral », puisqu'en ce temps, — selon la fine boutade d'un ami prêtre, — rien n'est plus valable sans ce *label*, il faut reconnaître que ce sont les pages les plus symboliques de la Bible qui sont encore les plus universellement connues et retenues dans notre humanité : les récits sur la création, le paradis, le déluge, l'exode, l'aventure de Jonas, la vision daniélique de la statue aux pieds d'argile, les paraboles de Jésus. Cette constatation nous encourage à prendre le risque de cet article en même temps qu'elle nous rappelle la conviction profonde et inoubliable d'un chrétien d'Amérique latine, Tristan d'Athaïde, qui nous déclarait au temps de nos premières études religieuses : « Le monde sera sauvé par les prêtres et les poètes. » La Révélation n'a-t-elle pas pris le risque d'un tel paradoxe ?

I. Préalables herméneutiques

1. *Herméneutiques du soupçon et herméneutiques de récupération*

L'un des signes caractéristiques du temps présent réside dans une innovation qui est déjà un fait acquis : la Bible est en voie de passer aux philosophes [13].

Bon gré, mal gré, l'exégète doit en prendre son parti, et il peut y trouver son profit s'il sait éviter l'asservissement à un système, ce qui, hélas, n'est pas toujours le cas. Ceci dit, nous voulons souligner l'intérêt de certaines considérations de P. Ricœur, non seulement sur le symbole mais aussi sur l'herméneutique. Il est de ceux qui ont réhabilité le symbole, lequel, loin de lui apparaître comme un langage inférieur, lui semble être un langage souvent adéquat « approprié à une certaine approche de notre existence » [14]. Les symboles vont nécessiter une herméneutique, car, pour Ricœur, « il y a symbole lorsque nous sommes en face, non pas d'un signe simple, qui dit quelque chose comme c'est le propre de tous les signes, mais lorsque nous sommes en face de signes composés, de signes complexes, où au lieu qu'un sens renvoie à une chose nous avons un sens qui renvoie à un autre sens » [15]. P. Ricœur reprend à ce propos le très beau mot d'E. Kant : « Le symbole donne à penser ! »

Mais l'homme du XXe siècle est déchiré par la multitude des interprétations. P. Ricœur distingue « deux grands styles d'interprétation ». Cette distinction nous paraît riche d'enseignement pour les exégètes bibliques. Il distingue d'une part, une herméneutique du soupçon, et d'autre part, « une herméneutique de la reconstruction et de la récollection ». Nous préférerions conformément au langage biblique parler pour cette dernière d'une herméneutique de l'écoute ou de la récupération. Le premier style, caractérisé par le soupçon, la démystification, se rattache aux influences de Marx, de Nietzsche et de Freud. Elles ont en commun « l'exercice du soupçon ». Et, « par conséquent, le travail de

---

13. De Spinoza à Hegel, le mouvement était amorcé, avec Jung, Jaspers, Buber, Dumery, Ricœur, Tillich ; il faut bien saluer de nouveaux conquérants de la Terre Promise. — Durant un séjour à Strasbourg, nous avons suivi quelques leçons du Prof. Gusdorf qui, au cœur d'une philosophie de l'histoire, nous donna de profonds aperçus sur l'histoire du salut.

14. P. Ricœur, *Le conflit des herméneutiques. Epistémologie des interprétations*, dans *Cahiers internationaux de Symbolisme* (= CISym) vol. I, p. 152-184. Cf. p. 154.

15. *Ibid.*, p. 159.

déchiffrage est ici en grande partie un travail de liquidation ». Mais dans le domaine des symboles, P. Ricœur y voit un moment dialectique indispensable. « Il nous faut nécessairement intégrer cette espèce de réduction, d'herméneutique réductrice et destructrice comme étant le moment je dirai, de la mort des idoles pour que parlent les symboles »[16].

L'autre style réalise une herméneutique « amplifiante », « une sorte de récollection du sens »[17]. Il va de soi que les biblistes retrouveraient facilement ces deux types d'herméneutique dans leur domaine pour les cent cinquante dernières années. D'une part, cette herméneutique du soupçon avec l'école de Julius Wellhausen, et d'autre part, cette herméneutique de la récollection, de la reconstruction pour laquelle le nom de Hermann Gunkel pourrait être un très bon parrainage[18]. Dès 1906, il lançait la question du *Sitz im Volksleben*. Sans tomber dans l'excès d'un Chesterton pour qui « la légende est plus vraie que l'histoire », ni dans les prétentions de l'école « historicisante » voulant à tout prix retrouver l'histoire derrière la légende, nous avons appris de Gunkel que « la légende n'est pas un mensonge mais un art poétique »[19]. Avec Gunkel s'amorce une véritable récupération du mythe, de la *saga*, du folklore et des légendes. Car derrière le mythe, le folklore et la *saga* ou la légende, on retrouve toute une idéologie populaire, une conception de la vie, une mentalité. Et cette mentalité est un fait historique parfois très significatif, plus riche de sens qu'un inventaire exact de la récolte d'orge ou de la tonte des brebis. Qui ne donnerait encore mille tablettes économiques pour celles de Gilgamesh ![20].

---

16. *Ibid.*, p. 165.

17. *Ibid.*, p. 166.

18. Sur H. GUNKEL, cf. l'art. *Gunkel*, DBS, III, col. 1374-1377. On trouvera une notice développée chez Hans Joachim KRAUS, *Geschichte der historisch-kritischen Erforschung des Alten Testaments von der Reformation bis zur Gegenwart*, ch. XIII, § 74-78. — Voir aussi J. COPPENS, *Histoire critique de l'Ancien Testament*, dans *Nouv. Rev. Théol.*, 1938, p. 663 qui parlait déjà du « génial Gunkel », ce que les études critiques n'ont cessé de vérifier. Il est plus que surprenant, voire scandaleux, que *Die Religion in Geschichte und Gegenwart*, 3. Aufl., qui consacre des notices à tant d'obscurs travailleurs n'ait pas une notice pour l'un des plus illustres collaborateurs de la 2. Auflage. Dans LTK, la notice est dérisoire.

19. « Sage ist nicht Lüge, sondern vielmehr eine besondere Art von Dichtung » : H. GUNKEL, *Genesis*, 1922, Einleitung, p. 11. On doit à GUNKEL l'introduction en critique biblique de la distinction entre mythes ou histoires des dieux et les sagas, histoires légendaires où les personnages actifs sont les humains. H. GUNKEL, *Genesis*, cf. RGG², t. IV, (1927-1932), col. 363. Voir son article *Sagen und Legenden*, dans RGG², t. V (1931), col. 49-60 et E. JACOB, dans RGG³, t. V (1961), col. 1302-1308.

20. Sur cette valeur historique des mythes F. VIAN écrit : « On ne doit pas perdre de vue, en effet, que le mythe a été conçu ou plutôt vécu par des hommes : il est naturel qu'il exprime leurs préoccupations et leurs modes de pensée », F. VIAN, *Les origines de Thèbes, Cadmos et les Spartes*, dans coll. *Études et Commentaires*, vol.

Bien avant Gunkel, M.-J. Lagrange faisait preuve d'une pareille audace lorsqu'il écrivait dès 1904 : « Légende n'est pas synonyme de mensonge... la légende a sa vérité, supérieure assez souvent à celle des critiques » [21].

Nous verrons plus loin le grave et délicat problème de la compatibilité de la Révélation avec de tels genres littéraires ; ce qui en définitive nous ramènera vers les problèmes de l'objectivité en histoire. Le mythe exclu, — de l'avis des meilleurs orfèvres en la matière, — on ne voit pas pourquoi la grâce ne pourrait pas irriguer ces genres populaires dans lesquels tous les peuples ont exprimé avec couleur leurs origines, de Troie à Rome.

Pour cette herméneutique de la récupération, de l'écoute, de la « récollection », témoigne entre beaucoup d'autres un historien des origines grecques, le professeur F. Vian. Dans son ouvrage très critique : *Les Origines de Thèbes, Cadmos et les Spartes*, il s'efforce de montrer le réel intérêt qu'offrent le folklore et les mythes même pour l'historien. « Une création née de la libre fantaisie comporte aussi un enseignement car il n'est pas de création *ex nihilo*. L'invention poétique travaille sur des idées et selon des schémas préexistants ; l'historien des mythes trouve profit à les démêler de l'apport personnel du poète » [22]. « Les légendes ne sont pas des énigmes dont la clef serait détenue par les chronographes. La laborieux travail de transcription auquel se livre l'école historicisante aboutit seulement à les vider de leur substance. L'histoire des religions n'a rien à y gagner. Et l'histoire tout court non plus. C'est au contraire, le mythe envisagé en tant que tel qui fournit à l'historien des lumières sur les formes de pensée et sur les structures sociales du peuple où il a pris naissance, c'est-à-dire sur des réalités plus essentielles que la simple succession des événements » [23].

XLVIII, Paris, 1963, p.15. On pourrait rapprocher de ces vues les constatations de Lévi-Strauss concernant l'implantation des mythes : « La syntaxe mythique n'est jamais entièrement libre dans la seule limite de ses règles. Elle subit toutes les contraintes de l'infrastructure géographique et technologique. » Voir *Le Cru et le Cuit*, Paris, 1964, p. 251.

21. M.-J. Lagrange, *La méthode historique*, Paris, 1904, Note pour le second tirage, p. XII. On sait que ce précieux ouvrage vient d'être réédité en format de poche par les éditions du Cerf avec une lumineuse préface de R. de Vaux. G. Lambert, S.J. invoquait encore un autre témoignage du P. Lagrange : « L'histoire critique est une approximation de la vérité à l'aide de documents écrits : *la légende est une autre approximation* de la physionomie d'une personne ou de l'action d'une idée *par l'imagination populaire* (nous soulignons). » Cf. *N.R.Th.*, 1954, p. 391.

22. F. Vian, *Les Origines de Thèbes, Cadmos et les Spartes*, Paris, 1963, p. 12.

23. *Ibid.*, p. 13. Lire F. Vian, *op. cit.*, p. 12-13, qui recommande la lecture des notations méthodologiques de Dumezil dans *Dieux des Germains*, coll. *Mythes et Religions*, Paris, 1951, p. 15-21, auxquelles nous nous rallions. Mais Vian nous paraît taxer à tort d'exagération J. Bérard lorsque ce dernier enregistre le fait que « l'un des résultats de la recherche dans l'étude des religions antiques, depuis le

Pour un bibliste n'est-il pas assez frappant de relever des analogies méthodologiques chez F. Vian avec les options de G. von Rad dans le domaine de l'Ancien Testament ? Cela doit rassurer. De part et d'autre on assiste à un dépassement de la tentation evhémériste par laquelle on essaye de récupérer dans la légende des noyaux durs d'historicité, tentation qui nous menace toujours, nous biblistes, encore que nous ne rencontrions pas dans la Bible des personnages humains mués en figures mythologiques.

Faisons ici un exercice de travaux pratiques. Nul n'ignore la difficulté d'interprétation pour un moderne des chapitre I à XI de la Genèse. Ce n'est ni de l'histoire au sens propre du terme ni du mythe au sens oriental. Et cependant ce serait renier la tradition judéo-chrétienne que de ne pas reconnaître l'importance capitale de cette préhistoire du salut dont la visée nous paraît être l'affirmation d'un constant rapport à Dieu, susceptible de rupture, dès les origines de l'homme : le fait que l'homme créé par Dieu n'a pas échappé un seul instant à la Providence et au Règne de Dieu. « Nul n'échappe à Dieu », telle est d'Adam à Noé la leçon constante de cette sagesse de l'histoire qu'on a présentée comme « historiosophie » ou comme une « histoire prophétique », c'est-à-dire comme élaborée selon le mode prophétique de connaissance qui porterait ici non sur l'avenir mais sur les origines.

Peut-être faudrait-il avancer plus loin et y reconnaître l'envers d'une eschatologie. Pour la définir, n'y aurait-il pas lieu de proposer un terme tel que « protologie » ? Ou mieux peut-être, au sens où l'on parle d'une « archéologie de Platon » ou, au sens de Michel Foucault, une *archéologie religieuse* ? « Archéologie » aurait un grand avantage, c'est de permettre de jouer sur le double sens de ἀρχή, à la fois « commencement » et « principe ». Ces premiers chapitres de la Bible nous offrent une sorte d'anthropologie archéologique. Néanmoins les ambiguïtés possibles de l'univocité pour « archéologie » favoriseraient plutôt notre néologisme « protologie ». Remarquons d'autre part, que l'eschatologie n'exclut pas un événement comme la chute de Jérusalem. De même la protologie ne serait pas exclusive d'événements mais elle ne les aborderait nullement dans une perspective historicisante. Cette protologie aurait l'avantage de faire pendant à l'eschatologie et d'ouvrir de semblables perspectives à l'interprétation des symboles. Le paradis, le déluge et la tour de Babel n'ont-ils pas toute la coloration apocalyptique et déjà une certaine signification eschatologique ? *Lis sub judice.* Notons que l'Apocalypse johannique n'est pas totalement étrangère à toute histoire. De toute manière c'est bien à une herméneutique de la récollection, de la récupération, de l'écoute,

---

début du siècle, a été de mettre en lumière le substrat de réalité historique que, souvent, recouvrent les légendes ». Cf. RHR, CLI (1957), p. 221.

que nous convient ces chapitres extraordinaires à propos desquels il y a tout lieu de répéter le mot topique de Gœthe à propos de la « Flûte enchantée » de Mozart : « Il faut plus d'intelligence pour en comprendre les beautés que pour en critiquer les faiblesses. » Et nous nous empresserons d'ajouter ce que Philon d'Alexandrie assurait à propos de la chute : « Ce ne sont pas de ces imaginations mythiques auxquelles se complaisent poètes et sophistes » [24].

2. *Explication structuraliste de la « Pensée sauvage » et herméneutique des traditions.*

A l'heure de l'inflation « structuraliste », nous nous interdirons de porter un jugement d'ensemble sur ce mouvement polycéphale [25]. Quant aux causes de succès spécialement en France du structuralisme, nous

24. *De Opificio Mundi* § (157), éd. Con., p. 54. Cf. trad. R. ARNALDEZ, Paris, 1961, p. 247. Nous reconnaissons volontiers que ce paragraphe est un prolongement nouveau par rapport à notre exposé de septembre 1966 à Louvain et nous en assumons l'entière responsabilité. Dans notre pensée « Protologie » ne serait qu'une équivalence de la pensée du Père LAGRANGE : « Histoire primitive légendaire », mais en évitant ces rapprochements un peu dissonants pour une oreille scientifique. On relira toujours sa conférence sur l'histoire primitive, dans *La Méthode historique*, ch. VI, éd. 1966, pp. 142-166. Le P. de Vaux écrit à son propos : « La dernière conférence de Toulouse avait été consacrée aux origines. Nous ne pouvons pas nous attendre à ce que des documents profanes fassent jamais entrer cette période dans le cadre de l'histoire au sens moderne. Mettant à part le péché originel comme un fait dogmatique connu par la révélation, renonçant à employer le mot ' mythe ' qui risque d'être mal compris, le P. Lagrange parlait d'une ' histoire primitive légendaire '. » Nous en sommes encore là. Dans la lettre au Cardinal Suhard (1948), la Commission biblique reconnaît que ces récits « relatent en un langage simple et figuré, adapté aux intelligences d'une humanité moins développée, les vérités fondamentales présupposées à l'économie du salut, en même temps que la description populaire des origines du genre humain et du peuple éluf ». *Op. cit.*, p. 20-21.

Le terme « Historiosophie » avait naguère été proposé par Czeslaw JAKUBIEC. Cf. IZBG, t. I. 2 (1951-1952), p. 24, nº 1526. On pourrait encore présenter ces premiers chapitres comme une « anthropologie religieuse », ou « anthropologie révélée »; mais comment réserver ces termes généraux à ce segment de l'histoire du salut ?

25. On trouvera une bibliographie des œuvres de Lévi-Strauss dans le numéro 26 de la revue *L'Arc* (Aix-en-Provence), qui lui est consacré, p. 78-83. On y trouve aussi une liste des principaux comptes rendus et discussions des travaux de Lévi-Strauss, p. 84-87. Ajoutons quelques importantes contributions ultérieures. — P. PIRSON, *Le laboratoire de Claude Lévi-Strauss*, dans *La Revue Nouvelle*, XXII, 15 sept. 1966, p. 159-174, spécialement important pour introduire à *Mythologiques I, Le Cru et le Cuit*. — Un numéro spécial de la revue *Aletheia*, *Le structuralisme*, nº 4, mai 1966. — L'article fondamental et l'un des plus critiques de l'anthropologue britannique Edmund LEACH, *Claude Lévi-Strauss, anthropologue et philosophe*, dans *Raison Présente*, revue trimestrielle des *Éditions Rationalistes*, nº 3,

n'avons pas compétence pour les analyser. On ne peut s'empêcher cependant de constater que cette tentative de reconquête de l'objectivité survient au tournant d'une grave crise de l'objectivité en histoire, après les débordements du subjectivisme existentialiste, et que cette exaltation de la « pensée sauvage » s'affirme, au moment de la mauvaise conscience issue du colonialisme. Faut-il ajouter ici la suggestion d'un ami philosophe, découvrant à l'horizon les doutes profonds de la conscience européenne sur ses propres valeurs traditionnelles, le signe d'un déclin — voire d'une démission — de l'Occident ? Rarement en tous cas un système et un homme auront connu meilleures conjonctures [26].

Dans cette œuvre de Lévi-Strauss, nous retiendrons pour l'exégète biblique trois aspects : « la structure », la revalorisation de la « pensée sauvage » et le rapport du mythe au symbole, avec la primauté absolue accordée à ce dernier.

Dépassant l'ethnographie particulière, Lévi-Strauss se veut ethnologue. Il fut disciple et associé de M. Mauss, et plus tard associé à New-York au linguiste russe Roman Jacobson, lequel introduisit en Amérique les méthodes phonologiques de l'École de linguistique de Prague. Voilà trois expériences fondamentales qui nous aident à comprendre la genèse du structuralisme de Lévi-Strauss [27].

---

mai-juillet 1967, p. 91-106, trad. franç. d'Andrée LYOTARD MAY. — Le numéro spécial de *La Pensée*, n° 135, oct. 1967, consacré à *Structuralisme et marxisme*. — Le numéro spécial de *Esprit*, mai 1967, *Structuralismes*.

26. La Revue *Esprit* s'est montrée particulièrement attentive à ces conjonctures. Aline FIALKOWSKI notait déjà en 1966 après avoir salué dans le structuralisme « le dernier avatar, et peut-être le plus fécond, de l'objectivité, ce contexte présent où « (...) les sociétés modernes ne sont pas tellement fières d'elles-mêmes ; le type de consommateur moyen qu'elles proposent comme modèles, elles n'osent le brandir avec orgueil face à tout l'univers. Les civilisations moins complexes qui nous entourent nous proposent des formes d'équilibre humain et de bonheur dont nous, les mécanisés, les bousculés, rêvons avec une nostalgie bien différente de celle de l'homme du XVIIIe siècle... » Cfr *Structuralisme et herméneutique*, dans *Esprit*, juillet-août, 1966, p. 21 ; cf. p. 17.

Voir aussi les analyses très pertinentes et les citations de l'article très positif de J.-M. DOMENACH, *Le système et la personne*, dans *Esprit*, mai 1967, p. 771-780 ; cf. p. 773. « Le structuralisme nous aide à poursuivre le grand nettoyage des conceptualisations hâtives académiques et moralisantes... » p. 776. — « Le structuralisme donne un bain froid à la mythologie existentialiste » p. 778.

27. Cf. E. LEACH, *art. cit.*, p. 96. Mais lorsque LEACH parle de « l'École de linguistique structurale » de Prague, il anticipe un peu : car le structuralisme est une dénomination plus tardive qui nous viendrait de l'école américaine de linguistique, selon l'avis autorisé de Marcel COHEN, *Quelques notations historiques et critiques autour du structuralisme en linguistique*, dans *La Pensée*, n° 135, oct. 1967, p. 29-37 ; cf. p. 33-35. Il n'est pas inutile de noter que la vague de structuralisme qui envahit l'Europe actuelle semble déjà bien dépassée aux États-Unis, son pays d'origine, où il fut en vogue vers 1950. Un bon connaisseur, Jean DUBOIS, auteur d'une *Grammaire structurale du français*, Paris, 1965, signale que pour les Américains « la

Nous nous contenterons de relever quelques points. D'abord que faut-il entendre par « structure » en ethnologie dans la perspective de Lévi-Strauss ? Il faut partir de son présupposé, que « l'ethnologie est d'abord une psychologie » [28]. Dès lors apparaît la visée structuraliste : « En ethnologie comme en linguistique, ce n'est pas la comparaison qui fonde la généralisation, mais le contraire. Si comme nous le croyons, l'activité inconsciente de l'esprit consiste à imposer des formes à un contenu, et si ces formes sont fondamentalement les mêmes pour tous les esprits, anciens et modernes, primitifs et civilisés, — comme l'étude de la fonction symbolique, telle qu'elle s'exprime dans le langage, le montre de façon si éclatante, — il faut et il suffit d'atteindre la structure inconsciente, sous-jacente à chaque institution ou à chaque coutume, pour obtenir un principe d'interprétation valide pour d'autres institutions et d'autres coutumes, à condition, naturellement de porter assez loin l'analyse » [29].

---

grammaire générative et le transformationnalisme marquent les années 60 comme le structuralisme a marqué les années 50 ». Voir *Structuralisme et linguistique*, dans *La Pensée*, n° 135, oct. 1967, p. 20. Dans ce même numéro spécial, on cite l'opinion de Serge JONAS au sujet de l'école de structuralisme sociologique : « Il ne faut pas oublier que sa vogue en Europe occidentale se produit quinze ans après son triomphe aux États-Unis, où à l'heure actuelle elle est de plus contestée », cité par Charles PARAIN, dans *Structuralisme et Histoire*, dans *La Pensée*, n° 135, p. 38. Dès 1955, l'américain G.P. MURDOCK « proposait d'abandonner la notion de structure stérile et statique pour se consacrer à l'étude des *procès* (*process*...) » ; *ibid.*, p. 40.

28. Rétablissons le contexte de cette affirmation. *La Pensée Sauvage*, p. 173-174 : « Si nous affirmons que le schème conceptuel commande et définit les pratiques, c'est que celles-ci, objet d'étude de l'ethnologue sous forme de réalités discrètes, localisées dans le temps et dans l'espace et distinctives de genres de vie et de formes de civilisation, ne se confondent pas avec la *praxis* qui — sur ce point au moins nous sommes d'accord avec Sartre (p. 181) — constitue pour les sciences de l'homme la totalité fondamentale. Le marxisme — sinon Marx lui-même — a trop souvent raisonné comme si les pratiques découlaient immédiatement de la *praxis*. Sans mettre en cause l'incontestable primat des infrastructures, nous croyons qu'entre *praxis* et pratiques s'intercale toujours un médiateur, qui est le schème conceptuel par l'opération duquel une matière et une forme, dépourvues l'une et l'autre d'existence indépendante, s'accomplissent comme structures, c'est-à-dire comme êtres à la fois empiriques et intelligibles. C'est à cette théorie des superstructures, à peine esquissée par Marx, que nous souhaitons contribuer, réservant à l'histoire — assistée par la démographie, la technologie, la géographie historique et l'ethnographie — le soin de développer l'étude des infrastructures proprement dites, qui ne peut être principalement la nôtre, parce que l'ethnologie est d'abord une psychologie. »

29. *Anthropologie structurale*, p. 28. Pour Lévi-Strauss toutes les transactions sociales relèvent d'un « modèle » logiquement ordonné. Mais la structure est au delà du modèle qui n'est qu'un outil. L'important — nous l'avons souligné — c'est la notion de « *structure inconsciente* » : « Il faut et il suffit d'atteindre la structure inconsciente. » Sur ce point, cf. J.-M. LE BLOND, *Structuralisme et sciences humaines*, dans *Études*, sept. 1967, pp. 152-153. Voir aussi E. LEACH, *op. cit.*, p. 98-100 ; l'opinion de Boas citée dans l'*Anthropologie structurale*, p. 26, et, pour la magie qui serait « une appréhension inconsciente de la vérité du déterminisme », la *Pensée*

Quelles que soient nos difficultés personnelles à l'entrevoir, ce n'est plus la comparaison qui fonde la généralisation. Telle est du moins la pensée de Lévi-Strauss [30]. Quant à sa « structure inconsciente » qui donne une clé explicative, il importe d'abord d'en préciser les contours. Lévi-Strauss fixe lui-même les caractéristiques d'une structure sociale : « Nous pensons, en effet, que pour mériter le nom de structure, des modèles doivent exclusivement satisfaire à quatre conditions. En premier lieu, une structure offre un caractère de système. Elle consiste en éléments tels qu'une modification quelconque de l'un d'eux entraîne une modification de tous les autres. En second lieu, tout modèle appartient à un groupe de transformations dont chacune correspond à un modèle de même famille, si bien que l'ensemble de ces transformations constitue un groupe de modèles. Troisièmement, les propriétés indiquées ci-dessus permettent de prévoir de quelle façon réagira le modèle, en cas de modification d'un de ses éléments. Enfin, le modèle doit être construit de telle façon que son fonctionnement puisse rendre compte de tous les faits observés » [31].

Cela dit on ne peut s'empêcher de se rappeler le texte que Lévi-Strauss épingla en exergue de sa première grande synthèse : *Les structures élémentaires de la parenté*, à savoir l'affirmation de Tylor, le père de l'ethnologie britannique, en 1871 : « La science moderne tend de plus en plus à la conclusion que s'il y a des lois quelque part, il doit y en avoir partout »[32]. Encore une fois nous laisserons à d'autres, spécialistes en la matière, la tâche de juger cette idéologie à laquelle les uns prêtent une coloration idéaliste [33], tandis que d'autres soulignent son aspect matérialiste [34].

P. Ricœur nous paraît avoir été un des bons juges du structuralisme. On n'ignore pas que le structuralisme est aux origines une méthode

---

Sauvage, p. 19. La musique aussi en appellerait à l'inconscient. Cf. *Le Cru et le Cuit*, p. 23.

30. Cet axiome repose du moins sur le présupposé fondamental que la linguistique et l'anthropologie sont homologues. Voir sur cette question, outre les travaux de Ricœur mentionnés ci-dessus, l'article pénétrant de Serge THION, *Structurologie*, dans *Aletheia*, n° 4, mai 1966, p. 219-227 ; voir spécialement p. 220.

31. L'*Anthropologie structurale*, Paris, 1958, p. 306.

32. On rapprochera de cette citation les affirmations de LÉVI-STRAUSS qui rejoignent ce présupposé : *Le Cru et le Cuit*, p. 18.

33. On a parlé d'« accent idéaliste » (E. LEACH, dans *Raison Présente*, n° 3, *art. cité*, p. 92), de néo-kantisme ou, selon Ricœur, de kantisme sans sujet transcendantal. On a parlé de néo-éléatisme.

34. Luc DE HEUSCH écrit : « Dans une perspective résolument matérialiste, on le voit définir avec une hardiesse grandissante le profil d'une *raison naturelle*. » Cf. *Critique*, nos 219-220 (1965), p. 691. Pour Aline FIALKOWSKI : « On a l'impression que jamais encore, depuis Helvetius et les matérialistes du XVIIIe siècle, une tentative aussi radicale de matérialisme n'ait été tentée. » Cf. son article *Structuralisme et Herméneutique*, dans *Esprit*, juillet-août 1966, p. 21.

linguistique que Lévi-Strauss importa en ethnologie [35]. Ricœur place au point de départ la théorie linguistique du professeur de Saussure, qui fut une réaction extrêmement vive et que Ricœur estime extrêmement saine contre l'historicisme, cette prétention de tout expliquer et de tout comprendre en disant d'où vient une chose [36]. Ricœur rappelle comment de Saussure renversa la tendance. « Non, ce qu'on comprend d'abord, ce n'est pas du tout l'histoire des phénomènes, mais leur organisation à un moment donné » : tel est le principe formulé par de Saussure. Ce dernier va donc distinguer dans une langue un aspect « langue », qui est un système et un aspect « parole », qui est toujours événement. Il en résulte une linguistique synchronique, qui dégage et étudie le système dont dispose une langue à un moment donné et qui n'est qu'une organisation inconsciente ; l'autre type linguistique concerne l'événement subjectif du discours, la parole du sujet parlant. Relevons aussitôt avec Ricœur que « dans la perspective structuraliste, l'histoire est plutôt responsable des désordres » [37].

Il importe à notre sujet de rappeler que dans une langue ce qui fait système ce sont les différences ; de Saussure était formel à ce sujet et frôlait le paradoxe jusqu'à écrire « dans une langue il n'y a que des différences » [38]. Le système est instantané ; il ne tient pas compte du temps : il s'installe à un niveau où l'organisation fait système à l'insu des consciences. Ricœur l'interprète comme « un inconscient combinatoire et qui va permettre de mettre entre parenthèses la conscience des individus ou des groupes et donc, une approche parfaitement scientifique ». Et par ce biais d'un inconscient catégoriel, « le structuralisme va se prêter à des approches mathématiques » [39].

Le parti de Lévi-Strauss a consisté à généraliser la méthode structurale, à généraliser le modèle linguistique. Pour Lévi-Strauss, selon ses propres termes, « le système de parenté est un langage ». Au fond, écrit Ricœur, « échanger des signes ou échanger des femmes, ce sont des phénomènes comparables ». Ricœur précise alors en ces termes le pari de Lévi-Strauss. « Le pari du Structuralisme, c'est qu'il en est bien ainsi, c'est que le

---

35. P. Ricœur, *Le symbolisme et l'explication structurale*, dans *Cah. Intern. du Symbolisme*, nº 4, 1964, p. 81-96. Voir aussi Aline Fialkowski, *Structuralisme et Herméneutique*, dans *Esprit*, juillet-août 1966, p. 17-19.

36. *Ibid.*, p. 83. Ricœur écrit ailleurs : « Pour l'historicisme comprendre c'est trouver la genèse, la forme antérieure, les sources, le sens de l'évolution. Avec le structuralisme ce sont les arrangements, les organisations systématiques dans un état donné qui sont d'abord intelligibles. » Voir sa contribution *Symbolique et temporalité*, dans *Ermeneutica e Tradizione*, Padoue, 1963, p. 8.

37. *Ibid.*, p. 84.

38. F. de Saussure, *Cours de Linguistique générale*, Paris, p. 166.

39. *Ibid.*, p. 85. Ricœur note au passage le rôle décisif, après de Saussure, du prince N. Troubetskoy et des phonologues. Il va jusqu'à écrire : « La phonologie

langage n'est pas simplement le véhicule de la culture mais le prototype de toutes les organisations. Je pense que c'est là le postulat fondamental du structuralisme » [40].

Mais ne nous trompons pas sur l'enjeu du pari : « Cela va être une très grande révolution en ethnologie, de devoir dire : les évolutions on ne les comprend pas ; ce que l'on comprend, ce sont des systèmes à un moment donné. Et le passage d'un système à l'autre, c'est un saut, c'est une altération qui n'est pas objet de science, — ou plus exactement, — qui ne sera objet de science que subordonné à la synchronie » [41].

En définitive, le structuralisme « va s'attaquer au fond symbolique (...) au moment où il y a *une syntaxe* » [42]. Mais plus encore que le langage, c'est la parole qui intéresse le philosophe, l'historicien ou l'exégète.

Un mot topique de P. Valéry me semble venir éclairer le fond du problème structuraliste. Lorsqu'il disait : « On reçoit le langage anonyme et moyen, on le rend voulu et unique » [43], Valéry ne se doutait pas qu'il justifiait du même coup la distinction fondamentale du linguiste de Saussure entre le langage et la parole. Connaître « le langage anonyme et moyen » ne sera pour le penseur ou l'exégète qu'un préliminaire indispensable ; son but est d'accéder aux significations de la parole en tant que celle-ci est voulue et unique.

Si nous revenons à Ricœur, nous constatons aussitôt la lucidité avec laquelle il a entrevu les exigences propres à chacune de ces deux démarches : « ... autant le structuralisme vise à mettre à distance, à objectiver, à séparer de l'équation personnelle du chercheur la structure d'une institution, d'un mythe, d'un rite, autant la pensée herméneutique s'enfonce dans ce qu'on a pu appeler « le cercle herméneutique » du comprendre et du croire, qui la disqualifie comme science et la qualifie comme méditante. Il n'y a donc pas lieu de juxtaposer deux manières de comprendre ; la question est plutôt de les enchaîner comme l'objectif et l'existentiel (ou l'existential) » [44]. En phénoménologue, Ricœur a bien vu toute la distance entre ces deux manières d'aborder les questions, car

---

ne peut manquer de jouer, vis-à-vis des sciences sociales, le même rôle rénovateur que la physique nucléaire par exemple a joué pour l'ensemble des sciences exactes. Ainsi pour la première fois une science sociale parvient à formuler des relations nécessaires. » Cf. *Ermeneutica e Tradizione*, p. 10-11.

40. *Op. cit.*, p. 88.

41. *Op. cit.*, p. 85.

42. *Ibid.*, p. 82.

43. Texte cité par le linguiste danois Viggo BRÖNDAL, dans l'*Encyclopédie française*, vol. I, IIe Partie, ch. V, *Langage et Logique*, 1. 48-3. J.-M. DOMENACH rappelle au contraire que Samuel BECKETT fait dire à l'un de ses personnages : « Je suis fait des mots, des mots des autres. » Cf. *Esprit*, mai 1967, *art. cit.*, p. 773.

44. P. RICŒUR, *Symbolique et temporalité*, dans *Ermeneutica e Tradizione*, Padova, 1963, p. 7. Dans cette communication au colloque organisée par E. CASTELLI à l'Institut des Études Philosophiques de l'Université de Rome, en janvier 1963,

le structuralisme « institue entre l'observateur et le système un rapport qui est lui-même non historique ». Le rapport est strictement objectif, indépendant de l'observateur. « C'est pourquoi — conclut Ricœur — l'anthropologie structurale est science et non philosophie. »

Or Ricœur fait une constatation étrange : c'est la réussite des méthodes de Lévi-Strauss dans une aire géographique délimitée qui a été celle du prétendu totémisme, alors qu'aucun exemple n'est tiré de la pensée sémitique, pré-hellénique ou indo-européenne[45].

Cette pensée sauvage qui est homologue de la pensée logique, et non pas pré-logique ou primitive, est une pensée ordonnatrice et classificatrice, mais opérant à un niveau stratégique qui est celui du sensible. Très habilement, Ricœur nous amène vers l'une des importantes conclusions du livre de Lévi-Strauss sur *La Pensée sauvage.* La voici : « Il y a donc, écrit Lévi-Strauss, une sorte d'antipathie foncière entre l'histoire et les systèmes de classification. Cela explique peut-être ce qu'on serait tenté d'appeler le « vide totémique », puisque, même à l'état de vestiges, tout ce qui pourrait évoquer le totémisme semble remarquablement absent des grandes civilisations d'Europe et d'Asie. La raison n'est-elle pas que celles-ci ont choisi de s'expliquer à elles-mêmes par l'histoire, et que cette entreprise est incompatible avec celle qui classe les choses et les êtres (naturels et sociaux) au moyen de groupes finis »[46].

Mais, de ce fait, Ricœur serait donc peu porté à trouver de l'intérêt au structuralisme pour nos études bibliques. Lévi-Strauss irait vers l'étude d'un autre terme, d'un autre pôle que l'archaïsme biblique. C'est ici qu'il est permis de rester plus favorable que Ricœur au structuralisme. Le premier fait qui peut et doit nous rendre prudent vient du long stade tribal d'Israël, peut-être même le plus long de son histoire, d'Abraham à David. Les structures du lévitisme, du régime des Anciens, du prophétisme originel et même d'une manière générale les écrits sacerdotaux ne nous paraissent pas à priori allergiques à toute recherche structuraliste. Ne pourrait-elle pas nous éclairer sur tant d'obscurités du livre des Nombres et du Lévitique, pour ne rien dire de récits tels ceux de la circoncision du fils de Moïse, du combat avec l'ange, ou du mariage des *Benê Elohim* ? *Genèse,* XLIX serait-il obscurci par un tel traitement ?

Ricœur a repris l'étude du structuralisme de Lévi-Strauss, en fonction du livre sur *La pensée sauvage* de ce dernier.

45. *Ibid.*, p. 15.

46. *La Pensée Sauvage,* p. 307-308.

47. Tous les critiques sont unanimes à souligner cette opposition native entre structuralisme et histoire, encore que Lévi-Strauss ait eu des ménagements inattendus pour l'histoire dans sa leçon inaugurale de la chaire d'anthropologie en 1960. Cf. p. 23. De bonnes remarques critiques sur le sujet dans Ch. Parain, *Structuralisme et histoire,* dans *La Pensée,* nº 135, oct. 1967, p. 38-52. Voir la note 52 ci-dessous.

Nous ne voulons pas préjuger, mais la réhabilitation de la « Pensée Sauvage » ne saurait nuire à ces vieux textes, même si comme nous l'avons dit et répété, on ne retrouve en Israël que des « survivances » d'une telle pensée.

Est-ce à dire que nous suivrons naïvement Lévi-Strauss dans son opposition entre « pensée sauvage » et « pensée domestiquée », laquelle désignerait notre culture. Laissons lui le plaisant paradoxe de dire : « J'ai l'intelligence néolithique. » Ses livres étourdissants d'érudition en sont le flagrant démenti ; Lévi-Strauss a de temps à autre un accès de fièvre sauvage dû à Rousseau, son illustre prédécesseur.

Faut-il supposer pour autant que la méthode du structuraliste nous précipite en idéologie universaliste ? Nous en serions alors bien éloigné. Mais, quand après les générations du soupçon, on réhabilite avec de bonnes raisons « la grandeur indéfinissable des commencements », le bibliste prête attention [48]. Est-il inutile que l'ethnologue nous garantisse au nom de sa longue expérience que la pensée sauvage est seulement d'un autre type logique que la nôtre et se définit « par une dévorante ambition symbolique et par une attention scrupuleuse entièrement tournée vers le concret » [49] ?

Retenons l'intérêt des travaux de Lévi-Strauss sur le mythe, qui par rapport au symbole lui semble une superstructure fragile et éphémère et lui apparaît comme une forme intellectuelle du bricolage [50]. Soulignons aussi les conclusions postulées de son ouvrage sur *Le cru et le cuit* : d'une part, un « code » ou même un super-code des mythes : ensuite la structure complexe, « feuilletée », des mythes, enfin une correspondance (inconsciente) des mythes qui postule l'esprit [51].

Les études bibliques peuvent attendre du structuralisme de Lévi-Strauss quelques services utiles mais très limités. Et de fait, les premiers

---

48. *Tristes Tropiques*, p. 424.

49. *La Pensée sauvage*, p. 291.

50. *La Pensée sauvage*, p. 25-32. Nous renvoyons le lecteur à notre article : *L'au-delà du mythe : homo symbolicus*, dans *Bible et Vie Chrétienne*, n° 57, 1964, voir p. 69-72.

51. *Le cru et le cuit*, p. 346 : « La structure feuilletée du mythe, sur laquelle nous appelions naguère l'attention, permet de voir en lui une matrice de significations rangées en lignes et en colonnes, mais où, de quelque façon qu'on lise, chaque plan renvoie toujours à un autre plan. De la même façon, chaque matrice de significations renvoie à une autre matrice, chaque mythe à d'autres mythes. Et si l'on demande à quel ultime signifié renvoient ces significations qui se signifient l'une l'autre, mais dont il faut bien qu'en fin de compte et toutes ensembles, elles se rapportent à quelque chose, l'unique réponse que suggère ce livre est que les mythes signifient l'esprit, qui les élabore au moyen du monde dont il fait lui-même partie. Ainsi peuvent être simultanément engendrés, les mythes eux-mêmes par l'esprit qui les cause, et par les mythes, une image du monde déjà inscrite dans l'architecture de l'esprit. »

essais d'application de la méthode à la Bible méritent à peine une mention. C'est dire que nous n'avons pas à attendre ici des synthèses structuralistes. Lévi-Strauss ne s'est d'ailleurs jamais aventuré dans le Proche-Orient biblique. C'est significatif. Seul à notre connaissance, Ed. Leach s'est jusqu'ici aventuré dans des essais sur la Genèse et le harem de Salomon.

Par ailleurs, Ricœur a bien montré que le refus de Lévi-Strauss d'étudier l'histoire et l'acte libre l'éloignent tout autant de la Bible, Histoire du salut, que de la philosophie [52].

---

52. Sur les rapports de l'histoire et du structuralisme voir la note collective très importante publiée dans les *Annales*, XIX, mars-avril, 1964, p. 374-375. Voir une appréciation du même ordre dans J. M. LE BLOND, *Structuralismes et sciences humaines*, dans, *Études*, sept. 1967, p. 161-162, qui relève à propos de la science « naturelle » de Lévi-Strauss que « la caractéristique de l'homme — réflexion, conscience, liberté — en demeure absente » (p. 161).

Sur la valeur professionnelle de l'ethnologue qu'est Lévi-Strauss il faut lire l'exposé passionnant de Jean Cuisenier, *Le structuralisme du mot, de l'idée et des outils*, dans *Esprit*, mai 1967, p. 825-842. Un article clé. On complètera cette information par les articles décisifs des *Annales*, de nov.-déc. 1964, spécialement ceux de R. PIVIDAL, *Signification et position de l'œuvre de Lévi-Strauss*, p. 1087-1099, qui nous donne un bon résumé des principales objections faites au structuralisme, p. 1095-1099, et l'article d'E. LEACH, *Telstar et les arborigènes ou « La Pensée sauvage »*, p. 1100-1115. Retenons avec cet auteur qualifié des remarques intéressantes de Lévi-Strauss sur l'équation verbale entre manger et avoir des relations sexuelles. « Tendance universelle », note Edm. Leach (p. 1114), tandis que Lévi-Strauss cite ici Tertullien et S. Jean Chrysostome. Cf. *La Pensée Sauvage*, p. 139-140. Il ignore que le rapprochement a été proposé par les exégètes bibliques, non seulement pour le récit de la chute, mais pour *Proverbes*, XXX, 20, où la comparaison entre le TM et la LXX rend la chose quasi-évidente. Comme essais bibliques de structuralisme, cf. E. LEACH, *The Legitimacy of Salomon. Some Structural Aspects of the Old Testament History*, dans *Arch. Européennes de Sociologie*, t. VII, 1966, p. 58-101 ; LE MÊME, *Genesis as Myth*, dans *Discovery*, t. XXIII, 1962, p. 30-35.

Il y aurait à parler aussi des travaux de Michel FOUCAULT et de Roland BARTHES. De l'œuvre du premier, on retiendra seulement pour les biblistes *Les mots et les choses. Une archéologie des sciences humaines*, dans *Bibl. des Sciences humaines*, Paris 1966. L'A. prétend dégager trois structures fondamentales de notre tradition occidentale. Sur M. FOUCAULT, on lira avec intérêt B. LEMAIGRE, *Michel Foucault, ou les malheurs de la raison et les prospérités du langage*, dans RSPT, XLI, n° 3, juillet 1963, p. 440-460, qui donne p. 440 les principaux comptes-rendus. — P. BURGELIN, *L'archéologie du savoir*, dans *Esprit*, mai, 1967, p. 843-861 et Yves BERTHERAT, *La pensée folle*, *ibid.*, p. 862-881.

Sur R. BARTHES, qui a essayé de tirer parti du structuralisme en littérature et en critique littéraire, lire R. BARTHES, *Critique et Vérité*, dans Coll. *Tel quel*, Paris, 1966. L'une des revendications de cette nouvelle critique serait de commencer par une « autocritique ». Sur les tempêtes soulevées par R. BARTHES, on lira le dossier de Serge DOUBROVSKY, *Pourquoi la nouvelle critique, Critique et objectivité* (Mercure de France), Paris, 1966.

Pour cet auteur : « Le regard critique n'est pas l'œil d'une caméra immobile, fixée au bon endroit et au bon angle : c'est selon la belle expression de J. STAROBINSKI,

Restons plutôt reconnaissants à Lévi-Strauss d'avoir opéré une double réévaluation, celle de la *Pensée sauvage* par rapport aux autres pensées et cette du symbole par rapport au mythe. Mais l'objection la plus décisive à nos yeux, c'est qu'une « structure inconsciente » n'aura jamais pour un bibliste qu'un intérêt de curiosité humaine.

3. *Les avatars de l'histoire critique*

« Toute histoire est histoire contemporaine. »
B. CROCE

« Le physicien a été obligé trois ou quatre fois depuis vingt ans de reconstruire sa raison, et intellectuellement parlant, de refaire sa vie. »
G. BACHELARD [53].

L'accélération du savoir que Bachelard constatait pour les sciences physiques, où, comme chacun sait, les professeurs chevronnés s'ils avaient à représenter leurs thèses de naguère se verraient en difficulté avec le jury,

---

un ' œil vivant ', qui épouse fidèlement, par tâtonnements successifs, l'objet qu'il regarde » p. 238.

DOUBROVSKY a bien montré aussi comment le mouvement structuraliste peut déjà se réclamer de Hegel, p. 70. n° 2 ; remarque jugée pertinente par B. LEMAIGRE, dans RSPT, juillet 1967, p. 454.

53. G. BACHELARD, *Le nouvel esprit scientifique*, Paris, 1934, p. 175. Et nous ne sommes pas le premier à relever que Bachelard écrira précisément « la philosophie du non » : la science moderne depuis Einstein, et l'histoire depuis deux générations sont deux séries de révisions déchirantes.

H.-I. MARROU sous le pseudonyme de DAVENSON écrivait en 1939 *Tristesse de l'historien*, dans *Esprit*, avril 1939, p. 11-47. (A propos des thèses de R. ARON et plus tard *De la connaissance historique*, Paris, 1959.)

Sous le même pseudonyme de H. DAVENSON, on lira encore sur les recommencements de l'histoire, les réinterprétations constantes de l'article *Qu'est-ce que l'histoire*, dans *Le Sens chrétien de l'histoire*, 2e éd., Coll. *Rencontres*, n° 4, Lyon, 1941, p. 9-34.

Citons un passage salutaire sur les exigences du « comprendre », p. 24-25 : « Avant de pouvoir décider si une idée est vraie ou fausse, il faut d'abord s'assurer qu'on l'a réellement comprise. Or, qu'est-ce que comprendre ? Nous nous heurtons ici aux plus difficiles problèmes de la communication entre esprits, aux problèmes de l'expression et du langage.

« Depuis qu'il y a des philosophes et qui discutent, il est rare de les voir s'accorder : la raison première n'est-elle pas que le plus souvent ils ne discutent pas mais monologuent dans le vide, faute de s'entendre ? Ce qu'on appelle réfuter un philosophe, n'est-ce pas le plus souvent, montrer qu'il n'a pas compris, qu'il n'a pas su voir ce qu'il fallait, et dans la juste perspective ? Et lorsque celui-ci peut répliquer, n'est-ce pas pour se plaindre à son tour de n'avoir pas été compris ? Croit-on que S. Anselme ou S. Bonaventure, après avoir écouté Kant, estimeraient « réfuté » leur argument ontologique ? En fait, l'historien jugera vraie ou fausse l'idée de son prédécesseur suivant ce qu'il y aura compris, ou cru comprendre. Il s'agit-là d'un fait brutal,

voire même refusés, se retrouve — toutes proportions gardées — dans les sciences humaines et spécialement en historiographie. La crise de l'histoire, depuis notre génération, c'est la crise de l'objectivité, et cela tient d'abord à la spécificité de ce savoir.

La spécificité de l'histoire par rapport à la philosophie et aux sciences apparaît incommensurable, c'est que son objet est d'étudier le contingent, le singulier, l'accidentel ; par ailleurs son objet est révolu et dans un temps irréversible qui exclut l'expérimentation ; puis, son objet est, ou était, en mouvement. La connaissance ici n'est donc pas métaphysique mais du type cinématique. Enfin le temps affecte à la fois le sujet et l'objet et multiplie les intermédiaires.

Ajoutons encore que comme toutes les sciences humaines, le jugement de l'historien ne peut porter que sur des œuvres. Mais pour composer ces œuvres (événements ou paroles) aussi bien que pour en témoigner ou pour les interpréter, il faut tenir compte de la culture et des présupposés de l'acteur, des témoins et de l'interprète. C'est dire que l'interrogation historique est la plus délicate de toutes les interrogations et rend l'objectivité absolue tout à fait utopique. Enfin, il faut ajouter que, pour l'antiquité très spécialement, la rareté des documents vient transformer l'histoire en un tissu de conjectures.

Sainte-Beuve avait admirablement situé ce problème : « L'Antiquité, telle qu'on se l'est faite par nécessité et telle qu'elle est résultée graduellement de nos pertes, ne peut être qu'une Antiquité approximative. Le palais le plus riche et le plus magnifiquement rempli a été pillé, dévasté par l'incendie et par les barbares. Lorsqu'on y est rentré après des siècles on a relevé celles des statues brisées qui jonchaient encore le parvis ; on

---

élémentaire, antérieur à toute discussion sur le problème de la vérité : le penseur, philosophe ou théologien, peu importe, a une intuition intérieure de la Vérité. Cette pensée qu'il contemple, il faut maintenant qu'il l'incarne dans un enseignement, une formulation, un langage accessible aux autres. Le problème auquel il se heurte est analogue à celui du poète : tous deux sont des artistes, des créateurs d'expressions plus ou moins heureuses, plus ou moins efficaces. Le plus grand penseur, comme le plus grand poète, ne sera pas celui qui aura eu l'expérience intérieure la plus riche, mais celui qui aura mieux su l'exprimer. De même le plus grand docteur mystique, celui qui jouera le rôle le plus efficace dans l'enseignement doctrinal, ne sera pas l'âme la plus avancée dans la voie unitive, mais celle qui, en sus de ses grâces mystiques, aura reçu le don d'interprète et le talent de créateur littéraire que suppose ce dernier. »

On lira encore une bonne page de réalisme sur le salut de l'historien p. 31, dont voici la conclusion : « Confronter sans cesse l'autrui avec soi-même, ne pas cesser d'*exister*, d'être Quelqu'un : la santé d'un esprit est fonction de la vigueur de son unité. »

Sur l'étymologie et l'évolution sémantique du mot histoire consulter encore H. I. Marrou, *Qu'est-ce que l'Histoire*, dans *L'Histoire et ses méthodes* (Encyclopédie de la Pléiade), Paris, 1961, p. 4. — Edward HALLET CARR, *What is History* ? Londres, 1961 ; trad. all. *Was ist Geschichte*, dans *Urban Bücher*, Stuttgart, 1963.

a recueilli les débris reconnaissables, on a tiré parti des moindres parcelles : le palais est remeublé à l'œil ; les lacunes sont, tant bien que mal, dissimulées. Là où il y avait dix statues rivales dans une même salle resplendissante, une seule debout brille encore, et, pour faire oublier les autres, elle occupe le milieu. C'est bien, c'est beau, un air de simplicité vient à propos s'ajouter à l'artifice ; mais qui osera dire que c'est là exactement le premier palais ? » [54].

4. *Du « fait historique » à la mentalité historique.*

Nous avons encore connu des professeurs qui vivaient dans le culte du « fait historique » pour lequel Langlois et Seignobos leur fournissaient toutes les rubriques. On se refusait dans cette religion positiviste à trouver des « lois » mais on préparait rituellement le « fait », en faisant soigneusement la toilette des documents. On aboutissait ainsi à ce qu'on appela « l'atomisme historique » [55]. Ne leur enlevons pas le mérite d'avoir fixé les règles de la critique interne et externe. En se refusant à formuler des jugements de valeur et en cherchant à tout fait historique sa cause et son explication dans l'enchaînement des faits antérieurs, ils aboutissaient à une histoire empirique. C'est ce que Collingwood appellera « l'histoire faite avec des ciseaux et un pot de colle », *scissors and paste*... [56].

---

54. Texte cité par Jean STENGERS, *Unité ou diversité de la Critique historique*, dans *Raisonnement et démarches de l'historien*, Bruxelles, 1963, p. 25.

Recommandons ce traité plein de leçons. Les exigences de la critique varient suivant les secteurs d'application. L'auteur prend comme exemple concret *Les Massacres de Septembre* de Pierre CARON (Paris, 1935, XLIX, 559 p.). Un spécialiste d'histoire contemporaine trouvera que c'est là de la critique solide. Cependant, soulignons l'extrême variété des témoignages sur cet événement.

« Un historien des hautes périodes, des périodes à documentation clairsemée — l'Antiquité dans sa plus grande partie, le haut moyen âge, d'autres époques encore suivant les pays —, un historien qui se débat avec des sources rares et fragmentaires, ne peut pas aimer une critique comme celle-là. Et d'ailleurs, non seulement il ne l'aime pas, mais il ne la pratique pas. Il n'y a pas de CARON pour l'Antiquité ou le haut moyen âge — ou s'il y en a eu un, que je ne connaitrais pas, il n'a joui d'aucune audience, alors que Caron, en histoire révolutionnaire, a été un maître admiré et respecté. Si quelqu'un, pour ces hautes époques, s'avisait de travailler comme CARON, avec les mêmes principes de critique, son passage ressemblerait à celui d'Attila et des Huns : après lui, ce serait le désert », p. 14.

55. Sur « l'atomisme historique » lire H. BERR, *La synthèse en histoire. Essai critique et théorique*, Paris, 1911, p. 71. Voir aussi *La Recherche historique en France de 1940 à 1965*, éd. du CNRS, Paris, 1965, Introduction p. IX-XV.

56. *The Idea of History*, p. 257, cité par H. I. MARROU dans son livre si vigoureusement subversif : *De la Connaissance historique*, Paris, 1959, p. 54.

Pour donner un bon exemple d'excès de l'hypercritique, J. COPPENS évoquait naguère l'*aventure de* l'helléniste TOURNIER « qui ayant commencé par trouver dans l'*Ajax* de Sophocle des passages peu dignes de ce grand poète, finit par rejeter la

Avec Henri Berr le stade de la pure érudition était dépassé dans une préoccupation constante de la « synthèse en histoire », mouvement qui fut bien vite étayé par une *Revue de synthèse historique* et par les admirables monuments de la *Bibliothèque de synthèse historique*.

Une troisième vague d'historiens français succéda à la grande école de synthèse historique. Comme chacun sait, les deux fondateurs de la revue des *Annales* sont Lucien Febvre et Marc Bloch, deux professeurs qui venaient de l'Université de Strasbourg. Ils ont véritablement renouvelé la méthodologie, ont livré de nouveaux assauts à ce qu'on a pris l'habitude d'appeler selon le mot de Paul Lacombe l'histoire « événementielle », et reposé le problème de l'objectivité en histoire.

Tout en rejetant comme leurs devanciers toute philosophie de l'histoire du type hégélien, on s'accorde à reconnaître qu'ils ébauchent bon gré, mal gré, une « philosophie *sur* l'Histoire », et on les situe parmi les artisans de ce que H. I. Marrou appelle « philosophie critique de l'histoire » [57] : c'est ce qu'avec un bon connaisseur, Philippe Ariès, nous pourrions appeler « l'histoire existentielle » [58].

Avec ces rénovateurs, « l'Histoire se présente alors comme la réponse à une *surprise*, et l'historien est d'abord celui qui est capable d'étonnement, qui prend conscience des anomalies telles qu'il les perçoit dans la succession des phénomènes » [59].

Dans son « Avant-Propos » aux *Trois essais sur histoire et culture* de Ch. Morazé, Lucien Febvre a voulu récapituler les articles fondamentaux d'une foi commune. Il faut avoir lu ces pages étincelantes [60]. Nous en

---

tragédie entière, et qui mourut doutant de l'authenticité des sept tragédies sophocléennes, en demandant pardon à Dieu et aux hommes d'avoir édité de fausses tragédies classiques... ». En 1913, L. DUCHESNE avait rappelé cette mésaventure à Loisy. Cf. *Nouv. Rev. Théol.*, t. LXV, 1938, p. 776-777, nº 8, avec les références. Homère et la Bible ont connu de pareilles mésaventures odysséennes de l'esprit.

57. Cf. *La Recherche Historique en France de 1940 à 1965*, p. XVIII. De propos délibéré, nous étudions avant tout l'historiographie française suffisamment représentative pour notre propos.

58. Ph. ARIÈS, *Le Temps de l'Histoire*, Monaco, 1954, p. 291.

Sur Lucien FEBVRE, on lira l'hommage de F. BRAUDEL dans les *Annales* : *Le dixième anniversaire de la mort de Lucien Febvre*, où il est dit : « Chaque génération a ses ravitailleurs en idées, ses caissiers, me disait un jour Hans ALBAN, collaborateur de Joliot CURIE. LANGEVIN a été le caissier des physiciens de son époque, comme DIDEROT des philosophes de l'Encyclopédie. Lucien FEBVRE fut le caissier des historiens de son temps. » Dans cet hommage, on relèvera aussi le témoignage de A. PIGANIOL sur le renouvellement des points de vue, dans *Annales*, nov.-déc. 1966, p. 1187-1188.

59. Ph. ARIÈS, *op. cit.*, p. 299. L'A. précise que dans leurs conceptions perce « la conviction que l'Histoire n'existe pas comme une réalité à reconstituer par l'histoire : c'est au contraire l'historien qui lui donne l'existence » (note 1).

60. Charles MORAZÉ, *Trois essais sur histoire et culture*, dans *Cahiers des Annales*, 2.

retiendrons quatre prises de position déterminantes : « L'Histoire ne s'apprend pas. L'Histoire se comprend. Science de l'Homme, l'Histoire étudie dans le temps et dans l'espace les changements qui ont différencié — et qui continuent à différencier les uns des autres les divers groupes de l'Humanité. Et comme l'Homme est un tout vivant — elle n'exclut de sa recherche aucune des fonctions, aucune des manifestations de ce tout vivant. Dans le temps, dans l'espace, elle en étudie les transformations successives et simultanées. » — « Comme toutes les Sciences, l'Histoire est en elle-même et par elle-même une activité désintéressée. Elle ne se croit pas chargée d'approvisionner pour les vivants d'aujourd'hui et de demain un large compte en banque de « précédents » propres à déterminer leur conduite. La seule leçon qu'elle prétende donner, c'est qu'il n'y a pas de leçons de l'Histoire. » — « L'Histoire ne fait pas fi des faits. Faire fi des faits, cette phrase stupide n'aurait pas plus de sens pour l'historien que faire fi des briques pour un architecte. Mais l'architecture ne consiste pas plus dans les briques que l'Histoire dans les faits. Pas d'architecture sans projet d'architecte. Pas d'histoire sans hypothèse de travail — conçue et formulée par un historien. » — « L'Histoire aussi crée son objet. Elle ne le crée pas une fois pour toutes. Aussi bien, toute Histoire est-elle fille de son temps. Mieux, il n'y a pas d'Histoire. Il y a des historiens. Dont chacun, suivant les besoins qu'il tient de son pays, de son âge, de son siècle — révèle de l'immense film du passé, telle partie plutôt que telle autre » [61].

Avant de faire un pas de plus, lions la gerbe que nous propose L. Febvre. Il fixe comme objectif à l'histoire « les changements qui ont

---

61. *Op. cit.*, pp. VI-VII. Citons encore à l'usage des biblistes et des archéologues de la Bible une page de Lucien Febvre, publiée dans *Combats pour l'histoire*, p. 428 : « L'histoire se fait avec des documents écrits, sans doute. Quand il y en a, Mais elle peut se faire, elle doit se faire, sans documents écrits s'il n'en existe point. Avec tout ce que l'ingéniosité de l'historien peut lui permettre d'utiliser pour fabriquer son miel, à défaut des fleurs usuelles. Donc, avec des mots, des signes. Des paysages et des tuiles. Des formes de champ et de mauvaises herbes. Des éclipses de lune et des colliers d'attelage. Des expertises de pierres par des géologues et des analyses d'épées en métal par des chimistes. D'un mot, avec tout ce qui, étant à l'homme, dépend de l'homme, sert à l'homme, exprime l'homme, signifie la présence, l'activité, les goûts et les façons d'être de l'homme. Toute une part, et la plus passionnante sans doute de notre travail d'historien, ne consiste-t-elle pas dans un effort constant pour faire parler les choses muettes, leur faire dire ce qu'elles ne disent pas d'elles-mêmes sur les hommes, sur les sociétés qui les ont produites — et constituer finalement entre elles ce vaste réseau de solidarités et d'entr'aide qui supplée à l'absence du document écrit ? »

Voilà un verdict qui doit rassurer sur nos interprétations de la Bible avec l'aide de l'archéologie et de l'ethnologie. On lira le commentaire et les restitutions de cette page chez H. Marrou, *De la connaissance historique*, p. 78, avec les notes 11 à 13. De Charles Morazé nous signalerons encore *La Logique de l'Histoire*, Paris, 1967, dans Coll. *Essais*. Ce livre est nettement orienté vers la science politique.

différencié les divers groupes de l'humanité. » Ensuite, il faut accepter le caractère désintéressé de l'histoire et il n'y a pas à attendre de leçons de l'histoire. Sur la construction du fait historique, nous reviendrons plus loin. Soulignons ici l'affirmation de toute absence de leçon en histoire ; thèse difficile, peu susceptible de faire l'unanimité. Il faut d'abord reconnaître sa visée purificatrice qui a été bien saisie par le Père M.-H. Vicaire, l'historien médiéviste, dans une étude trop peu connue : *L'Histoire découvre-t-elle Dieu ?*, où l'auteur répond avec l'humilité du savant : pas selon la méthode propre de l'historien. Laissons-lui la parole : « L'historien lui-même n'est pas un expérimentateur. Il n'éprouve pas lui-même cette rencontre divine : seul le croyant, le mystique, le miraculé ont de telles rencontres. L'historien connaît les rencontres par l'intermédiaire du témoignage de ceux qui les ont eues. C'est sa méthode unique de connaître. L'une de ses tâches principales est précisément d'établir la réalité, l'authenticité, la véracité des témoignages de rencontre donnés » [62].

Le P. Vicaire doute que l'historien, avec les seules lumières que lui donnent ses textes, sa méthode et sa raison « soit en mesure de démontrer que Dieu ou le Christ soit au principe et au terme du mouvement général des événements du monde » ? [63]. En face de Bossuet et de son très apologétique discours sur l'*Histoire universelle*, il relève la finesse de Pascal écrivant : « Qu'il est beau de voir, par les yeux de la foi, Darius et Cyrus, Alexandre, les Romains, Pompée, Hérode agir sans le savoir, pour la gloire de l'Évangile » [64]. « Par les yeux de la foi ! » Oui, reconnaît

62. *L'Histoire découvre-t-elle Dieu ?* dans *Hommage aux Catholiques Suisses*, Fribourg, 1954, p. 170 ; cf. p. 168-184. Nous allons citer largement ce travail trop peu connu d'un historien qui est héritier à la fois du P. Mandonnet et de l'école des *Annales*. Mais on pourrait mentionner d'autres tendances. Ainsi Étienne DELARUELLE, *La Providence et l'Histoire de l'Église*, dans *Le Sens chrét n de l'Histoire*, dans *Rencontres*, 4, Lyon, 1941, p. 113-144. Lire spécialement les pages décisives, p. 139-144.

On trouvera son profit à lire le Discours de rentrée à l'Institut Catholique de Toulouse, en 1955 par Mgr Bruno DE SOLAGES — qui fut à Jérusalem à l'école du P. LAGRANGE, — sur les *Progrès modernes dans la connaissance de l'humanité*, paru dans la *Documentation Catholique*, t. LIII, (1956), col. 19-36. L'A. reproche à l'école des *Annales*, le « dédain » parfois excessif dont elle témoigne pour l'« événementiel », col. 19, n° 1. Nous soulignons. — Ce discours est très largement cité par J.-M. LEVASSEUR, *Le lieu théologique « Histoire »*, Trois-Rivières, 1960, qui ignore au contraire les deux contributions précédentes, mais où l'on trouve bien des points de vue contemporains. Cf. aussi Jean LACROIX, *Histoire et Mystère*, Tournai, 1962.

Un bon état de nos questions dans *L'histoire et l'historien*, dans *Recherches et débats*, cahier n° 47, juin 1964, du Centre Catholique des Intellectuels Français. Lire aussi R. DE VAUX, *Introduction à :* M.-J. LAGRANGE, *La méthode historique*, dans *Foi vivante*, 31, Paris, 1966, 31, p. 8-14.

63. *Op. cit.*, p. 173.

64. *Op. cit.*, p. 174. *Pascal*, éd. Havet, XIX, 6.

Vicaire, mais pas par ceux de l'histoire purement rationnelle. C'est plus que douteux, comme en témoignent tant d'histoires universelles de nos jours où la place du Christ est périphérique.

Si Vicaire renonce à trouver Dieu dans son expérience d'historien, il exige avec L. Febvre qu'on nous sacrifie les grands mythes historiques de ces trois derniers siècles sur le Progrès, l'Évolution, la Nature, l'Histoire et même l'Humanité [65].

Pour les théologies du sens chrétien de l'histoire, elles lui apparaissent comme des considérations théologiques et prophétiques, et ceci paraît exact, même si la réaction de l'auteur est d'une ardeur un peu trop passionnée [66]. Car nous croyons essentiel de reconnaître un sens de

---

65. Il s'en prend d'abord aux théories du progrès : « Les théories du Progrès qui prétendent apercevoir à travers la succession des temps une marche en avant, reprise à tout moment, vers la perfection de l'humanité, manifestent une grande naïveté, car elles reconstruisent l'histoire selon l'échelle des valeurs propre à leur temps particulier, qu'elles n'ont donc pas de peine à situer au sommet de l'évolution. A tout prendre, il n'y a rien d'autre en cela que la manifestation de l'éternelle fatuité de l'homme envers lui-même, ou pour parler comme Herder déjà : que « l'apologie dégoûtante » du temps présent ». *Op. cit.*, p. 177.

« L'Évolution, le Progrès, la Nature, « *toutes ces grandes machines* » dont parle Lucien Fèbvre, que l'historien véritable est soucieux de bannir de sa discipline, ces forces « *nées de notre cerveau et dont nous faisons sans plus de cérémonies des réalités causales* » (*Annales*, VI, 1951, p. 96).

» Histoire, Évolution, Progrès, Nature, et même Humanité, ce sont des mythes en vérité, c'est-à-dire des formes imagées qui non seulement personnifient des abstractions, mais leur confèrent une activité, fixée par une loi interne, et suggèrent une attitude à prendre en face d'elles. Mythes bien plus anciens que la philosophie Hégélienne, qui a cependant contribué à les imposer à la mentalité moderne, et que la doctrine marxiste, qui travaille à son tour à les vulgariser. Or ces mythes, qui ne sont pas seulement voisins dans leur forme psychologique mais dans leur contenu, s'accordent en ceci qu'ils ont une saveur divine : car ils sont tous objets de foi, d'espérance, de dévouement, de culte. On l'expliquerait sans peine par leurs origines protestantes d'une part, et panthéistes de l'autre. Nés d'un persévérant effort, entrepris à partir du XVIIe siècle pour replacer dans l'homme, dans son subjectivisme, dans son activité au sein du monde qui l'entoure, dans son avenir sur la terre, l'idéal et la fin que le christianisme médiéval avait situés dans le monde de la transcendance, ces mythes sont autant de démarquages du Dieu chrétien transposé dans l'immanence ». *Op. cit.*, p. 181-182.

66. « Non, l'histoire des historiens ne reconnaît pas cette Histoire née de l'apologétique en même temps que de la fortune équivoque du mythe du Progrès et des abstractions de Hegel ou de Marx. Quelle possibilité de tirer de l'explication historique du passé une loi générale, un sens nécessaire d'évolution qu'on pourrait transporter ensuite sur l'avenir pour le déterminer d'avance de quelque façon que ce soit ? Ces prétendues lois de l'Histoire qu'on a cultivées avec tant de candeur aux XVIIIe et XIXe siècles, sans qu'on parvint à s'entendre du tout sur leur formule, ne sont que le fruit du rationalisme alors impénitent, ou le produit d'une confusion manifeste entre l'explication historique rigoureusement individuelle et l'explication par lois des sciences expérimentales. L'historien n'estime pas qu'il puisse discerner

l'histoire, et nous pensons que S. Augustin, Bossuet et leurs émules pèchent plus par manque ou par confusion de méthode critique que par manque de légitimité de leur dessein. La rédemption est un fait historique, sous Ponce Pilate, survenu dans une plénitude des temps très bien reconnue de nos jours par Jaspers. Le tout est peut-être de savoir distinguer aujourd'hui à la suite de Maritain, ce que ne faisaient pas les vieux auteurs, entre une histoire des historiens ou histoire profane, une philosophie de l'histoire adéquatement prise, qui pourra juger aussi bien des civilisations que des religions, bouddhisme ou Islam, ce que ne saurait faire d'une manière très approfondie le théologien, et enfin une histoire du salut (biblique) ou une théologie de l'histoire (post-biblique) [67].

Vicaire nous oblige donc avec Lucien Febvre à séparer radicalement l'histoire des historiens de toute philosophie de l'histoire, que celle-ci soit hégélienne, marxiste ou chrétienne [68].

---

un sens quelconque du futur *par sa méthode propre*. Par contre, il pense qu'elle le met en mesure de dégonfler ces gros ballons qu'on prétend péremptoirement lancer vers l'avenir à partir du passé sous le nom de sens ou de philosophie de l'histoire, et dont l'étoffe est trop souvent tissée d'à peu près historique, quand ce n'est pas de données périmées du XVIIIe ou du XIXe siècles. Et si, chemin faisant, il bouscule quelques-uns des faux-dieux dont on a parlé tout à l'heure : Évolution, Progrès, Histoire, conçus comme des Absolus, n'est-ce pas encore une manière de faire place au Dieu véritable ? » *Op. cit.*, p. 183.

Pour reprendre les thèses fondamentales du R. P. Vicaire, nous ne nous croyons pas obligé de rejeter en bloc tous les essais modernes qu'il repousse.

67. J. MARITAIN, *Pour une Philosophie de l'Histoire*, Paris, 1957, p. 15-56. Se rapporter aussi à Ch. JOURNET, *D'une philosophie chrétienne de l'histoire et de la culture*, dans le numéro spécial de la *Revue Thomiste* : Jacques MARITAIN, *Son œuvre philosophique*, *Rev. Thom.*, 1949, p. 33-61. Voir encore Ch. JOURNET, *La Philosophie de l'histoire*, dans le volume *Jacques Maritain, Recherches et Débats*, 19, juillet 1957, p. 166-176.

Nous sommes très frappé par la convergence des vues de J. Maritain avec celles de R. de Vaux qui, dans son introduction récente à la réédition de *La Méthode historique* du P. LAGRANGE, propose une division des types d'histoire qui recoupent exactement celle du philosophe chrétien. R. de Vaux distingue : d'abord une histoire profane, ensuite une histoire des religions, enfin une histoire du salut suivant les points de vue de l'historien tout court, de l'historien des religions, et du croyant. Cette histoire des religions pourrait être mise en équivalence avec l'histoire adéquatement prise de J. Maritain.

Donnons aussi le point de vue de R. de Vaux sur l'histoire : « Toute Histoire (avec une majuscule) est une construction et une interprétation. L'événement, qui se produit une fois dans l'espace et le temps, le fait nu, unique, isolé n'a en lui-même aucun sens pour l'historien. C'est une pierre de l'édifice qu'il doit construire... ». Cf. *La Méthode Historique*, par le Père M.-J. LAGRANGE, Paris, 1966, Introduction, p. 9.

68. N'oublions pas cependant que les philosophes de l'histoire, depuis trois siècles, ont beaucoup plus d'influence que nos meilleurs historiens. Pensons seulement à Spinoza, à Voltaire, à Herder, à Marx et à Nietzsche.

Sur la conception hégélienne de l'histoire, on trouvera une présentation d'ensem-

D'un Marc Bloch nous retiendrons avant tout son goût pour « le métier » d'historien, son dépassement du positivisme et du culte du document pour le document : « les documents ne parlent qu'à qui sait les

---

ble avec la bibliographie des travaux de Hegel et sur les questions soulevées dans l'ouvrage récent et très méthodique de Jacques D'HONDT, *Hegel philosophe de l'histoire vivante*, Paris, 1966, avec toute la bibliographie désirable, p. 461-473. Cet auteur a bien vu comment le génie d'Hegel trouve son image, — j'allais dire son archétype, — dans la chute d'eau. Hegel, c'est le refus des immobilismes, de l'inertie. Il saluait en Jésus l'homme « libéré de toute inertie bornée » et condamnait dans le Christianisme la « passivité chrétienne ».

Hegel a vu que l'histoire n'est pas connaissance immédiate, mais un *résultat* (p. 66).

J. d'Hondt s'est lancé dans une profonde méditation sur la fameuse phrase de Hegel « La chouette de Minerve ne prend son vol qu'à la tombée de la nuit » (p. 151-179). La philosophie serait un phénomène de civilisation avancée, « la philosophie n'a le droit de sortir que le soir dans le défilé de l'histoire ; elle ferme la marche ». Hegel « se fonde sur la certitude d'une caducité fondamentale : les nations, leur puissance et leur gloire, leur religion et leur art, tout cela passe, il n'y a de constance que dans l'ordonnance des funérailles » (p. 163). Quant à la bonne méthode, Aristote en aurait donné le premier modèle : suivre, d'accord avec les faits, le développement de l'Idée (p. 116). Quant à l'histoire, elle est « comme une *prise de conscience* progressive (p. 119). Ce qui est assez étonnant et annoncerait quelque peu le structuralisme c'est de retrouver chez Hegel en lieu et place de la Providence « *une pensée inconsciente* » (p. 117). Ailleurs, l'A. estime qu'Hegel « présente une histoire humaine où Dieu est partout présent mais où tout peut s'expliquer comme s'il n'y était pas » (p. 333). Ce qui amène J. d'Hondt à parler d'un « crypto-matérialisme » de Hegel (p. 119). La religion n'apportant plus la réconciliation, c'est la philosophie qui se charge de nous réconcilier avec une religion discordante, de « retrouver la vérité et l'Idée dans la religion révélée » (p. 137). Mais par ailleurs, le philosophe rend insupportable aux hommes le monde présent sans leur en offrir d'autre... (p. 171).

La quatrième partie de ce livre consacrée au « *Passé présent* » vise plus directement notre sujet (pp. 349-460). La place des historiens est irremplaçable. Mais Hegel ne croirait guère à la *résurrection* du passé. Ce qui est mort est mort. Hegel distinguera suivant la manière dont l'histoire se branche sur la vie l'histoire *originale* (celle qui est vécue par l'historien) et *réfléchissante*. Quatre impératifs limitent l'historien. Il est prisonnier de son temps. Chaque esprit national est singulier. Il est impossible de retrouver intégralement l'esprit d'une autre époque, ou d'une autre nation : l'altérité est fondamentale ici. Enfin aucun historien ne parviendrait à traduire la vie d'un autre peuple.

Les biblistes retiendront plus spécialement les considérations sur « l'histoire réfléchissante » qui porte sur l'histoire d'autrefois ; l'historien est étranger à la culture et à l'esprit de l'époque qu'il décrit. Pour étreindre ce passé immense, il doit résumer « *epitomieren* », ne pas se perdre dans les détails qui nous accableraient (pp. 377-379) pour ne retenir que les intérêts généraux qui vivifient, l'intérêt général d'une époque (p. 380). Hegel fait ici de nombreuses distinctions entre histoire pragmatique, histoire critique et histoire spéciale. Par opposition à l'histoire théologique, dont elle a triomphé, l'histoire pragmatique explique par les causes *humaines*. Parmi elles, Hegel rencontre les interprètes malveillants qui veulent expliquer les grandes actions par des « mobiles mesquins et platement utilitaires ». Ce sont les valets qui dénigrent ainsi leurs maîtres. Hegel est sans aucun ménagement pour ces « *valets de l'histoire* »

interroger »[69]. Mais au delà des questions de méthode sur laquelle chacun peut s'informer, nous nous devons en ce temps où l'on minimise l'historicité des faits chrétiens de rappeler le témoignage d'un pareil artisan de cette civilisation occidentale qu'il voyait si profondément liée à l'histoire : « Car à la différence d'autres types de culture, elle a toujours beaucoup

---

(p. 387). Ainsi, il ne peut tolérer de laisser corroder la figure d'Alexandre par les piètres réflexions de quelques philistins de l'histoire.

Nous pourrions nous demander ici si la critique biblique n'a pas été elle aussi encombrée par de semblables valets ?

Dégoûté par une histoire pragmatique qui s'en tiendrait à un étroit positivisme, une histoire anecdotique et événementielle, il trouve chez les Français, dont Montesquieu, la bonne histoire pragmatique (p. 390).

Surprise : nous voyons Hegel s'acharner contre l'histoire « critique » qui passe son temps à apprécier la véracité et la crédibilité des récits historiques.

On trouverait enfin chez Hegel des considérations pertinentes sur différents types d'objectivité. J. d'Hondt le résume en ces termes : « *L'objectivité* de l'écrivain original n'empêche pas sa *partialité*. Thucydide est partial, César aussi (...). Mais ce qui compte pour nous c'est leur partialité universelle » (p. 400).

Attirons donc l'attention sur Hegel précurseur en bien des intuitions de l'historiographie moderne, et sur le livre de J. d'Hondt.

Un lecteur pressé pourra lire, Henri NIEL, *Hegelianisme et histoire*, dans *Recherches et Débats*, Cahier nº 17, oct. 1956. Sur Hegel on peut lire encore l'un de ses grands interprètes, Jean HYPPOLITE, *Introduction à la philosophie de l'histoire de Hegel*, Paris, 1948. — Jean-Marie DOMENACH, *Hegel, Nietzsche et l'Histoire*, dans *Le Retour du Tragique*, Paris, 1967, exposé consacré aux rapports du tragique à savoir du destin et de l'histoire chez ces deux auteurs. Pour Hegel le peuple juif est le symbole de ce refus du destin. Cf. p. 105. — Henri NIEL, *Dialectique hégélienne et dialectique marxiste*, dans *Aspects de la Dialectique*, II.

Pour une appréciation du prétendu athéisme ou au contraire de la religion de Hegel une vue rapide des problématiques, dans l'art. « Hegel » de H. Leclère, dans *Catholicisme*, t. V, col. 561-568. Depuis lors ont paru A. CHAPELLE, *Hegel et la religion*, Paris, I, 1964. — Cl. BRUAIRE, *Logique et religion chrétienne*, dans *la Philosophie de Hegel*, Paris, 1964.

Sur la naissance de la philosophie de l'histoire au XVIIIe siècle, on peut lire désormais en traduction française : Ernst CASSIRER, *La Philosophie des Lumières*, Paris, 1966, p. 194-238.

Sur la philosophie de l'histoire dans le marxisme, nous conseillons Georges M.-M. COTTIER, *Du romantisme au marxisme*. Paris, 1961.

Pour l'histoire, la théologie de l'histoire, on aura des survols rapides dans les articles *Histoire* du R.P. CONGAR, dans *Catholicisme*. — *Storia, Storiografia, Storicismo*, de Vincenzo MIANO, dans *Dizionario Ecclesiastico*, vol. III, 1958, p. 986-988 (avec bibliographies).

69. Lire avant tout autre l'ouvrage posthume de Marc BLOCH, *Apologie pour l'histoire ou métier d'historien*, dans *Cahiers des Annales*, nº 3, 5e éd. 1964. Il faut lire d'abord l'appendice érudit de Lucien Febvre où vibrent tant d'émotions par exemple à l'occasion de ce cahier d'écolier de Marc Bloch mobilisé en 1939-1940 qui porte le titre : *Histoire de la Société française dans le cadre de la Civilisation européenne*, avec la dédicace non moins prophétique dans sa signification : « A la mémoire de Henri Pirenne qui, au temps où son pays combattait aux côtés du mien pour le droit et la civilisation, écrivit en captivité une Histoire de l'Europe. »

attendu de sa mémoire. Tout l'y portait : l'héritage chrétien comme l'héritage antique. Les Grecs et les Latins, nos premiers maîtres, étaient des peuples historiographes. Le christianisme est une religion d'historiens. D'autres systèmes religieux ont pu fonder leurs croyances et leurs rites sur une mythologie à peu près extérieure au temps humain. Pour Livres Sacrés, les chrétiens ont des livres d'histoire, et leurs liturgies commémorent, avec les épisodes de la vie terrestre d'un Dieu, les fastes de l'Église et des saints. Historique, le christianisme l'est encore d'une autre façon, peut-être plus profonde : placée entre la Chute et le Jugement, la destinée de l'humanité figure, à ses yeux, une longue aventure, dont chaque destin, chaque « pèlerinage » individuel présente, à son tour, le reflet ; c'est dans la durée, partant dans l'histoire, qu'axe central de toute méditation chrétienne se déroule le grand drame du Péché et de la Rédemption » [70].

On comprend mieux après cela le jugement de Philippe Ariès sur Marc Bloch : « Il est avec Lucien Febvre, à l'origine de ce rajeunissement d'une science qui se décomposait dans l'ennui » [71]. Bien avant le structuralisme, Marc Bloch avait donné de l'histoire une formule assez exceptionnelle pour son temps : « En un mot, il n'y a vraisemblablement pas de meilleure définition de l'Histoire que celle-ci : l'Histoire est la science d'un changement et, à bien des égards, une *science des différences* » [72].

On retiendra encore son ralliement à ce qu'il appelle « cette admirable formule », cette formule presque prophétique de Fustel de Coulanges : « L'histoire n'est pas l'accumulation des événements de toute nature qui se sont produits dans le passé. Elle est la science des sociétés humaines » [73].

De l'homme, et de son style, nous voudrions donner encore un dernier échantillon : « ... L'objet de l'histoire est par nature l'homme. Disons mieux : les hommes. Plutôt que le singulier, favorable à l'abstraction, le pluriel, qui est le mode grammatical de la relativité, convient à une science du divers. Derrière les traits sensibles du paysage, les outils ou les machines, derrière les écrits en apparence les plus glacés et les institutions les plus complètement détachées de ceux qui les ont établies, ce sont les hommes que l'histoire veut saisir. Qui n'y parvient pas, ne sera jamais, au mieux, qu'un manœuvre de l'érudition. Le bon historien, lui, ressemble à l'ogre de la légende. Là où il flaire la chair humaine, il sait que là est son gibier » [74].

---

70. *Apologie pour l'histoire ou métier d'historien*, p. IX.

71. Ph. Ariès, *Le temps de l'histoire*, *op. cit.*, p. 292 ; cf. p. 292-297.

72. Marc Bloch, *Que demander à l'histoire*, dans *Mélanges Historiques Marc Bloch*, *Bibliothèque Générale de l'École Pratique des Hautes Études*, VIe section, Paris, 1963, p. 8.

73. *Ibid.*, p. 15. On complètera cette formulation de 1937 par la précieuse note recueillie par L. Febvre à la fin de l'*Apologie pour l'histoire ou métier d'historien*, note 4, p. 109-110 qui nous renvoie à la p. 4 de ce même livre.

74. *Apologie pour l'histoire*, p. 4.

De cette brève enquête, nous retiendrons le réalisme de cette entreprise des *Annales d'histoire économique et sociale*, où tous les mots portent et mériteraient une exégèse. Mais il faut savoir rappeler aussi que cette tendance s'amorçait déjà dans les orientations sociologiques du grand Max Weber et dans la *Zeitschrift für Sozial-und-Wirtschaftsgeschichte*, qui fut fondée en 1893 [75].

Un peu en marge du groupe des *Annales*, il faut situer R. Aron et H.-I. Marrou qui sont les représentants, — avec des nuances propres qui ne sont pas négligeables, — de ce que ce dernier appelle en empruntant le titre même de la thèse d'Aron : *La philosophie critique de l'histoire*. Elle se rattache à Wilhelm Dilthey, se déploye avec Rickert, Simmel, Max Weber, mais aussi avec Jaspers, Heidegger et Husserl. Selon Marrou, il faudrait situer R. Aron dans le prolongement de la ligne Dilthey-Weber tandis qu'Éric Dardel avec son « Histoire, science du concret » aurait été comme absorbé dans l'orbite de Heidegger [76].

---

75. Sur Max WEBER († 1920) dont l'étoile monte sans cesse, dont on traduit actuellement les œuvres dans diverses langues et dont on a dit récemment « qu'il passe à juste titre pour l'un des plus grands sociologues de tous les temps ». Cf. Julien FREUND dans son *Introduction à Max Weber. Essais sur la théorie de la Science*, Paris, 1965, p. 9.

Voir sur ce livre Éric WERNER, *Max Weber ou la reconquête de la raison*, dans *Critique*, 227, avril 1966, p. 320-333.

Outre la volumineuse introduction de Freund (pp. 1-116) et ses annotations, rappelons la place accordée à Max Weber par R. Aron dans sa thèse : *La philosophie critique de l'histoire*, 2e éd., Paris, 1950, ch. IV : Les limites de l'objectivité historique et la philosophie du choix (Max Weber), p. 219-273. Aron reconnaît en Weber « le plus grand sociologue allemand ».

Les biblistes trouveront évidemment un intérêt particulier au long chapitre de Max Weber intitulé : *Éléments pour une discussion des idées d'Édouard Meyer*, *op. cit.*, pp. 217-323.

Nous épinglerons une des bonnes formules de Max Weber : « Ainsi qu'on l'a souvent dit : il n'est pas nécessaire d'*être César pour comprendre César*. Sinon l'historiographie n'aurait plus de sens ». *Op. cit.*, p. 328, voir la note 100 de Freund.

76. Henri-Irénée MARROU, *Philosophie critique de l'Histoire et « sens de l'histoire »*, dans *L'Homme et l'histoire. Actes du VIe Congrès des Sociétés de langue française*, Paris, 1952, p. 3-10, cf. p. 3. Tout le recueil est important. Marrou signale aussi la lignée parallèle anglaise qui aboutit à R. G. Collingwood dont les thèses sont souvent apparentées à celle de Marrou. Voir encore le livre déjà classique de H.I. MARROU, *De la connaissance historique*, Paris, 1959, dont on peut dire qu'il est le bréviaire de beaucoup d'historiens malgré les réactions violentes qu'il a suscitées. A ce propos, lire au moins A. PIGANIOL, *Qu'est-ce que l'Histoire*, dans RMM, juillet-septembre 1955, nº 3, p. 225-247 ; et la lettre de réponse de Marrou, p. 248-250. On consultera avec profit le tableau généalogique proposé par Marrou en hors-texte, en tête de son livre.

Voir une liste des travaux de Marrou, *ibid.* p. 26.

Le prestige de Marrou s'affirme dans le volume collectif fondamental : *L'Histoire et ses méthodes* (Encyclopédie de la Pléiade, XI), Paris 1961, où il obtient la part du lion avec un chapitre conclusif : « Comment comprendre le métier d'historien » (avec

Autant que Bultmann en Allemagne, H. Marrou prend conscience, — et vers le même temps, — de la « subjectivité radicale » de l'historien [77]. Assez paradoxalement, notre historien chrétien semble bien reprendre un héritage de Nietzsche [78]. Marrou est avant tout un historien de l'antiquité et de la culture. Cependant, pour lui, l'histoire véritablement scientifique n'a achevé de se constituer qu'au XIXe siècle, quand la rigueur des méthodes fut étendue « du domaine des sciences auxiliaires à la construction même de l'histoire » [79]. L'histoire se présente à lui comme une « connaissance », ce qui a l'avantage d'éviter toutes les discussions sur sa possibilité ou son impossibilité d'être une « science » [80].

Pour Marrou, l'histoire est « une amitié » mais qui suppose la vérité [81]. Elle demande tact, magnanimité et culture. Pour Marrou, l'histoire est une sorte de choix présent devant les monuments du Passé, c'est-à-dire que toute équation historique doit intégrer ces deux quantités : l'Histoire ou le Passé (P) et le présent de l'historien (p), c'est-à-dire l'histoire inséparable de l'historien : « L'histoire est le résultat de l'effort, en un sens

---

orientations bibliographiques). Voir encore H. I. Marrou, *Les limites aux apports de l'histoire*, dans *Enc. Fr.*, XX, p. 20-18-9 et ss.

Pour une histoire de l'historiographie en dehors des manuels et dictionnaires, recommandons seulement Ugo Redano, *Il pensiero storiografico del Rinascimento all'Illuminismo*, avec une abondante bibliographie jusqu'à Herder, p. 897-901. Voir l'art. *Storia, Storiografia, Storicismo*, de V. Miano, dans *Dizionario Ecclesiastico*, 1958, t. III, pp. 986-988. Voir aussi l'art. *Storia e storiografia*, dans *Enciclopedia Filosofica*, Firenze, 1957, vol. IV, col. 982-993 (avec bibliographie). — Pedro Voltes Bou, *Tendencias actuales de la historiografia*, dans *Estudios y documentos. Il Cuadernos de Historia moderna*, Valladolid, 1957. — Eduard Fueter, *Histoire de l'historiographie moderne*. Traduit de l'allemand par E. Jeanmaire, avec notes et additions de l'auteur, Paris, 1914, 785 p. (trad. italienne, Naples, 1943, 2 vol.). — G. P. Gooch, *History and Historians in the Nineteenth Century*, Londres, 1913, 1958; trad. allemande de Herta Lazarus, Frankfurt am Main, 1964. — On trouvera de nombreuses références dans J. M. Levasseur, *Le Lieu théologique Histoire*, Trois Rivières, 1960. — J. W. Thompson et B. J. Holm, *A History of Historical Writing*, 2 vol., New-York, 1940 ; 4e éd. 1958 (un ouvrage monumental). — Fritz Wagner, *Geschichtswissenschaft*, Freiburg i. Br.-München. — Joseph Vogt, *Wege zum historischen Universum von Ranke bis Toynbee*, dans *Urban Bücher*, 51, Stuttgart, 1961 (bibliographie très bien organisée).

77. *Philosophie critique de l'histoire et « sens de l'histoire », op. cit.*, p. 4. Dans l'*Encyclopédie Française*, t. XX, Marrou résume les nouvelles tendances et la sienne dans la formule : « L'histoire est inséparable de l'historien », Cf. *Enc. Fr.*, t. XX, p. 20-18-10.

78. C'est ce qu'avance, non sans à propos Marc-André Bloch, *Sur l'idée d'une « philosophie historique » et la relation de l'histoire à la psychologie chez Nietzsche*, dans *L'homme et l'histoire, op. cit.*, p. 165-169, cf. p. 169 ; cf. Marrou, *De la Connaissance historique*, Paris, 1959, p. 12.

79. *De la connaissance historique*, p. 29.

80. *Ibid.*, p. 32.

81. *Ibid.*, p. 99.

créateur, par lequel l'historien, le sujet connaissant, établit ce rapport entre le passé qu'il évoque et le présent qui est le sien »[82]. Marrou envisage donc la véritable connaissance historique, l'« histoire personnaliste » par opposition à l'« histoire événementielle ou positiviste », comme un rapport h = P /p[83]. De ce rapport résulterait la vérité de l'histoire : « Ni objectivisme pur, ni subjectivisme radical ; l'histoire est à la fois saisie de l'objet et aventure spirituelle du sujet connaissant »[84].

Laissons Marrou préciser cette aventure : « Par opposition à l'objectivisme strict du vieux positivisme, qui eût aimé pouvoir réduire le comportement de l'historien à un regard glacé et comme indifférent jeté sur un passé mort, l'histoire nous est apparue comme le fruit d'une action, d'un effort en un sens créateur, qui met en jeu les forces vives de l'esprit, tel qu'il est défini par ses capacités, sa mentalité, son équipement technique, sa culture ; l'histoire est une aventure spirituelle où la personnalité de l'historien s'engage tout entière ; pour tout dire en un mot, elle est douée, pour lui, d'une valeur existentielle, et c'est de là qu'elle reçoit son sérieux, sa signification et son prix »[85].

Désormais, il faudrait admettre que la vérité historique est fonction de la vérité de la philosophie de l'historien tout autant que de sa culture, de sa richesse humaine[86].

Au contraire, l'idéal de l'histoire positiviste serait : h = P + p avec la tendance à réduire p, le coefficient personnel de l'historien, à une quantité négligeable[87]. Ces considérations pourraient paraître éloignées de notre sujet biblique si Marrou lui-même n'en avait tenté l'application aux Évangiles.

Laissons lui l'explication de sa pensée : « Prenons comme exemple l'interprétation des Évangiles canoniques. Que de temps perdu par la « critique » à rechercher la crédibilité du témoignage qu'ils portent sur les événements de la vie de Jésus ! Nous commençons seulement (car les fondateurs de la Formgeschichte, encore trop soumis à la tradition établie par le XIXe siècle, n'ont pas su tirer toutes les conclusions qui se dégagent des principes si féconds qu'ils ont eu le mérite de poser) à nous rendre compte qu'il fallait d'abord comprendre ce qu'était un Évangile : ce n'est pas un recueil de procès-verbaux, de constats d'événements, plus ou moins exacts ou tendancieux, plus ou moins fidèlement transmis ; l'auteur ne se proposait pas de fournir un jour une documentation à l'histoire historisante, mais bien autre chose : il voulait, dans la perspec-

82. *Ibid.*, p. 55 : « L'Histoire est un *choix*, voulu, orienté par la problématique et les critères propres à l'historien. » Cf. *L'Histoire et ses Méthodes*, p. 1470.

83. *Ibid.*, p. 37.

84. *Ibid.*, p. 229.

85. *Ibid.*, p. 204.

86. *Ibid.*, p. 237-238.

87. *Ibid.*, p. 53.

tive existentielle de la catéchèse ecclésiastique, transmettre à ses lecteurs la connaissance du Christ nécessaire au salut ; pour élaborer cette image de Jésus, il a pu être amené à toute une manipulation de ses sources qui nous déconcerte peut-être (par son indifférence, par exemple, à la chronologie), mais qu'il serait naïf de qualifier de falsification ou de mensonge. Il serait plus naïf encore d'imaginer qu'on puisse décomposer ce témoignage et, séparant le bon grain de l'ivraie, isoler un pur noyau de « faits » authentiques : les Évangiles ne sont pas un témoignage direct sur la vie du Christ, ils sont un document primaire, et d'une valeur incomparable, sur la communauté chrétienne primitive : nous n'atteignons Jésus qu'à travers l'image que ses disciples se sont faite de lui, — ce qui ne veut pas dire que cette image soit trompeuse, encore qu'elle ne soit pas celle que l'historien événementiel aimerait qu'elle eût été »[88].

Sur cette lancée, les évangélistes apparaissent comme de très bons représentants de l'histoire personnaliste. Un bibliste ne saurait manquer d'être frappé non seulement de l'intérêt de cette perspective, mais des convergences de l'exégèse aussi bien vétérotestamentaire que néotestamentaire vers une interprétation de ce type. Or, Marrou écrivait ces pages vers 1954. Nous serions très tenté par un rapprochement des idées de Marrou avec celles de von Rad dans sa fameuse : *Théologie de l'Ancien Testament*, dont nous avons fait ailleurs tant d'éloges[89]. Mais on ne peut s'empêcher d'enregistrer dans l'un et l'autre cas des réactions si étonnamment parallèles que nous ne pouvons nous dispenser de les mentionner.

Pour le cas de Marrou, il faut signaler deux réactions critiques : celle de A. Piganiol l'historien, et celle du R.P. Guérard des Lauriers, philosophe et logicien des sciences[90]. Ces deux auteurs reprochent à Marrou d'une part, de trop assimiler la connaissance historique à une foi, et d'autre part, de sousestimer l'histoire positiviste comme si l'équation de l'histoire selon Marrou supprimait ou informait l'autre[91]. Comme le remarque Guérard des Lauriers « un principe d'explication, très fécond, devient aberrant s'il est exclusif ». Il ne faudrait donc pas trop vite et trop facilement renoncer à un « noyau de faits authentiques »[92]. N'admettre que deux théories de l'histoire et de plus, les juger incompatibles, voilà à quoi se refusent ces deux bons auteurs. Concluons en disant que renoncer à « isoler un pur noyau » ne saurait signifier qu'il n'y a pas de noyau.

88. *Ibid.*, p. 107-108.

89. Cf. L. Ramlot, dans *Une décade de Théologie biblique*, dans *Revue Thomiste*, 1965, p. 96-110.

90. André Piganiol, *Qu'est-ce que l'Histoire*, dans *Revue de Métaphysique et de Morale*, juillet-septembre 1955. — M. L. Guérard des Lauriers, *A propos de la « Connaissance historique »*, dans RSPT, t. XXXIX, p. 569-602.

91. Comparer pour la foi A. Piganiol, p. 229 et M. L. Guérard des Lauriers, p. 594 et, pour l'histoire positiviste, Piganiol, p. 225-237 et Guérard des Lauriers, p. 580-601.

92. Guérard des Lauriers, *art. cit.*, p. 601.

Marrou a cependant répondu à Piganiol ; sa réponse ne manque pas de piquant [93]. N'est-il pas frappant de constater des réactions similaires à « l'histoire kérygmatique » de von Rad. On lui reproche avant tout de renoncer à chercher ces « noyaux » d'historicité. Pour nos études bibliques, nous retiendrons de l'œuvre de Marrou quelques enseignements majeurs.

D'abord l'art de la question. Bien avant Gadamer, Marrou a montré que l'importance et la valeur d'une herméneutique réside dans l'art de poser les vraies questions. Pour Marrou, « le grand historien sera celui qui... saura poser le véritable problème historique de la manière la plus riche, la plus féconde ; saura voir quelle question il y aura intérêt à poser à ce passé » [94].

Nous verrons que Gadamer insistera davantage sur les questions que se posaient les anciens eux-mêmes, les auteurs, les historiographes.

Ensuite, nous retiendrons qu'un historiographe ou un historien personnel, engagé, philosophe, a beaucoup plus d'intérêt qu'un auteur de procès-verbaux ou de nomenclatures exactes. L'historiographie biblique serait bien la dernière a être défavorisée par l'histoire personnaliste de Marrou. De cette histoire personnaliste, il résulte que « le passé de l'histoire est beaucoup plus structuré que le présent ne l'était aux yeux des contemporains, car l'effort de l'historien a pour but de projeter sur son objet une lumière, une intelligibilité : il cherche à comprendre, à expliquer, à établir les états successifs d'une série évolutive, à dégager des significations, à retrouver des valeurs » [95].

---

93. Marrou montre dans cette lettre une certaine différence de niveau opérationnel entre Piganiol, préoccupé avant tout des préliminaires, où l'esprit critique doit régner en maître et son niveau de recherche logique d'une connaissance historique intégrale. Marrou estime d'ailleurs que « dès les préliminaires de la critique externe, il ne suffit plus de critiquer, il faudra surtout se montrer capable de comprendre : il me semble toujours plus nécessaire d'insister sur la nécessité pour l'historien d'être *capable* de son objet, d'être sensible à ses longueurs d'onde, de n'être pas un aveugle dissertant des couleurs. Comment alors ne pas parler de sympathie, de connaturalité, d'affinités électives ? » Cf. RMM, 1955, p. 249.

94. *Ibid.*, p. 67, cf. p. 61, 63, 209. Dès lors on est dans l'étau du paradoxe que l'historien français Jean Guiraud aimait à répéter, — car il n'aurait pu l'écrire en son temps d'historicisme triomphant : « histoire partiale, histoire vraie ». C'était une manière très brutale de ramener l'historien à l'humilité. Madame Jacqueline de Romilly, interprète très écoutée de Thucydide, nous y invite cependant elle aussi par un apologue moderne : « L'historien est comme un photographe dont on attendrait une rigueur parfaite, alors qu'on le chargerait de photographier un objet mille fois plus grand que le champ de son appareil et sans cesse en transformation. Dans une telle situation, il faut bien chercher les aspects les plus caractéristiques, puis en faire, après coup, un *montage judicieux*. Et d'après quels critères ? (..) Pour rejoindre l'objet, il fait œuvre de créateur. » Jacqueline DE ROMILLY, *Histoire et Raison chez Thucydide*, Paris, 1956, p. 11.

95. Le métier d'historien, dans *L'Histoire et ses méthodes*, Paris, 1961. — Lire aussi le paragraphe intitulé : *La récupération des valeurs*, p. 1481 ss. Ailleurs

A quoi l'Auteur ajoute aussitôt que toute résurrection « intégrale » du passé est une rêverie irréalisable. Mais l'historien doit viser à une récupération des valeurs, à pousser en profondeur, à la recherche des structures : « Poussée en profondeur, l'histoire ne s'est plus contentée d'un simple récit au niveau de l'événement, vaguement irradié de quelques harmoniques d'ordre psychologique : à la recherche d'un principe d'explication plus solide, elle a peu à peu découvert l'épaisseur des structures humaines qui se dissimulaient sous la pellicule d'abord seule visible, des actions, des gestes et des paroles »[96]. Qui ne voit la justesse de ces remarques pour nos évangélistes ou pour nos historiographes antiques de la Bible !

Ajoutons que la pluralité des sources, traditions et témoignages, qu'il s'agisse du Pentateuque ou des Évangiles, mérite d'autant plus intérêt que l'on reconnaît valable ce coefficient personnel de l'historien et que l'on confesse la valeur relative de toute objectivité[97]. Si Marrou a raison de rejeter l'indifférence d'une caméra ou la froideur du procès-verbal, et de prétendre au contraire que « l'histoire est une aventure spirituelle où la personnalité de l'historien s'engage tout entière », il serait difficile de trouver meilleure présentation pour aborder un Évangile ou les vieux historiographes[98].

Retenons encore la règle de méthode pratique que Marrou dénomme, « la règle de l'épilogue » : toute étude historique demeure incomplète si elle n'envisage, pour finir, de répondre à la question : « Qu'arriva-t-il ensuite ? »[99].

Marrou est de ceux qui refusent les lois en histoire tout autant que Lucien Febvre, le R.P. Vicaire, et bon nombre d'historiens contemporains. Mais ceci ne revient pas chez lui à prendre l'histoire pour une partie de dés. « Sans doute la trajectoire parcourue par l'humanité n'est pas rectiligne ; c'est une courbe complexe, qui peut présenter des points de

---

MARROU souligne le fait que l'historien sélectionne, manie le projecteur, et il résume l'analyse contemporaine par la formule : « L'histoire est inséparable de l'historien », dans *Limites aux apports de l'histoire*, *Enc. Fr.*, t. XX, 20.18.10. JOUFFROY déjà au siècle dernier (dans un article du *Globe*, cité par Pierre MOREAU, *L'histoire en France au XIXe siècle*, Paris, 1935, p. 49) écrivait : « Ce qu'il y a de plus évident au monde, c'est que chaque siècle voit, comprend et écrit l'histoire selon son point de vue, ses idées, son génie ; c'est qu'il en est de même de chaque historien qui la voit, la comprend et l'écrit comme son talent, son caractère, ses goûts, ses lumières, le veulent et le permettent... L'histoire comme la poésie est fille du siècle de l'homme. »

96. Le métier d'historien, *op. cit.*, p. 1472.

97. Qu'il nous soit permis de rappeler ici une boutade de GILSON recueillie lors d'un passage du maître à S. Maximin : « Nous avons sur la Révolution française deux histoires, œuvres d'historiens excellents, celle de Taine et celle de Michelet et l'on ne saura jamais laquelle est la bonne... »

98. Cette phrase de MARROU est reprise par Ch. SAMARAN dans sa Préface à *L'Histoire et ses Méthodes*, Paris, 1961, p. XIII.

99. Le métier d'historien, dans *L'Histoire et ses méthodes*, p. 1469.

rebroussement, mais elle est continue ; l'évolution de l'humanité connaît, comme l'évolution biologique des mutations brusques (révolutions) : si radicales soient-elles, si riches d'innovations, elles ne sont jamais sans enracinement dans le passé » [100].

On s'accorde de plus en plus en historiographie moderne à reconnaître qu'il n'y a pas de véritables lois historiques, mais à la périphérie de l'histoire des constantes économiques, des impératifs géographiques, des lois sociologiques ou politiques. C'est en ce sens que l'on parle volontiers aujourd'hui de « géohistoire » [101].

Sur les travaux de Raymond Aron nous insisterons moins, car ils ne modifient guère la conception de l'historien Marrou et ils sont souvent tournés vers la philosophie politique [102]. Enregistrons cependant quelques affirmations capitales. Ainsi : « il n'existe pas une *réalité historique* toute faite avant la science qu'il conviendrait simplement de reproduire avec fidélité » [103]. L'histoire à ses yeux est toujours « objectivée » par et pour l'historien ». Elle lui apparaît comme à Jouffroy, Croce ou Marrou, inséparable de l'époque où vit l'historien, exactement ce que von Rad soutiendra pour nos historiographes bibliques. « A un certain moment du temps, un individu réfléchit sur *son* aventure, une collectivité sur *son* passé, l'humanité sur *son* évolution : ainsi naissent l'autobiographie, l'histoire particulière, l'histoire universelle » [104].

Aron est parfaitement conscient que sans les questions que nous posons au passé, sans notre réflexion il n'y aurait pas de science historique. Du coup l'histoire ne saurait totalement manquer de relativité.

---

100. H.I. MARROU, dans *Enc. Fr.*, t. XX, p. 20.18.16. De MARROU lire encore : *Théorie et pratique de l'histoire*, 3e chronique de méthodologie historique, dans *Revue historique*, t. CCXXXIII (1965), p. 156 ss.

101. La « géohistoire », terme cher à F. BRAUDEL et adopté par L. FEBVRE, cherche à déterminer les conditionnements géographiques de l'histoire : qualités et ressources du territoire (climat, relief, hydrographie, qualités du sol et du sous-sol), position (accès à la mer, contrôle des voies de passage, position insulaire), démographie et migrations, concurrences et conflits économiques, etc. On trouvera un exposé rapide mais clair et dominé de ces problématiques dans les premiers chapitres du livre : *Introduction à l'histoire des relations internationales*, par P. RENOUVIN et Jean-Baptiste DUROSELLE, Paris, 1964, p. 5-724.

102. Voir principalement Raymond ARON, *Introduction à la philosophie de l'histoire*, Paris, 1948, et *Dimensions de la conscience historique*, Paris, 1961. Cette orientation politique colore sa théorie de l'histoire : « Dans la mesure où il vit historiquement, l'historien tend à l'action et cherche le passé de son avenir. » Cf. *Introduction*, p. 337.

103. Raymond ARON, *Introduction à la Philosophie de l'histoire*, p. 120. Aron écrivait un jour à Marrou de l'histoire qu'« elle est vraie pour ceux qui veulent sa vérité, c'est-à-dire qui *construisent les faits* de la même manière et qui se servent des mêmes concepts », cité par MARROU, *De la Connaissance historique*, p. 224.

104. Introduction à la *Philosophie de l'Histoire*, p. 82.

Nous retiendrons spécialement la description que donne Aron de l'objectivité. A ses yeux, « objectivité ne signifie pas impartialité mais universalité » [105]. Un bibliste ne saurait oublier l'intérêt de ce propos, même s'il est incomplet et irréalisable à la limite, car qui peut être universel ?

Pour Raymond Aron, la *conscience historique* comporte trois éléments : « la conscience d'une dialectique entre tradition et liberté ; l'effort pour saisir la réalité ou la vérité du passé ; le sentiment que la suite des organisations sociales et des créations humaines à travers le temps n'est pas quelconque ou indifférente, qu'elle concerne l'homme en ce qu'il a d'essentiel » [106].

Le bibliste retiendra spécialement cette dialectique entre tradition et liberté qui est essentielle à la religion révélée, et dans laquelle, au nom même de l'herméneutique moderne, un Gadamer en Allemagne découvre un dialogue.

Conserver le sens de l'essentiel, c'est ce qu'oublient trop d'historiens devenus des érudits spécialisés. Aron élève là contre une légitime revendication : « Mais qui tiendrait le mode d'exploitation des mines d'argent ou le système commercial d'Athènes pour seul intéressant ou même pour plus intéressant que l'art de Phidias ou la stratégie de Périclès, tomberait dans un dogmatisme de sens contraire. L'histoire monumentale, pour reprendre l'expression de Nietzsche, garde légitimité et portée dans une société que domine le souci des masses du travail ou de la vie quotidienne » [107].

Sans avoir appartenu à l'école des *Annales*, R. Aron ne semble pas en être éloigné, mais il garde une orientation plus politique, et reste plus sensible à l'homme qu'aux civilisations, ce qui est la tendance des *Annales* [108].

---

105. Introduction à la *Philosophie de l'Histoire*, p. 9. Voir l'analyse des orientations des premières œuvres d'ARON, dans Claude DELMAS, *Un effort de compréhension de l'Histoire, Raymond Aron*, dans *Critique*, nº 102, nov. 1955, p. 992-999 et *Critique*, nº 103, déc. 1955, p. 1076-1091. L'A. relève le reproche de « relativisme » fait à R. ARON.

106. Raymond ARON, *De l'objet de l'Histoire*, dans *Enc. Franç.*, t. XX, p. 20.04.1.

107. Raymond ARON, *De l'objet de l'Histoire*, dans *Enc. Franç.*, t. XX, p. 20.04.4.

108. Ce problème des « cultures » et « civilisations » n'entre pas dans notre objectif propre. Contentons-nous donc d'une simple remarque de l'A. « Que faut-il penser de ces unités démesurées que Spengler a baptisées *cultures* et Toynbee *sociétés* ou *civilisations* ? Sont-elles une réalité ou ne sont-elles qu'un fantôme de l'imagination historique ? (...) Les civilisations communiquent les unes avec les autres ; elles n'ont pas de limites spatio-temporelles nettement définies, ni de cohérence ou d'originalité nettement accusées. » *Dimensions de la conscience historique*, Paris, 1961, p. 82-83. A compléter par de très bonnes remarques sur *Théologie de l'Histoire* et *Philosophie des cultures*, p. 88-89. En France, alors que l'école positiviste de la *Revue Historique* reste sensible au rôle prédominant ou éminent des grands hommes

Tout autant que Benedetto Croce qui se plaisait à opposer la véritable histoire aux simples chroniques, R. Aron estime que l'histoire n'est pas la chronique, elle doit manifester un *plus*, car l'historien va à la rencontre d'autres hommes. En deuxième lieu, les événements ne succèdent pas comme les saisons ou comme la pluie et le beau temps. De plus, l'historien reconstitue des ensembles, des unités historiques, des périodes, des civilisations. Enfin il est ou doit être attentif aux modalités de changements, les schèmes des changements (*patterns of change*) [109]. L'historien biblique peut souscrire entièrement à cette méthodologie bien qu'il doive faire la place à la chronique.

Bien qu'il ne veuille majorer l'opposition entre les historiens et les écoles rivales, Aron manifeste cependant quatre sortes de causes à leurs divergences : préférences politiques, secteur d'intérêt, influence de la spécialisation, but fixé à la connaissance historique. Il ajoute un bon exemple. « Pierre Gaxotte et Georges Lefebvre ne racontent pas dans le même style la Révolution française, même s'ils admettent ensemble pour vrais la plupart des faits. L'un et l'autre affirmeraient, si on les interrogeait, qu'ils écrivent sine ira et studio. En fait, il n'en est rien et les faits historiques sont à ce point indiscernables des jugements de valeurs dans lesquels s'expriment les préférences qu'inévitablement le récit porte la marque de la personnalité politique ou philosophique de l'historien » [110]. A ces divergences, inévitables entre historiens, n'oublions pas d'ajouter celles entre témoins.

Ainsi R. Aron tout autant que Marrou nous amène a mieux saisir les frontières étroites de l'objectivité historique. Des historiens avertis

---

l'École des *Annales* vise non pas les individus, non pas l'histoire politique ou événementielle mais avant tout les civilisations. Voir le C.R. du Xe Congrès international des Sciences Historiques dans l'*Information Historique*, XVIII, 1956, p. 17 ss., par Paul GUICHONNET.

109. ARON se résume ainsi : « En bref, quatre questions me paraissent caractériser l'intention de l'historien. — Comment ont vécu les acteurs ? — Pourquoi et comment est-ce arrivé ? — Quelles sont les unités historiques ? — Quels sont les schèmes des changements ? Ou, encore, nous voulons *comprendre les acteurs, expliquer les événements, élaborer des unités historiques conformes à l'articulation de la réalité, découvrir s'il y en a, les grandes lignes du devenir auquel est soumise soit l'humanité dans son ensemble, soit chaque unité historique* ». *Op. cit.*, p. 55.

110. *Op. cit.*, p. 106-107. — Parlant de ces « écoles » l'historien toulousain GODECHOT écrit : « La coexistence de ces « écoles », de ces « tendances », prouve en tous cas, que l'histoire n'est nullement, jusqu'à présent du moins, le « miroir fidèle du passé ». L'histoire n'est que l'interprétation du passé par l'historien. » GODECHOT. *Où en est l'historiographie*, dans *L'Information Historique*, t. XVIII, 1956, p. 180. Dans son compte-rendu du Xe Congrès International des Sciences Historiques, tenu à Rome en 1955, Paul GUICHONNET essaye de dégager les tendances. En France, en Angleterre et dans les pays de l'Est prédomineraient des tendances positivistes, tandis qu'en Allemagne, en Italie et en Espagne la tendance idéaliste l'emporterait. Cf. *l'Information historique*, XVIII, 1956, p. 17-21.

peuvent donc regarder aujourd'hui nos évangélistes ou nos hagiographes du Pentateuque avec un regard neuf et avec infiniment moins d'*a-priori* et de suffisance que les générations précédentes. Le grand dénominateur commun ainsi dégagé nous a été présenté sous la forme du paradoxe extrême, déjà cité, de Croce. Il a été plus ou moins accepté par Marrou comme par le Prof. Godechot de Toulouse : « Toute histoire est histoire contemporaine », étant entendu en ce sens que tout historien reflète les préoccupations et les questions de son temps [111]. Nous savons maintenant que même les historiens des Conciles acceptent aujourd'hui cette requête fondamentale de l'herméneutique moderne : on ne peut penser qu'à travers une culture [112]. L'essentiel est de ne pas faire de cette culture qui n'est qu'un coefficient personnel, le moloch dévorant qui dévorerait toute objectivité et par conséquent tout savoir. Ce que nous appellerions le relativisme dévorant.

Cette herméneutique ouvre la porte d'une part, à l'étude des mentalités et, d'autre part, aux mises en garde contre un relativisme dévorant.

Que le fait historique soit un matériau inséré dans une architecture voilà qui incite à étudier les styles d'architecture, nous voulons dire les styles de culture, les mentalités. Voilà ce qui a fait le succès et la part la plus authentiquement valable des travaux de Bultmann et de von Rad [113].

Déjà Monsieur Pouget et son brillant disciple J. Guitton ont toujours insisté à l'égal des historiens contemporains sur l'importance des mentalités [114]. Si le témoin ou l'historien n'arrivent pas à rejoindre *la mentalité des personnages*, on en arrive à cet anachronisme psychologique que Lucien Febvre jugeait « le pire de tous, le plus insidieux ».

Le Professeur Duby vient encore d'analyser ce rôle de la psychologie. « L'historien, pour comprendre et pour faire comprendre la conduite de

111. Pour MARROU d'ailleurs très nuancé : *De la connaissance historique*, p. 205, qui donne la référence à CROCE. Cf. nº 2. — Pour GODECHOT, voir son article *Où en est l'historiographie*, dans *Information historique*, t. XVIII, 1956, p. 180-187, cf. p. 180 : « Plus que jamais je suis frappé de la justesse de la réflexion de Croce qui estimait qu'il n'y a pas « une histoire mais seulement des historiens » ou encore que « l'histoire est toujours contemporaine ».

112. Suivant la fine boutade du R. P. COTTIER, « l'historien ou l'exégète a toujours perdu l'état de sa nature originelle. »

113. Sur les idées de Bultmann en la matière, nous possédons une thèse de Gisbert GRESHAKE, *Historie wird Geschichte*, Essen, 1963, avec bibilographie, p. 121-124. Le lecteur français aura l'exposé toujours clair de A. MALET, *La pensée de Rudolf Bultmann*, Genève, 1962, ch. V, *L'Histoire*. Pour G. von RAD, *Théologie de l'Ancien Testament*, trad. de l'allemand par E. DE PEYER, vol. I., Genève, 1957. Dans le précieux index qui accompagne ce volume on trouvera quinze rubriques sur les thèmes qui gravitent autour de l'histoire. Voir très spécialement sa préface à la quatrième édition, pp. 9-12 où je note sa rencontre avec les thèses de GADAMER, p. 12.

114. Voir J. GUITTON, *Le problème de Jésus et les fondements du témoignage chrétien*, Aix-en-Provence, 1948, voir les ch. XIX et XX.

son héros, lui attribue tel mouvement d'humeur qui à lui-même paraît naturel, conforme à ce que serait dans les mêmes circonstances sa propre réaction. S'il fait preuve de quelque finesse, cette démarche n'est point trop périlleuse, à condition que l'histoire qu'il raconte soit contemporaine et se situe dans un milieu semblable à ceux qui lui sont familiers. Ainsi les attitudes de saint Louis n'apparaissent-elles point trop déformées à travers Joinville, celle de Louis XI à travers Commynes, puisque appartenant à la même génération ou presque, évoluant dans un environnement semblable, témoins et héros partageaient sans doute les mêmes manières de sentir et de penser. » Mais « Plutarque, lorsqu'il trace le portrait d'Alexandre ou celui d'Epaminondas, a-t-il le droit de leur prêter ses passions, ses préjugés personnels ? Son témoignage, une histoire soucieuse d'exactitude pourrait l'utiliser pour mieux connaître la mentalité de Plutarque lui-même, et par lui des hommes de son temps, de son pays et de son niveau culturel, mais non point, du moins sans rigoureuse critique, celle de ses héros » [115].

Qui ne voit l'intérêt pour la critique du Pentateuque et des anciens livres de la Bible de ces remarques qui manifestent bien les limites de la sphère d'utilisation des mentalités. Et dans ce domaine de la mentalité, il faut savoir faire sa place au mythe, à la légende et au roman, parfois beaucoup plus révélateurs de l'esprit du temps que dix milles inscriptions funéraires bien conservées, mais stéréotypées.

A l'École Pratique des Hautes Études de Paris, un nouveau groupe de recherches, le Centre de Psychologie historique, est animé depuis 1953 par le Prof. Ignace Meyerson, auteur d'une thèse sur *Les fonctions psychologiques et les œuvres* [116]. Aujourd'hui, ce centre regroupe des historiens très productifs parmi lesquels il faut distinguer J.P. Vernant, François Châtelet, P. Vidal-Naquet, qui reconnaissent comme leurs pionniers Louis Gernet et Eugène Dupréel. Ces travailleurs possèdent une tribune avec le *Journal de Psychologie*, que dirige I. Meyerson, leurs contributions à l'histoire sont multiples depuis quinze ans et l'enjeu de leurs options a été pris en considération dans différents milieux. Ils rejoignent une intuition de Taine lorsqu'il écrivait : « L'histoire au fond est un problème de psychologie » [117].

---

115. DUBY, *Histoire des mentalités, op. cit.*, p. 937-938.

116. Paris, 1948 ; du même auteur, signalons ici : *Le travail, fonction psychologique* dans *Journal de psychologie*, 1955.

117. H. TAINE, *Histoire de la littérature anglaise*, XLV, cité par P. FOULQUIÉ, *Dictionnaire de la langue philosophique*, Paris, 1962, p. 319.

Les biblistes ne peuvent tout lire, surtout en ce domaine. Nous leur recommanderons cependant les travaux parmi les plus caractéristiques de cette tendance : Jean-Pierre VERNANT, *Mythe et pensée chez les Grecs. Étude de psychologie historique*, 2e éd., Paris, 1966, spécialement le ch. VII : *Du Mythe à la raison*, pp. 285-314. Du

Mais le fond du problème demeure : l'histoire est-elle conductrice de vérité ? Devient-on ridicule de maintenir une objectivité fondamentale en histoire ? Le cercle des subjectivités est-il infrangible ? L'épaisseur du temps est-elle infranchissable ?

Au milieu de ce champ de bataille, de ce que Piganiol appelle une « vraie guerre civile » que se livreraient entre eux les historiens modernes, il importe donc de retrouver les partisans de l'objectivité. Nous voudrions avant tout citer ici P. Ricœur, F. Châtelet et O. Cullmann. Car il est certain qu'on entend soutenir parfois des absurdités [118].

Ricœur part de l'alternative : objectivité, subjectivité. Il commence par cerner la notion d'objectivité : « Nous attendons de l'histoire une certaine objectivité, l'objectivité qui lui convient : c'est de là que nous devons partir et non de l'autre terme. Or qu'attendons-nous sous ce titre ? L'objectivité ici doit être prise en son sens épistémologique strict : est objectif ce que la pensée méthodique a élaboré, mis en ordre, compris et ce qu'elle peut ainsi faire comprendre » [119].

Ricœur remarque avec raison que chaque science a son niveau d'objectivité propre, et que nous trouvons donc « autant de niveaux d'objectivité qu'il y a de comportements méthodiques ». Et réciproquement, il faut demander à l'historien une qualité de *subjectivité* « qui soit appropriée à l'objectivité qui convient à l'histoire » [120].

Ricœur sait gré à Marc Bloch d'avoir appelé « observation » l'approche du passé par l'historien. Il relève ensuite avec beaucoup de justesse que c'est le temps lui-même qui est générateur d'opacité, de non objectivité absolue, laquelle est en quelque sorte impossible dans cette observation : « C'est le temps historique qui vient ici opposer à l'intelligence assimilante son œuvre propre dissimilante, sa disparité. L'historien ne peut échapper à cette nature du temps, où, depuis Plotin, nous avons reconnu le phénomène irréductible de l'éloignement de soi, de l'étirement, de la dis-tension, bref de l'altérité originelle » [121].

---

même auteur, *Les origines de la pensée grecque* (Mythes et Religions), Paris, s.d. F. CHATELET, *La naissance de l'Histoire*, Paris, 1962.

118. Ainsi G. LUKACS, *Histoire et conscience de classe*. Traduit de l'allemand par D. AXELOS et J. BOIS, Paris, 1960, écrit ce paradoxe : « Toute connaissance historique est connaissance de soi. » Cf. p. 273.

Inutile de rappeler l'autre frontière de l'objectivité qui est la probité devant les documents nouveaux. On raconte que Vertot refusa d'intégrer dans l'histoire du siège de Malte les pièces nouvelles qu'on lui apportait : « Mon siège est fait ! » aurait-il déclaré. Encore faudrait-il vérifier la part du jeu de mot et de la plaisanterie : elle sauve encore son auteur de l'oubli !

119. P. RICŒUR, *Objectivité et subjectivité en histoire*, dans *Histoire et vérité*, p. 23, cf. pp. 23-44.

120. *Op. cit.*, p. 24.

121. *Op. cit.*, p. 30.

La question qui se posera sera celle du don d'observer, d'*approcher* le passé. Et pour ce faire, il y aura une bonne et une mauvaise subjectivité, il faudra une éducation de l'historien qui forme en lui un moi de *recherche* et une défense au contraire contre un moi *pathétique* [122]. En d'autres termes, il faut cultiver une subjectivité de *recherche* et se purifier de toute subjectivité passionnelle. Dès lors, Ricœur remarque que de « *logique* », la définition de l'objectivité est devenue « *éthique* ».

Il nous reste à perdre encore une illusion avec Ricœur. L'Histoire ne saurait être un dialogue : « La rencontre en histoire n'est jamais un dialogue, car la première condition du dialogue c'est que l'autre *réponde* : l'histoire est ce secteur de la communication sans réciprocité. Mais, sous la condition de cette limite, elle est une espèce d'amitié unilatérale, à la façon de ces amours jamais payés de retour » [123].

Nous devons savoir gré au philosophe d'avoir apporté de la lumière sur ce problème. Historien de l'antiquité et d'obédience marxiste, F. Châtelet a réagi contre certaines tendances à privilégier la subjectivité surtout chez A.I. Toynbee à propos de ses déclarations sur l'*Histoire insaisissable* [124]. En théoricien de l'historiographie antique, Châtelet écrit : « Une connaissance objective du passé est possible, *au même titre* qu'une science objective de la nature. Nul physicien n'a jamais prétendu qu'il sache *tout* de l'objet (étudié) ; nul technicien n'a cru qu'il puisse transposer sans précautions les résultats acquis en laboratoire à l'édification d'un barrage. Et pourtant on ne conteste point qu'il y ait des lois générales de la matérialité. Il en est de même pour la science historique, toutes difficultés méthodologiques spécifiques de cette discipline mises à part : de la consécution des événements se dégagent des principes d'évolution généraux, principes qui se trouvent validés non seulement par l'éclairage qu'ils donnent des temps révolus, mais encore par un siècle de luttes prolétariennes et par la pratique qu'ils ont inspirée » [125].

O. Cullmann vient de lancer non sans ironie ni humour un nouveau coup de boutoir contre l'école des historiens subjectivistes [126]. Pour lui,

---

122. *Op. cit.*, p. 32-34.

123. *Histoire et vérité*, p. 48.

124. Article paru dans un numéro spécial de la *Table Ronde*, de février 1955, consacré aux « nouvelles conceptions de l'histoire ». F. CHATELET riposte : « Non l'histoire n'est pas insaisissable ! », dans *La Nouvelle Critique*, 7e année (1955) nº 65, p. 56-72. On sait que cette revue est l'organe du marxisme militant.

125. F. CHATELET, *op. cit.*, p. 70, cité dans la *Recherche Historique en France de 1940 à 1965*, p. LI, nº 2.

Voir les analyses de M. A. LATREILLE, *L'histoire a-t-elle un sens*, dans *Le Monde*, 25-26 avril 1965, p. 13, où il rend compte des ouvrages de René SEDILLOT, *L'Histoire n'a pas de sens*, Paris, 1965, et de l'*Histoire et les historiens*.

126. O. CULLMANN, *Le Salut dans l'histoire*, Neuchâtel-Paris, 1966, p. 59-60. Voir l'humour des comparaisons aux p. 60-61 avec la note 1 de la p. 61.

le mouvement s'origine à W. Dilthey, B. Croce et R.G. Collingwood pour aboutir à l'école de Bultmann. Les revendications fondamentales de la « précompréhension » et en général de cette tendance sont ainsi résumées : « Point d'interprétation valable sans la personne de l'interprète : c'est le principe. Suppression consciente de la distance entre le sujet et l'objet : c'est l'exigence »[127]. Jusqu'à présent, estime Cullmann, l'objectivité c'était faire abstraction de sa propre personne. Désormais, l'objet n'est plus considéré seul mais en étroite relation avec le sujet qu'il interpelle, qu'il rencontre. Cullmann veut délibérément rester fidèle à la recette de l'objectivité : « interpréter un texte n'est pas m'interpréter moi-même ; faire ressortir une vérité d'un texte n'est pas m'y faire entrer ! »[128]. Cullmann a bien vu que toute histoire des religions deviendrait impossible si le jeu de l'objectivité n'était qu'un leurre.

Concluons brièvement ces trois témoignages d'un philosophe, d'un historien marxiste de l'antiquité et de l'exégète de la Sorbonne, « puisque tout finit en Sorbonne » selon le mot de Valéry. Nous dirions que l'objectivité a rectifié ses frontières mais n'a jamais perdu la bataille. Mais il faut voir en l'objectivité un concept analogique, car pour prendre un exemple de R. Caillois : « la guerre... paraît interdire qu'on la considère avec objectivité »[129]. Peut-être !... mais n'étant pas une géométrie, l'histoire requiert impérativement l'esprit de finesse.

Est objectif en histoire ce qui a été critiquement éclairé, délimité, relié et interprété en fonction des documents et de la mentalité ancienne.

* * *

Cette longue recherche exploratoire sur la spirale de l'historiographie moderne, telle qu'elle se manifeste d'une manière suffisamment caractéristique en France, nous intéresse en tant que bibliste parce qu'elle manifeste les orientations et les options personnelles de l'historien déjà si manifestes chez les rédacteurs du Pentateuque ou des Évangiles. Ici, à Louvain, nous avons un réel plaisir à rappeler que A. Van Hoonacker et Mgr Coppens citaient depuis fort longtemps une phrase axiomatique, — et qu'on croirait d'hier, — de Maspéro : « C'est le présent surtout que l'auteur a en vue lorsqu'il parle du passé »[130]. H. Marrou, R. Aron ou B. Croce autant que G. von Rad ne veulent pas dire autre chose, si nous les avons bien compris.

Après les vagues d'historicisme romantique et positiviste qui firent frémir Nietzsche qui parlait de la « maladie historique » et Valéry « d'al-

---

127. *Op. cit.*, p. 59.
128. *Op. cit.*, p. 61.
129. R. Caillois, *Quatre essais de Sociologie*, p. 77, cité par P. Foulquié, *Dict. de la langue philosophique*, p. 490 Cet auteur abonde en citations sur le sujet.
130. J. Coppens, *Le chanoine Albin Van Hoonacker*, p. 21, Bruges, 1935.

chimie dangereuse », nous voici revenu à la condition d'humilité de l'historien, conscient d'écrire *une* histoire qui est une asymptote à la réalité. L'historien multiplie les coups de projecteurs sur le passé, mais il n'est plus en son pouvoir d'éclairer toute la scène. Sa vision est parcellaire ; sa perquisition reste toujours inachevée. Marrou le disait en termes équivalents lorsqu'il écrivait : « L'évolution historique est une courbe sans équation et notre intelligence remplace la courbe réelle trop compliquée par une série de tangentes, donc d'approximations » [131].

Mais à côté des inconnues nombreuses de l'histoire, des facteurs personnalistes de l'équation culturelle de l'opérateur, l'historiographie moderne met en grand relief les facteurs, disons les *paramètres* de la mentalité. L'historien n'est pas qu'un reconstructeur nostalgique du passé, il est aussi porteur d'un flambeau allumé sur le stade de sa propre cité dont il porte les problèmes, les angoisses et les étroitesses, autant que les espoirs d'un monde meilleur, car la fraternité avec le passé est une façon d'attendre

Mais comparer l'histoire biblique avec l'historiographie moderne, c'était prendre le maximum de risques. Il est temps que nous portions la comparaison vers l'autre plateau, celui de l'historiographie antique et ensuite que nous posions les paramètres d'une mentalité archaïque et symbolique en fonction de l'Orient et de la Bible elle-même.

II. Du discours historique dans l'antiquité

Nous sommes encore au stade de l'apprentissage lorsque nous parlons d'historiographie antique, pour la bonne raison que les frontières entre le mythe, la légende et l'histoire sont constamment violées par la plupart des anciens et que les plus grands d'entre eux n'ont pas résisté à la tentation du « discours historique » où ils prêtent à leurs personnages leurs propres théories. N'oublions pas que Clio est l'une des muses, et que la célèbre maxime de Cicéron : « La première loi de l'histoire est d'oser ne rien dire de faux et ne rien cacher de vrai » (*primam esse historiae legem ne quid falsi dicere audeat, deinde ne quid veri non audeat*) ne doit pas faire illusion, puisqu'on la cueille dans un traité d'art oratoire destiné à faire des historiens de bons disciples des rhéteurs [132].

Un bon juge en historiographie israélite, Edmond Jacob écrivait naguère : « L'historien est frère du poète, aussi ne sommes-nous pas

131. H. I. Marrou, *Au IXe Congrès International des Sciences historiques*, Paris, 1950. *Actes* II, Paris, 1951, p. 158.

132. Voir pour plus de développement L. Halphen, *Introduction à l'Histoire*, Paris, 1946, qui cite Cicéron, p. 82. Un excellent petit livre par ailleurs.

surpris de trouver les premières expressions de l'histoire sous la forme de la poésie et du chant »[133].

Nous n'aborderons ici que certains aspects de l'historiographie du Moyen- et du Proche-Orient[134]. Nous exclurons l'Extrême-Orient par incompétence et parce que en Chine, l'historiographie n'apparaîtrait que vers le Ve siècle av. J.-C. pour devenir d'ailleurs très vite une institution d'état. Quant à l'Inde, elle semble être restée étrangère et plutôt allergique à l'histoire[135].

Nous aborderons donc notre problème sur les rives du Nil pour gagner ensuite la Mésopotamie et les peuples sémitiques pour finir avec les Indo-Européens. On pourrait contester cet ordre ethnographique puisque les Hittites ont véritablement excellé dans l'histoire dès le XIVe siècle av. J.-C. Mais l'ordre chronologique des civilisations entraînerait tant de retours en arrière qu'il serait source de confusion.

Quels sont les travaux d'ensemble qui méritent d'être signalés en cette première approximation, en dehors des articles particuliers et des monographies ? Mentionnons avant tout l'effort américain des universités de Yale et de Chicago qui nous a valu l'irremplaçable livre sur *L'idée de l'Histoire dans le Proche-Orient*[136]. En français, en dehors de l'article toujours cité de I. Guidi, nous avons un bon article de synthèse de Godefroid Goossens, la philosophie de l'histoire dans l'Ancien Orient. Mais l'une des intuitions et l'une des vues de synthèse parmi les plus réussies nous vient du Prof. S. Moscati dans son essai : l'origine de la narration

133. Éd. JACOB, *La Tradition historique en Israël*, Montpellier, 1946, p. 8. Un livre trop méconnu mais fondamental.

134. Cette nomenclature s'origine aux différents services du Foreign Office pour qui le Proche-Orient était la partie européenne de l'Empire Ottoman, l'Extrême-Orient ce qui était au-delà de Singapour, et, entre les deux, le Moyen-Orient (à l'exclusion de l'empire des Indes, qui ne relevait pas du Foreign Office puisque rattaché à la couronne). Il faut noter cependant dans l'usage actuel un flottement très net en faveur d'une confusion entre Proche- et Moyen-Orient. Il y aurait là un thème de congrès. Les Américains disent Near East pour Moyen Orient. Les Anglais maintiennent Middle East. En France c'est « Proche-Orient » qui l'emporte sur « Moyen-Orient ».

135. Cf. Franz G. MAIER, art. *Antike Geschichtsschreibung*, dans *Das Fischer Lexikon Geschichte*, Frankfurt a. M., p. 32.

136. *The Idea of History in the Ancient Near East* (= IHANE), par R.H. BAINTON, L. BULL, etc. edited by R.C. DENTAN, New Haven, 1955, avec bibliographies afférentes à chaque nation envisagée. Pour une bibliographie d'ensemble, cf. Hermann BENGTSON, *Einführung in die Alte Geschichte*, Munich, 1959, p. 73-81, 96-108, 120-124, 155-189 et passim. Un livre indispensable en cette matière. Voir aussi Fritz WAGNER, *Geschichtswissenschaft* (Orbis academicus), Fribourg-Munich. Abondante bibliographie.

Recommandons aussi le *Handbuch der Orientalistik* en cours de publication à Leyde, et Ch. F. JEAN, *Le Milieu Biblique*, 3 vol., Paris, 1922-1936.

historique dans l'art du Proche-Orient Ancien [137]. Il a bien vu qu'il y a trois manières privilégiées de consigner les faits : on peut les chanter, on peut les écrire, on peut aussi les traduire par l'image. Cet *impact de l'iconographie* nous paraît livrer une des clés de l'histoire antique, de sa symbolique et de ses genres littéraires.

1. *L'histoire pharaonique.*

Presque dès son point de départ historique, la documentation égyptienne est axée sur le roi. La fameuse palette de Narmer [1re dynastie (?), IVe millénaire (?)] fixe l'image définitive du pharaon, représenté en taille héroïque, debout, qui avec une majesté sereine et rituelle s'apprête à frapper de sa masse d'armes l'ennemi du Nord agenouillé à ses pieds et qu'il tient par les cheveux de sa main gauche. Dans un registre inférieur, sous les pieds du pharaon, deux ennemis en fuite éperdue [138]. Derrière le roi, en taille réduite un porte-sandales. Au recto, le roi avec la couronne

---

137. G. GOOSSENS, Conférence du Congrès de Louvain-Bruxelles, 1957, dans *Sacra Pagina*, 1959, t. I, p. 242-252. Pour I. GUIDI, *L'historiographie chez les Sémites*, dans RB, 1906, p. 509 ss. — Sabatino MOSCATI, *Le origini della narrativa storica nell'arte del Vicino Oriente antico*, dans *Atti della Accademia Nazionale dei Lincei. Memorie*, série VIII, vol. X, 2, Rome, 1961, p. 51-100, XXVIII planches. Il envisage cette origine dans l'art d'Égypte (p. 51-72), de la Mésopotamie (p. 73-87) et d'autres régions, Syrie, Palestine, Asie Mineure (p. 87-90). Il estime que le premier affermissement dans l'art de la narration historique a eu lieu en Égypte et que c'est en Assyrie qu'il a pris tout son développement : les époques de synthèses privilégiées étant celles qui vont de Séthi Ier à Ramsès III, et, en Mésopotamie, d'Assurnasirpal II à Assurbanipal (883-626 av. J.-C.).

La conception égyptienne du roi-dieu implique une perfection absolue et immuable qui se reflète dans la statuaire et favorise une représentation symbolique statique au détriment de l'historicité (p. 91-92). L'historicité triomphera avec les crises et la décadence du prestige religieux de pharaon.

En Assyrie, l'historiographie annalistique triomphe lorsque le souverain assyrien est devenu un grand conquérant, un chef de guerre, avec la laïcisation du pouvoir que cela représente.

138. Voir une représentation et une description dans J. VANDIER, *Manuel d'Archéologie égyptienne*, Paris, 1952, t. I, p. 595-597, et fig. 391-392. Une autre représentation d'époque, encore plus brutale, est celle du pharaon Sekhemkhet sur un bas-relief de la montagne de Maghara aux mines de turquoise du Sinaï. Le pharaon brandit sa masse d'armes au-dessus de l'ennemi vaincu et accroupi tandis que de sa lance il lui transperce le cœur. L'identification du nom exact de ce pharaon la IIIe dynastie est due à Černy. Jusqu'à présent on y reconnaissait *Semerkhet*. Cf. Georg GERSTER, *Sinaï. Terre de Révélation*, Paris, 1962, p. 40 et 44 (magnifique reproduction). Sur la palette de Narmer, cf. S. YEIVIN, *The Ceremonial Slate-Palette of King Narmer*, dans *Studies in Egyptology and Linguistic in Honour of* H. J. POLOTSKY, Jérusalem, 1964, p. 22-53. Yeivin fait de remarquables analyses historiques de différentes tablettes qui lui permettent après Yadin d'envisager un horizon asiatique pour la palette de Narmer. Il ignore cependant le véritable nom de Sekhemkhet comme d'ailleurs Moscati dans l'article cité plus haut.

rouge du Nord est représenté probablement au triomphe, suivi encore du porte-sandales, précédé d'un fonctionnaire qui pourrait être un scribe et par quatre porte-étendards, représentés en taille encore plus réduite. C'est ce que Frankfort appelle un « échelonnement hiérarchique ». Devant les étendards des clans on a représenté dix cadavres de prisonniers décapités dont les têtes sont placées entre leurs jambes écartées. Dans un registre inférieur, le pharaon est représenté sous la forme du taureau qui de ses cornes est en train de démanteler une forteresse et de sa patte achève d'écraser un ennemi. Frankfort a bien remarqué comment cette célébration de l'unification de l'Égypte par la victoire du Sud sur le Nord du pays est représentée par le conflit entre le roi et le chef de l'ennemi [139]. N'aurions-nous pas là un cas de *corporate personality* ? Cependant dans les registres annexes de la palette on a deux ou dix ennemis : thème de la pluralité des ennemis que l'on retrouvera dans toute la plastique égyptienne.

L'intérêt historique exceptionnel de cette palette tient encore à ses rapports avec le passé et avec l'avenir. Ces scènes contrastent, en effet, avec celles du manche de couteau prédynastique du Ǧebel el Arak (au Louvre), où nous voyons une bataille mais entre gens de même taille où l'on ne distingue ni rois ni chefs [140]. Par rapport à l'avenir, on nous représente d'une manière embryonnaire les fastueuses liturgies royales de l'intronisation [141]. A côté de ce témoignage exceptionnel sur l'importance du pharaon dans l'histoire égyptienne, prennent place évidemment les pyramides, si grandioses pour l'historien ou le touriste, mais symboles de l'absolutisme, voire du despotisme pour un philosophe de l'histoire ou un sociologue des travailleurs. Pour notre propos, palette de Narmer ou pyramides sont les symboles d'une hypertrophie du roi, d'une civilisation agenouillée devant le roi, de ce type de « société hydraulique » que Karl A. Wittfogel a reconnue porteuse du despotisme oriental [142]. Et le professeur Vian n'a pas tort de reconnaître dans cette théo-

139. H. FRANKFORT, *La royauté et les dieux*, Paris, 1951, p. 22-25. Cf. p. 25.

140. Cf. F. DAUMAS, *La civilisation de l'Égypte pharaonique*, Paris, 1965, p. 37, qui écrit de la scène du couteau : « c'est un épisode sans nom des luttes préhistoriques », puis de celles de la palette : « Au contraire sur le monument de Narmer une innovation considérable s'est produite. C'est déjà un événement parfaitement historique qui nous est narré. » Cf. H. FRANKFORT, *op. cit.*, p. 22. Une très bonne photo du manche de couteau, dans F. DAUMAS, *La civilisation de l'Égypte pharaonique*, Paris, 1965, pl. 15.

141. Cf. J. VANDIER, *La religion égyptienne*, dans coll. *Mana*, Paris, 1949, p. 180-182.

142. Karl A. WITTFOGEL, *Le despotisme oriental. Étude comparative du pouvoir total*, dans coll. *Arguments*, 23, Paris, 1964, trad. de l'anglais par Anne MARCHAND, avant-propos de P. VIDAL-NAQUET.

Sur l'importance du Nil et de l'irrigation dans cette civilisation, citons l'égyptologue, J. A. WILSON qui dans *L'Égypte. Vie et mort d'une civilisation*, écrit : « Le

machie orientale (car le pharaon est dieu), au moins pour les attitudes, le schéma des gigantomachies de Zeus et d'Athèna.

Nous n'avons pas à traiter ici de la Pierre de Palerme dont le caractère fragmentaire rend le déchiffrement trop énigmatique et sans intérêt pour notre sujet du rapport de l'histoire avec la mentalité.

Nous savons aujourd'hui que nous avons beaucoup perdu de la littérature historique, car les Annales royales, au moins au Nouvel Empire, étaient rédigées sur rouleau de cuir avec le détail de tout le butin compté pour le Temple d'Amon et ensuite déposées autour du sanctuaire de la barque d'Amon [143].

De ces annales écrites sur cuir nous ne possédons plus rien que ce que Thoutmosis et ses successeurs firent écrire à Karnak sur les murs des temples, en particulier autour du sanctuaire mentionné.

Le Musée de Berlin possède encore un rouleau de cuir de ce genre avec une copie tardive du récit de fondation du nouveau temple d'Heliopolis sous Sesostris Ier [144].

La « novelle royale » (Königsnovelle) a trouvé droit de cité en égyptologie avec une étude d'Alfred Hermann, peu avant la seconde guerre mondiale [145]. A. Hermann s'est efforcé de montrer comment en Égypte la littérature s'empare de l'histoire et inversément comment la conscience

---

pharaon fut à la tête du mouvement de conquête des terres cultivables. Personnification de l'État, c'était à lui qu'il appartenait de régler judicieusement l'économie des eaux génératrices de la prospérité, et son administration s'intéressait tout particulièrement aux crues annuelles. Les premières chroniques royales enregistrent, année par année, le niveau atteint par le fleuve. Si l'abondance était attribuée à la divine gestion du souverain, maître de la terre, l'adversité était probablement imputée à l'hostilité d'autres dieux qu'il appartenait au pharaon d'apaiser pour sauver le pays de la misère.

» Nous venons de parler des annales royales ; on a retrouvé, sur la pierre de Palerme, une série d'inscriptions énigmatiques et fragmentaires ayant trait au règne de quelques-uns des souverains antérieurs à la VIe dynastie. On consignait, pour garder trace des années, les événements marquants, outre la hauteur des crues. Sans doute, ces événements offrent-ils peu d'intérêt pour nous, mais, à coup sûr, ils avaient leur importance à l'époque. Ce sont, en général, des cérémonies religieuses associées au trône et il est significatif que les allusions à l'histoire politique, aux guerres et aux conquêtes y soient rares. C'étaient le déroulement paisible des rites royaux, les déplacements de la cour et la construction des édifices qui comptaient aux yeux de l'archiviste » (p. 62).

Sur la Pierre de Palerme, voir aussi p. 62, L. BULL, *Ancient Egypt*, dans IHANE, *op. cit.*, p. 4-5.

143. Sur cette question, cf. F. DAUMAS, *La civilisation de l'Égypte pharaonique*, Paris, 1965, p. 407-408 (avec le texte cité).

144. Berlin, P. 3029. Cf. B. VAN REGEMORTER, *Le codex relié à l'époque néo-hittite*, dans *Scriptorium* t. XII, n° 2, p. 177-181.

145. Alfred HERMANN, *Die Aegyptische Königsnovelle*, dans *Leipziger Ägyptologische Studien*, 10, (1938), 61 p.

historique se sert de la littérature [146]. C'est ce que G. Posener a vérifié depuis à une échelle plus réduite [147].

Après avoir donné la liste d'une vingtaine de *Königsnovellen*, il note que constamment, le roi se retrouve comme la figure centrale, non pas tant comme personnalité individuelle (*als Einzelpersönlichkeit*) que comme figure typique [148].

Le genre littéraire de la *Königsnovelle* serait vivace depuis le Moyen Empire jusqu'à basse époque. La puissance d'empreinte (*Prägekraft*) de la *Königsnovelle* réside dans la constante application d'un schéma littéraire concernant un cérémonial de cour dans le déroulement duquel le roi fait connaître ses décisions. La forme constante est : le roi « apparaît ». Ensuite il expose aux fonctionnaires rassemblés ses préoccupations. Ils y répondent avec un éloge du roi et de ses sages conceptions, ensuite ils envisagent l'exécution de celles-ci. Il y a des variantes à ce thème fondamental ; la volonté du dieu peut avoir été révélée par un songe [149].

On peut rencontrer une formule élargie en prière à Rê, rappelant alors l'élection du roi dès avant sa naissance, ses exploits de jeunesse avant l'accession au trône, sa légitimation, etc. Les relations avec les temples s'y expriment aussi, soit en récit de fondation, soit en raison des guerres victorieuses qui seront exposées sur les murs du temple [150].

Donnons quelques exemples de ces *Königsnovellen* dont la meilleure approximation en français serait peut-être « Discours du trône ». Ce sont des textes ou des stèles où le pharaon exalte sa propre personne.

Posener propose comme le plus ancien exemple l'enseignement d'Amménémès Ier, où le scribe Khéti place sur les lèvres du fondateur de la dynastie l'exaltation et l'apologie de son propre règne. Donnons ici des échantillons du texte caractéristique de son fils, Sésostris Ier : « Je suis — poursuit-il — un roi né, un souverain v.s.f. à qui on n'a pas donné (la

---

146. *Op. cit.*, p. 7.

147. G. Posener, *Littérature et Politique dans l'Égypte de la XIIe dynastie*, Paris, 1956.

148. *Op. cit.*, p. 11. Voir désormais Siegfried Herrmann, *Die Königsnovelle in Ägypten und in Israel*, dans *Wissenschaftliche Zeitschrift*, (Leipzig), 3 (1953), p. 51-62. — Voir aussi Eberhard Otto, *Geschichtliche Literatur*, dans *Handbuch der Orientalistik*, t. I, *Aegyptologie*, 2. Abschnitt : *Literatur*, Leyde, 1952, p. 143-148 (Königsnovelle).

149. *Op. cit.*, p. 5.

150. Un exemple paradigmatique de ce schème est l'inscription déjà mentionnée de Sésostris Ier transmise sur le rouleau de cuir de Berlin, dont le nom est déjà tout un programme « L'Homme de la Puissance » (Daumas, *op. cit.*, p. 637). Le récit débute par une séance solennelle du palais, à Heliopolis. Le pharaon consulte ses courtisans et hauts dignitaires (I, 1-2), puis leur adresse un « discours du trône » (I, 4-20) dans lequel il expose son projet de bâtir un temple pour le dieu Haraktès (I, 4-5). Puis le roi fait sa propre exaltation (I, 8-13). Enfin il revient sur son projet de construction.

couronne) ; j'ai conquis étant un petit enfant, j'ai dominé étant dans l'œuf... » (I, 8-9). Le Dieu m'a désigné (?) pour être dans le palais, encore embryon, avant que je sois sorti des cuisses de ma (mère)... (Cf. 11). La terre m'a été donnée, et je suis son maître ; ma gloire a atteint la hauteur du ciel » (I, 12-13) [151].

Le roi expose ensuite son projet de construction d'un grand temple pour son père le dieu Atoum. Après le discours royal vient la réponse des courtisans (II, 1-7), qui est évidemment un éloge du roi. « Hou est (dans) ta bouche et Sia te suit ; Seigneur v.s.f., ce sont tes projets qui se réalisent (II, 1-2)... C'est une chose précieuse d'envisager le lendemain en tant qu'une affaire utile pour la durée de la vie. La totalité des hommes ne peut rien réussir sans toi ; Ta Majesté v.s.f., c'est les yeux de tous » (II, 3-4).

Les notables vantent le projet royal. Sésostris Ier reprend la parole et confie la direction du travail à un haut fonctionnaire, non sans lui ménager ses conseils. La séance est levée et le roi se montre en public pour présider la cérémonie de la fondation du temple (II, 13-16) [152].

On peut encore faire mention d'un discours de Sésostris III qui parle en ces termes : « J'ai fait la frontière en sorte que j'ai dépassé en amont mes pères ; j'ai accru ce qui m'a été légué. Je suis un roi qui parle et qui exécute (aussitôt) ; ce que mon cœur projette se réalise par mon bras ; (je suis) agressif pour conquérir, résolu pour réussir ; dans le cœur de qui les paroles ne dorment pas. Se préoccupant des clients, veillant sur le docile, mais sans aménité pour l'adversaire qui l'attaque. Attaquant lorsqu'il est attaqué, et silencieux lorsqu'on est silencieux ; répondant à une parole selon ce qu'elle implique. Car rester silencieux après avoir été attaqué, c'est enhardir le cœur de l'adversaire. C'est être brave que d'être agressif, mais c'est être lâche que de reculer » [153].

G. Posener compare ce style d'apologie personnelle et d'autobiographie avec un texte savoureux de Ânkhtifi : « J'ai fait plus que ce qu'ont fait mes ancêtres... Si on marche sur ma queue, comme sur celle d'un crocodile... ce pays entier est pris de frisson » [154].

---

151. G. Posener, *op. cit.*, p. 136-137. — Cité aussi par J. Pirenne, *Histoire et Civilisation de l'Égypte Ancienne*, t. II, p. 67, avec note 10, où il renvoie à la transcription hiéroglyphique et la traduction de cette inscription — qui n'est connue que par cette copie hiératique (XVIIIe dynastie), sur rouleau de cuir, Berlin P. 3029, dans A. de Buck, *The Building Inscription of the Berlin Leather Roll*, dans *An. Or.*, XVII, *Stud. Aegyptiaca*, I, Rome, 1938, p. 48 ss. Cf. J.H. Breasted, AR I § 498 ss. Cf. A. Hermann, *Die Königsnovelle*, p. 9 et 49-51. — Eberhard Otto, *Geschichtliche Literatur*, dans *Handb. der Orientalistik*, I. *Aegyptologie*, 2. Abschnitt, *Literatur*, Leyde, 1952, p. 144.

152. G. Posener, *op. cit.*, p. 136-137.

153. *Ibid.*, p. 135.

154. *Ibid.*, p. 135, no 2.

S. Hermann propose des parallèles entre le songe de Nectanébo et celui de Salomon à Gabaon (*I Reg.*, III, 1-28) et les discours, prières et cérémonies qui accompagnent le transfert de l'arche au Temple (*I Reg.*, VIII) [155]. E. Otto fait de même ; rapprochement qui, à vrai dire, nous paraît très approximatif [156]. Par contre, le songe de Gabaon supporte à la rigueur la comparaison littéraire avec la fameuse stèle du sphinx qui concerne le rêve du jeune Thoutmosis IV entre les pattes du sphinx [157]. On aurait une succession de thèmes matériellement assez semblable: rêve au lieu saint, silence du roi, retour à la ville, sacrifices. Mais l'esprit et la théologie très différents des deux morceaux nous semblent exclure une quelconque dépendance. Tout au plus pourrait-il y avoir un « topos » de la *Königsnovelle* connu à Jérusalem.

Il reste ceci d'assez frappant pour David et Salomon, c'est le fait que leur grandeur future leur ait été révélée à partir d'un songe (*II Sam.*, VII et *I Reg.*, III, 4-15) et que l'on ne peut nier retrouver là un motif qui avait des antécédents en Égypte, ni refuser des influences égyptiennes assez prédominantes, spécialement au cours de ces deux règnes comme beaucoup de critiques l'ont établi [158]. Les songes et l'importance qu'on leur accorde nous paraissent des cas privilégiés de mentalité archaïque ou à prédominance symbolique.

Disons un mot sur les stèles pharaoniques qui font l'éloge du roi, car ici « toutes ses qualités sont des vertus et toutes ses actions sont des exploits » écrit Louis-A. Christophe [159]. Ces inscriptions développent tout un ensemble de motifs royaux dont le même auteur nous donne un bon exposé : « Ces travaux les plus récents de l'Égyptologie montrent que, pour glorifier leur souverain, les Égyptiens ont utilisé, probablement à toutes les époques de leur histoire, une série de thèmes dont nous

155. On corrigera les coquilles d'impression du texte d'HERMANN, p. 52, au lieu de *II Reg.*, III, 1-28, lire *I Reg.*, III, 1-28 et au lieu de *II Reg.*, VIII, 1bis V, 66 (?) on lira *I Reg., VIII*, 1-66. Ces coquilles sont déjà reproduites par E. OTTO, *op. cit.*, p. 144, avec une variante.

156. E. OTTO, *op. cit.*, p. 144. Sur les songes en Égypte, nous avons une bonne étude de Serge SAUNERON, *Les Songes et leur interprétation dans l'Égypte ancienne*, dans *Les Songes et leur interprétation*, dans *Sources Orientales*, II, Paris, 1959, p. 19-61.

157. Dans ANET, 448 ss., reproduite par SAUNERON, *op. cit.*, p. 22-24 et n° 12. Cf. A. ERMAN, *Die Sphinxstele*, dans *Sitzungsberichte der Preuss. Ak. der Wiss.*, 1904, p. 438.

158. R. DE VAUX, *Titres et fonctionnaires égyptiens à la cour de David et Salomon*, dans RB, 1939, p. 394-405 ; *Institutions de l'Ancien Testament*, Paris, 1958, I, p. 198. Voir l'opinion favorable de H. CAZELLES, dans *La Sagesse en Israël*, dans *Les Sagesses du Proche-Orient Ancien*, p. 27-28, et la note bibliographique, p. 28, n° 1. Ajoutez A. MALAMAT, *The Kingdom of David and Salomon in its Contact with Egypt and Aram Naharaim*, dans *Biblical Archaeologist.*, XXI, déc. 1958, n° 4, pp. 93-103.

159. Louis-A. CHRISTOPHE, *Notes géographiques. A propos des campagnes de Thoutmosis III*, dans *Revue d'Égyptologie* (Le Caire), t. VI, 1951, p. 113.

commençons à reconstituer le jeu complet. Qu'il nous soit permis de signaler, par exemple, le roi adroit tireur (Thoutmosis III, Aménophis II), chasseur infatigable (Thoutmosis III), rameur puissant (Aménophis II), cavalier émérite (Aménophis II), instruit dans les textes sacrés (Ramsès IV), dispensateur de largesses aux dieux de l'Égypte (Hatchepsout, Thoutmosis III, Ramsès III), restaurateur de l'ordre intérieur (Horemheb), libérateur de son pays (Amasis Ier, Sethnakht) et naturellement, vainqueur des Asiatiques (Thoutmosis Ier, Thoutmosis III, Aménophis II, Séthi Ier, Ramsès II) » [160].

De ces exploits du roi, le morceau peut-être le plus célèbre est le *Poème de Pentaour*, qui exalte les prouesses de Ramsès II à la bataille de Qadesh. C'est la version épique, recopiée par un scribe du nom de Pentaour, qui lui a laissé son nom, de cette bataille de deux jours qui vit l'affrontement décisif entre Hittites et Égyptiens. Nous avons une description recueillie par un scribe de la bouche même du souverain. « Mais son œuvre, écrivait G. Maspero, n'a rien de la froideur officielle ; un souffle puissant la traverse d'un bout à l'autre et la vivifie encore à plus de trente siècles d'intervalle » [161].

Nous n'entrerons pas ici dans un examen critique des récits de cette bataille indécise, camouflée probablement en victoire égyptienne [162]. Mais

---

160. *Ibid.*, p. 113.

161. *L'Égypte. Vie et mort d'une civilisation*, Paris, 1961, p. 186-187.

162. Texte dans ANET, p. 255-258. Une étude déjà remarquable avait été publiée par CHABAS dans la *Revue Archéologique*, 1858-1859, XV², p. 573 sqq. et 701 sqq. Parmi les études plus récentes, voir principalement J.H. BREASTED, *The Battle of Kadesh*, dans *Decennial Publications the University of Chicago*, t. V, 1904, p. 81 sqq., et BURNE, dans *Journal of Egyptian Archaeology*, VII, 1921, p. 191-195. Tous les textes ont été collationnés et publiés par Ch. KUENTZ, *La bataille de Kadesh*, dans *Mémoires de l'Institut français d'archéologie orientale*, LV, Le Caire, 1928-1934. On trouvera, des textes, une traduction partielle en anglais dans J.H. BREASTED, *Ancient Records of Egypt*, t. III, pp. 298-352, et, du poème, une traduction en allemand dans A. ERMAN, *Die Literatur der Aegypter*, Leipzig, 1923, p. 325-337. Voir également W. WRESZINSKI, *Atlas*, t. II, et Selim HASSAN, *Le poème dit de Pentaour*, dans *Publications de l'Université égyptienne*, t. II, 1929, ainsi que B. MEISSNER, *Die Beziehungen Aegyptens zum Hattireiche*, dans *Zeitschrift der Deutschen Morgenländischer Gesselschaft*, XVII, 1917, p. 34 sqq., et tout dernièrement P. MONTET, *Germanicus et le Vieillard de Thèbes*, dans *Mélanges 1945 de l'Université de Strasbourg*, Paris, 1947.

On trouve des extraits du poème dans F. Ch. JEAN, *Le Milieu Biblique*, t. II, p. 322-324 ; dans P. GILBERT, *La poésie égyptienne*, Bruxelles, 1949, p. 16-20 ; dans F. DAUMAS, *La civilisation de l'Égypte pharaonique*, p. 408-411, avec une carte du déroulement vraisemblable de la bataille, p. 409, fig. 6.

On lira aussi l'étude pénétrante de Jean BÉRARD, *Vérité et fiction dans le poème de Pentaour*, dans *Revue des Études Anciennes*, 4me série, t. XLIX, p. 217-227. Bordeaux, 1947.

J. A. WILSON propose une démythisation complète de cette bataille qui fut en réalité des plus indécises : *L'Égypte, op. cit.*, p. 233-234.

du point de vue littéraire, les propositions de Jean Bérard sont à prendre à considération [163].

Il reprend l'idée de Breasted, à savoir que le poème, comparé au « Bulletin » qui fixe sur les murs d'Abou-Simbel, au Ramesseum et à Louxor, cette même bataille, apparaît comme le plus valable. Cette étude de Bérard le conduit à revaloriser certaines légendes du point de vue même de l'historien. « La légende, à l'analyse, laisse parfois transparaître une part de fiction. Certains mythes, même, se présentent comme n'étant que de pures allégories, et il n'est guère de légende qui, au cours des siècles, ne se soit chargée de symbolisme. Il se peut aussi qu'en d'autres se retrouvent des éléments folkloriques beaucoup plus lointains qu'on ne l'imaginerait à première vue. Mais, à mesure que notre connaissance plonge en un passé plus reculé, il apparaît mieux que certaines des légendes — et peut-être verra-t-on un jour que c'est le plus grand nombre — se différencient des mythes proprement dits en ce qu'elles ne sont pas pure fiction, qu'elles reposent sur un substrat de réalités lors même qu'elles contiennent une part de merveilleux, qu'elles ne sont que la transfiguration poétique, en des imaginations encore jeunes, de faits historiques, la légende n'étant alors que la première forme de l'histoire » [164].

Si nous devons faire la part de l'hyperbole aulique, du « style de cour » dans ce poème comme dans la plupart des textes officiels de ce genre, il faut aussi reconnaître, avec Pirenne, que les pharaons ont souvent payé de leur personne dans les combats, comme l'attestent bien des momies portant traces des blessures [165].

Mais nous ne voudrions pas laisser notre lecteur sur l'impression de style académique que laisse le *Poème de Pentaour*. Qu'il nous soit permis en terminant ce sondage de lui citer quelques extraits d'un récit extrêmement réaliste d'un roi de la « reconquête » du pays Hyksos, à savoir la *Stèle de Kamose*, découverte en juillet 1954 dans les soubassements d'un colosse de Ramsès à Karnak.

Il s'agit du roi Kamose, l'un des premiers à entreprendre cette dure reconquête. Il lance un défi à son ennemi tout puissant, le roi d'Avaris, avec peut-être un art consommé de la guerre des nerfs. En voici quelques extraits qui semblent significatifs : « Un mauvais discours se répand dans ta ville. Tu es découragé à côté de tes soldats. Tu as la bouche serrée parce que je me suis fait un grand. Toi, tu es souverain pour réclamer

---

163. Jean Bérard, *Vérité et fiction dans le poème de Pentaour*. Cf. *supra*, n. 162.
164. *Op. cit.*, p. 217.
165. « Les rois d'Égypte — écrit J. Pirenne — payaient largement de leur personne au cours des guerres qu'ils menaient. L'examen de la momie du roi Séquenenré a révélé qu'il avait reçu, en combattant les Hyksos, cinq blessures au visage et au front, dont une seule aurait suffi à causer la mort. » J. Pirenne, *Histoire de la Civilisation de l'Ancienne Égypte*, t. II, p. 156, note 95, citant le témoignage de Gustave Lefebvre, *La médecine égyptienne*, Paris, 1956 p. 180 et pl. VII.

le billot sur lequel tu tomberas. Je vois ton vilain dos quand mes soldats te poursuivent. Les femmes d'Avaris ne conçoivent plus lorsqu'elles entendent les hurlements de mes soldats... J'étais en train d'arracher... sur les terrains d'Avaris. J'aperçus tes femmes sur les terrasses qui par les crénaux, regardaient vers le quai. Elles ne bougent plus quand elles m'entendent, mais elles inspectent le nez sur le mur comme les petits des hiboux qui sont dans leur trou en disant : « c'est expédié... » [166].

Après les premières victoires, Kamose proclame : « Je séjournai à Siout pendant le temps de l'inondation. Tous les visages étaient radieux. Le pays était à la chasse et à la pêche. Les rives regorgeaient. Thèbes était en fête. Les femmes mariées venaient pour me voir. Toute femme embrassait son mari. Personne ne pleurait. La résine brûlait pour Amon à la résidence » [167].

A nous en tenir à ces échantillons, nous aurions en Égypte, une histoire qu'on peut qualifier de pathétique, de ponctuelle, d'emphatique, et de paradigmatique ou d'idéaliste, c'est-à-dire qu'on peut la définir par tous les contraires d'une histoire critique qui doit être d'une impartialité méthodique, chronologique, rigoureuse et réaliste. C'est dire que la notion d'histoire ne peut être maintenue qu'au prix d'une équivocité pure et simple. Nous la qualifions de pathétique, car elle vise à toucher l'âme populaire et à l'émouvoir, ce qui est le sens donné à cet adjectif par Littré.

L'art égyptien, qui pour l'essentiel, est un art aulique, pharaonique, vise avant tout à impressionner : du gigantesque des pyramides au colossal des temples de Haute-Égypte, le voyageur comme l'habitant se sent écrasé par cette démesure pharaonique. Alors que l'art grec cherche la proposition de l'humain et prêche l'égalité des hommes, ici, nous avons l'idôlatrie du chef, car le pharaon est dieu dès avant sa naissance laquelle était d'ailleurs célébrée comme une naissance divine dans les mammisis, annexes des temples où se trouvent figurés les « mystères » d'une naissance dans laquelle le dieu Amon est salué comme le géniteur » [167 bis].

Selon F. Daumas, le pharaon est dieu ; il y a en Égypte une sorte de dogme de la divinité de pharaon : « pour assumer le pouvoir sur un monde de création divine, le roi devait être d'essence divine (...) il est divin par essence... » [168]. Rappelons par exemple que le pharaon est souvent

---

166. Trad. P. Montet, *La stèle du roi Kamose,* dans CRAIBL, 1956, p. 115.

167. *Ibid.*, p. 118.

167 bis. Lire F. Daumas, *Les Mammisis des Temples égyptiens*, Paris, 1958. Lire aussi Helmut Brunner, *Die Geburt des Gottkönigs. Studien zur Ueberlieferung eines altägyptischen Mythos,* dans *Aeg. Abh.*, 10, 1964, Wiesbaden, 226 p. *Das Königtum der Pharaonen,* dans *Universitas*, XI, 8, 1956, p. 797-806.

168. F. Daumas, *Le sens de la royauté égyptienne,* dans R.H.R., t. 160 (1961), p. 129-148. L'auteur cite p. 145 un article fondamental où le Directeur de l'Institut français d'Archéologie orientale discute la thèse minimisante de Posener sur la

nommé purement et simplement le « dieu bon », *neṯer nefer*, ou parfois le « dieu grand » [169].

Nous disons que cette historiographie royale (qu'il faudrait appeler de son vrai nom une *pharaonographie*, mais le mot manquerait un peu trop d'élégance) est une histoire ponctuelle. Nous voulons dire qu'elle n'est pas chronologique, qu'elle est insensible à la durée historique (sauf dans les généalogies). Comme le remarque E. Otto, la conception égyptienne du temps ne laisse aucune place aux catégories de « commencement » et de « fin » au sens évolutionniste. La conception de l'histoire se fige plutôt dans l'éternel recommencement, dans la répétition invariable du temps, le pharaon étant l'instrument de l'ordonnance créatrice fixée par les dieux [170].

---

divinité de pharaon. Voir aussi du R.P. Du Bourguet, *Médiation*, dans *La religion égyptienne*, dans DBS, t. V, col. 991-997, spécialement le texte de la stèle de Kouban, cité col. 994.

Voir aussi J. Zandee, *Le roi-dieu et le dieu-roi dans l'Égypte ancienne*, dans *Atti dell' VIII Congresso Intern. di Storia delle Religioni*, 223-224, dans *Numen*, Leyde, 3 (1956), 230-234. — M. Alliot, *Réflexions sur le pouvoir royal en Égypte, depuis Téti jusqu'à Ahmosis*, dans JNES, IV, 1950, 204-214.

Un fait significatif dans le cas des régences ramessides. « Le roi, né de Rè auquel il s'identifie, ne peut pas partager le trône avec le prince héritier. Celui-ci, dans des conditions très précises et par délégation, peut exercer toutes les fonctions royales, mais, tant que son père est vivant, il lui est interdit de prétendre au caractère sacré qui élève le souverain au-dessus de la condition humaine : le prince ne sera lui même dieu qu'à la mort du roi régnant. A l'instar par exemple de la royauté divine, la royauté terrestre est une et indivisible. » L. Christophe, *La carrière du prince Merenptah et les trois régences ramessides*, ASAE (1951), p. 371. Dès la 2me partie du règne de Séthi I, le prince Ramsès portait le titre : délégué (du roi) sur le trône de Geb. Pendant les dernières années de Ramsès II : le délégué (du roi), le remplaçant de Geb.

169. G. Posener, *De la divinité de pharaon*, Paris, 1960, p. 4. Ce livre offre une documentation exceptionnelle sur la question.

170. Cf. E. Otto, *Geschichtliche Literatur*, dans *Handbuch der Orientalistik*, t. I, 2. Abschnitt, p. 140. Voir cependant les réflexions de S. Morenz, *infra*, p. 137-138.

Voir aussi H. W. Fairman, *The Kingship Rituals of Egypt*, dans *Myth, Ritual and Kingship*, edited by S. S. Hooke, Oxford, 1958, p. 74-104. Citons quelques passages décisifs tant pour le rôle cosmique que pour la divinité de pharaon : « The Egyptian of historic times did not have our doubts and difficulties. To him the kingship was not merely part, but the kernel of the static order of the world, an order that was divine just as much as the kingship was divine. The Egyptians believed that the first dynasties were of gods, followed by a dynasty of spirits or demi-gods, the Followers of Horus. It was in these times that justice and the social order were created, so that in later times texts would speak of , The Ghosts who made the sun-disk, who created all good things in their time. Ma'at (Truth), she descended from heaven to earth in their time, she consorted with the gods, there was abundance of food in the bellies of men, there was no Falsehood throughout the land, no crocodile seized, no snake bit in the days of the Primeval Gods '. The kings of the First Dynasty who united the two parts that make Egypt were Upper Egyptian rulers, worshippers of the god Horus. Each king, therefore, was the Horus, the man in whom Horus was incarnate, and henceforth *every king of Egypt was Horus*.

» From the earliest historic times, therefore, the dominant element in the Egyptian

Chaque avènement marque un retour à l'ordre, non seulement dans le royaume, mais dans le cosmos [171].

Quand nous suggérons d'envisager une histoire ponctuelle, nous devons tenir compte cependant d'une double compréhension égyptienne du temps. D'une part, les Égyptiens ont admis un temps circulaire lié aux cycles de la crue du Nil et de la végétation. Mais d'autre part, ils ont, suivant Morenz, un temps linéaire : « La droite de l'existence individuelle, durable et tendue vers son but, droite qui se perd dans l'infini, ou, en termes de temps, dans l'éternel ; cette droite manifeste son telos dans le cursus honorum (pour l'Égyptien, la carrière de fonctionnaire) et la soif d'immortalité qu'elle trahit a trouvé dans la momie son symbole le plus remarquable » [172].

Il y a donc un temps du destin et souvent l'idée d'un temps favorable ou défavorable. Ceci est capital, et Morenz avance l'idée d'*aspect qualitatif* du temps. Une idée que nous retrouverons en Grèce, même chez Hérodote. « L'Égyptien aime à rapporter le temps, qu'il soit circulaire ou linéaire, à des personnes ou à des événements, nous voulons dire qu'il ne

---

conception of kingship was that the king was a god — not merely godlike, but very god » (p. 75).

Voir les observations pertinentes de H. CAZELLES sur cet article : *Mito, rituale e regalità*, dans *Biblia e Oriente*, t. 2, fasc. 4-5 (1960), p. 125-127. Cazelles remarque avec finesse que si les Égyptiens ont une déification du pharaon plus personnaliste que celle des Mésopotamiens pour leurs rois ; cependant cette notion de personnalité n'a jamais été scrutée par les Égyptiens. Et de fait, le pharaon est beaucoup plus conçu comme un fonctionnaire cosmique d'un rang divin et d'un ordre divin que comme une véritable personne divine. Il est divin beaucoup plus par sa fonction que par son être, cf. p. 127.

171. Voir R.P. DU BOURGUET, *Médiation, art. cit.* — G. POSENER, *Littérature et Politique dans l'Égypte de la XIIe dynastie*, 1956, p. 57-58. — Philippe DERCHAIN, *Le rôle du roi d'Égypte dans le maintien de l'ordre cosmique*, dans *Le Pouvoir et le sacré*, Bruxelles, Institut de sociologie, 1962, p. 62-73. Article très remarquable par son inspiration autant que sa documentation. Voir spécialement p. 68.

Dans une note finale très habile, DERCHAIN essaye de concilier les points de vue de DAUMAS et de POSENER, à savoir le pharaon très humain et peu doué de pouvoirs surnaturels de POSENER et le « dieu » du fond des sanctuaires, p. 73 post-scriptum. Il interprète *nṯr nfr* qu'on a très souvent traduit par « le dieu bon » comme étant « le dieu jeune, *qui se renouvelle, qui est en bon état* », cf. p. 70, avec note 25. Voir ci-dessus, la note 168. Signalons que J. PIRENNE est lui aussi un partisan résolu de la divinité de pharaon. Cf. Jacques PIRENNE, *Les origines et la genèse de la monarchie en Égypte*, dans *Le Pouvoir et le Sacré, op. cit.*, p. 49-59 ; voir spécialement p. 51, 53, 54-55 et la distinction proposée entre le *ka* et le *ba* du roi, le *ka* étant l'élément divin qui l'anime, le *ba* étant l'âme qui survivra au roi et à laquelle on adresse le culte funéraire, p. 58.

172. S. MORENZ, *La religion égyptienne*, dans *Bibl. historique*, Paris, 1962, traduit de l'allemand par L. JOSPIN, p. 109. Voir les comptes rendus très favorables de ce livre dans la *Chronique d'Égypte*, t. XXXVI, nº 71 (1961), p. 157-160 (par Ph. DERCHAIN), et dans *BiOr*, t. XIX, (1962), p. 35-40.

se le représente pas, ou tout au moins pas seulement, comme une grandeur absolue et quantitative, mais lui confère une relation, et partant un *aspect qualitatif*. En termes concrets, il attribue aux êtres et aux choses un ‘ temps convenable ’ donc ce que le grec appelle *καίρος* » [173]. L'égyptologue Morenz pense retrouver aussi un « plan de l'histoire » avec des concepts de prédestination, de prescience, de prédiction, de destin.

Mais nous constatons aussitôt que ces concepts et thèmes appartiennent principalement, soit à la littérature de sagesse, soit à un roman comme Sinouhé : c'est dire qu'ils ne semblent guère intéresser l'historiographie égyptienne [174]. Et ces notions dépassent-elles l'intervalle d'une destinée humaine ? Il ne semble pas. Nous proposons donc de maintenir l'idée d'une histoire ponctuelle concentrée sur un événement, une campagne militaire, une fondation de temple, ou un règne.

Nous retrouvons le même phénomène dans l'art qui a représenté pendant trente siècles le thème du pharaon victorieux frappant ou massacrant l'ennemi, qui se complète assez vite par le thème de la protection des divinités du Nord et du Sud, et donc de la réunion des deux Royaumes. L'essentiel du thème est déjà dans la *Palette de Narmer*. Au Nouvel Empire, le pharaon se fera représenter sacrifiant une grappe d'ennemis. Jean Capart remarque à ce propos la continuité extraordinaire de ce thème du pharaon vainqueur superbe [175].

---

173. S. MORENZ, *op. cit.*, p. 109. Nous ignorions ces remarques précieuses lorsque nous avions proposé notre sujet aux journées bibliques de Louvain. Elles nous apportent le plus précieux confirmatur, vu l'autorité de l'auteur de ce livre.

174. S. MORENZ, pp. 97-108, et passim. Cf. S. MORENZ (unter mitarbeit von Dieter MULLER), *Untersuchungen zur Rolle des Schiksals in der Ägyptischen Religion*, Berlin, 1960, c.-r. détaillé dans *Chron. d'Égypte*, t. XXXVII, nº 74, juillet 1962, p. 307-310 (Max GUILMOT).

175. Jean CAPART, *Au pays du Symbolisme*, dans *Chron. d'Égypte*, t. XXXII, nº 64, juillet 1957, p. 219-241. Un article fort éclairant de ce bon connaisseur de l'art égyptien. Donnons-en un passage décisif : « On entrevoit plus de quarante figures humaines, toutes assujetties par le poing du roi qui a saisi une mèche de cheveux de chacune des victimes. La massue royale va les abattre. On comprend, en voyant cette image, le sens des promesses d'Amon qui garantit au pharaon de livrer ses ennemis réunis dans son poing, comme les épis dans la main du moissonneur.

» Bien des siècles plus tard, lorsque l'Égypte sera soumise à la puissance des princes macédoniens et des empereurs romains, ce même symbolisme satisfera encore complètement les rois, les prêtres et les décorateurs des temples. Il semble même que le pharaon ne soit réellement tel que dans la mesure où il exerce le privilège de sacrifier au dieu les grappes de prisonniers. Lorsque les rois du deuxième empire de Neroë croiront qu'il leur suffit de copier les gestes des souverains des grandes dynasties pour en posséder la puissance et la gloire, ils feront graver, sur leurs monuments, le groupe symbolique. La petite victoire à la romaine qu'ils y ajouteront, comme un témoignage chronologique, ne réussit qu'à renforcer l'impression de décadence et de vantardise. Que reste-t-il de la beauté, de la noblesse des images authentiques ?

» Ainsi le thème créé pour célébrer la victoire de Ménès s'est maintenu pendant une

Mais à côté des exagérations de l'art royal, peut-on échapper au devoir de souligner l'emphase de la littérature royale ? Elle n'a d'égale que le culte des morts. J.-A. Wilson a dégagé cette double emphase devant la vie et devant la mort [176]. Devant ce déploiement probablement unique dans l'histoire du culte des morts, ne serions-nous pas en présence de survivance de la mentalité symbolique, archaïque, naïve et sauvage, probablement chamitique, donc africaine, tout autant que lors des sacrifices humains, dont Wilson fait état pour une princesse de la 1re dynastie ? Il est frappant en tous cas que l'on ne propose un autre exemple de sacrifice humain au Moyen-Empire qu'au Soudan. Une centaine de serviteurs furent exécutés à la mort d'un notable résidant au Soudan et enterrés avec lui [177].

Nous laissons à Wilson la responsabilité de cette très délicate accusation fondée uniquement sur l'archéologie. Cette immolation aurait cessé après les premières dynasties. « Plus tard, les serviteurs ne suivirent leur maître dans la tombe que de façon symbolique par le truchement de rites et de pratiques magiques » [178].

Cette emphase se traduit en historiographie par un style de cour depuis si longtemps signalé aux biblistes pour que nous n'insistions pas [179]. Il en résulte de véritables panégyriques royaux dont Jacques Vandier vient de nous donner un extrait remarquable avec une inscription historique de la première période intermédiaire (XIe dynastie), un fragment d'une tombe anonyme où le défunt consacre la partie biographique de son inscription funéraire à faire l'éloge du roi à l'occasion d'une famine. Il y est question aussi des « ordres d'éternité » du pharaon, manière de

---

durée de plus de trente siècles comme le symbole le plus clair de la puissance des souverains de l'Égypte. Mais ce serait se tromper étrangement que de croire qu'une autre personnification symbolique du roi n'ait pu prêter aux artistes des variantes ingénieuses. A lire les textes, le roi est un lion, un taureau, un griffon ; on le compare aussi à un mur, à un bateau, à un poteau d'amarre, etc. » (p. 224-225).

176. J. A. Wilson, *Egypt*, dans *The Intellectual Adventure of Ancient Man*, Chicago, 1946, p. 94, repris dans *Before Philosophy* (Pelican Books), 1949, p. 104. Pour la littérature des morts, on trouvera une bonne documentation récente dans J. C. Goyon, *Le Papyrus du Louvre*, no 3279 (IFAO, Bibl. d'étude, t. XLII), Le Caire, 1966, p. XVII-XXI et passim ; voir le livre récent P. Barguet, *Le Livre des Morts*, Paris, 1967.

177. J.A. Wilson, *L'Égypte. Vie et mort d'une civilisation*, *op. cit.*, p. 63, avec la note 2, avec références, cf. p. 132, p. 30, p. 81.

178. J. A. Wilson, *op. cit.*, p. 63.

179. Pour l'Égypte, cf. G. Posener, *De la divinité de pharaon*, *op. cit.* Pour le style de cour en général, renvoyons aux travaux de H. Gunkel et H. Gressmann, aux *Einleitung* de Eissfeldt et Sellin-Fohrer, et aux commentaires modernes des Psaumes. Voir les remarques préliminaires et les textes de B. van de Walle, *Inscriptions égyptiennes*, dans DBS, t. IV, col. 417-482. Cf. col. 418.

On trouvera encore de nombreux éléments dans : A. Barucq, *L'expression de la Louange divine et de la prière dans la Bible et en Égypte*, Le Caire, 1962.

désigner emphatiquement les décrets royaux. « Il fit cesser (?) la famine du pays, à une époque où il pataugeait dans l'eau noire (?) des canaux. Il construisit des monuments à Montou, et gratifia Amon de toutes les bonnes choses du Sud, qu'il avait rapportées, grâce à ses victoires. Il donna un supplément d'offrandes à Rê, qui l'aimait. Il se montra gracieux à l'égard d'Hathor, en lui offrant (littéralement : avec) de la myrrhe et des parfums. Il prit au lasso des taureaux avec des cordes pour Noub, qui l'aimait, et qui désirait qu'il vécût longtemps sur terre ; aussi lui donna-t-elle la royauté. C'est un Horus, un fils de Nout, mon maître. Il a conquis les deux pays par sa victoire ; il a établi des ordres d'éternité et a puni ses ennemis » [180].

Mais ce serait trahir la vérité historique que de ne pas reconnaître qu'à côté de ces temples solennels, le bon peuple égyptien est un de ceux qui a le mieux goûté la joie de vivre comme en témoignent les chants d'amour ou la littérature satirique illustrée.

Ne pourrait-on avancer encore le caractère d'histoire paradigmatique ou idéaliste ? Ceci parce qu'elle semble souvent nous décrire un type de pharaon, un idéal de pharaon beaucoup plus que la réalité contingente. Le Prof. Philippe Derchain nous semble avoir été particulièrement sensible à ce phénomène. Laissons-le s'expliquer sur cette « théorie cohérente de la royauté égyptienne » [181]. Derchain emploie une excellente comparaison

---

180. Jacques VANDIER, *Une inscription de la première période intermédiaire*, dans *Studies... Polotsky*, Jérusalem, 1964, p. 9-21, texte cité pp. 9-10. Rappelons aussi, pour mémoire, Ch. KUENTZ, *Deux versions d'un panégyrique royal*, dans *Studies presented to F. Ll. Griffith*, Londres (1932), p. 97 ss. Notons un petit fait linguistique significatif : dans l'arabe parlé d'Égypte « faran » est un mot péjoratif qui désigne un fanfaron vaniteux.

181. Ph. DERCHAIN, *op. cit.*, dans *Le pouvoir et le sacré*, p. 62-63 : « Je dis une théorie de la royauté égyptienne, car — et c'est peut-être ce que les historiens ont un peu trop souvent perdu de vue — le pharaon tel qu'il apparaît dans les inscriptions sacerdotales tardives, si semblable en bien des points à ses ancêtres n'est pas un personnage réel. Il ne s'agit pas pour nous de reconstituer ce qu'ont été les pharaons à travers des inscriptions historiques, mais de définir un concept dans l'économie générale du système. Un fait s'impose immédiatement : ce concept est indispensable, quelle que soit la réalité.

» En effet, à mesure que le roi réel était politiquement plus faible, que les dogmes de la monarchie étaient moins respectés dans la pratique, par une sorte de compensation conservatrice, les philosophes des temples renforçaient sa position dans la cosmologie. Et le pharaon régnant, celui qui levait les impôts, faisait les lois, commandait l'armée, pouvait être un Perse, un Grec, un empereur romain, il pouvait ne pas être en Égypte, n'y être jamais venu, c'est en son nom que les temples étaient construits, dans les coins les plus reculés mêmes de l'Égypte, jusque dans les Oasis de Khargeh et de Dakhleh, jusqu'en Nubie, où on lit écrits en hiéroglyphes les noms de Vespasien, de Domitien, d'Hadrien et de combien d'autres. Ce sont eux qui consacrent les offrandes, ce sont eux qui maintiennent sans le savoir l'ordre entre les forces de la nature.

» Mais les complications politiques de toutes sortes, les changements trop rapides

pour situer Pharaon : « Le pharaon a donc la même réalité dans les temples tardifs que la gravitation dans les théories physiques, il est un élément fondamental du système sans lequel rien ne peut être » [182].

Pour l'honneur des Égyptiens, reconnaissons d'ailleurs que cet idéalisme fut foncièrement religieux. Même les chasses du roi prenaient une valeur symbolique et sacrée et s'achevaient par l'offrande des victimes, tandis qu'il était réservé au roi de harponner l'hippopotame, animal voué au dieu Seth [183]. A l'époque classique et aux époques ultérieures, on assimilait les animaux capturés aux ennemis du dieu ou du roi [184].

L'art égyptien, lorsqu'il représentait son thème du pharaon vainqueur, devait céder lui aussi au symbolisme idéalisant comme l'a relevé J. Capart à propos de Tout-ankhamon : « Revenons un instant au thème du roi vainqueur. La tombe de Tout-ankhamon possédait quelques pièces nouvelles dans l'archéologie ; entre autres, les cannes dont l'extrémité courbée représente un prisonnier, bras liés derrière le dos. C'est une manière de rappeler au roi ses victoires, plus théoriques que réelles d'ailleurs, puisqu'il s'agit d'un adolescent mort avant d'avoir atteint sa vingtième année. Le poing du jeune pharaon réunit ainsi les ennemis classiques du Nord et du Sud » [185].

Nous n'avons pas compétence pour conclure sur l'historiographie égyptienne, mais il nous semble permis de retenir l'empreinte profonde d'une mentalité symbolique sur l'histoire et la religion pharaonique. Tout en étant l'objet d'un mythe, le pharaon apparaît cependant dans une lumière historique privilégiée : mais on ne mesure la portée exacte des documents que si l'on connaît bien l'art et la symbolique pharao-

---

de souverain posèrent aux théologiens des problèmes dogmatiques très difficiles. Quand un nouveau règne d'empereur par exemple était annoncé dans le sud de l'Égypte, il était commencé depuis longtemps, parfois même il était déjà fini, et les renseignements que l'administration pouvait fournir sur la personnalité du Maître étaient sans doute insuffisants. Dans ce cas, que faire ? Car les rites ne pouvaient être accomplis qu'au nom du roi vivant. On avait d'abord pris une simple mesure d'attente. Dans les inscriptions qui accompagnent les scènes gravées sur les murs des temples pour assurer la permanence du rituel, on laissait en blanc l'espace où devait s'inscrire le nom du pharaon. Sans doute les informations ont-elles souvent manqué, car nombre de cartouches sont restés vides jusqu'à nos jours. »

182. *Ibid.*, p. 63.

183. W. FAIRMAN, *art. cit.*, renvoie aux travaux de M. ALLIOT, *Les rites de la chasse au filet aux temples de Karnak, d'Edfou et d'Esneh*, dans *Revue d'Égyptologie*, t. V, p. 57-118 et à I. SÄVE-SÖDERBERG, *On Egyptian Representations of Hippopotamus Hunting as a Religious Motive*, dans *Horae Soederblomianae*, t. III, Uppsala, 1953. Voir aussi Maurice STRACMANS, *L'Ami (?) du harponneur*, dans *Chron. Égypte*, t. XXXVI, nº 71, janvier 1961, p. 23-25.

184. F. DAUMAS, *La Civilisation de l'Égypte pharaonique*, p. 152 et 586.

185. J. CAPART, *Au pays du Symbolisme*, dans *Chron. Égypte*, t. XXXII, nº 64, juillet 1957, p. 240.

nique [186]. Il y aurait encore beaucoup à dire sur les liturgies, les oracles et les fêtes [187]. Un point important encore à retenir, c'est l'aspect qualitatif du temps. Dans cette perspective, ne serait-il pas possible d'envisager pour l'Égypte elle-même une histoire qualitative et même une histoire pharaonique d'un type paradigmatique ?

2. *Sumer où l'exténuation de l'histoire par la symbolique*

De l'avis des doctes il n'y aurait pas d'historiographie véritable en Sumer, mais voilà un fait d'une extrême importance pour nos rapports de l'histoire et de la mentalité symbolique [188]. L'hypothèse de travail

---

186. Nous recommandons ici : E. OTTO, *Geschichtsbild und Geschichtsschreibung in Aegypten*, dans *Die Welt des Orients*, III, cahier 3, p. 161-176. Gœttingue, 1966. Cf. H.W. FAIRMAN, *Worschip and Festivals in an Egyptian Temple*, dans BJRL, t. XXXVII, 1954, p. 165-203 : sur le culte quotidien et les 4 grandes fêtes d'Edfou.

187. Voir A. BARUCQ, *Oracle*, in DBS, VI. — E. HORNUNG, *Geschichte als Fest*, Darmstadt, 1966, « vom Geschichtsbild der alten Aegypter », p. 9-30.

De cette mentalité symbolique relève encore le miracle de la gazelle, lors d'une expédition au Wadi Hammâmât pour chercher la pierre pour faire le couvercle d'un sarcophage royal. Or voici qu'une gazelle gravide vient mettre bas sur un rocher — et ce bloc était exactement ce qui convenait pour le sarcophage. Elle met bas sur ce bloc et les soldats font alors le sacrifice de la gazelle sur ce bloc si miraculeusement désigné (ce miracle !). Cette pierre, dit ensuite ladite inscription, atteignit l'Égypte en sécurité. J. COUYAT et P. MONTET, *Les inscriptions du Ouadi Hammânât*, dans MIFAO, 1912, p. 11. Inscriptions nº 110 de l'an 2 de Mentou-hotep II dite « (du miracle) de la gazelle », pl. XXIX et p. 77-78. Traductions : A. ERMAN, dans *Zeitschr. Aegypt.*, t. XXIX (1891), p. 60. — H. J. BREASTED, *Ancient. Records of Egypt*, t. I, § 436-438, p. 211-212.

N'avons-nous pas ici un nouveau reflet de mentalité archaïque à prédominance symbolique. On pourrait traiter encore de la magie comme une expression privilégiée de cette mentalité ; comme pour les peuples africains, elle désignait non des forces pour contraindre mais l'ensemble des forces nécessaires à la protection de la vie et à son accroissement. Voir Placide TEMPELS, *La philosophie bantoue*, dans *Présence africaine*, p. 31.

« Ce que nous taxons de magie, n'est à leurs yeux autre chose que la mise en œuvre des forces naturelles placées à la disposition des hommes par Dieu, pour le renforcement de la vie humaine. » Nous devons ce rapprochement à F. DAUMAS.

Ajoutons que chez les Dogons, le fameux signe de vie égyptien signifie « captif de Dieu ». Cf. M. GRIAULE et G. DIETERLEN, *Signes graphiques soudanais*, dans *L'Homme*, Cahier d'éthnologie, nº 3, Paris, 1951, p. 22. Nous voudrions signaler simplement l'intérêt de rapprochements ethnologiques encore à poursuivre entre l'Égypte ancienne et l'Afrique.

188. S. N. KRAMER est tout à fait formel : « ... On ne trouve rien à Sumer qui s'apparente au type d'ouvrages historiques si répandu chez les Hébreux et chez les Grecs. » Cf. *L'Histoire commence à Sumer*, Paris, 1957, p. 74. Dans son article *Sumerian Literature. A General Survey*, dans *The Bible and the Ancient Near East. Essays in Honor of W. F. Albright*. London, 1961, p. 249-267, il mentionne bien trois textes historiques « la malédiction d'Agadé » (sur la destruction de la ville par les Guti), le récit d'une défaite des Guti et celui des restaurations d'un sanctuaire de la déesse

surgit aussitôt à l'esprit : une symbolique tentaculaire n'aurait-elle pas dans ce cas limite exténué l'histoire ? Serait-il suffisant de dire que l'homme antique ne savait pas prendre ses distances ?

Il faut relever tout de suite l'orientation profondément religieuse, disons même théologique, de la littérature sumérienne. Nous retrouverons cette note lorsque nous verrons leurs héritiers assyriens enfouir les inscriptions royales dans les fondations mêmes des temples, destinées à n'être jamais vues du public [189].

Notons qu'une tendance se fait jour à reconnaître derrière des mythes, comme ceux de Gilgamesh ou d'Enki et d'Inini (Inanna), un arrière-plan historique [190]. Nous y reviendrons.

Ninlil à Nippur, mais il précise dans une note qu'il prend le mot « historiographie » au sens que ces récits visent des événements et non au sens habituel. Voir p. 257 et la note 82. — Voir aussi G. GOOSSENS, *La Philosophie et l'Histoire dans l'Ancien Orient*, dans *Sacra Pagina*, vol. I, Louvain, 1959, p. 242-252 ; cf. p. 244.

Citons encore en ce sens Sabatino MOSCATI, *L'Orient avant les Grecs*, Paris, 1963, p. 26-31. Il est frappant de constater que A. M. VAN DIJK ne fait aucune place dans son énumération des genres littéraires sumériens à un genre historique. Cf. A. M. VAN DIJK, *La découverte de la culture littéraire sumérienne et sa signification pour l'histoire de l'antiquité orientale*, dans *L'Ancien Testament et l'Orient*, Louvain, 1957, p. 5-28.

Pour comprendre la « mentalité symbolique » des Mésopotamiens, on ne saurait trop recommander les notations méthodologiques de l'art. *Mésopotamie* de F. FOLLET, dans DBS, V, col. 1126-1165. Voir très spécialement col. 1128-1131 et 1145-1147. Citons ses remarques sur le *symbolisme* : « Comme nous l'avons vu, la noétique des anciens Mésopotamiens est différente de la nôtre. Elle n'est pas linéaire, à sens unique, comme la nôtre. Elle n'est pas exacte, mais symbolique. Elle croit que la vérité n'est pas nécessairement dans une fidélité matérielle, mais plutôt dans un symbolisme valable, dans une orientation d'esprit vers une explication authentique. On ne peut sans cela comprendre le sens de vérité que les Orientaux attribuaient à des étymologies fausses, à des rapprochements arbitraires, à des jeux de mots, à des acrobaties de nombres. Des juxtapositions, pour nous fallacieuses, de mots, d'histoires ou même d'historiettes fantaisistes avaient pour eux un sens d'explication. Il n'y avait même pas d'inconvénient à utiliser des symbolismes différents, concurrents. Au contraire, un jeu de ' contrapositions ' équilibrées (nous dirions : de contradictions) pouvait apporter des suggestions valables » col. 1145. Cf. note 232.

189. Maurice LAMBERT a écrit des remarques analogues : « L'Orient a été la patrie des Livres Saints ; on pourrait même s'aventurer jusqu'à dire que jusqu'au VIIIe siècle de notre ère, jusqu'au Coran, l'Orient n'a peiné et n'a œuvré que pour rédiger de tels ouvrages. » Cf. *De quelques thèmes littéraires en sumérien et dans la Bible*, dans *La Bible et l'Orient. Cahier de la Revue d'Histoire et de Philosophie Religieuses*, no 34, Paris, 1955, p. 4-14, cité p. 4.

190. A. M. VAN DIJK écrit, après avoir rappelé les mythes traditionnels, « *d'autres mythes symbolisent les événements historiques* : ainsi le mythe d'Enki et d'Inanna, qui raconte comment Inanna emporte chez Enki les « Forces divines » en retournant d'Eridu à Uruk, symbolise le transfert de la civilisation d'Eridu à la ville plus au Nord : Uruk. Le mythe du séjour d'Inanna dans la montagne d'Ebih, où elle tue le « monstre de la montagne », signifie la défaite qu'Utuhegal d'Uruk, la ville d'Inanna,

L'épopée en Sumer a été traitée sur le « mode mythologique ». L'expression est du professeur R. Labat [191]. Hugo Winckler au début de ce siècle avait déjà entrevu, d'une manière pénétrante, ce conditionnement mythologique de la pensée et de l'histoire en Mésopotamie, nous dirions le paramètre d'une mentalité symbolique [192]. Gaster triomphe ici en associant étroitement le drame, le mythe et le rite [193].

Alors que l'histoire égyptienne nous offre le roi comme base de sustentation dès l'aurore de son histoire unifiée, l'histoire mésopotamienne nous offre une évolution politique profondément différente, et le contraire d'un schéma évolutionniste à priori. Elle semble avoir évolué de la démocratie primitive vers la monarchie et parfois la tyrannie par une série de régressions plus que de progressions [194]. C'est un fait singulier mais significatif que pendant une longue période de l'histoire sumérienne primitive, celle des cités-temples on n'ait aucun mot pour désigner le

---

avait infligée aux Goutéens. Il est surprenant de voir que cet événement historique a été mythologisé très peu de temps après qu'il s'est produit en réalité. » Cf. *art. cit.*, p. 21.

191. René Labat, *Les littératures sumérienne et akkadienne*, dans *Les Écrivains célèbres. Œuvres. L'Orient Ancien*, Paris, 1961, p. 184-188. Citons un passage décisif de l'Auteur : « Les plus belles œuvres de la littérature sumérienne, les plus difficiles aussi, sont certainement les poèmes épiques dédiés à la gloire des dieux ou aux prouesses de souverains légendaires. Certains de ces poèmes ont probablement une base historique, mais leurs auteurs les ont traités sur le mode mythologique, exagérant les vertus de leurs héros, faisant intervenir personnellement les dieux dans les affaires humaines. On n'y trouve pas d'œuvre de longue haleine. Si les aventures d'un dieu ou la vie d'un prince antique servent de thème à plusieurs poèmes, ce ne sont jamais que des épisodes, sans liens entre eux, qui nous sont contés. La psychologie des personnages y est d'ailleurs rudimentaire, l'intrigue simpliste, le style volontiers conventionnel. Mais les effets rythmiques, la sorte d'envoûtement incantatoire que dégage le récit ne manquent pas de grandeur » p. 187.

192. Hugo Winkler, *Altorientalische Geschicht-Auffassung*, dans *Ex Oriente Lux*, II, 2 Leipzig, 1906. Articles parus d'abord dans *Die Reformation*, 1904, nº 12, 13, 16, 17, 18, 19, 20. Voir p. 40 ss.

193. Theodor H. Gaster, *Thespis. Ritual, Myth and Drama in the Ancient Near East.* New and Revised Edition, New-York, 1961.

194. Lire la réaction saine bien que non dépourvue des exagérations de la controverse de B. A. Van Proosdij, *Der sogenannte orientalische Despotismus*, dans les *Symbolae ad jura orientis antiqui pertinentes Paulo Koschaker dedicatae*, Leyde, 1939, p. 235-242. — T. Jacobsen, *Primitive Democracy in Ancient Mesopotamia*, dans JNES, 2, (1943), p. 159-172 et du même *Early Political Development in Mesopotamia*, dans ZA, LII, (n.s., XVIII), 1957, p. 91-140. — Cf. Leo Oppenheim, *Ancient Mesopotamia*, Chicago, 1964, p. 112 et note 44, p. 359 ; cette note concerne aussi la Bible. Voir cependant les hésitations d'historiens de métiers tels que André Aymard et Jeannine Auboyer, *L'Orient et la Grèce Antique*, t. I, dans l'*Histoire Générale des Civilisations* (= HGC), Paris, 1957, p. 118. Mais les orientalistes maintiennent leur point de vue sur une démocratie primitive avec dégradation ultérieure. Cf. Abraham Malamat, *Kingship and Council in Israel and Sumer. A Parallel*, dans JNES, XXII, nº 4, oct. 1963, p. 250 avec note 14.

chef ou le roi [195]. Pour une longue période de cette histoire sumérienne, on ne connaît pas d'autre tribunal que le temple, pas d'autre juge que le prêtre. Le juge de métier apparaîtrait seulement avec la première dynastie de Babylone [196]. L'écriture sumérienne elle-même semble être née dans les temples où étaient engrangées les récoltes. Il fallait une comptabilité. Primitivement, on dessinait la plante, la céréale ou l'animal, objet de cette comptabilité. Très vite le dessin se simplifia ; l'écriture cunéiforme était née. Les temples détenaient donc certainement les plus anciennes pièces de comptabilité et d'archives. Ce qui frappe dans la littérature, c'est la masse énorme des tablettes économiques, ce qui permet de mettre l'histoire économique de Sumer hors concours dans la haute antiquité [197].

En Sumer, l'état-type fut la cité, c'est-à-dire un chef-lieu agricole aux limites mouvantes en raison de l'absence de frontières naturelles dans un pays sans autres accidents naturels que les fleuves et les canaux [198].

Dans un hymne à Enlil concernant sa cité idéale de Nippur, la symbolique triomphe déjà dans la dénomination des parties de la ville qui sont l'œil (*igi*), le foie (*bar*) et le cœur (*šag*4) et correspondent à ce que nous appelons le panorama, les faubourgs, la cité. L'emblème de la ville est un grand filet (dans lequel un jour ou l'autre les ennemis ou les coupables seront pris) et un aigle héraldique qui y marche largement, symbole de la vaillance armée [199].

---

195. Adam FALKENSTEIN, *La cité-temple sumérienne*, dans *Cah. d'Hist. Mondiale*, I (1954), p. 784-814. Autres références dans L. OPPENHEIM, p. 356, note 7. Voir aussi G. GOOSSENS, *L'Asie Occidentale Ancienne*, dans *Hist. Universelle*, I (Bibl. de la Pléiade), Paris, 1956, p. 317-321.

196. André FINET, *Le pouvoir et les dieux en Mésopotamie*, dans *Le Pouvoir et le Sacré*, p. 75-81 ; cf. p. 76-77.

197. Yvonne ROSENGARTEN, *Le régime des offrandes dans la société sumérienne*, Paris, 1960 : dissertation qui donne la bibliographie antérieure. Rappelons déjà anciennement Anna SCHNEIDER, *Die Anfänge der Kulturwirtschaft. Die sumerische Tempelstadt*, dans *Stadtwissenschaft. Beiträge*, 4, Essen, 1920, 120 p.

198. Il est des villes dont le site demeure encore inconnu telle Larak, telle Agadé (ou Akkad), laquelle fut cependant assez prestigieuse pour donner son nom à une région entière. Cf. H.G.G., p. 115. — Il est frappant de constater qu'en Mésopotamie ce sont des villes (et parfois leurs dieux) qui ont donné leur nom au pays : ainsi Akkad, Assur, Babylone.

199. Cf. Adam FALKENSTEIN, *Sumerische Götterlieder*, dans *Abh. der Heidelberger Ak., Phil.-Hist. Kl.*, Heidelberg, 1959, 1. Abh., lignes 14-16. Nous avons un compte-rendu détaillé de cet ouvrage par Maurice LAMBERT, dans RA, 54 (1960), p. 212-217, qui glose : « L'emploi de ces idéogrammes se justifie : les yeux parce que la ville entière s'offre aux regards du voyageur qui arrive de loin ; le foie parce que cet organe est à l'extérieur des poumons comme les faubourgs sont hors la ville ; le cœur parce que, en sens contraire de l'organe précédent, celui-ci est à l'intérieur des poumons comme la cité, ici la cité sainte, est le centre vivant de la ville. » Cf. p. 214,

Cette description de « la cité de rêve pour des adorants modèles et un dieu préféré ou unique » est archétypale par rapport à la description par Ézéchiel de la Jérusalem future (*Ez.*, XL).

Un texte d'une très haute antiquité énumère les différents sanctuaires d'Inana appelés *èš-dam*, « sanctuaire épouse » [200].

Le motif cosmique, qui envisage ciel et terre comme une totalité en interdépendance apparaît comme le motif fondamental [201].

Cette correspondance du ciel et de la terre avait déjà été soulignée par H. Winckler chez les Mésopotamiens. « La *Weltanschauung* fait de

---

n° 6. Falkenstein traduisait par « Die Front der Stadt », « Aussenseite », et « Inneres ». Cf. *op. cit.*, p. 20.

200. J. VAN DIJK, *Le motif cosmique dans la pensée sumérienne*, dans *Acta Orientalia*, XXVIII, 1-2 (1964), (extrait) p. 4.

201. J. VAN DIJK, *op. cit.*, p. 5. Donnons ici l'essentiel de sa thèse : « Puisque dans la pensée sumérienne l'interdépendance du ciel et de la terre (le ciel étant le principe masculin, la terre le principe féminin) semble jouer un rôle si important non seulement dans la cosmogonie mais aussi dans la pensée religieuse, on peut se demander si le grand nombre de références peut se réduire à cette idée maîtresse : le motif cosmique. Si Ezinu, le blé, descend du ciel et de même la royauté et le temple d'E'anna, on peut se demander s'il y a ou s'il n'y a pas de cohérence. An, le ciel, donne le sceptre, la couronne, le trône au roi. An *fonde les temples*, — du moins certains temples, — fonde des villes, le gi-gun$_4$-nu ; An engendre le tamaris et les plantes, les pierres. An est le lugal-numun-i-i, « le roi, ' le grand homme ', qui fait sortir la semence de la terre ». Certains groupes de dieux et de déesses sont ses fils et ses filles : les manifestations célestes, Gibil (le feu), Nusku, Iškur (la tempête), Martu, Lugalgirra sont ses fils. An-uraš, « ciel et terre » sont le ki-ulutim « l'endroit où sont nées » les déesses autour de Gula-Baba-Ninisinna. Nisaba, Ezinu, Uttu sont filles d'An. Les démons sont le a-ri-a, le riḫût anim, « engendrés par An ». Les « noces cosmiques », le mariage entre ciel et terre, sont attestées, comme nous le verrons, dans les textes les plus anciens de la littérature sumérienne. Les relations entre la hiérogamie du culte et les récits cosmogoniques ne sont que trop connues. An est le taureau céleste ; Ki, la terre, est la bonne vache. » Cf. p. 5.

Sur le rôle central de la hiérogamie, un consensus semble établi. Outre l'article cité de VAN DIJK, voir R. LARGEMENT, art. *Nouvel An*, dans la *religion suméro-akkadienne*, dans DBS, VI, col. 556-597. Pour l'antiquité du rite, relire le cylindre A de Gudéa, et son interprétation par R. JESTIN, *Un rite sumérien de fécondité : le mariage du dieu Nin-Gir-Su et de la déesse Ba-Ba*, dans *Archiv Orientalni*, vol. XVII, (1949), n° 1, p. 333-339. Le mariage divin se réalise par l'intermédiaire des statues dans une étable et à l'occasion de la crue fertilisante des Deux Fleuves. On remarque aussi que le dieu Nin-Gir-Su vient dans son Temple en qualité de roi. Sur son cylindre, dont l'empreinte a été retrouvée dans le cimetière royal d'Ur Mes-Annépèdda se pare des titres de « Roi du pays de Kish » et d'« époux de la hiérodule ». Selon LAMBERT (*Sumer*, VIII, 1952, p. 59), ce second titre atteste la pratique de la hiérogamie. Il mentionne le titre que portait Ishm-Dagan d'Isin : - d a m - k i - á g (d) I n i n i, « époux chéri d'Inini » ; cf. R. JESTIN, dans RA, 44 (1950), p. 67. Sur la fortune de ce titre d'époux dans la titulature royale, cf. M. J. SEUX, *Épithètes royales akkadiennes et sumériennes*, Paris, 1967, p. 388, sub verbo *d a m*. Le caractère très sexuel, voire érotique, de la civilisation sumérienne est un trait distinctif par rapport à l'Égypte.

la terre et de ce qui s'y trouve une réplique (*Abbild*) du ciel et des mouvements des astres, par conséquent l'histoire des hommes reflète les modèles (archétypes ; *die Abbilder*) du maître céleste »[202]. Comme l'a bien relevé Marguerite Rutten, ils ont poussé cette correspondance jusque dans les détails, construisant ainsi une vaste symbolique[203].

Un fait très frappant pour l'éminent Falkenstein, c'est qu'à l'époque sumérienne primitive ou protohistorique (*Ur- und Frühgeschichte*), les figures divines sont la plupart du temps représentées, aussi bien dans l'art que dans l'écriture naissante, par des symboles, et cela bien que dès la protohistoire le passage des anciennes représentations totémiques aux images anthropomorphes soit accompli[204].

C'est encore une fois par le recours à l'iconographie que nous aurons sur Sumer la plus abondante documentation. Mais la principale constatation à rappeler, c'est que nous n'aurons jamais en Mésopotamie, l'art pour l'art, mais toujours un art idéologique, soit religieux, soit magique, soit aulique, soit politique[205]. Au fond, l'art et l'histoire partagent le même sort.

Sur ces stèles, nous retrouvons habituellement le principe de « l'échelonnement hiérarchique » : le roi est représenté en grande taille[206]. Il faut d'ailleurs reconnaître qu'à côté des stèles de guerre, la représentation

---

202. H. WINCKLER, *op. cit.*, p. 40. Voir VAN DIJK, *Le motif cosmique, art. cit.* ; cf. aussi E. A. SPEISER, *Ancient Mesopotamian*, dans IHANE, *op. cit.*, p. 43.

203. M. RUTTEN, *Les Religions asianiques*, dans *Histoire des Religions*. Publiée sous la direction de Maurice Brillant et René Aigrain, vol. 4 : le symbolisme, p. 28-29 et la symbolique des nombres, p. 25-28.

Le lien et le passage d'un monde à l'autre s'opèrent par les concepts de *nam* et de *me*. La première notion combinerait celle d'« essence » et de « destinée ». La notion de *me* n'a pas encore trouvé d'équivalent précis dans nos langues. On a proposé « modus operandi », « norme », « décret », « force dynamique », « göttliche Kraft » (Falkenstein), « une puissance au sens de fonction divine ». Castellino y voit comme la norme individualisée constitutive de l'existence de chacun, une sorte d'archétype des êtres et des choses à rapprocher des « idées » platoniciennes. Cf. *Il concetto sumerico di « me » nella sua accezione concreta*, dans *Oriens antiquus. Studia biblica et Orientalia*, III, Rome, 1959, p. 25-32. Cf. E. A. SPEISER, *Ancient Mesopotamia*, dans IHANE, p. 37.

204. A. FALKENSTEIN, *Die Ur- und Frühgeschichte des Alten Vorderasiens*, dans *Fischer Weltgeschichte biz zum Mitte des 2. Jahrtausends*, Framkfurt am Main, 1965, p. 52-53.

205. Marguerite RUTTEN écrit : « L'art du Moyen-Orient a été créé dans des conditions différentes de celles de nos sociétés modernes. Il ne cherche pas à traduire le « Beau » et il répond à des intentions bien définies : c'est un art religieux attaché à des conceptions imprégnées de magie. » Cf. *Les Arts du Moyen-Orient ancien* (Coll. *Les neuf muses*), Paris, 1962, p. 7. C'est exact si on élargit la remarque à la sphère politique.

206. Voir la stèle d'Ur-Namše portant la corbeille à briques (?) accompagné de la reine (en demi taille par rapport à la sienne), de ses enfants (symbolisme de la taille naturelle) et de fonctionnaires (½ taille). Cette pièce est reproduite presque dans tous

royale sumérienne fait une large part aux œuvres de civilisation. La chose est encore plus manifeste dès qu'on sort de l'art officiel pour entrer dans la glyptique populaire, représentée par les cylindres sceaux, qui, avec une thèse exceptionnelle comme celle de Pierre Amiet, succédant au travail de H. Frankfort, nous révèle en images une véritable vie quotidienne archaïque [207]. Nous avons là en quelque sorte une véritable revanche du peuple sur l'académisme officiel des stèles de victoire, avec ici la spontanéité, le réalisme, l'humour et la fantaisie. Mais l'art officiel a lui-même ses exceptions.

Ainsi, pour la stèle d'Ur-Nina (= Ur-Namše), nous voyons ce souverain de Lagash montrer l'exemple à son peuple en portant la corbeille à briques (?), aidé de ses enfants. Ne quittons pas ce personnage sans faire remarquer qu'il est représenté tantôt avec sa chevelure, tantôt le crâne rasé et qu'on a de bonnes raisons de penser que cet avatar n'est pas insignifiant mais a une portée symbolique, indiquant tantôt la souveraineté du roi, tantôt sa condition de prêtre, humble serviteur du dieu. Comme chacun sait, le roi était d'ailleurs humilié à la fête du Nouvel an [208].

Comme pour l'Égypte, à considérer l'iconographie, nous devons relever avec S. Moscati, qu'avant l'apogée assyrien, la statuaire mésopotamienne est assez largement impersonnelle [209].

---

les manuels. Cf. G. Contenau, *Manuel d'Arch. Orient.* (= MAO, I), p. 542. — J.B. Pritchard, ANEP, nº 427. A. Aymard et J. Auboyer, *L'Orient et la Grèce Antique*, dans *Histoire Générale des Civilisations* (HGC), t. I, (1957), pl. 17, p. 128.

207. Pierre Amiet, *La glyptique mésopotamienne archaïque* (= GMA). Thèse de doctorat ès Lettres, Paris, 1958. Cf. H. Frankfort, *Cylinder Seals*, London, 1939.

208. R. Labat écrit « que le roi fût parfois adoré par le peuple à l'instar d'un dieu n'empêchait pas les prêtres de le traiter volontairement comme le plus humble des pénitents » ; cf. *Le caractère religieux de la royauté assyro-babylonienne*, Paris, 1939, p. 361. Pareille alternative semble inconcevable en Égypte et plaide pour le sentiment religieux profond des Suméro-akkadiens. De son côté, A. Falkenstein interprète la plaque votive représentant Ur-Namše comme constructeur de Nin-Giršu dans un sens très prolétarien : « On l'y voit portant sur sa tête le panier dans lequel il emporte la terre ramassée pendant les travaux des fondations. De toute évidence, ce n'était là qu'un geste symbolique, car le travail de terrassement était considéré comme particulièrement pénible : Goudéa souligne expressément qu'il le confie uniquement à des hommes forts, et jamais à une femme. » Cf. *La cité-temple sumérienne*, dans *Cahier d'Histoire Mondiale* (= CHM), vol. I, nº 4, avril 1954, p. 797-798.

209. S. Moscati, *Le origini della narrativa storica nell'arte del Vicino Oriente antico*, Roma, 1961, p. 73. — Ce principe général peut avoir des exceptions ainsi la statue de cuivre du musée de Mossoul représentant Ur-Namu en jeune prince, torse nu et portant un panier sur sa tête, pourrait prétendre à quelque ressemblance, Cf. *Mosul Museum*, 1958, fig. 4. La même remarque vaudrait-elle pour la statue de Goudéa assis, du Musée du Louvre ? De toute manière la statue, taillée dans un bloc, a un canon très court, le corps est comme ramassé sur lui-même. Cf. Marguerite Rutten, *Les Arts du Moyen-Orient ancien*, Paris, 1962, pl. VI.

Dès l'époque protohistorique, on nous représente le chef de la cité recevant les ennemis capturés, dépouillés de tout vêtement, et attachés dans la position de chien de fusil, et les bras liés derrière le dos [210].

Depuis que Parrot a fait la comparaison entre la « stèle des vautours » et la « stèle de Naram-Sin » il devient difficile de ne pas traiter ces deux monuments en parallèle. La première, qui nous parvient en fragments, ayant été brisée depuis l'antiquité, commémore une victoire remportée par Eannatoum, *ensi* de Lagash, sur la ville voisine d'Oumma : elle associe l'art, l'histoire et la religion dans la commémoration d'un petit fait d'armes dont l'enjeu était une palmeraie fertile du nom de Gouédin [211]. Après la victoire, la stèle fut dressée à la frontière. Une des faces exalte le dieu patron Nin-Girsou qui enferme les ennemis du roi dans un filet. Au revers, les scènes concernent les combats du roi et de son armée [212].

Ce petit incident de frontière nous a valu une stèle commémorative du plus haut intérêt psychologique. D'abord, elle devait terroriser le vaincu, lui rappeler les graves inconvénients qui sanctionnent les empiètements de frontière. Mais par opposition aux stèles pharaoniques, qui, nous l'avons vu, ne laissent en scène que le pharaon vainqueur, ici, le roi Eannatoum est en tête de sa phalange rangée en bataille à l'abri de larges boucliers rectangulaires et qui piétine les cadavres des ennemis. L'artiste pour donner une impression de multitude a représenté leurs lances les unes audessus des autres en six rangées ; l'effet produit dégage un symbole de force puissante. Mais ici, le roi est de la même taille — ou presque — que ses soldats, « premier entre ses pairs », alors qu'au contraire sur l'autre face, le dieu Nin-Girsou est peut-être dix fois plus grand que les ennemis qu'il tient enfermés dans son célèbre filet. Donc l'artiste connaissait parfaitement le principe de « l'échelonnement hiérarchique ». Mais ici, il joue pour le dieu et non pour le roi : voilà Sumer des cités-états. Au sommet de la stèle, une harde de vautours emporte les corps déchiquetés.

Avec la stèle de Naram-Sin, fils de Sargon, nous sommes en plein empire sémitique [213]. Elle commémore une victoire dans les montagnes

---

210. S. Moscati reproduit p. 75 un cylindre d'Uruk. Cf. H. Frankfort, *Cylinder-seals*, London, 1939, p. 23, fig. 6 (six), et un sceau de Suse (RA, 47, 1953, p. 27, fig. 3). Voir P. Amiet, GMA, planche 103, le thème de la victoire. Voir aussi deux saisissantes photographies représentant des prisonniers, dans *L'Histoire commence à Sumer*, fig. 11 et 12.

211. Reproduction de la « stèle des vautours », dans ANEP, fig. 298-302 ; dans A. Parrot, *Sumer*, Paris, 1960, fig. 157-178 ; dans Seton Lloyd, *L'art ancien du Proche-Orient*, Paris, 1964, fig. 50 ; dans G. Contenau, *Man. d'Arch. Or.* (= MAO), vol. I, fig. 351-352, avec une longue description, p. 479-484.

212. Pour donner un ordre de grandeur, rappelons que dans les années 5 ou 6 de son règne, Urukagina « mobilisera environ 350 hommes ». Cf. M. Lambert, dans RA, 59, 1965, p. 134.

213. Reproduction dans ANEP, fig. 309 ; dans G. Contenau, MAO II, fig. 469 ;

boisées d'Iran, représentées par une double montagne et un arbre. La vague montante de l'armée vers le sommet, la position dominante du roi, représenté en grande taille mais sans exagération, les ennemis culbutés, tout porte le regard vers le sommet où planent les emblèmes des dieux protecteurs [214].

Pour nous le roi Naram-Sin est celui qui a les pieds sur les vaincus, image du despote oriental, et avec lui on commence à mettre le déterminatif divin devant son nom [215].

Retenons que la symbolique royale a tourné à l'apothéose; le roi porte d'ailleurs la tiare divine à cornes [216]. Le rôle des dieux étant réduit ici à

---

une meilleure reproduction dans J. WIESNER, *L'Orient Ancien. Histoire de l'art*, Paris, s.d., fig. 13 ; dans M. E. MALLOWAN, *L'aurore de la Mésopotamie et de l'Iran*, Paris-Bruxelles, 1965, fig. 117 ; Seton LLOYD, *L'Art ancien du Proche-Orient*, fig. 71. La meilleure reproduction est cependant chez S. MOSCATI, *op. cit.*, t. XVIII.

214. G. CONTENAU écrit à propos de ce chef d'œuvre : « L'image de Naram-Sin, seul au sommet de la montagne, écrasant ses ennemis, profilée sur le ciel, presque en contact avec les symboles des dieux, est déjà presque celle d'un dieu ; elle a valeur d'une apothéose et nulle attitude ne pouvait mieux convenir à ces monarques qui faisaient précéder leur nom de l'idéogramme de la divinité et trouvaient place, après leur mort, dans le panthéon de leurs peuples. La stèle de Naram-Sin est quelque chose d'unique dans la sculpture sumérienne. Un siècle et demi tout au plus la séparent de la stèle des Vautours ; le progrès dans la technique est ce que l'on pouvait attendre ; au contraire, celui de la composition, la recherche du tableau, l'habileté avec laquelle l'artiste masque ses insuffisances sont d'un instinct supérieur ; la stèle de Victoire de Naram-Sin est un sommet de l'art sumérien et de l'art de tous les temps. Cette stèle, comme la plupart des monuments précédents, fut enlevée par Shoutrouk-Nahounté qui l'emporta de Sippar à Suse, et détruisit à peu près l'inscription sémitique qui s'y trouvait gravée. » Cf. *op. cit.*, p. 676.

215. Sur les sceaux, il est désigné comme un Dieu d'Agadé Na-ra-am-Sin [il] Agade. Cf. H. WINCKLER, *op. cit.*, p. 50, nº 18. La cruauté du despote vainqueur s'accentue dans des reliefs rupestres qui doivent être à peu près contemporains de Naram-Sin. Voir les reproductions de S. MOSCATI, p. 80-82, fig. 11, 12, 13. Ainsi dès leur berceau, les empires sémitiques reposent sur la force, leurs théologies en porteront le reflet. N. VON SODEN complètera ce tableau par la convoitise des richesses à Babylone : « Babylon Wünscht Gold, Assur Kriegsruhm und Macht », titre de l'un des chapitres de son livre : *Herrscher im alten Orient*, Berlin, 1954.

216. Voici les comparaisons d'André PARROT : « Que l'on compare cette stèle avec le monument des « Vautours » exposé au Louvre dans la même salle, et l'on saisira sur le vif, les deux manières, les deux esprits : d'un côté, la force puissante et massive ; de l'autre, la légèreté aérienne mais tout aussi efficace. Sur la première, la systématisation chronologique poussée à son plus haut degré, qui répond à un besoin de netteté et de précision. Avec la seconde, la fantaisie et la liberté. Chez les Sumériens, la méthode analytique ; chez les Accadiens, la synthèse immédiate et réussie, avec les seuls éléments essentiels et déterminants. Ces dix huit personnes du bloc de grès rose rappellent assez les vingt huit lances du tableau de Velasquez, « La Reddition de Breda », qui évoquent aussi tout une armée. Il n'y a que des génies pour réussir de pareils effets. Le sculpteur anonyme, qui sculpte l'épopée accadienne, en était un, un des plus grands de tous les temps. » Cf. *Sumer*, p. 177-178.

deux emblèmes, on dénote la nette tendance à la sécularisation qui sera assez caractéristique des Sargonides [217].

La renaissance sumérienne avec la IIIe dynastie d'Our qui se situe autour de 2100, va se caractériser à la fois par les tendances centralisatrices et la bureaucratie et par une apothéose royale portée aux extrêmes [218]. Nous retiendrons une stèle historique caractéristique de cette époque, l'immense stèle en calcaire blanc d'Ur-Nammu, du musée de Philadelphie [219].

Nous y retrouvons une série d'actes cultuels à l'occasion de l'attribution de la royauté par les dieux (Mallowan), avec l'octroi au roi par son dieu du bâton de commandement et du disque, symboles de la justice et du droit, et d'une corde, roulée en écheveau, avec laquelle le roi délimitera le temple. Nous avons aussi un sacrifice du taureau, la construction de la ziggourat, une scène de musiciens, et, malheureusement très endommagées, des scènes commémorant vraisemblablement les faits de guerre du roi. En définitive sont représentées : les activités du roi comme prêtre, vicaire du dieu, architecte et chef de guerre. Mais une fois de plus tout gravite autour de la personne royale et de la monarchie de droit divin, néanmoins on souligne aussi les diverses responsabilités royales.

Le célèbre « étendard d'Ur », qui n'est pas un étendard mais fut trouvé par L. Woolley dans une tombe dénommée « Tombe à l'étendard », nous représente en deux panneaux « guerre et paix » [220].

Comme littérature historique, Sumer ne nous a rien laissé comme œuvre d'ensemble. Mais néanmoins, nous disposons de la titulature royale, de listes et de généalogies royales et enfin d'épopées telles que celles de Gilgamesh ou celle d'Enmerkar et du Seigneur d'Aratta.

A l'importance déjà souveraine du nom en Orient s'ajoute ce que l'on convient d'appeler la titulature ou les épithètes royales. M. J. Seux nous a donné une enquête aussi exhaustive que possible sur « les qualificatifs qui présentent le souverain à la postérité, en tracent le portrait ou en font l'éloge, et qu'on peut appeler au sens large, titulature royale » [221]. Derrière

---

217. Cf. S. Moscati, *op. cit.*, p. 79.

218. F.M.Th. De Liagre Böhl, art. *Sumerer*, dans RGG, 3e éd., VI, col. 523-25. Cf. col. 525. Sur les excès bureaucratiques de cette époque, relevons avec A. Falkenstein les mentions de « scribes des bœufs », « scribes des ânes », « scribes de la farine », « scribes de la laine » et à la tête de la corporation des charmeurs des serpents un « charmeur de serpents en chef ». Cf. *La cité-temple*, p. 793.

219. Description et bonnes reproductions des détails avec reconstitutions dans G. Contenau, MAO, II, p. 774-781 avec les fig. 544 à 547 ; reproduction partielle dans ANEP, no 306 et d'une face de la stèle dans M.E.L. Mallowan, *L'Aurore de la Mésopotamie*, Bruxelles, 1966, p. 108, no 120. Pour les détails symboliques nous suivrons l'interprétation de ce dernier de préférence aux explications de G. Contenau.

220. Recommandons l'interprétation de M. E. L. Mallowan, dans *L'Aurore de la Mésopotamie et de l'Iran*, p. 86-87.

221. M.-J. Seux, *Épithètes royales akkadiennes et sumériennes* (ERAS), Paris,

cette titulature nous avons toute une théologie de la royauté. Du point de vue historique la titulature royale est l'une des meilleures portes d'entrée dans la mentalité mésopotamienne qui se révèle aussitôt comme une mentalité symbolique.

Dans le pays de Sumer, l'autorité aurait d'abord été détenue par l'assemblée (UNKIN) générale des habitants de la cité. Mais à l'époque des cités-temples, Falkenstein estime qu'il ne faut pas majorer l'importance de cette assemblée [222].

Si dans les principautés sumériennes le roi c'est « l'homme grand » LU.GAL [223], en Akkad on a très souvent l'*iššakku* [224], « le lieutenant » au sens étymologique [225].

1967. Ce livre d'érudition s'accompagne d'un véritable index des noms verbes et épithètes sumériens ou akkadiens qui composent ou accompagnent les noms royaux. Ce livre élargit les perspectives, limitées aux royaumes anciens, de William H. HALLO, *Early Mesopotamian Royal Titles* (= EMRT). New Haven, 1957. Abondante bibliographie dans les deux ouvrages. Pour l'ensemble des documents on cite toujours le recueil de F. THUREAU-DANGIN., *Les Inscriptions de Sumer et d'Akkad*, Paris, 1905 : traduction géniale.

222. « Bien que n'ayant guère à craindre la rivalité du clergé, le prince de la cité n'était pourtant pas ce qu'on est convenu d'appeler « un despote oriental ». Il ne faut pas oublier, en effet que la cité-temple sumérienne en faisait en premier lieu un administrateur des possessions terrestres des dieux. Par contre, je crois qu'il ne faut pas exagérer l'importance de l'« Assemblée » des citoyens libres (« unkin », appelée plus tard « pu-uh-rum », d'un terme emprunté à l'akkadien) : il s'agissait là d'une institution qui n'était guère un organe de contrôle et encore moins de commandement, mais qui exerçait probablement des fonctions consultatives. Dans cette « Assemblée des anciens de la ville », les choses devaient se passer à peu près comme dans le conseil des dieux dont la description s'inspirait certainement du modèle terrestre : dès que les dieux suprêmes, maîtres du destin, avaient prononcé leur sentence, toutes les autres divinités présentes répondaient aussitôt : « Ainsi soit-il ». Que dans le poème épique de la lutte de Gilgameš contre Agga de Kiš « l'assemblée des anciens de la ville » oppose, à l'appel funeste de Gilgameš au combat, une proposition de se soumettre, ne contredit guère notre opinion. Car, Gilgameš ne s'en tient nullement à l'avis du conseil : il fait aussitôt appel à la jeunesse de la ville et obtient son appui. » Cf. *La cité-temple sumérienne*, dans CHM, I, nº 4, (1954), p. 801. Sur Gilgamesh et Agga voir désormais Abraham MALAMAT, *Kingship and Council in Israël and Sumer*. A Parellel, dans JNES, XXII, 4 (1963), p. 247-253. Cf. p. 250-251.

223. Sur le « EN », cf. M. J. SEUX, ERAS, p. 396, avec toutes les références utiles. W. W. HALLO, EMRT, p. 122. Il y avait aussi des prêtresses EN, recrutées régulièrement parmi les membres de la famille régnante. Cf. A. FALKENSTEIN, *La cité-temple*, p. 796. Sur le rôle des femmes au temple, cf. p. 803. Sur le Lugal, cf. M.-J. SEUX, ERAS, p. 421 ; W. W. HALLO, EMRT, p. 123.

224. Cf. sur cette dernière distinction et ses limites, cf. M. LAMBERT, *art. cit.*, dans *La Bible et l'Orient*, p. 6.

225. A. FINET, *op. cit.*, p. 75. La traduction de ce mot *iššakku* a fait l'objet de recherches de la part de M.-J. SEUX : « Toute traduction du titre « iššakki Aššur » reste donc approximative ; mais celles de « Vicaire d'Aššur » ou de « Feudataire d'Aššur » expriment suffisamment la double idée de subordination au dieu et d'autorité sur la cité ou le pays pour qu'on puisse, au moins provisoirement, s'en contenter ». Cf.

De l'étude des listes royales, il résulte parfois que les années du règne sont des multiples de 60 [226].

Nous ne nous attarderons pas sur les généalogies des rois antédiluviens et postdiluviens, ni sur les durées respectives de leurs règnes fantastiques, ni sur les généalogies des dieux, dont la rédaction faisait l'une des principales occupations des scribes sacrés.

Sumer en dehors de l'épopée de Gilgamesh nous a livré un grand texte épique : la dispute d'Enmerkar, roi sumérien d'Uruk, avec le seigneur d'Aratta, ville des montagnes de l'Elam [227].

Nous essayerons de dégager les divers niveaux de cette épopée : le plan économique, l'arrière-plan historique, le genre littéraire aulique avec les jeux d'énigmes, la mythologie.

Le plan économique ressort très clairement : les gens de l'Elam échangeaient leurs métaux précieux contre du blé et de l'orge sumériens, mais les négociations économiques échouèrent probablement en raison des exigences inacceptables de Sumer, réclamant en plus des métaux, une soumission d'Aratta [228]. La parfaite vraisemblance de ces problèmes économiques est vérifiée par l'archéologie qui permet de supposer un intense trafic avec l'Iran méridional et même l'Inde [229].

Pour l'arrière-plan historique, nous voyons d'abord se préciser les lieux et motifs de la dispute et approximativement l'époque. Enmerkar est roi

---

Remarques sur le titre royal assyrien iššaki Aššur, dans RA, 59 (1965), p. 101-109 ; conclusion citée, p. 109.

226. Cf. RA, 51 (1957), p. 162 à propos de F. R. KRAUS, *Zur liste der älteren Könige von Babylonien*, dans ZA, n.s. 16 (1952), p. 29-60. On trouvera ces listes royales dans J.B. PRITCHARD, ANET, p. 265-266. Pour ce qui est des chiffres, notons que pour la population de Lagash et de ses environs on nous donne le chiffre de 36.000 âmes ; il s'agit là d'un chiffre rond note A. Falkenstein (3.600 × 10). Nous dirions plutôt d'un chiffre symbolique. Cf. *La cité-temple sumérienne*, CHM, I, nº 4, avril 1954, p. 790. — É. DHORME avait noté naguère que le comput des règnes se fait pour les premières dynasties ante- ou post- diluviennes en combinant le système sexagésimal et le décimal. Ainsi le premier roi d'Eridou règne 8 šar (= 8 × 3.600 = 28.800), le second règnera 1 ŠAR-U (= 3.600 × 10 = 36.000). Cf. *Recueil Dhorme*, Paris, 1951, p. 8 : cf. p. 14-26, 29-48.

227. S. N. KRAMER, *Enmerkar and the Lord of Aratta*, dans *Museum Monographs*, University Museum (1952). Voir comptes rendus dans RA, 47 (1953), p. 150-153. — *Syria*, 30 (1953), p. 137-143. OLZ (1953), p. 519-523 (L. Matous). — Traduction et analyse dans S. N. KRAMER, *L'Histoire commence à Sumer*, ch. III, La première « guerre des nerfs », p. 54 ss. — Maurice LAMBERT, *Le jeu d'Enmerkar*, dans *Syria*, 32 (1955), p. 212-221, et *Une énigme du roi d'Uruk, Enmerkar*, dans RA, 50 (1956), p. 37-39. — Raymond R. JESTIN, *Le poème sumérien d'En-Mer-Kar* (traduction), dans *Les Écrivains célèbres*, I, *L'Orient Ancien*, Paris, 1961, p. 63-74. A la page 187 il faut corriger une coquille (avant dernier alinéa). Il ne s'agit pas d'« Enmerkar, Seigneur d'Aratta », mais d'« Enmerkar et du Seigneur d'Aratta ».

228. Cf. M.E.L. MALLOWAN, *L'aurore de la Mésopotamie*, p. 19 et R. JESTIN, *op. cit.*, p. 63.

229. Voir là-dessus M.E.L. MALLOWAN, *op. cit.*, p. 22-23. Cf. p. 19-21.

d'Uruk et a besoin de ces métaux précieux pour construire ou embellir les temples, en particulier celui de la déesse Inini (naguère Innana), « experte en l'art des mots ». Voilà, pour le motif principal.

On peut encore préciser les lieux et les temps. Falkenstein a remarqué avec finesse que nous serions encore au stade où le palais n'est pas encore indépendant du temple [230]. Cette séparation semble un fait accompli avec l'époque des premières dynasties. On pourrait donc remonter au delà de 2500 av. J.-C. sans pouvoir préciser davantage.

Quant à une menace d'incursion élamite, nous savons sa vraisemblance par le récit d'une campagne de six cents Élamites contre le territoire voisin de Lagash au temps de la « stèle des vautours » d'Eannatoum, au XXVe siècle [231]. Le genre littéraire de ce poème épique qui se déroule à la cour d'Uruk se précise par le thème des défis royaux qu'ils s'adressent par messagers spéciaux, par l'unité d'action et de lieu, et par l'heureux dénouement de cette pièce dramatique lorsque la déesse Inini parvient à réconcilier les princes, ce qui permettra la construction du temple : « C'est pour la déesse Inini, Dame du ciel, qu'on amoncelle (toutes ces choses) sur le parvis d'Aratta » [232]. Il y aurait à relever aussi dans ce poème un certain génie de la répétition, telle une marée montante. Notons aussi que le messager d'Enmerkar s'adressant au roi d'Aratta et lui parlant d'Enmerkar lui dit : « *Ton père,* mon roi, m'a envoyé vers toi... »

Mais le sens profond de cette épopée, c'est évidemment un véritable chassé croisé d'intrigues mythologiques par dessus la tête des clients terrestres, les deux souverains. Remarquons que la déesse Inini est appelée « Sœur » par Enmerkar. D'ailleurs lui-même est fils du dieu Oud. Le Seigneur d'Aratta fait appel au dieu *Mer* alors que Doumou-zid prend le parti d'Enmerkar. Remarquons au passage un thème paradisiaque : « En ce temps-là... il n'y avait pas de serpent, il n'y avait pas de scorpion, il n'y avait pas d'hyène, il n'y avait pas de lion... » [233]. Remarquons aussi avec Inini le thème de la déesse conseillère.

---

230. Nous ne pouvons que renvoyer à la page érudite de son article *La cité-temple sumérienne*, p. 798. Sur le rôle ultérieur des temples, voir aussi le remarquable article de F. R. Kraus, *Le rôle des temples depuis la troisième dynastie d'Ur jusqu'à la première dynastie de Babylone*, dans CHM, vol. I, n° 3, janv. 1954, p. 518-545 (abondante bibliographie). Il donne de précieuses notations sur la symbolique des temples.

231. F. Thureau-Dangin, *Une incursion élamite en territoire sumérien*, dans RA, 6, (1905), p. 139-142.

232. Traduction de R. Jestin, *op. cit.*, p. 74, mais nous lisons « Inini ». Citons quelques remarques de M. Lambert : « Dans ce tournoi, la primauté va aux finesses des mots, aux roueries des définitions ; deux hommes luttent d'ingéniosité, s'enveloppent mutuellement de phrases à double sens, de requêtes impossibles ou de questions sans solution ; deux hommes qui sont deux rois, et qui, l'un et l'autre, sont soutenus par une divinité. » Cf. *Syria*, 32 (1955), p. 213.

233. R. Jestin, *op. cit.*, p. 65. J. Van Dijk a montré par ailleurs l'importance du

Par cet exemple, nous voyons déjà se mêler inextricablement la vie quotidienne, avec ses réalités économiques, les relations internationales avec leurs chantages et leurs menaces, la vie de cour avec ses jeux d'énigmes échangées par les rois, enfin les incidences mythiques mêlées à la construction d'un temple. Nous serions tenté d'y voir un spécimen d'histoire qualitative, nous voulons dire d'événements interprétés avec une mentalité symbolique. L'histoire est pour ainsi dire enrobée dans un excipient mythique.

L'épopée de Gilgamesh est la meilleure transition pour passer de Sumer aux Sémites. Car cette figure légendaire de Sumer a été surtout exploitée dans la littérature akkadienne, puis assyro-babylonienne, mais transmise aussi aux Hittites et aux Hurrites, à Canaan (Megiddo) et à Ugarit [234]. Comme l'Iliade et l'Odyssée, elle ramène les rapports des peuples (cités sumériennes, peuples barbares) à des rapports de héros, à des conflits interpersonnels, à des rivalités de chefs. Voilà un trait de mentalité primitive, de pensée sauvage.

Pour les biblistes le principal intérêt de cette immense épopée vient de l'assemblage d'une véritable tapisserie de motifs mythologiques, politiques, moraux, sapientiaux, sans cesse agrandie et enrichie par de nouvelles couleurs ou de nouveaux motifs [235]. La genèse littéraire de

---

motif « in illo tempore », (U_4-ri-a) dans les cosmogonies sumériennes auxquelles sont liées les fondations du temple. Cf. *Le Motif cosmique dans la pensée sumérienne*, p. 16-34.

234. Les traductions en sont très nombreuses : nous renvoyons à l'Introduction bibliographique de L. DE MEYER, dans *Gilgameš et sa légende. Études recueillies par* Paul GARELLI *à l'occasion de la VII*[e] *Rencontre Assyriologique Internationale*, Paris, 1960, p. 1-27 : cf. p. 24-27. Ajoutons la trad. de R. LABAT, dans *Les Écrivains célèbres*, Paris, 1961, p. 75-137.

Sur les rapports avec l'A.T., cf. A. HEIDEL, *The Gilgamesh Epic and Old Testament Parallels*, 3e éd., Chicago, 1958.

235. Voir un bon résumé récent de cette épopée dans Paul GARELLI, *L'Assyriologie*, Coll. *Que sais-je ?*, n° 1144, Paris, 1954, p. 92-95. A propos de l'épisode de la forêt des cèdres où veulent pénétrer Gilgamesh et Enkidu, il écrit p. 94 : « Il est possible que les cèdres aient joué un rôle symbolique. » Il pourrait y avoir encore bien d'autres symboles à dégager.

La première tablette commence par un éloge de la sagesse, disons de la sagacité exceptionnelle de Gilgamesh :

« Celui qui a tout vu [jusqu'aux confins] du monde policé,
[celui qui a to] ut su et qui a tout [connu],
[Gilgamesh, de toutes choses] également [a percé le mystère (?)].
[Il fut initié à la tota] lité de la sagesse universelle :
il vit les [choses se]crètes [et sut] ce qui (des hommes) reste caché.
Il apporta la révélation (des temps) d'avant le Déluge. » Cf. trad. R. LABAT, dans *Les Écrivains célèbres*, *op. cit.*, p. 75.

Puis on vante sa construction des remparts d'Ourouk (notons une inexactitude relevée par A. FALKENSTEIN. Le poète demande qu'on admire les remparts de briques cuites. — Or les fouilles démontrent qu'il n'y a pas de briques cuites dans le rempart

l'épopée de Gilgamesh nous paraît offrir un grand intérêt pour expliquer le processus des couches sédimentaires du Pentateuque et du livre de Josué autour d'une grande figure.

Le poème d'Agga et Gilgamesh semble favoriser de plus en plus la supposition que le héros du cycle légendaire de Gilgamesh fut originellement une figure historique [236]. S'il en était ainsi, nous aurions un cas typique de mythologisation d'une figure historique. La victoire de Gilgamesh sur Agga semble marquer la suprématie définitive d'Uruk sur la ville de Kish.

3. *L'Historiographie impérialiste d'Akkad et d'Assur.*

« Babylon wünscht Gold,
Assur Kriegsruhm und Macht. »
(VON SODEN)

« Toutes les folies des rois...
Les Achéens les paient. »
(HORACE) [237]

Après les siècles de démocratie sumérienne et de rivalités entre les cités, les empires sémites marquent l'avènement de l'impérialisme et inaugurent les grands cimetières de l'histoire [238]. Carcopino a défini

---

d'Uruk). Le poète révèle l'étendue de la *tyrannie* de Gilgamesh, son oppression vis-à-vis des hommes comme sa pratique du « jus primae noctis ». — D'où les plaintes incessantes de la population qui montent vers les dieux concernant « ce taureau fougueux ». Les dieux pour contrecarrer Gilgamesh créent sa réplique, le sauvage Enkidu, qui, après initiation par la hiérodule, va défier Gilgamesh. Après les défis, nous avons les travaux et exploits des deux héros. Mais avant d'aller défier le Géant Humbubå, l'assemblée des Anciens d'Ourouk met en garde Gilgamesh contre sa fougueuse témérité. Le héros ne tient aucun compte de ces conseils de prudence. Alors ils bénissent leur souverain et lui donnent d'ultimes conseils pour l'affrontement.

Sur le rôle de « l'assemblée », cf. V. KOROŠEC, *Gilgamesh vu sous son aspect juridique*, dans *Gilgamesh et sa légende*, p. 161-166 ; cf. 165-166. Voir aussi A. MALAMAT, *The Council, op. cit.* Ensuite l'épopée amalgame le thème de Tammuz, le mythe du déluge, les aventures d'Utnapištim, la quête de l'immortalité, la mort des héros, la méditation sur la mort, etc. Cet amalgame de religion, de politique et d'histoire restera caractéristique du génie sémitique.

236. Voir le texte dans ANET, p. 44-47 ; E. A. SPEISER, *Ancient Mesopotamia*, dans IHANE, p. 53. Labat parle de « souverain semi-légendaire de la cité sainte d'Ourouk », dans *Les Écrivains célèbres, op. cit.*, p. 188, W. G. Lambert, reste beaucoup plus prudent et ses raisons sont de poids : *Gilgameš in Religious, Historical and Omen Tests and the Historicity of Gilgameš*, dans *Gilgameš et sa légende*, Cah. du Groupe F. THUREAU-DANGIN, I. Paris, 1966, p. 39-52, cf. 51-52. Dans le même cahier, voir la publication par D. O. EDZARD d'un fragment de vase mentionnant très vraisemblablement un roi de l'époque : *Enmebaragesi, contemporain de Gilgameš, op. cit.*, p. 57. Voir un résumé du poème d'Agga et Gilgameš dans V. KOROŠEC, *Gilgameš vu sous son aspect juridique*, dans *Gilgameš et sa légende*, p. 165.

237. « Quidquid delirant reges plectuntur Achivi ». Cf. *Epist.*, I, II, 14.

238. A. PARROT, *Assur*, Paris, 1961, p. XI-XII. Cf. W. VON SODEN, *Herrscher im Alten Orient*, Berlin, 1954. Cf. P. GARELLI, *Les Assyriens en Cappadoce*, Paris, 1963,

l'impérialisme « cette manière de penser et d'agir d'un peuple qui prétend se subordonner les autres ».

Alors que le cosmos égyptien était calme, attirant et reposant, l'image cosmique mésopotamienne est celle du déluge, celle d'une terre de violence, d'abord celle des grands fleuves en lutte contre l'homme par leurs grandes eaux aux crues catastrophiques. Le Tigre, violent et capricieux, s'appelait alors « la flèche » (*Idiglat*) [239]. L'histoire mésopotamienne reflète cette atmosphère de lutte.

Le passage d'un personnage historique dans la légende est typique avec Sargon l'ancien, dont l'enfance légendaire a été connue de tout l'Orient, et qui demeure à travers tout le second millénaire un roi semi-mythologique [240]. Néanmoins ses expéditions en Asie Mineure, qui nous arrivent par l'épopée connue sous le titre « le roi du combat » (*šar tamhari*) paraissent mériter mieux qu'une attitude hypercritique [241]. Avec ce texte s'inaugure un style de cour qui accumule les obstacles et les difficultés pour mieux souligner le rôle du roi sauveur qui dénouera la situation [242].

La politique impérialiste inaugurée par Sargon se maintient avec son fils Naram-Sîn, qui prend le titre de « roi des quatre régions » et inscrit devant son nom le déterminatif divin [243].

L'époque de Sargon et de Narâm Sîn est la première aux yeux de Speiser à se trouver sous la pleine lumière de l'histoire. Le résultat des conquêtes, de l'Élam à l'Anatolie, est désormais fixé sur des statues, des stèles, ou des temples. Suse, Assur, Ninive, Diyarbékir et autres lieux tombent sous les faisceaux de l'histoire [244].

---

p. 363 ss. ; J. R. PALANQUE, *Les impérialismes antiques*, Coll. *Que sais-je ?*, n° 32, Paris, 1948. Voir chap. I et IV ; cf. aussi p. 9-12.

239. Pour l'opposition de ces deux civilisations, cf. Th. JACOBSEN, *Mesopotamia*, dans *The Intellectual Adventure of Ancient Man*, Chicago, 1946, p. 62 ss. ; repris dans *Before Philosophy*, (Pelican Book), 1949, 71 ss.

240. Tel est bien l'avis de L. OPPENHEIM, *Ancient Mesopotamia*, Chicago, 1964 p. 151.

241. Voir les saines réactions de P. GARELLI, *Les Assyriens en Cappadoce*, p. 49. Cf. E. DHORME, dans RB, 1924, p. 19 ss.

242. Sargon s'intitule lui-même « casseur de tête d'Élam... ». Cf. *Recueil Dhorme*, p. 68. Ailleurs il mate une révolte au pays de Sumer et fait disparaître même « tout gîte d'oiseau ». *Ibid.*, p. 77. Son fils Naram-Sîn symbolisera toute la campagne de Sargon contre Sumer par la prise d'une seule ville. Il loue son père qui « détruisit Ur et donna la liberté au peuple de Kish ». La ville d'Ur eut ses murs rasés au sol. Pour une liste des actions offensives du roi au sujet des ennemis, cf. M. J. SEUX, dans ERAS, 1957, p. 24, et la liste n'est pas exhaustive ; cf. p. 22-23 et passim.

243. Sur cette formule : *šar kibrāt (im) arba'im*, cf. M.-J. SEUX, *Les titres royaux « šar kiššati » et « šar kibrat arba'i »*, dans RA, 59 (1965), p. 1-18. L'expression signifie « quatre rives » et vise les limites extrêmes du monde conçu comme un disque entouré d'eau, donc l'univers. Cf. p. 14.

244. Cf. E. A. SPEISER, *Ancient Mesopotamia*, dans IHANE, p. 54.

Les exploits de Narâm-Sîn, qui, de son vivant, se fait appeler « dieu d'Akkad », sont racontés dans ce qu'on a appelé la légende cuthéenne. Ici encore est mis en évidence le *topos* des situations désespérées que le roi redresse [245]. Ailleurs, sur une statue, il se vante d'avoir défait neuf expéditions en une année [246]. Mais le bilan de cette époque créatrice ne se ramène pas aux communiqués militaires. Déjà nous avons vu plus haut quel chef-d'œuvre est la stèle triomphale de Narâm-Sîn. Avec cette dynastie d'Akkad, c'est la fusion de deux peuples et de langues en une seule culture mésopotamienne. Voilà ce qui ressort d'une analyse approfondie des documents. Speiser, à juste titre, souligne que l'expérience du bilinguisme fut à tous points de vue élargissante (a broadening experience in many ways). Elle impliquait en effet une victoire sur l'esprit de clocher (parochialism), une capacité de tolérance et un certain universalisme. De ce fait, la culture ne fut ni sumérienne ni babylonienne, mais véritablement mésopotamienne. Voilà incontestablement une des nobles victoires de l'histoire ancienne. L'histoire-bataille avait un peu trop négligé jusqu'à présent cette histoire des mentalités. Avec Akkad il y a désormais une mentalité mésopotamienne, avec des prédominances sumériennes dans la religion et l'art, mais l'esprit d'organisation, de discipline et d'entreprise, qui feront la force des empires assyro-babyloloniens, leur valurent les meilleures armées de l'Orient ancien et les plus prestigieuses capitales. Et quand on juge de leur agressivité militaire, il faut se souvenir des leçons de la géohistoire. Un pays aussi prospère, et sans frontière naturelle, encerclé de déserts et de massifs montagneux, ouvert aux hordes asiatiques, était contraint, par la nature des choses, à être perpétuellement harcelé et donc toujours sur pied de guerre. La mentalité militaire assyrienne est aussi explicable que celle des Allemands. Qui s'étonnera alors que la guerre et la chasse aient été les grandes industries royales et les sources de l'iconographie assyro-babylonienne. C'est trop connu pour que nous y insistions, mais l'impact de la géohistoire sur une mentalité nous paraît ici un des exemples les plus décisifs. Cependant le fort coefficient religieux de cette idéologie reste indiscutable.

Parallèlement aux glorieuses représentations du roi vainqueur, les rois d'Assur, tout en se donnant le titre de « rois » et même de « rois de l'univers », continuent à se dire « vicaires du dieu Assur ». En sens inverse, on constate souvent et pendant une longue période que tel dieu ou telle déesse sera nommé « roi » ou « reine » de la cité [247].

245. L. Oppenheim, *Ancient Mesopotamia*, p. 151.

246. Statue A, trouvée à Suse, publiée et traduite par V. Scheil, Le texte est reproduit dans F. Thureau-Dangin, *Les Inscriptions de Sumer et d'Akkad*, p. 239-240.

247. E. A. Speiser, *op. cit.*, p. 42-43.

Déjà pour Sumer, on connaît l'apostrophe célèbre de Gudéa à une statue : «statue dis à mon roi...», où le roi est évidemment le dieu [248]. En somme, on pourrait trouver la formule exacte dans une vieille expression assyrienne « Assur est le roi ; Irishum est le vicaire (*iššakku*, toparque) d'Assur » [249].

« Lorsque la royauté descendit du ciel... » Cette phrase inaugurale des listes royales suffirait à rappeler le rattachement de l'histoire au mythe et à souligner son sens religieux. Celui-ci s'affirme encore davantage dans le fait que les inscriptions, les plus longues et les plus explicites, étaient parfois enfouies dans les substructures du temple ou du palais, loin des regards humains, ce qui fait supposer qu'elles étaient réservées aux dieux [250]. Seules un petit nombre, au dire d'Oppenheim, semblaient destinées à être lues du public, mais cette affirmation échappe-t-elle à l'exagération ?

Dans la perspective que nous avons choisie, il faudrait faire place ici à deux développements. L'un concernerait le rôle des oracles dans la politique mésopotamienne. L'autre les « lettres » adressées par les rois à la divinité. Mais notre propos n'est pas là [251].

Il faut parler de ce qu'on pourrait appeler le miroir déformant du style de cour. Comme l'a bien vu Oppenheim, les poètes de cour créent pour le roi sa propre image, un « miroir du roi » selon les thèmes de l'héroïsme et de la piété : ils le montrent dans leurs poèmes tel qu'il désire se voir lui-même [252]. Une telle mentalité se propage depuis les rois d'Ur jusqu' aux rois chaldéens.

Une certaine diversification littéraire apparaît cependant dans la présentation. Les rois de la dynastie d'Hammurapi énumèrent les bénédictions qu'ils espèrent en échange de leur piété. Au contraire, les rois chaldéens, — sauf Nabopolassar, — évitent de mentionner ennemis ou victoires. Nabonide inaugure un nouveau style : il anime les inscriptions avec des dialogues où des dieux, des prêtres, des rois défunts, et des artisans interviennent, et Samsuiluna fait état de dieux célestes qui parlent à son sujet. Lorsque Assurbanipal se vante de sa culture autant que de son art militaire, il ne fait que reprendre un vieux *topos* sumérien,

---

248. Gudea Statue B, VII, 21 ss. Cf. F. THUREAU-DANGIN, *Les Inscriptions de Sumer et d'Akkad*, p. 112-113. — H. FRANKFORT, *La royauté et les dieux*, p. 390.

249. Cf. M. J. SEUX, dans ERAS, p. 113. L'auteur donne les références aux p. 110-116.

250. L. OPPENHEIM, *Ancient Mesopotamia, op. cit.*, p. 147, E. CHIERA, attestait déjà l'usage d'insérer même des cylindres ou polygones écrits dans les pierres d'angle des palais royaux ; on en conservait d'autres copies dans les bibliothèques royales. Cf. *Les Tablettes babyloniennes*, p. 100.

251. Nous renvoyons aux histoires des religions et à M. J. SEUX, dans ERAS : Le roi et les dieux, p. 19-20 ; la piété du roi, p. 20-22.

252. L. OPPENHEIM, *Ancient Mesopotamia*, p. 149.

ce qui prouve la vivace continuité de la tradition littéraire à travers les millénaires [253]. Olmstead a établi depuis longtemps que l'historiographie assyrienne est l'une des branches les plus fécondes de leur littérature et peut-être leur principale originalité [254]. La forme la plus usuelle s'inspire du désir des rois de commémorer non pas tant leurs exploits à la guerre que leurs constructions en faveur des dieux [255]. Cependant, la tendance des fastes royaux est en toutes circonstances d'exalter le monarque.

Les annales sont loin d'être toujours dignes de la confiance d'un historien. Ainsi quand le roi est présenté dans la même armée faisant la guerre dans des régions manifestement opposées de son empire, il est non moins manifeste qu'on lui attribue les exploits d'un général, à moins que l'on ne puisse le suspecter d'être resté à la maison [256]. C'est ce qu'on devra généreusement supposer avec un Assarhaddon, malingre de corps et faible de caractère, assez superstitieux pour rester désemparé par des éclipses de lune et cherchant son salut dans le rite antique du substitut royal des cent jours [257]. Isaïe atteste que l'expédition d'Ashdod fut menée par le *Tartan*, quelque chose comme notre premier ministre. Un document comme le rêve d'Assurbanipal révèle qu'il était un dégénéré enclin aux frayeurs et sans la résistance nécessaire pour prendre part aux campagnes avec les généraux dont il usurpe donc les victoires. Le principe du « Cesar pontem fecit » a donc été poussé au maximum par l'historiographie assyrienne.

Nous n'entrerons pas dans les innombrables variantes entre documents sinon pour signaler sous Sargon II, que l'on passe à des exagérations presqu'insurmontables par additions de zéro [258]. Ces exagérations sont d'autant plus intentionnelles que des scribes établissaient immédiatement

---

253. L. Oppenheim, *ibid.*, p. 149-150.

254. A.T.E. Olmstead, *Assyrian Historiography*, dans *The University of Missouri Studies. Social Science Series*, vol. III, NR 1, 1916. Seul le premier chapitre consacré aux historiens assyriens et à leurs écrits a vraiment de l'intérêt pour le bibliste. Les chapitres suivants sont de sèches et interminables comparaisons sur les valeurs respectives des différents documents sur un même règne. Ceci concerne avant tout les assyriologues.

255. *Op. cit.*, p. 2.

256. *Op. cit.*, p. 7.

257. Cf. W. von Soden, *Herrscher im Alten Orient*, Berlin, 1954, p. 124-126.

258. A. J. P. Olmstead, *op. cit.*, p. 7. — Rappelons-en quelques-unes. Pour la bataille de Qarqar, les chiffres de tués varient à peu près du simple au double suivant les documents ; on a 14.000, 20.500, 25.000 et 29.000. — Cf. A.T.E. Olmstead, p. 8, Un butin de 1.235 brebis devient 100.225. Cf. F. Thureau-Dangin, *La huitième campagne de Sargon*, qui précise : Annales de Sargon : 3 villes fortes + 24 villages ; 140 villages. Fastes : 20.170 hommes. Texte de Sargon : 12 villes fortes et 84 villages ; 146 villages. Texte de Sargon : 6.110 hommes (Texte du Louvre). — La huitième Campagne, *op. cit.*, p. 68-69, nº 4, de la p. 68. — Sennachérib aurait ramené 200.150 prisonniers. Olmstead en envisage 150.

le bilan des morts et du butin comme l'attestent — entre autres — une peinture de Til Barsib (Tell 'Ahmar) et un bas-relief de Ninive, où l'on voit chaque fois deux scribes, l'un avec une tablette, l'autre avec un rouleau, assurer ces dénombrements [259]. Parfois le scribe a diminué les chiffres de son original, tel celui des Annales de Sargon. Parfois, on ajoute un détail tel que le suicide du roi arménien Rusah, qui « avec sa propre dague de fer, comme un porc il perça son cœur et termina sa vie » [260].

Avec Georges Smith, on relève un certain mépris de la chronologie [261]. On ne saurait donc parler d'une historiographie rigoureuse, mais bien plutôt d'une chronographie royale, militaire et religieuse [262].

Quant à la philosophie de l'histoire qu'on rencontre dans l'historiographie assyro-babylonienne, elle nous paraît avoir été parfaitement définie par Godefroid Goossens, comme une interprétation ondulatoire

---

259. Voir les reproductions dans ANEP, n°s 235, 236, avec les notices afférentes et la bibliographie du sujet. Voir aussi le n° 367. — Le rouleau devait être en cuir, utilisé également, nous l'avons vu, en Égypte, ainsi qu'en Iran. En Anatolie, on utilisait le bois. — L'importance de ces scribes avait déjà été relevée en 1896 par Aurèle Quentin, dans son livre, dépassé, mais fort suggestif pour l'époque, *La Religion d'Assurbanipal, 667-647 av. J.-C.*, Paris, 1896.

Pour les scribes assyriens, écrivant sous la dictée, cf. E. Chiéra, *Les tablettes babyloniennes*, Paris, 1940, pl. XXIII, b.

260. A.T.E. Olmstead, *op. cit.*, p. 42 ; cf. p. 7.

261. *Ibid.*, p. 56. Voir sur la chronologie « condensée », V. Scheil, *Le prisme d'Assaraddon*, Paris, 1914, p. 44. Lire les excellentes remarques méthodologiques de G. Goossens, sur la chronologie de l'Asie Occidentale ancienne, dans *Histoire Universelle*, I (Encyclopédie de la Pléiade (= HU, I)), Paris, 1956, p. 297-300. Goossens montre comment notre chronologie est assurée jusqu'en 911 av. J.-C. Entre 900 et 1500, le cœfficient d'erreur possible est d'environ 5 ans. On ne peut plus donner trop de créance aux dates antérieures à 1500.

262. Voici l'opinion de G. Moscati : « On ne saurait parler d'une historiographie babylonienne ou assyrienne au sens d'une évaluation critique des événements ; ce qu'on possède s'apparente plutôt à une chronographie, c'est-à-dire une exposition en série des titres et campagnes militaires des rois. » Cf. S. Moscati, *Histoire et Civilisation des peuples sémitiques*, Paris, 1953, p. 88.

Pour d'autres appréciations de l'historiographie assyro-babylonienne, renvoyons le lecteur à H. Güterbock, *Die historische Tradition und ihre literarische Gestaltung bei Babyloniern und Hethitern bis 1200*, dans ZA, 42 (1934), p. 1 ss. ; t. 45 (1937), p. 45 ss. — S. Mowinckel, *Die vorderasiatischen Königs- und Fürsteninschriften*, dans *Gunkel Festschrift*, 1923, p. 278-322. — Louis Delaporte, *La Mésopotamie* (coll. Évolutions de l'Humanité), Paris, 1923, p. 378-383. — W. A. Irwin, *The Orientalist as Historian*, dans JNES 8 (1949), p. 298-309. — J. A. Brinkman, *Recenti sviluppi in tema di storia assira*, dans *Bibbia e Oriente*, 4, 1962, p. 7-16. — B. G. Bundage, *The Truth of Clio. A résumé and Interpretation of Ancient Near Eastern Historiography* (Teachers of History ed. by Stuart Hughes), 1954, p. 199-230. — R. Borger, *Einleitung in die Assyrischen Königsinschriften*, dans *Handbuch der Orientalistik*, t. I, Leyde, 1961. C.-R. (Dhorme), dans RA, 57, (1963), p. 155-158.

de l'histoire, où les périodes de prospérité et de revers alternent selon que le souverain jouit ou non de la faveur divine. Goossens estime que cette conception remonterait à la dynastie d'Agadé, et à l'opposition entre Sargon et Naram-Sîn, l'un roi heureux, l'autre figure tragique. Le péché provoquant la colère divine fut longtemps considéré comme une faute rituelle. L'aspect moral des choses n'apparaîtrait qu'au VIIe-VIe siècle avant notre ère. Tout cela nous paraît avoir été fort bien étudié et ce n'est pas directement notre objet [263].

Sur l'impact historique d'une épopée divine, nous avons à tenir compte de l'interprétation du mythe d'Irra. Ce dieu de la peste, de la tempête et de la guerre est un *alter ego* de Nergal, dieu des enfers, chargé de punir les méchants par la peste, la guerre, la famine et la maladie, ce qui constitue d'excellents moyens pour peupler son royaume infernal. Irra apparaît dans le code d'Hammurapi comme le dieu de Kutha, cité vénérant Nergal dans un temple qui lui était dédié.

Dans le poème d'Irra, tous les malheurs surviennent à Babylone parce que Marduk a été momentanément contraint de descendre aux enfers pour y chercher des matériaux précieux et des artisans qualifiés, en vue de réparer ou de remplacer ses parures. Après s'être déchaîné, Irra, apaisé — on ne sait pourquoi — par son bon vizir Isum, Irra finit par prononcer des bénédictions sur Babylone et lui annoncer un bonheur prochain.

Avant de rentrer dans les essais d'interprétation du mythe, retenons un point d'accord qui ressort du texte lui-même. L'épopée est un talisman contre la peste pour celui qui en possède le texte [264]. C'est probablement ce qui a valu à cette épopée d'être parfois mieux attestée que la grande épopée de Gilgamesh, comme c'est le cas dans la bibliothèque de Ninive [265].

Ce qui est nouveau c'est l'interprétation historicisante de ce mythe, dans lequel on avait vu naguère un mythe astral, puis une sorte d'oracle messianique. Oppenheim et Gössmann cherchent désormais l'impact historique. Le premier envisagerait le sac de Babylone par le roi élamite Šutruk-Naḫunte au XIIe siècle av. J.-C., le second au contraire est décidé pour le sac et l'incendie de Babylone par l'assyrien Sennachérib en 689 av. J.-C. [266].

---

263. G. GOOSSENS, *La Philosophie de l'Histoire dans l'Ancien Orient*, dans *Sacra Pagina*, I, p. 242-252 ; voir plus spécialement p. 244-246.

264. P. F. GÖSSMANN, *Das Era-Epos*, Würzburg, 1955, p. 61. — Cf. L. OPPENHEIM, *op. cit.*, p. 235 ; cf. p. 268.

265. L. OPPENHEIM, *op. cit.*, p. 256.

266. L. OPPENHEIM, *Ancient Mesopotamia*, p. 268. — P. F. GÖSSMANN, *Das Era Epos*, p. 89. — W. G. LAMBERT, dont on sait la grande autorité, envisage donc une solution différente pour l'arrière plan historique des raids de hordes Sutû, et plus précisément le règne du roi Adad-Apal-iddina (milieu du IIe millénaire) et la rédaction du poème vers 900 sous le règne de Nabû-Apal-iddina. Cf. AfO, 18 (1957-1958), p. 398 et 400.

Nous n'avons pas compétence pour trancher entre ces deux opinions mais la seconde nous paraît la plus vraisemblable. On voit ainsi comment le mythe véhicule parfois toute une interprétation de l'histoire et parfois sert d'excipient à un écrit de propagande. On sait ainsi que von Soden a proposé d'envisager des textes autrefois interprétés comme une mort et une résurrection de Marduk (Zimmern et autres) comme un écrit de propagande destiné à justifier le sac de Babylone par Sennachérib à l'aide d'un mythe où Marduk est condamné par les autres dieux. C'est une manière politique très habile d'éviter un mouvement d'opinion trop défavorable à Sennachérib dans un pays où Marduk ne manque pas d'adeptes [267].

Assarhaddon expliquera les choses à sa manière pour reconstruire le temple et la ville de Babylone. Il expliquera que la colère de Marduk contre Babylone était due aux péchés de ses habitants et que de ce fait, Marduk avait prévu un châtiment de 70 ans, mais pris de pitié, il retourna la tablette du destin portant le chiffre 70 et lisant alors 11 il réduisit la période de l'expiation à cette durée [268].

Ne quittons pas la Mésopotamie sans signaler encore des activités symboliques. Une tradition babylonienne rapporte que Sargon l'Ancien, fondateur de la dynastie d'Akkad, détruisit Babylone et emporta un peu de sa terre sainte dans sa propre capitale Akkad [269]. Ajoutons l'habitude de jeter du sel et de semer du cresson sur une ville vaincue ; c'est ce que fit pour Suse Assurbanipal.

Un autre trait significatif de l'Asie Occidentale, c'est le perpétuel transfert de statues divines. Ainsi, à la suite d'un transfert de statues divines d'Élam à Babylone, les affaires d'Hammurapi se gâtèrent. Les devins conseillèrent de réintégrer les statues chez elles [270]. L'histoire mésopotamienne est remplie de cas analogues jusqu'à Nabonide.

---

267. W. VON SODEN, *Gibt es ein Zeugnis dafür, dass die Babylonier an die Wiederauferstehung Marduks geglaubt haben ?* dans ZA, 51, n.s. 17 (1955), p. 130-166. — Jean KŒNIG rappelle opportunément que la chose a déjà été perçue aussi par le professeur DE LIAGRE BÖHL, dans *Opera Minora*, p. 271 s. Cf. RA, 51 (1957), p. 165. Sur le rôle de l'opinion publique en Orient, cf. RA, 58 (1964), nos 2 et 4.

268. On ne saurait trouver meilleur exemple d'histoire qualitative. Cf. G. GOOSSENS, *La Philosophie de l'Histoire dans l'Ancien Orient*, p. 246, avec toute la bibliographie afférente à la note 3, concernant le prisme de Babylone, 4, 10.

269. E. UNGER, *Babylon*, p. 26, cité par PARROT, *Babylone*, Neuchatel-Paris, 1956, p. 52.

270. Texte dans L. W. KING, *The Letters and Inscriptions of Hammurabi*, I, Londres, 1898, no 45. — Rappelons quelques cas éminents : Mursil qui emporte le butin et les statues de Babylone. Il emporte le butin jusqu'à Hattusa, sa capitale mais laisse les statues à Hana, sur les bords de l'Euphrate, en pays sémitique, où cela avait probablement plus d'effet qu'en terre hittite ; le roi élamite Šutruk-Naḫunte, destructeur de Babylone, qui emmène la célèbre stèle triomphale de Naram-Sîn, le code d'Hammurapi, et toute une collection de kudurrus cassites en Élam.

A côté des transferts de statues, nous aurions à mentionner les inscriptions des rois vainqueurs sur le rocher des pays conquis. Encore un trait de mentalité symbolique.

C'est devenu un bien commun chez les historiens que Nabonide, entre autres originalités, se passionnait pour l'antiquité, et on a supposé un roi archéologue, le premier antiquaire connu. G. Goossens dans une communication au XXIe Congrès des Orientalistes, à Paris, en 1949, a tenu à rétablir un peu les faits et à tempérer ces conclusions [271]. D'abord il n'est pas l'unique de l'espèce, car ces caractères sont ceux d'une époque ; ils se retrouvent chez Nabopolassar, Neriglissar et Nabuchodonosor. Ensuite, il ne s'agit aucunement d'une passion archéologique ou d'un souci désintéressé du passé historique, mais d'un acte de ferveur religieuse pour retrouver le *temenu*, l'ancien texte de fondation qui garantit l'endroit où doit s'élever le temple à reconstruire, sous peine d'impiété grave en cas de négligence. Ce *temenu* peut-être un cône, un cylindre, une tablette. On a parfois un dépôt de fondation avec tablettes en or [272]. Le *temenu* étant chose sainte, sa découverte résulte de consultations appropriées, à savoir: vision, rêve ou divination. Lorsqu'on découvre enfin le *temenu* il est l'objet de vénération ; on lui offre libations et sacrifices [273]. Par delà les rites, nous voyons ici d'une part, l'importance des espaces sacrés et, d'autre part, la valeur de la tradition ou des objets sanctifiés par la tradition [274].

---

271. G. Goossens, *Les recherches historiques à l'époque néo-babylonienne*, dans *Actes XXIe Congrès des Orientalistes, 1948*, Paris, 1949, p. 144-146. Le texte intégral dans RA, 42 (1948), p. 149-159.

272. « Le *temenu* est l'ancien texte de fondation qui rend authentique la construction d'un Temple. Son antiquité peut être toute relative, il suffit que le texte ait été déposé par le prédécesseur du roi, mais elle est indispensable, car d'autre part, pour désigner son propre texte de fondation, un roi ne parle pas de *temenu* mais de *šiṭru*. L'âge seul justifie cette différence dans le vocabulaire, puisque tout comme l'ancien *temenu*, le nouveau *šiṭru* est un *musaru*. » Cf. p. 50.

273. Sur cette notion de *temenu* sacré, cf. E. Dhorme, *Les Religions de Babylone et d'Assyrie*. (Coll. Mana), Paris, 1949, p. 183-185. Voici ce qu'il écrit à ce propos, p. 185 : « Le rôle du texte de fondation avait fini par rendre sacré l'objet sur lequel il était inscrit. Sennachérib s'adresse ainsi au *temenu* de l'Akitu d'Assur : « Toi, ô *temenu*, au sujet de Sennachérib, roi d'Assur, amant de la justice, auteur de la statue du dieu Assur, bâtisseur de sa belle maison, parle ainsi au dieu Assur : Avec Assur et l'É-shár-ra que se multiplient ses rejetons ! Que ses enfants, ses petits-enfants demeurent avec les humains à jamais ! » Ainsi l'argile enfoui intercède pour la famille royale, même après la mort du fondateur. Le jour où les assises du temple sont posées et où le *temenu* est déposé devient un jour faste. Dès lors, s'il faut en croire le cylindre A de Gudéa, les champs sont fertiles, la sécheresse est conjurée, l'huile et la laine surabondent, le vent de la montagne apporte le souffle de vie. » Sur une découverte de temenu, cf. Éd. Chiera, *Les Tablettes babyloniennes*, Paris, 1940, pl. XVI.

274. Rien de plus caractéristique que le grand cylindre de Sippar II, 41-II, 21, où Nabonide clame sa fierté d'avoir retrouvé le temenu de Naram-Sîn « après trois mille

Les clous et figurines de fondation qui veulent perpétuer dans les murs des temples la piété des rois constructeurs sont encore des documents historiques du type symbolique, comme on l'a récemment mieux reconnu, à la fois souvenir du roi et symbole de fécondité pour l'avenir [275].

Par delà les temples, ces « hauts-lieux de la symbolique », les Mésopotamiens ont été jusqu'à prêter un destin aux simples briques [276].

En soulignant ces caractères symboliques nous ne sommes pas aveugles sur les tendances à l'abstraction qui se manifestent dès Sumer, soit lorsqu'on accordait un nombre aux dieux, soit avec l'hypostatisation de certaines fonctions. Mais ces caractéristiques importantes ne constituent pas notre objet présent, il nous suffit d'y reconnaître une composante dans les forces de la civilisation mésopotamienne [277].

La Mésopotamie nous laisse avec les empires sémites une historiographie développée mais nettement orientée dans le sens d'une politique impérialiste et parfois despotique, tournée vers l'éloge du roi, et sortant rarement du cadre de la dynastie régnante. Les autres peuples y sont présents à titre d'ennemis du dieu et du roi. Le principal mérite de ces historiographes de cour ou de propagande serait d'avoir reconnu aux vicissitudes de leur propre histoire des causes morales et de n'avoir pas réduit leurs dieux à l'arbitraire. Heureusement qu'une longue tradition juridique héritée des Sumériens vient corriger ce que ce tableau aurait d'un peu sombre et surtout d'injuste si l'on se cantonnait dans la seule considération des bilans de guerre, des constructions munificentes ou des

---

deux cents ans ! » fait-il écrire. Lire le texte dans Ch. JEAN, *Le Milieu Biblique*, vol. II : *La Littérature*, Paris, 1923, p. 393-395.

275. Voir ces clous d'argile en place, fichés dans le mur à des intervalles d'environ un mètre, E. CHIERA, *op. cit.*, pl. XV, cf. p. 99 ; E. DHORME, *op. cit.*, p. 185-187. Jacques BERNOLLES a renouvelé l'interprétation symbolique de ces clous dans un article qui pourrait faire date du point de vue méthodologique : *Quelques considérations anthropomorphiques sur les 'clous' et les anneaux de fondation*, dans RA, 52 (1963), nº 1, p. 1-20. Il conclut, à partir de nombreuses analogies ethnologiques, à un caractère initialement phallique de cet appareil pointu pénétrant ; conjointement, complémentairement, faudra-t-il insister sur le caractère féminin de ces cercles que précisément le clou pénètre… (l'acte correspondant) n'a-t-il pas un caractère divin, de toute puissance contre l'oubli, contre l'arrêt de la race, contre ce qui serait sa stase et sa mort ?… (Cet acte majeur) devait assurer à leur demeure, à leur ville devenue centre du monde, une étonnante sécurité, une pérennité remarquable. » Cf. p. 19-20.

276. L'E-Ninnû (temple de Lagaš), à la brique sacrée duquel Enlil a assigné un bon destin ». F. THUREAU-DANGIN, *Les Inscriptions*, p. 174-175 ; Cylindre B de Gudéa, col. I, 3. Parfois, c'est le roi lui-même qui profère la formule : « Par le temple [ ] ; le Roi fut réjoui. Les briques de l'E-Ninnû, il fixa leur destin : « Qu'elles soient douées d'un bon destin ! Que les briques de l'E-Ninnû (temple de Girsu, sur le territoire de Lagaš) soient douées d'un destin ! Qu'elles soient douées d'un bon destin. » Cf. *ibid.*, p. 196-197, col. XX, 14-19.

277. Lire J. BOTTÉRO, *La religion babylonienne*, Paris, 1952, p. 60 ss.

déportations de peuple. Mais de Sargon d'Akkad à Sargon II, vainqueur de Samarie, la démythologisation du roi n'a avancé qu'à pas feutrés. Les images de guerre et de chasses de l'art assyrien donnent raison à Jérémie :

« Israël était une brebis égarée
que pourchassaient des lions.
Le premier qui le mangea fut le roi d'Assur
et celui qui le dernier le désossa,
ce fut Nabuchodonosor, roi de Babel »
(*Jer.*, L, 17) [278].

Il a manqué seulement à d'autres peuples d'avoir trouvé de pareils chantres.

4. *Les Hittites et les traités d'alliance internationaux.*

Les Hittites n'étaient pas méchants ; sans la Bible, on les aurait oubliés. A ce peuple qui se signalait par sa loyauté, l'humanité doit peut-être la généralisation de l'une de ses grandes inventions politiques, à savoir l'usage et le respect des traités d'alliance [279]. Cela suffirait à sa gloire.

Certes les Akkadiens comme les Sumériens avaient usé du traité, en avaient vu la faiblesse et y associaient les dieux, mais aussi souvent des otages. Or ce dernier procédé répugnait aux Hittites [280]. Ils faisaient appel à la bonne nature de leurs vassaux et ce trait de confiance et d'humanité les dépeint avec leur originalité.

Ces traités étaient inscrits sur des tablettes de métal précieux et recevaient l'empreinte du sceau royal. Ils étaient ensuite déposés au sanctuaire. Ces documents ont péri, l'oxydation ne les ayant pas préservés. Mais il nous en reste des copies sur tablettes d'argile provenant des archives royales.

278. Traduction tirée de celle de E. DHORME, *Bible de la pléiade*, II, p. 416.

279. Voir A. GOETZE, *Kleinasien*, 2. Aufl., München, 1957 : *Statt und Gesellschaft*, p. 95-109 ; *das Recht*, p. 109-117. Pour une mise à jour des problèmes voir l'ouvrage collectif : *Neuere Hethiterforschung*, dans *Historia*, fasc. 7, Wiesbaden, 1964.

280. O. R. GURNEY, *The Hittites*, (Pelican Book), 1954, p. 75. Cf. p. 73 ss. Sur cette humanité des Hittites, rappelons comment Moursil II fut animé de sentiments chevaleresques devant l'intercession d'une mère et de vieilles femmes. — Cf. L. DELAPORTE, *Les Hittites*, Paris, 1936, p. 111, qui renvoie aux *Annales complètes* et aux « *Annales décennales* ». Le même auteur concluait ce livre de connaisseur, p. 341 : « Dans l'État hittite, à constitution primitivement féodale, qui évolue vers un pouvoir étendu du roi, les mœurs sont plus douces que dans les États mésopotamiens. Les recueils de lois en sont témoins, avec leur système de compensations tendant à se substituer complètement au système des châtiments corporels, pour les crimes et les délits ; témoins aussi les Annales des rois, où jamais il n'est fait mention de ces cruautés inutiles dont se vantent les rois d'Assyrie envers les vaincus. »

Nous retrouvons bien des traits de mentalité symbolique à cette occasion. Ainsi lorsqu'une armée prête serment, chaque soldat prend de la graisse qu'il serre dans sa main en déclarant : « Que je sois détruit comme cette graisse si je me parjure » [281]. Ces traités ne sont donc sanctionnés que par les serments et les malédictions promises aux parjures. Ces traités d'alliance mettent en « état de fraternité » et les souverains s'appellent effectivement « frères » [282].

Rappelons qu'on invoque tous les dieux pour la garantie des traités. Dans le cas du fameux traité entre Ramsès II et Hattusil, on invoque un « millier » de dieux et de déesses de Hatti et un « millier » de dieux et de déesses d'Égypte [283]. Mais parfois, craignant la vengeance d'un dieu oublié par mégarde, le scribe ajoute « et tous les dieux masculins et féminins », on y ajoute même une invocation aux « dieux errants » c'est-à-dire aux divinités inconnues [284].

Rappelons pour les biblistes une action symbolique qui évoque le sacrifice d'alliance d'Abraham (*Gen.*, XV), encore attesté sous Jérémie. Il s'agit d'un rite de purification d'une armée par son passage entre les deux parties d'une victime [285].

On est de plus en plus porté à reconnaître l'importance des Hittites que S. Moscati place parmi les peuples « catalyseurs » du moyen âge oriental, c'est-à-dire vers le milieu du IIe millénaire, époque qui a vu tant d'inventions d'écritures nouvelles ; ce qui suffirait à sa gloire. Mais on

---

281. Cité par M. RUTTEN, *Les religions asianiques*, Paris, s.d., p. 95. Signalons aussi les rites de substitution magique : « Dans le traité que le roi Suppiluliuma impose à son vassal Matiwaza apparaît la notion de solidarité. S'il y a inexécution, Matiwaza n'est pas seul coupable, sa femme, ses enfants, son peuple aussi partagent sa responsabilité ; la terre même de son royaume doit encourir la vindicte du dieu. Cette notion entraîne celle du substitut que l'on charge de malédiction. Le prêtre prenant un porcelet en fait le substitut de Matiwaza ; il énumère comme dans une consultation médicale les différentes parties de son corps et les assimile aux mêmes parties du corps de Matiwaza ; il voue l'animal à l'exécration s'il y a parjure et souhaite que le roi félon soit détruit comme l'animal qui est mis en morceaux. »

282. Sur la littérature moderne suscitée par ses traités et dont récemment les biblistes ont vu toute l'importance, nous ne pouvons que renvoyer aux travaux des spécialistes : A. GOETZE, *State and Society of the Hittites*, dans *Historia*, fasc. 7, 1964, p. 23-33, et Einar VON SCHULER, *Staatsverträge und Dokumente hethitischen Rechts*, *ibid.*, p. 34-53. On trouvera une abondante bibliographie dans Dennis J. Mc CARTHY, *Treaty and Covenant*, dans *Analecta Biblica*, 21, Rome, 1963, p. XIII-XXIV.

283. Cf. G. CONTENAU, *La civilisation des Hittites et des Hurrites du Mitanni*, Paris, 1948, p. 104.

284. Margarete RIEMSCHNEIDER, *Le monde des Hittites*, Trad. de l'allemand par H. DAUSSY, Paris, 1955, p. 61-62. L'A. remarque à propos de ces divinités inconnues : « Cela n'évoque guère une religion vivante ; c'est une théogonie pétrifiée et « fonctionnarisée. »

285. O. MASSON, *A propos d'un rituel hittite, pour la lustration d'une armée : le rite de purification par le passage entre les deux parties d'une victime*, dans RHR CXXXVII, 1938, p. 5-25.

souligne aussi les caractères exceptionnels de l'historiographie hittite, qui, par ses qualités de vie réelle et d'objectivité, montre un recul de ce que nous appelons l'histoire qualitative et la mentalité symbolique [286]. Certes l'ancien roi semi-légendaire Anitta bloque la capitale Hattous, la réduit à la famine, puis sème sur son sol la plante *zaḫḫeli*, qui serait le cresson, d'après Friedrich et Thompson [287].

Dans le temps, on peut donc accorder une priorité absolue à l'historiographie hittite et reconnaître que les Israélites l'ont portée à un haut degré de perfection artistique [288]. Mais le mode d'influence de l'historiographie hittite sur l'israélite reste obscur.

L'analogie porte sur la recherche des causes morales aux catastrophes nationales. A l'occasion d'une épidémie prolongée et catastrophique, Mursil II s'interroge sur les causes de cette calamité [289]. La maladie a été importée par des prisonniers égyptiens, mais il veut chercher au delà et découvre la violation d'un traité de paix conclu entre les Hittites et les Égyptiens et l'oubli de sacrifices au fleuve Mala (l'Euphrate). Mursil s'humilie et fait des offrandes aux dieux pour réparer une faute de son père [290]. « On pèche », « l'humanité est mauvaise », constate Mursil II [291]. Ce thème reparaît souvent dans cette historiographie hittite, qui, pour être très sérieuse, relève donc encore une fois de l'histoire « qualitative », où par delà les événements on recherche les motifs religieux. Mais inversément, on peut et on doit reconnaître derrière les motivations reli-

---

286. S. MOSCATI, *Les Hittites et les Hourrites*, ch. V, de *L'Orient avant les Grecs*, Traduction revue par l'auteur, Paris, 1963, p. 173-218. Ce chapitre de synthèse est l'une des plus brillantes esquisses que nous ayons pu lire sur les Hittites. Avec lui, nous reconnaissons volontiers dans le « testament » d'Hattousil un chef-d'œuvre de littérature libérée, je veux dire affranchie des conventions auliques, Cf. S. MOSCATI, *op. cit.*, p. 180-181.

287. La tendance des derniers historiens à donner une créance historique aux légendes d'Anitta, se trouve renforcée depuis la découverte en 1954 d'une inscription qui mentionne « le palais d'Anitta, le roi ». Cf. S. MOSCATI, *op. cit.*, p. 179, note 1 avec les références. Pour le cresson, Johannes FRIEDRICH, *Hethitisches Wörterbuch*, Heidelberg, 1952, p. 257. Cf. R. C. THOMPSON, *A Dictionary of Assyrian Botany* 1949, sub verbo « sahlê », p. 51-61.

On retrouve ce « sel » et ce « cresson » (?) dans les inscriptions de Sefîré A. DUPONT-SOMMER, avec la collaboration de J. STARCKY, *Les inscriptions araméennes de Sfiré*, Paris, 1958, stèle I, 1. 36, avec une longue annotation, pleine de réserves sur le « cresson ». Cf. p. 52-53. L'usage du sel est connu de la Bible : *Jug.*, IX, 45 ; cf. *Dt.*, XXIX, 23 ; *Jer.*, XVII, 6 ; *Soph.*, II, 9, etc.

288. Cf. A. MALAMAT, *Doctrines of Causality in Hittite and Biblical Historiography : A parallel*, dans V.T., 5, 1955, Tiré à part, p. 1-12, cf. p. 1.

289. ANET, p. 395. Cf. G. GOOSSENS, *La Philosophie de l'Histoire dans l'Orient Ancien*, dans *Sacra Pagina*, I, p. 245-246.

290. Un trait particulier réside dans cette réparation pour une faute du père, cf. *Ex.*, XX, 5 ; *Dt.*, V, 9.

291. Cf. A. GOETZE, *Kleinasien*, p. 138.

gieuses de certaines pièces des motivations de propagande dynastique ou politique. Les dieux hittites ont bon dos.

Sous la traduction du professeur Emmanuel Laroche, il faut lire un petit chef-d'œuvre de cette littérature historico-religieuse au service d'une habile propagande dynastique. Le roi Hattousil a détrôné son neveu et il en a mauvaise conscience, mais avec la protection des dieux et la bénédiction d'Ishtar, que ne pouvait-il, ou ne devait-il entreprendre ? [292]. Trouverons-nous ailleurs pareil éloge d'Ishtar ?

Terminons ce rapide tour d'horizon en pays hittite en rappelant qu'à côté de la littérature courante en écriture cunéiforme, les rois ont créé une écriture que nous appellerions aulique, réservée, comme le note Laroche, « à l'usage solennel et monumental » ; ce sont les hiéroglyphes hittites dont on déchiffre petit à petit le mystère, grâce aux bilingues, mais qui semble pouvoir nous réserver encore bien des traits de mentalité symbolique et d'histoire qualitative.

5. *L'historiographie ouest-sémitique.*

Les biblistes ont une longue familiarité avec les textes araméens ou phéniciens. Malheureusement, en dehors de quelques grandes stèles royales, nous n'avons pas ici d'équivalent des littératures mésopotamiennes ou hittites sinon à Ougarit. Nous retiendrons donc ici seulement quelques exemples typiques : la stèle phénicienne de Karatépé, les stèles araméennes de Sefîré, l'inscription de Mesha.

Pour l'inscription royale de Karatépé, nous ne retiendrons rien sinon le style métaphorique. Ainsi le roi déclare : « Baal m'a constitué pour les Danuniens père et mère » (I, 3) et l'exagération habituelle d'une stèle rédigée à la première personne (*Ich-Form*). Ainsi, le nom du roi Azitawada doit demeurer pour l'éternité comme le nom du soleil et de la lune (IV, 2). Notons que sa royauté est désignée auprès des autres rois comme une « paternité » (*'bt* ; I, 12) [293].

Nous retrouvons dans cette inscription la malédiction pour ceux qui effaceraient le nom du dieu, malédiction portée au nom du « Baal des Cieux », de « El créateur de la terre » et de « tout le cercle des fils des dieux » (*kl dr bn 'lm*, III, 19), expression dont les biblistes voient l'intérêt

292. E. LAROCHE, *Un plaidoyer pro domo*, dans *Les Écrivains Célèbres*, Paris, 1961, I, *L'Orient Ancien*, p. 156-162. — On lira aussi le remarquable raccourci sur la littérature hittite, p. 155-156. En deux pages, nous avons la classification fondamentale des types littéraires.

293. Nous suivons le texte et la traduction de H. DONNER-W. RÖLLIG, *Kanaanäische und aramäische Inschriften* (= KAI), Wiesbaden, 1963 (3 vol.), t. II, p. 36. Cf. p. 40. — Rappelons que pour les biblistes le principal intérêt de la stèle c'est la formule « El, qui a créé la terre » (III, 18).

immédiatement. Ce genre de malédiction n'est-il pas caractéristique de la « mentalité sauvage et symbolique » ?

Nous en retrouvons le thème dans les inscriptions araméennes de Séfîré (milieu du VIIIe s.), trois stèles d'alliance, avec liste des dieux témoins, clauses d'alliances, et malédictions pour les contrevenants [294].

Ce qui est absent de nos stèles fragmentaires, c'est un prologue historique, mais le phénomène semble général pour le Ier millénaire chez les Araméens comme chez les Assyriens. Et ceci rapproche certaines parties du Pentateuque de la forme des traités hittites (XVe-XIIIe siècles).

Fitzmyer relève une autre caractéristique des traités du premier millénaire, à savoir d'élaborer et de colorer davantage les malédictions [295]. Or c'est justement dans ces malédictions interminables des textes de Sefîré que la mentalité symbolique se fait jour. Relevons aussi le caractère de droit divin de ces traités, note commune avec les traités hittites. « Ce sont des pactes divins, (des pactes) qu'ont posés les dieux. » Et si on n'obéit pas... « vous aurez trahi tous les dieux des pactes qu[i (sont consignés) dans cette inscription-ci] » [296].

Avec la stèle de Mesha, roi de Moab, nous retrouvons la conception ondulatoire et théocratique de l'histoire : revers qui s'expliquent par la colère du dieu offensé, prospérité dans le cas contraire. Il ressort du texte biblique que Meša assiégé sacrifia son fils aîné en holocauste sur le rempart (*II Reg.*, III, 27). Mais débarrassé des Israélites, Meša embouche la trompette épique pour un communiqué aux dieux et aux hommes : « Et Israël fut ruiné d'une ruine éternelle » (7). Mais il ne souffle mot de la déroute préliminaire où l'avait amené l'invasion israélite. Nous devons nous contenter d'apprendre tous ses exploits, ses constructions, ses offrandes aux dieux, son obéissance à l'ordre du dieu (32), laquelle semble avoir valu au pays abondance des pluies [297].

---

294. Cf. KAI, nos 222-224, t. I, p. 41-45 ; t. II, Introduction, traduction et notes, p. 238-274. Nous avons mentionné déjà le travail de A. DUPONT-SOMMER et J. STARCKY ; ajoutons ici celui de J. A. FITZMYER, *The Aramaic Inscriptions of Sefîre*, dans *Biblica et Orientalia*, no 19, Rome, 1967, qui commente les trois stèles avec acribie. — Lire spécialement : *The Affinity of the Sefire Inscriptions to Hittite and Assyrian Treaties*, p. 121-125. — Voir aussi Philip J. CALDERONE, *Dynastic Oracle and Suzerainty Treaty*, Manille, Ateneo de Manila University, 1966, avec une surabondante bibliographie.

295. *Op. cit.*, p. 125.

296. Cf. A. DUPONT-SOMMER, *op. cit.*, p. 62-63 (I, B. ligne 5 et ligne 23). Lorsque plus loin il est dit « en vue du bien qu'ils agissent devant le soleil... », on peut se demander si « soleil » n'est comme en pays hittite la désignation du roi (I, C, 5). *Ibid.*, p. 90.

297. Nous renvoyons à Henri MICHAUD, *Sur la pierre et sur l'argile*, Neuchâtel-Paris, 1958, la stèle de Mesha, p. 33-45. Mais dans sa traduction nous interprétons *Qeriho* par « sa citadelle » selon une suggestion du professeur Mazar rapportée par Albright au congrès biblique de Strasbourg, cf. *Congress Volume*, p. 248, no 1, Leyde, 1957.

A propos des mythes ugaritiques dont l'interprétation reste si délicate, nous signalerons seulement un cas typique de polyvalence. Selon Virolleaud, la légende du dieu de la mer, *Yam*, supporte une triple interprétation : mythologique, géographique et historique. Mythologique d'abord, en l'interprétant comme une victoire de Baal sur Yâm le dieu de la mer, à la manière dont Marduk, grand dieu de Babylone obtient la victoire sur Tiamat ; géographique, pour expliquer l'érosion marine, mais la résistance victorieuse de la terre à toutes les tempêtes ; historique, enfin, par évocation de la longue lutte des Cananéens contre les Peuples de la mer [298]. Tout cela est évidemment possible, mais on mesure toute la fluidité des mythes, et combien fragile est l'interprétation des meilleurs orfèvres en la matière.

Par comparaison avec la Bible, c'est plutôt un constat de carence d'historiographie qu'il faut établir du côté des Sémites de l'Ouest.

6. *L'historiographie grecque en amont de Thucydide.*

« Les dieux n'ont pas révélé toutes choses aux mortels depuis le commencement, mais c'est en cherchant, avec le temps, que ceux-ci trouvent ce qui est meilleur. » (XÉNOPHANE) [299]

« Êtres liés au temps ; qu'est-il et que n'est-il pas ? L'homme est le songe que fait l'ombre. » (PINDARE) [300]

Le plus clair effet de notre éducation occidentale est certainement de nous avoir fait oublier la lente maturation de l'esprit grec. Le « miracle » grec nous poursuit et nous obsède. Nous oublions les lentes métamorphoses du brillant papillon qui égaya notre enfance.

Qui aurait osé nous rappeler au cours d'histoire ancienne qu'au matin de la bataille de Salamine, Thémistocle en personne, pour rendre propice Dionysos, mangeur de chair crue, lui avait sacrifié trois jeunes hommes en les lui égorgeant [301] ?

---

298. Ch. VIROLLEAUD, *Le dieu de la Mer, et la mythologie de Ras-Shamra*, dans CRAI, 1948, p. 488-509.

299. XÉNOPHANE, *Frag.* 18, Diels. Signalons l'éd. de poche : H. DIELS, *Die Fragmente der Vorsokratiker*, Rowohlts Klassiker, 1964, p. 19.

300. PINDARE, *Pyth.* VIII, 95-97. Nous empruntons ces traductions à P. VIDAL-NAQUET, *Temps des dieux et temps des hommes*, dans RHR, 57 (1960), p. 55-80. Cf. p. 61 et 66.

301. Ce fait nous est rapporté à deux reprises par Plutarque : dans la Vie d'Aristide (*Arist.*, 9) et plus en détail dans celle de Thémistocle (*Thémis.*, 13, texte et traduction par Robert FLACELIÈRE, dans PLUTARQUE, *Vies*, t. II, Paris, Belles-Lettres, coll. Budé, 1961, p. 117-118). Plutarque se base sur le récit de Phanias de Lesbos « un philosophe très versé dans la littérature historique ». Le silence d'Hérodote est moins surprenant ici qu'une pure invention de Phanias. Hérodote raconte ces sacri-

Si cet exemple frappant de survivance de la mentalité archaïque ne suffit pas au lecteur, nous lui rappellerons que le grand Pindare se montre seulement choqué que Déméter dans sa douleur, oublieuse de son devoir, ait mangé l'épaule de Pélops, — ou encore qu'Héraclès ait volé les bœufs de Géryon. Mais il n'ose pas mettre en doute les histoires qu'il rapporte. Pindare évidemment n'était pas historien.

Nous allons voir aussi que pour l'historiographie, le progrès n'a pas été continu. Les historiens hellénistiques seront très inférieurs aux historiens classiques. Alors que ceux-ci manquèrent de bibliothèques et d'instruments de travail, les autres qui eurent ces facilités à Pergame et à Alexandrie, n'ont rien produit de génial, ni souvent de critique. L'on peut déjà prévoir que l'on retrouvera facilement dans l'époque hellénistique un type d'histoire qualitative voisin de celui des époques primitives.

Ce qui frappe chez les Grecs dès les origines homériques, c'est une coupure entre le présent et le passé. Nulle personne vivante ne semblait pouvoir refaire ce que les héros avaient fait. Plus tard, Hésiode va user du terme demi-dieux pour désigner les héros du temps passé. C'est une manière d'indiquer que les événements du temps des héros ne peuvent se reproduire [302]. Et cependant les Grecs avaient conscience d'une continuité, tel cet Hecatée de Milet, logographe, qui se glorifiait de ce que sa race, à travers quinze générations remontait à un dieu. Une inscription de Chios révèlerait un cas similaire.

Au Ve siècle cependant, on va renverser totalement la perspective. Le Sisyphe de Kritias déclare : « Il fut un temps, où la vie des hommes était encore inorganisée » [303]. C'est dire qu'on a perdu les illusions sur le passé.

---

fices humains à propos des Carthaginois (*Hist.*, VII, 167. Cf. A. Barguet, *Hérodote, l'Enquête*, dans *Historiens Grecs* (Bibl. de la Pléiade), Paris, 1964, p. 521 ; voir la note, p. 1488) et avec force détails à propos des Scythes (*Hist.*, IV, 62. Cf. A. Barguet, *op. cit.*, p. 307-308). Mais sauf une vieille légende locale concernant Zeus Laphystios « le dévorant », Hérodote ne mentionne pas de sacrifices humains chez les Grecs (*Hist.*, VII, 197. Cf. A. Barguet, *op. cit.*, p. 532-533).

Pour ces sacrifices humains, cf. Martin P. Nilsson, *Geschichte der Griechischen Religion*, 3e éd., t. I, München, 1967, p. 133, qui admet le sacrifice de Thémistocle et suppose qu'ils ont pu être fréquents dans le passé, mais que la plupart des exemples allégués sont mythiques.

Ce fait a été rappelé récemment par Yves Huon dans son compte-rendu du livre de Gilberte Aigrisse, *Psychanalyse de la Grèce antique*, paru dans les *Cah. Int. de Symbolique*, 11, (1966), p. 98. — Dans *La Grèce* de Robert Cohen (Coll. Clio) on n'en souffle mot. — Sur les surnoms de Dionysos signifiant mangeur de chair crue (*Omestès et Omadios*), cf. Ch. Kerènyi, *La mythologie des Grecs*, Paris, 1952 ; trad. de Henriette de Roguin, p. 269.

302. Kurt Latte, *Die Anfänge der griechischen Geschichtsschreibung*, dans le précieux volume collectif : *Histoire et historiens dans l'Antiquité. Entretiens sur l'Antiquité classique*, Genève, Fondation Hardt, Vandœuvres-Genève, 1956, p. 3-20 ; avec discussion, p. 21-37, cf. p. 3.

303. Fragment 24 (Diels) cité par Vidal-Naquet, *Temps des dieux et temps des*

Déjà un processus critique s'est amorcé au VIe s. en Ionie ; l'expérience personnelle va devenir le critère du réel. Avec une superbe naïveté, Hécatée de Milet, le logographe, nous rapporte qu'Hésiode s'imaginait qu'Egyptus avait 50 fils... « à ce que je crois, il n'en avait pas même vingt » ! [304]. Ce même Hécatée de Milet, en qui J.-B. Bury voyait le fondateur de l'histoire et qui poussa sa curiosité jusque vers la Gaule et l'Espagne, déclare en tête de son œuvre : « Ce qu'on trouve dans ce livre, je ne l'écris que pour autant que *moi* je le tienne pour véridique, car les Hellènes racontent des choses contradictoires et à ce qu'il paraît ridicules » [305]. Cette confiance naïve de fonder la vérité sur sa propre expérience n'en est pas moins significative et touchante : le réflexe critique est né.

Cette historiographie primitive oscille entre le compte rendu bref du genre chronique et l'épisode anecdotique qui interrompt le fil de l'histoire par la digression tout comme chez Homère. Ainsi encore chez Charon de Lampsaque, qui relate la participation des Athéniens à la conquête de Sardes, beaucoup plus brièvement qu'Hérodote, puis tombe dans le merveilleux [306]. Ainsi dans la description de la tempête qui détruisit la flotte perse devant Athos, il n'oublie pas de signaler que des colombes blanches avaient apparu en Grèce.

Nous devons faire une place éminente aux recherches de notre génération dans le domaine des histoires locales en Grèce, que ce soit l'histoire primitive d'Athènes avec Lionel Pearson et F. Jacoby, que ce soit

---

hommes, dans RHR, 158, 1960, p. 66, qui glose : « On ne saurait imaginer renversement plus complet par rapport au monde hésiodique. »

304. Nous suivons ici K. LATTE, *op. cit.*, p. 5, Voir l'art. *Hekataios* par F. JACOBY, dans RE, 7, 2, p. 2666 ss. — Pour les textes C. et Th. MÜLLER, *Fragmenta Historicorum Graecorum*, Paris, 1841-1870 ; cf. I (1841), 1-31 et Félix JACOBY, *Die Fragmente der griech. Historiker*, Berlin et Leiden, 1923-1958, vol. I, nº 1 et ss. — Recommandons L. PEARSON, *Early Ionian Historians*, Oxford, 1939, avec abondante bibliographie. — Nous n'avons pu consulter : E. HOWALD, *Ionische Geschichtsschreibung*, dans *Hermes*, t. 58, 1923, p. 113 ss., ni J.-B. BURY, *The Foundation of History by Hycataeus*.

Sources bibliographiques. Recommandons une fois pour toutes quelques ouvrages relativement récents et importants : — François CHATELET, *La Naissance de l'Histoire*, Paris, 1962. — Hermann BENGTSON, *Einführung in die alte Geschichte*, 5e éd., München, 1965, (= EAG). Pour les débuts de l'histoire grecque, cf. p. 98 et passim (voir l'index). A notre avis, le plus utile manuel et le plus complet. — Fritz WAGNER, *Geschichtswissenschaft*, dans *Orbis academicus*, Freiburg, München, 1951. Un bon manuel d'étudiant. — Hugo MONTGOMERY, *Gedanke und Tat*, Lund, 1965, p. 247-255. — Paul PEDECH, *La méthode historique de Polybe*, Paris, Belles Lettres, 1964, p. 9-19. Un chef-d'œuvre d'acribie et d'information. — Reinhard HÄUSSLER, *Tacitus und das historische Bewusstsein*, Heidelberg, 1965. Une très vaste synthèse à la fois historique et philosophique.

305. F. JACOBY, *F. Gr. Hist.*, I, nº 1. On sait qu'Hécatée est l'auteur d'une « Description de la Terre » et d'un ouvrage de « Généalogies » ; dans le premier ouvrage, il embrasse tout ensemble la géographie et l'histoire.

306. Voir les exemples avancés par K. LATTE, *op. cit.*, p. 6.

l'histoire de Corinthe avec Édouard Will, ou récemment les origines de Sparte avec Thomas W. Africa et de Thèbes avec le Pr. Vian [307].

Tout en évitant la tentation toujours menaçante de l'evhémérisme ces auteurs ont mis à profit la résurrection archéologique des cités grecques pour vérifier tout ce qu'il y avait d'authentique sous les légendes de fondation et les vieilles traditions orales. La démonstration est particulièrement bien menée pour Corinthe dans la thèse d'Ed. Will, qui montre que l'évolution politique de Corinthe est parallèle à celle des autres cités grecques [308].

Bien que les Atthidographes soient des historiens locaux des IV, III et IIe siècles, leur tradition littéraire remonterait jusqu'à l'historiographie ionienne primitive. Hellanicos qui était familiarisé avec la méthode ionienne de l'enquête historique, fut le premier à tenter une histoire spécifiquement athénienne. Mais il écrivit autant sur la mythologie et les migrations primitives des tribus grecques que sur Athènes, et Thucydide lui reprochera d'avoir écrit trop brièvement dans son Histoire Attique et avec trop peu de précisions quant aux dates [309].

---

307. Pour Athènes : Lionel Pearson, *The Local Historians of Attica*, dans *Philol. Monographs*, XL, Philadelphie, 1942. — Félix Jacoby, *Attis. The Local Chronicles of Ancient Athens*, Oxford, 1949 ; œuvre de maître, très importante pour les traditions orales en Grèce. Sur la distinction des *μνῆμαι*, des *ἀκοαί* et des *λόγοι* cf. p. 215. — Pour Corinthe : Édouard Will, *Korinthiaka. Recherches sur l'histoire et la civilisation de Corinthe des origines aux guerres médiques*, Paris, 1955. — Pour Sparte : Thomas W. Africa, *Phylarchus and the Spartian Revolution*, dans *Publications in History*, LXVIII, Berkeley, 1961, remarquable par son information. — Pour Thèbes : F. Vian, *Les origines de Thèbes*, Paris, Belles Lettres, 1964.

308. Citons les conclusions de l'auteur, *Korinthiaka*, p. 665-666 : « Avant que Sparte ne se raidît dans son *kosmos* militariste et esclavagiste, avant qu'elle n'assurât sa stabilité interne au sein d'une constellation « internationale » originale, avant qu'Athènes ne se lançât dans l'expérience démocratique et dans les aventures thalassocratiques, ces cités ont, selon des modalités qui, pour des raisons diverses, leur furent sans doute propres, marché d'un même pas ; en regard, Corinthe n'a rien d'exceptionnel. Elle n'est pas « née du commerce maritime », elle n'a pas été gouvernée ni « lancée par une aristocratie bourgeoise d'industriels et d'armateurs », la tyrannie n'y a pas représenté la revanche de la main d'œuvre sur le capital. Comme à Sparte, comme à Athènes (on pourrait ajouter : comme à Argos, comme à Mégare, comme à Sicyone, comme partout), on y discerne les deux étapes fondamentales de la cité grecque (postmycénienne) : la royauté « homérique » et le régime aristocratique, ce dernier poussé ici — mais cela même n'a sans doute rien d'original — au terme extrême d'une oligarchie gentilice ; d'une oligarchie, selon toute vraisemblance, terrienne et non commerçante. La tyrannie y est une réponse au problème social fondamental, qu'on devine avoir été, comme ailleurs, d'abord un problème agraire. C'est sur ce dernier point que Sparte, la première, s'écarte de la voie commune : mais, à Sparte, tout doit, en dernière analyse, être ramené aux aventures messéniennes, qui compliquèrent les données premières du problème commun et, pour nous, en dissimulent certainement certains aspects primordiaux. »

309. Cf. L. Pearson, *The Local Historians of Attica*, Philadelphie 1942, p. VII et p. 2.

Par cette tradition, nous voyons encore un étonnant mélange des genres : ethnologie, mythologie, légendes, et histoires locales s'interprètent. Et lorsqu'on arrive aux derniers représentants de cette chaîne d'Atthidographes, il faut signaler leur culte des personnalités [310].

L'intérêt propre du travail de Thomas Africa sur « Phylarque et la révolution spartiate » est de nous montrer le genre pathétique chez ce contemporain de Polybe : ils se détestaient d'ailleurs [311]. Avec Phylarque, l'histoire est aux bissectrices du triangle qui pointe vers la propagande, la tragédie et le mythe. Avec Phylarque, nous avons le champion de la révolution spartiate et le panégyriste idolâtre du roi Cléomène III.

N'est-il pas superflu que j'attire encore l'attention du lecteur sur les recoupements possibles de cette historiographie avec la mentalité symbolique et, dans certains cas, avec l'histoire qualitative ?

---

310. P. Pedech est formel à ce sujet, *op. cit.*, p. 70 : « Le trait dominant est l'importance croissante des individus. Leur rôle comme causes déterminantes s'élargit de plus en plus. Déjà les historiens de l'âge précédent, comme Théopompe, leur accordaient une place prépondérante. Les historiens siciliens, comme Philistos, étaient frappés par une personnalité comme Denys le Tyran. Agathocle n'étonna pas moins, si l'on en juge par le nombre de ses historiens, Kallias, Antandros, Duris, Timée. L'âge d'Alexandre et des Diadoques allait multiplier ces figures de proue de l'histoire, et derrière le héros éponyme de cette époque se pressaient des individualités puissantes, comme Antigone, Cassandre, Lysimaque, Démétrius, Eumène, Pyrrhus, dont les historiens devaient fournir à Plutarque d'attachantes biographies. Encore une génération, et la personnalité de Cléomène, le roi philosophe et réformateur, devait séduire Phylarque. Les événements deviennent les actions des grands hommes ; il s'ensuit naturellement que l'histoire devient plus dramatique. »

Les biblistes et les orientalistes ne peuvent ignorer l'intérêt persistant, chez ces historiens hellénistiques que sont ces atthidographes, pour une *aitia* et pour les étymologies ; or c'était là encore un héritage ionien. Il faut relever enfin, avec Pearson, à partir des fragments qui nous restent, leur intérêt pour les rites religieux, les explications mythologiques des coutumes religieuses pour les antiques constitutions et les développements démocratiques d'Athènes, leur intérêt pour la topographie d'Athènes ou de l'Attique, les souvenirs sacrés des sites antiques, les anecdotes et les détails biographiques au sujet des personnalités littéraires et politiques. Cf. L. Pearson, *op. cit.*, p. 156 et 163. Le dernier en date et le meilleur représentant du genre serait l'atthidographe Philochore.

F. Jacoby, dans *Atthis. The Local Chronicles of Ancient Athens*, Oxford, 1949, p. V, s'efforce de prouver que Atthis, c'est-à-dire l'histoire d'Athènes, écrite par des Athéniens entre 350 et 263 av. J.-C. ne dérive pas d'une chronique ancienne et semi-officielle, mais fut créée à l'époque de Thucydide par un homme instruit : l'étranger Hellanikos Lesbos.

311. *Phylarchus and the Spartan Revolution*, 1961. — Rappelons aux biblistes tout le parti que le P. Abel a tiré, pour préciser le genre littéraire des Maccabées, de cette historiographie hellénistique. Cf. *Les Livres des Maccabées*, dans *Études Bibliques*, Paris, 1949, p. XXXVII et passim.

Signalons encore : Truesdell S. Brown, *Onesicritus. A Study in Hellenistic. Historiography*, Univ. of California Publications in History, t. XXXIX, 1949.

Les Grecs n'ont pas ou guère écrit une histoire au sens moderne du terme, mais bien des enquêtes, des explorations, des examens, des descriptions, qui relèvent beaucoup plus de la géographie, de l'ethnologie et surtout de l'histoire locale. Kurt Latte estime même qu'Hérodote n'a pas débuté comme historien ; il l'est devenu, à partir d'une recherche géographique et ethnographique [312]. Si l'on considère son œuvre du point de vue critique, des caractéristiques négatives sautent aux yeux. Le récit n'est relié ni au lieu ni au temps et il procède comme par sauts de puce d'un sujet à l'autre [313].

Les parties purement historiques d'Hérodote, note Latte, ne manifestent guère de lien rationnel entre les événements, mais une suite d'associations. Sur tel mot agrafe, tel mot souche *(Stichwort)*, l'auteur retourne en arrière et part sur un fait latéral ou bien s'attarde à des faits non essentiels [314]. Certes, le thème étiologique tient déjà chez lui une grande place mais, comme le note P. Pedech, *αἰτία* signifie en général chez lui *accusation*, *grief* et non directement cause. Hérodote se montre plutôt sensible aux motivations personnelles psychologiques de ses personnages ; en cela il est bien grec [315].

Retenons l'objectif que se fixe Hérodote dans son Enquête : « (...) empêcher que ce qu'ont fait les hommes avec le temps ne s'efface de la mémoire et que de *grands et merveilleux exploits* accomplis tant par les Barbares que par les Grecs ne cessent d'être *renommés* » [316]. Ne pourrait-on parler à ce propos d'histoire somptueuse, mais encore d'histoire qualitative ?

---

312. K. LATTE, *op. cit.*, p. 7. — F. CHATELET, *op. cit.*, p. 11. — Cf. H. BENGTSON, EAG, p. 84.

313. Voir les reproches de K. LATTE, *op. cit.*, p. 7-8.

314. K. LATTE, *op. cit.*, p. 8 ; cf. p. 8-20.

315. P. PEDECH, *La théorie des causes*, dans *La Méthode historique de Polybe*, p. 54-55 et la note 9 de la p. 55.

316. Ed. WILL, *Corinthiaka*, semble justifier par la critique historique ce point de vue d'Hérodote pour les époques postérieures à l'âge homérique, p. 341, nº 1 : « Lorsqu'on cherche à pénétrer ce qu'il y a de *spécifiquement grec* dans le comportement « international » des cités aux époques ultérieures, on est amené à reconnaître (entre autres avec SCHAEFER, *Staatsform und Politik*, passim ; SCHACHERMEYR, *Klio*, XXVII (1934), p. 180 sqq.) qu'un des facteurs les plus importants de ce comportement est le principe agônal, c'est-à-dire un principe *personnel*. Les termes qui reviennent continuellement dans le vocabulaire grec de « politique étrangère », procèdent d'un comportement personnel, de relations d'individus à individus. Quand bien même, à l'époque classique, des facteurs plus complexes ont pu déterminer la politique extérieure des cités, ces termes continuent à fournir les catégories fondamentales de la pensée « internationale » grecque. Or l'époque qui nous retient ici est à la source de cette pensée, et nous estimons que conflits et alliances des VIIIe-VIIe s. sont encore proches de ceux qui opposaient ou liaient à Agamemnon les héros homériques, partis à Troie en vertu de leur promesse, de conventions et de serments sanctionnés par libations et poignées de mains, tous engagements *personnels* qu'on rompt, tel Achille, pour des griefs *personnels*. »

Ce dessein de l'historien fait apparaître d'abord qu'il peut y avoir des actions humaines dignes d'être sélectionnées, montées en épingle pour la postérité. N'est-ce pas là de l'histoire-sagesse, de l'histoire qualitative ? « A la typologie légendaire, écrit Chatelet, se substitue une typologie historique et de même que par la médiation du récit, le fait passé devient événement, de même l'individu agissant se transforme en héros » [317].

Chatelet souligne la légèreté avec laquelle les Grecs traitent de la chronologie. Avec I. Meyerson et Chatelet, ne faut-il pas parler pour Hérodote d'« une conception *qualitative* du passé » [318] ? Lorsqu'il est question des temps anciens, éloignés de l'auteur, « la place est laissée aux récits mythiques et à la tradition » et Chatelet d'expliquer la défaillance des œuvres par la structure de la mentalité [319]. C'est tout ce que nous demandons.

Pour les chiffres, on peut se demander si les anciens Grecs étaient beaucoup plus exacts que les Orientaux. Pour Corinthe, on avait le chiffre de 460.000 esclaves que Cavaignac ramenait à 60.000, tandis que Gomme par comparaison avec Athènes se refuse à corriger, car Ctésiclès

---

317. F. CHATELET, *op. cit.*, p. 291. — L'histoire d'Hérodote est morcelée ; elle est faite d'événements et de *tableaux* singuliers, étonnants, frappants, elle ne se déroule pas. Les actes successifs des hommes ne forment pas, selon l'heureuse formule de Focke, « un fil rouge », mais « des taches rouges. » — Ignace MEYERSON, dans *Journal de Psychologie*, 1956, p. 339.

Pour voir le fossé entre Hérodote, dernier représentant de l'histoire qualitative et Thucydide, nous ne saurions mieux faire que de céder la plume à Mme J. de ROMILLY : « Un récit, normalement, a pour fonction de rapporter le particulier ; et le prédécesseur immédiat de Thucydide, Hérodote, montre assez que l'histoire grecque. dès ce moment, s'engageait résolument dans cette voie. Hérodote, toujours curieux et dans tous les domaines (géographique, ethnographique, psychologique, logique), Hérodote à l'affût du concret et du pittoresque, avec son goût des mœurs curieuses, des aventures, des particularités biographiques, des noms propres, Hérodote a le goût de savoir et de s'enquérir (ἱστορεῖν) ; et ce goût se retrouve toujours plus ou moins après lui, soit qu'il s'agisse du pittoresque, comme chez le Xénophon de l'*Anabase*, soit qu'il s'agisse des particularités individuelles, comme chez les biographes ou même chez un Tacite.

Le goût de Thucydide le porte juste à l'opposé ; et comme si l'histoire essayait dès ses débuts, par un grand mouvement de pendule, ses deux directions les plus opposées, il veut se débarrasser de tous ces détails, simplifier, élaguer, décanter. » Cf. Jacqueline DE ROMILLY, *L'utilité de l'histoire selon Thucydide*, dans *Histoire et Historiens dans l'Antiquité*, dans *Fondation Hardt. Entretiens*, t. IV, Vandœuvres-Genève, 1956, p. 50.

318. I. MEYERSON, *Le Temps, la Mémoire, l'Histoire*, dans *Journal de Psychologie*, 1956, p. 340. — F. CHATELET, *La naissance de l'histoire*, p. 24 Hérodote confond, écrit CHATELET, « la majesté et l'ampleur d'une civilisation et son antiquité ».

319. *Ibid.*, p. 25.

donnait 400.000 esclaves pour Athènes et Aristote 470.000 pour Égine [320].

Deux problèmes nous paraissent encore relever de la mentalité symbolique de l'Antiquité, et mériteraient des études comparées [321]. D'abord celui de la divinisation et de l'apothéose, ensuite celui des personnifications. Il faudrait reprendre le chemin de la vieille Égypte et vérifier comment l'empire romain hérita de l'apothéose à travers les empires hellénistiques [322].

Pour les personnifications de fonctions, de vertus, de cités, il y aurait aussi beaucoup à rassembler dans une étude comparative. Mais nous avons à conclure au plus vite non sans saisir au vol une fracassante déclaration du génial Aristote.

En effet, le plus paradoxal de l'historiographie grecque, c'est sa remise en problème par Aristote au moment même où, après Hérodote et Thucydide, elle se préparait un statut de science humaine. En effet, Aristote déclare la poésie plus philosophique que l'histoire. Nous nous réservons de revenir ailleurs sur ces fracassantes déclarations du calme Stagirite, enfouies dans un court traité de Poétique qu'on aurait bien pu perdre avec tant d'autres manuscrits, et que les orientalistes, les biblistes et tous les herméneutes se doivent de méditer en ce nouvel âge herméneutique [323].

---

320. Cf. Ed. WILL *Corinthiaka*, p. 15, note 2, avec toutes les références utiles. — On pourrait citer ici bien d'autres exemples mais le lecteur n'est plus à convaincre.

321. Voir les dictionnaires de l'Antiquité classique. Nous avons utilisé ici le *Lexikon der Alten Welt*, Zürich, 1965, col. 222-223.

322. Tout en nous interdisant d'investir ici une bibliographie sur l'apothéose qu'il nous soit seulement permis de conseiller un livre critique et profondément religieux sur le fond de ce problème, E. DES PLACES, *Syngeneia*, Paris, 1965. — E. des Places conclut en ces termes la première partie de son enquête sur la *Syngeneia* chez les Anciens, Homère, Hésiode, Solon, les tragiques, p. 58 : « Le genre humain s'accroche à la vie, parce qu'il ne sait ce que l'au-delà lui réserve, mais en même temps, il se sent apparenté à la famille des dieux et tend à la rejoindre ; de là cette apothéose concédée aux meilleurs des enfants des hommes et qui en fait au moins les demi-dieux, des héros : Oedipe, Héraclès, Hippolyte protègeront Athènes ou Thèbes, y recevront un culte. »

Avec Platon, il est amené à conclure, p. 98 : « Platon insiste moins sur la parenté de l'homme avec Dieu que sur la parenté de l'âme spécialement de l'intellect, avec les Idées et avec l'Être. Ou plutôt, c'est sous ce dernier aspect qu'il conçoit la « parenté divine » de l'humanité. De Dieu personnel, il ne saurait être question chez lui, pas plus qu'il n'en sera question chez Aristote. Tout « personnalisme » lui apparaissait teinté d'anthropomorphisme ; il avait moins peur d'un reste de polythéisme, ou peut-être se contentait-il d'un monothéisme diffus, le seul possible à des Grecs. C'est en ce sens qu'il faut résoudre le dilemme « monothéisme ou polythéisme. »

323. On trouvera un état des questions dans Kurt VON FRITZ, *Die Bedeutung des Aristoteles für die Geschichtsschreibung*, dans *Histoire et historiens dans l'Antiquité*, p. 85-128, avec discussion, p. 129-145.

III. Histoire critique et histoire qualitative

L'histoire qualitative nous paraît être le palier entre l'histoire critique, véritablement née au XIXe siècle de notre ère, et les légendes invérifiables.

Lorsque nous parlons d'histoire qualitative (pour éviter de dire axiologique ou paradigmatique), nous ne voulons nullement réduire l'histoire critique au quantitatif et au statistique ni lui enlever tout aspect qualitatif, mais seulement mettre l'accent sur ces qualités qu'une pensée archaïque, sauvage, symbolique, prête aux choses et aux personnes ou découvre en elles. Alors que l'histoire critique est sous le régime ou la prédominance du *logos*, de la raison, de la méthode, l'histoire qualitative, qui ne sera ni le mythe ni la légende, est une histoire où le temps et l'espace, les nombres et les généalogies, les actions et les personnes, sont retenus non en vue d'une mémorialisation exacte mais en vue d'une reconnaissance sapientiale des valeurs, donc dans une perspective paradigmatique. Le temps qualitatif est un temps des fondateurs, des hommes créateurs, une recherche des grands rythmes ; il ne répond guère à une recherche d'exactitude chronologique, mais il ne vise pas non plus le temps arbitraire et fantaisiste du mythe.

Les espaces qualitatifs sont ceux des sanctuaires, hauts-lieux, montagnes saintes, villes prestigieuses ou cités de pèlerinage, et ce ne sont pas nécessairement des lieux mythiques répondant à quelque mystique du centre comme les paradis. La pierre sacrée ou le champ d'honneur relèvent de l'histoire qualitative autant que « l'église du silence » ou « le rideau de fer ».

L'histoire qualitative peut recouvrir l'épopée et les légendes de fondation de villes ou de sanctuaires à fondements historiques, pourvu qu'elles ne soient pas purement légendaires ou étiologiques. L'histoire qualitative est centrée sur le grand homme, héros archétypal, chef ou roi fondateur ou constructeur ou triomphateur, d'où découle le genre biographique avec ses apophtegmes, les paroles historiques, l'anecdote et l'héroïsation, ou même la divinisation. Car il est bien évident que la divinisation des empereurs ne leur enlève pas leur réalité de personnage historique.

La généalogie serait un des moyens privilégiés de l'histoire qualitative, car elle vise toujours à magnifier quelqu'ancêtre glorieux ou important et à justifier des privilèges présents par le titre de l'ancienneté, du mérite ou de la noblesse. Mais en histoire qualitative, c'est le rattachement à l'ancêtre important qui prime sur l'exactitude notariale ou critique.

La symbolique des nombres et des couleurs est trop universelle pour que nous devions insister de ce côté.

Pour préciser encore notre pensée, nous dirions que le *midraš* israélite relève de l'histoire qualitative alors que le *mašal*, la parabole, relève des structures imaginaires comme le mythe [324]. Nous serions enclin à reprendre au compte de l'histoire qualitative les fortes pages sur « Légende et histoire » que Martin Buber a placées en tête de son *Moïse* [325].

L'histoire qualitative est celle qui obéit à la loi de symbolisation de l'histoire. Elle transforme un événement en symbole. Nous rappellerons en terminant l'impact sur les hommes de tous les temps des symboles de l'histoire qualitative. Sans l'Exode, la Pâque et Jérusalem, Israël serait-il resté à travers les temps et la diaspora ce peuple scellé et infrangible ? Sans l'Iliade et l'Odyssée, Alexandre serait-il parti à la conquête du monde avec toute une armée grecque ? [326].

La mentalité primitive, la pensée sauvage, les cultures à prédominance symbolique, ont été jusqu'ici le domaine des ethnologues et des sociologues. Ne fallait-il pas inquiéter un peu les historiens ? C'est notre gageure [327].

---

324. Beaucoup de livres et de manuels d'histoires nationales, — suivant la remarque que nous confiait l'islamologue A. ABEL, — illustreraient encore assez bien parmi nous un type d'histoire qualitative. Nous savons pertinemment aujourd'hui que dans les perspectives d'une histoire totale, elles sont sans grande valeur critique. Mais qui les relèguerait pour autant dans le domaine du mythe ou de la légende ?

Tout en refusant le roman historique à fondements lointains dans notre classification, on pourrait peut-être intégrer ici les biographies romancées (à la Maurois) et admettre au moins que les romans historiques peuvent être révélateurs d'une mentalité ; ce qui est souvent plus important pour l'historien que mille comptes de cuisine. Ainsi les aventures de Sinouhé nous en apprennent plus sur les mœurs et la mentalité des hommes et des cours d'Égypte et de Syrie-Palestine, que mille stèles familiales insignifiantes, encore que parfaitement exactes.

325. M. BUBER, *Moïse*, Paris, 1957, traduit par M. KOHN, p. 7-15.

326. De quel poids n'a pas été sur l'histoire des peuples la prise de la Bastille, alors qu'au soir de ce 14 juillet primordial le bon roi Louis XVI notait dans son journal « rien ». Et l'on peut en dire autant de l'influence de la « Commune de Paris » sur la révolution russe de 1917. Je me suis laissé dire que Lénine dansa de joie sur la neige lorsqu'il vit que la révolution russe avait atteint les soixante dix jours de la « Commune de Paris », et que son cadavre fut déposé dans l'un des drapeaux rouges de cette même « Commune » de 1871.

327. Outre une incitation de Paul RICOEUR à entreprendre ce travail, d'autres voix l'ont réclamé, et même pour le moyen âge. — Ainsi VAN CAENEGEM écrivait : « La ' mentalité primitive ' a été étudiée jusqu'ici exclusivement par les sociologues et les ethnologues. Le phénomène se retrouve pourtant chez les peuples historiques et notamment dans le passé occidental. Il mérite d'être étudié comme un développement historique dans ses diverses étapes. Le grand avantage est qu'il existe des textes contemporains mêmes pour le haut moyen âge, qui était une époque de ' mentalité primitive ', non pas d'une façon descriptive et statique mais d'une manière dynamique et historique et de pouvoir suivre les étapes de son recul sur la base de textes contemporains. Au moyen-âge on trouve les conditions réunies : chez les grandes masses de la population, les représentations « prélogiques » dominaient, mais des éléments suffisants de la culture antique étaient conservés pour que des écrits et d'autres textes aient été rédigés qui puissent nous informer. » — Cf.

IV. Bible et histoire qualitative

« Hujus religionis sectandae caput est historia et prophetiae dispensationis temporalis divinae Providentiae. » (S. Augustin) [328]

L'étrange fascination de la Bible sur les savants comme sur les petits ne vient certes pas de la rigueur de ses concepts ni du brillant de ses analyses, mais de cette histoire de Dieu *avec* les hommes, non seulement avec Abraham, le père des croyants, mais aussi avec Agar la servante arabe. C'est le Dieu des nuits tragiques de Jacob et de Moïse, les grands chefs, mais aussi de tout un peuple d'esclaves. C'est le Dieu du puissant roi David, mais aussi de son mercenaire hittite pour le sang duquel il déplacera un prophète. Le Dieu de la Bible, c'est un dieu *avec* les pauvres, *avec* le peuple des écrasés de l'histoire. L'Orient a connu des panthéons organisés, s'est accommodé du « monothéisme administratif » comme disait Lagrange, et des dieux arbitraires et immoraux. Israël a rencontré le « Dieu vivant » et le « Dieu saint », qui lui a offert son alliance. L'histoire de cet amour, avec toutes ses vicissitudes de joies et de bonheur, d'infidélités, de trahisons, de turpitudes, pouvait-elle échapper aux grands symboles de l'amour, de l'émotion, de la colère et du pardon ?

Tant qu'on disserte *sur* la religion, on peut se passer des symboles, notait Tillich, on peut s'exprimer en concepts philosophiques. Mais le religieux lui-même comment le proclamer sinon avec des symboles et des complexes de symboles [329] ? Une religion de la présence et de l'amour que Jésus allait nous révéler comme une religion du Père, de l'« Abba »-Père, pouvait-elle se passer de symboles ?

Mais parmi les littératures sacrées, la Bible est au moins la plus ancienne à se réclamer de l'histoire et de fondateurs historiques, alors que rien de pareil ne se rencontre avant Zarathoustra et Mohamet au plan des grandes religions [330]. Ce qui est le plus surprenant, c'est le caractère *historique* des « credo », de ces professions de foi qui s'échelonnent à travers l'Écriture jusqu'au « sous Ponce Pilate ». Et voilà ce qui structure

---

Van Caenegem, dans *Méthodes et problèmes actuels de la recherche historique, particulièrement dans le domaine de l'histoire du moyen-âge*, dans *Raisonnement et démarches de l'historien*, Bruxelles, 1963, p. 61.

328. S. Augustin, *De vera religione*, 7 ; P.L., 34, 128 : « Dans la pratique de cette religion, ce qui est capital c'est l'histoire et les prophéties de l'économie temporelle de la divine Providence. »

329. *The Meaning and Justification of Religious Symbols*, dans *Religious Experience and Truth. A Symposium*, ed. by Sidney Hook, New-York, 1961. Trad. allemande par Inge Henel, *Sinn und Recht religiöser Symbole*, dans *Symbol und Wirklichkeit*, 2e éd., Berlin, 1966, p. 3-12. Nous citons cette édition, p. 3.

330. Voir des considérations analogues dans S.G.F. Brandon, *History, Time and Deity*, Manchester, 1965.

le paradoxe de la Bible qui sera tout à la fois Histoire et Symboles, Amour et Lois, Liberté et Service, Tradition et Temps harcelant de renouveau salutaire.

Mais la Révélation de ce Dieu harcelant est tombée en terre orientale, chez un peuple héritier de toute la symbolique asiatique. L'histoire qualitative définie comme à prédominance symbolique, pouvait-elle rester étrangère à cette situation, à ce conditionnement sociologique et religieux d'Israël ?

Bien loin de nous l'idée de réduire toute l'histoire d'Israël à cette dénomination. Dans les Livres de Samuel, des Rois, d'Esdras et des Chroniques, il y a de véritables pages d'histoire, telle l'histoire de la succession au trône de David. Mais de la vocation d'Abraham à celle de David et dans certaines pages des Chroniques, n'avons-nous pas affaire à de l'histoire qualitative ? On a depuis longtemps proposé de parler d'histoire midrashique. Cela ne nous gênerait pas de préférer cette dénomination si elle n'était pas une extension récente d'un genre particulier et tardif, et qu'on n'oserait exporter hors d'Israël. L'histoire qualitative n'aurait donc que le mérite d'être une quantité plus neutre, plus universelle, *Lis sub judice.*

1. *Les paradoxes de l'histoire biblique.*

D'une part, on peut s'émerveiller de l'éveil précoce d'Israël à la littérature historique, d'autre part, on peut soutenir que l'histoire du passé comme science exacte ne jouait pas un rôle décisif en Israël. La première thèse serait bien illustrée par la sentence d'Eduard Meyer : « Une véritable littérature historique n'a vu le jour que chez les Israélites et les Grecs, et chez les premiers, elle est apparue de très bonne heure et a débuté par des productions tout à fait remarquables » [331]. L'autre point de vue a naguère trouvé son représentant chez l'éminent philologue de l'Ancien Testament, Ludwig Köhler [332], qui soutenait que « le concept de l'histoire, — entendue comme science du passé, — n'y joue guère de rôle apparent » [333].

---

331. E. Meyer, *Geschichte des Altertums*, t. I, 1, 1910, p. 227. — Ce point de vue a été accepté et nuancé par Edm. Jacob, *Histoire et historiens dans l'Ancien Testament*, dans *La Bible et l'Orient. Travaux du Congrès de S. Cloud*, 1954, Paris, 1955, p. 26, 26-35. Il faut évidemment se souvenir de la priorité des Hittites. Mais leur historiographie a manqué d'ambition, d'élan ; elle n'est pas sortie du cadre dynastique.

332. L. Koehler, *Der hebraïsche Mensch*, Tübingen, 1953, p. 125.

333. Pour les différents points de vue sur l'historiographie biblique rappelons quelques travaux récents, en dehors du livre cité de Jacob : Christopher North, *The Old Testament Interpretation of History*, London, 1946. — John Bright, *Early Israel in Recent History Writing*, London, 1956. — Arthur Weiser, *Glaube und Geschichte im Alten Testament*, Göttingen, 1961. — Joh. Schildenberger, *Literarische Arten der Geschichtsschreibung im Alten testament*, dans *Biblische Bei-*

Nous sommes donc dans une aporie : littérature de type historique pour les uns, faiblesse critique pour les autres. En fait, tous les orientalistes reconnaissent en la Bible la plus vaste source de documentation orientale antique. En dépit de ses lacunes ou faiblesses, elle reste sans équivalence [334].

2. *Le caractère non officiel et populaire de l'histoire israélite.*

Le fait est qu'on n'a pas encore retrouvé une seule stèle royale en Israël. Alors que l'historiographie orientale prise dans son ensemble, qu'elle soit sumérienne ou égyptienne, sémitique ou hittite, se concentre sur les chefs et les rois, dans la Bible on est frappé d'avoir d'un bout à l'autre l'histoire d'un peuple.

Et l'histoire, bien loin d'être écrite pour les rois ou sur l'ordre des rois, est une longue défense des opprimés et des petits et est destinée, non à quelques monuments officiels ou à des archives royales ou sacerdotales, mais à tout un peuple. A cause du devoir de connaître la Loi, il est vraisemblable qu'en Israël beaucoup plus qu'en d'autres nations, le peuple savait lire : il y avait donc un autre public que celui des scribes officiels.

Bien loin d'être une nouvelle page du despotisme asiatique, la Bible s'ouvre avec l'Exode par une libération du despotisme et n'oublions pas qu'au lieu de longs panégyriques royaux, nous avons un réquisitoire contre les rois qui ne se retrouve peut-être dans aucune histoire nationale.

Quand nous lisons les *Königsnovellen* égyptiennes ou les annales assyriennes, nous avons à nous souvenir non seulement des destinataires, à savoir le roi, la cour, et les dieux, mais aussi de ceux qui écrivaient l'histoire. On s'aperçoit aussitôt que notre historiographie officielle émanait ici de fonctionnaires et de la classe sacerdotale, à la rigueur de grands marchands ou de gros propriétaires ; d'où l'importante constatation de G. Goossens : « Tous nos renseignements sur les classes inférieures émanent donc de ceux qui les exploitent ; il n'est pas certain que la critique puisse toujours corriger cette vue partiale des faits » [335]. La Bible tranche donc très nettement sur la toile de fond orientale.

3. *L'histoire qualitative et les crises bibliques.*

Nous avons vu plus haut comment l'historiographie moderne accordait une place privilégiée à la notion de crise. Il n'est pas surprenant

---

träge, n.s., fasc. 5. Zürich, 1964 — Rolf Rendtorff, *Geschichte und Wort im Alten Testament*, dans *Ev. Theol.*, 22, n.s. 17, 1962, p. 621-649.

334. J. Bottero a bien montré le faux dilemme des études bibliques, dans *L'Histoire et ses méthodes*, dans *Enc. de la Pléiade*, Paris, 1961, p. 165.

335. G. Goossens, dans *Histoire Universelle*, dans *Enc. de la Pléiade*, Paris, 1956, t. I, p. 306.

qu'une histoire qualitative y soit attentive, car comment les peuples au stade archaïque ou avec des rémanences de la mentalité sauvage, ne seraient-ils pas spécialement frappés dans leur imagination et leur mémoire par les crises de la famille, de la tribu ou du peuple, par l'écrasement du pauvre ou la mort de l'innocent ?

La Bible n'est pas une histoire continue et exhaustive, mais au contraire, précisément, une histoire des grandes crises de la foi et du salut. Pour nous en tenir à Israël, nous commencerons avec les crises de la famille des patriarches, crises de la vie et de la foi d'Abraham, d'Isaac et de Jacob. Puis crises de l'esclavage d'Égypte et de l'Exode. Plus tard, crise de la conquête, du péril philistin et de la naissance de la royauté. Viennent ensuite les crises de la succession au trône de David, du schisme, et crises de l'apostasie et de l'idolâtrie, les crises de l'Exil et du retour, puis le hiatus d'une époque relativement tranquille jusqu'à l'époque macchabéenne. Et souvent entre les crises, nous n'avons aucun document historique.

Mais en histoire, on peut toujours remonter à des antécédents, on peut toujours trouver des causes lointaines. C'est ce que remarquait encore récemment R. Aron [336]. N'est-il pas remarquable que le Yahwiste ait tenté de retrouver des crises religieuses bien avant Abraham et même de remonter jusqu'à une première crise. La documentation humaine pouvait être ici totalement lacuneuse ; du moins la perception de la crise est parfaitement correcte.

Mais la note spécifique de l'historiographie israélite, c'est qu'il s'agit toujours de crise religieuse, de crise de cette alliance, transfigurée par les prophètes en mystère d'amour, et où les événements seront donc traduits selon la symbolique du mariage, de l'éducation et de l'amitié [337].

4. *Une histoire universelle.*

Quand on considère les parties historiques de la Bible, on est séduit par l'ampleur des vues historiques. Ainsi le Yahwiste semble bien le premier dans la littérature mondiale à avoir tenté le rattachement d'une histoire nationale à une histoire universelle. L'historiographie israélite n'est peut-être pas la première qui ait recherché des causes en histoire (les annales hittites en avaient déjà présenté des modèles), mais elle a fait une place exceptionnelle à l'histoire qui envahit tous les genres littéraires, la législ-

336. « Si l'on remonte de Waterloo au début des armées de la Révolution, il faudra remonter encore plus haut, aux armées royales, et ainsi de suite, indéfiniment, » dans *Dimensions de la Conscience Historique*, p. 77.

337. Sur cette symbolique, voir spécialement les commentaires d'Osée, de Jérémie et du Cantique des Cantiques. Voir aussi A. NEHER, *L'essence du Prophétisme*, Paris, 1955. — P. GRELOT, *Sens chrétien de l'Ancien-Testament*, Paris, 1962 et *La Bible Parole de Dieu*, Paris, 1965.

lation, le prophétisme, la prière des psaumes et même la littérature de sagesse avec le *Siracide* et l'auteur de la *Sagesse* de Salomon.

Et cependant, l'historien moderne, mis à part quelques pièces exceptionnelles comme la succession au trône de David (*II Sam.*, IX-*II Reg.*, 1), ou certaines notices sur les Rois, se trouve souvent véritablement désorienté. C'est le cas par l'imprécision topographique ou statistique. Les généalogies sont approximatives [338]. Les chiffres sont gonflés, les optiques parfois opposées (ainsi *Josué* et *Juges* donnent des versions assez différentes de la conquête) et les datations varient souvent d'un livre à l'autre [339].

Les difficultés vont en augmentant avec les plus anciennes traditions d'Israël, non que la tradition orale des nomades ne leur conserve une authenticité ethnologique, juridique, sociale et religieuse (ceci est acquis), mais parce que le rattachement à des cadres précis de l'histoire des nations fait à peu près totalement défaut jusqu'à David et Salomon.

5. *Le Temps qualificatif.*

Les études récentes ont montré d'ailleurs que la notion de temps chez les Hébreux ne correspond pas à notre conception occidentale d'un temps conçu comme une ligne continue, divisible en segments précis. Le temps hébreu est celui des grands rythmes (*Gen.*, VIII, 22). Le « temps où les juges jugeaient » montre bien la notion de temps fort, de temps salutaire, car les juges sont des « Sauveurs ». C'est du temps qualitatif, non de strictes chronologies.

Inversément, lorsqu'on nous raconte certaines compromissions graves de la religion ou de la morale, on nous prévient : « En ce temps-là il n'y avait pas de roi en Israël et chacun faisait ce qui lui plaisait » [340]. Par ailleurs la conception deutéronomique rend chaque génération contemporaine de l'exode et actualise les événements du Sinaï.

Un grand connaisseur des traditions israélites, G. von Rad, écrivait récemment en faisant le bilan de ces recherches sur le temps hébreu, qu'Israël s'est intéressé non pas à la succession des temps, mais aux temps des fondateurs, aux temps de salut : « Pour Israël, il n'y avait d'histoire qu'autant que Dieu avait fait chemin avec son peuple. Seule une suite

---

338. Nous avons étudié ces généalogies après beaucoup d'autres : L. Ramlot, *Les Généalogies bibliques, un genre littéraire oriental*, dans *Bible et Vie Chrétienne*, 60, 1964, p. 53-70.

339. Il faudrait mentionner ici toutes les exagérations orientales : les vêtements qui ne s'usèrent pas pendant l'Exode (*Deut.*, VIII, 4) ; les frondeurs de Benjamin capables de viser un cheveu (*Jug.*, XX, 16) ; un contre mille ! (*Deut.*, XXXII, 30 *Is*, XXX, 17) ; la joie du sacre de Salomon avec des clameurs « qui fendaient la terre », *I Reg.*, I, 40), etc.

340. *Jug.*, XVII, 6 ; 18, 1 ; 19, 1 ss. ; *Deut.*, XXI, 25 ; cf. *Deut.*, XII, 8-9.

temporelle caractérisée par l'action divine pouvait être désignée de cette manière... » ; « Israël n'a jamais abandonné la conception particulière de l'histoire, qui est histoire avec Dieu, un chemin parcouru sous la conduite de Dieu » [341].

Le temps du chemin de Dieu avec son peuple n'est-ce pas aussi de l'histoire qualitative ?

6. *Le paramètre prophétique de l'histoire d'Israël.*

Alors que les différentes histoires orientales sont toutes centrées sur la figure du monarque, roi ou héros, l'histoire d'Israël est constellée de figures religieuses et prophétiques. La gloire d'Israël est d'avoir reconnu comme créateurs de son véritable destin non les rois, mais les prophètes ; ce qui l'a conduit, au besoin, à donner à Abraham, à Moïse et même à David, une auréole prophétique.

Le fait que les Juifs aient considéré leurs premiers livres historiques comme les prophètes antérieurs est trop connu et trop significatif pour que nous insistions. On peut donc considérer les prophètes comme interprètes de l'histoire [342].

7. *Absence de critique des sources et compilation.*

La Bible partage la carence la plus grave des littératures sémitiques, celle qui provient certainement de cette absence de sens critique. C'est la « kénose » de l'histoire du salut. Les scribes se bornent généralement à copier en mettant bout-à-bout des documents de valeur inégale. Souvent ils se contentent de papillonner d'une source à l'autre, en emportant chaque fois le détail le plus piquant ou le plus favorable à leurs idées. La démonstration de ce fait et sa généralité parmi les écrivains sémites a été mise en évidence par le professeur I. Guidi [343].

Ce que Guidi vérifiait pour les historiographes abyssins, arabes, le futur Cardinal Tisserant l'établissait pour les Syriens [344]. Enfin l'exemple le plus célèbre de compilation et celui qui fournit l'analogue le plus proche aux compilations bibliques du Pentateuque et des livres historiques, c'est le *Diatessaron* de Tatien. Le Diatessaron est une harmonie évangélique qui fond les quatre évangiles en un seul. C'est une véritable mosaïque orientale [345].

---

341. G. von Rad, *Les idées sur le temps et l'histoire en Israël et l'eschatologie des prophètes*, dans *Hommage à Wilhelm Vischer*, Montpellier, 1960, p. 203.

342. H. W. Robinson, *Inspiration and Revelation in the Old Testament.* Oxford, 1946, surtout le ch. IX, p. 123-136. — R. North, *Prophetismus ut Philosophia Historiae*, in *Verbum Domini*, 29 (1951), p. 321-333.

343. *L'historiographie chez les Sémites*, dans RB, 1906, p. 509-519.

344. *Fragments syriaques du Livre des Jubilés*, dans RB, 1921, p. 55-86 ; 206-232.

345. Cf. J. Chaine, *Le livre de La Genèse*, Paris, 1951, p. 499-502.

Les historiens sémitiques ne sont pas des critiques mais des collecteurs de renseignements, des compilateurs habiles. Souvent ne sachant pas choisir entre deux documents, ils se contentent de les reproduire bout-à-bout, même si les traditions s'opposent dans leurs points de vue. Le seul mérite de ces compilations fut de nous conserver de vieilles traditions. Une exception brille au milieu de ces compilations, l'œuvre d'un historien arabe au XIVe s. : *Les Prolégomènes à l'histoire universelle* d'Ibn Khaldûn [346]. Ibn Khaldûn avait du moins conscience de faire figure de novateur en raison même de sa méthode critique. Les sociologues se réclament d'ailleurs davantage de lui que les historiens [347].

8. *Historicisation des symboles et symbolisation de l'histoire.*

On ne peut nier que la Bible suive tantôt un mouvement d'historicisation (Déluge, Paradis, Pâque, Baptême), tantôt un mouvement inverse de symbolisation des hommes et des événements (Abraham, Melchisédech, David, Élie, Exode, etc.).

Les fêtes israélites semblent soumises à ce double mouvement. D'une part, de vieux rites saisonniers ont été assumés dans une histoire du salut, et, d'autre part, le symbolisme de ces fêtes est allé croissant à travers les âges. D'une part, Israël démythologise les religions et cosmogonies mythologiques de l'Orient, comme P. Humbert et G. von Rad, — entre

346. Ibn KHALDOUN, *Les Prolégomènes traduits* par M. DE SLANE, Reprod. Photomécanique 3 vol., Paris, 1934-1938. Cf. L. GARDET, dans *Rev. Thom.*, 45 (1939), p. 381-389.

On trouvera une importante bibliographie dans Nassif NASSAR, *La pensée réaliste d'Ibn Khaldun*, Paris, 1967, p. 273-275. — Yves LACOSTE, *Ibn Khaldun, naissance de l'histoire, passé du Tiers-Monde*, Paris, 1967.

347. Signalons un travail magistral : Muhsin MĀHDI, *Ibn Khaldûns Philosophy of History*, London, 1957. M. Mahdi offre en particulier une longue et remarquable élucidation du titre donné par Ibn Khaldûn à son histoire des Arabes et des Berbères : *Kitâb al 'ibar wa-dîwân al mubtada' wa-l-khabar fî ayyâm al 'arab wa-l-'ajam wal -l-barbar wa-man 'aṣarahum min dhawî al sultân al akbar*. En première approximation il traduit « Le livre de l'Ibar, le document des origines et des événements des Jours des Arabes, des Perses et des Berbères et de ceux de leurs contemporains qui furent détenteurs du Grand Pouvoir ». Mais il suffit de comparer cette traduction avec d'autres pour en deviner les difficultés. Le mot clé est *'Ibar* qu'il transcrit simplement. Ce mot dérive d'une racine bien connue des biblistes, car elle a donné *'ibrî*. Dans toutes les langues sémitiques la racine verbale a le sens de passer sur, au-dessus, à travers, chez ; elle est souvent en relation avec les rives d'un fleuve ou les falaises d'une vallée ; d'où le sens dérivé de connecter deux points. *Op. cit.*, p. 65.

Il pourra donc signifier « passer de l'extérieur à l'intérieur des choses ». En connexion avec la Loi, il signifiera la transgression avec l'image de se détourner d'elle, en refusant par conséquent de pénétrer son sens intime ; les dictionnaires arabes élucident aussi le sens d'exprimer, d'interpréter ; ainsi on « interprète les rêves », *'abbar* dans le Coran vise un interprète de songe (XII, 43).

Dans le titre d'Ibn Khaldûn « c'est le pont qui doit nous faire passer dans l'inti-

beaucoup d'autres, — l'ont établi scientifiquement et, d'autre part, il reconstitue dans le cadre de sa révélation monothéiste des « architectures de symboles » (Paradis, Déluge, Descente aux Enfers, etc.).

Il faudrait introduire ici le privilège d'Israël d'avoir une histoire figurante, une typologie, où un sacrifice en annonce un autre, un exode figure le prochain. On remarquera surtout le « mode d'existence » un peu spécial que cela confert à Melchisédech, Isaac ou David. Melchisédech n'avait-il pas eu de parents comme tout le monde ? Il y a donc un mode d'être typologique qui serait à approfondir.

9. *La Tradition et le temps harcelant du salut.*

« In angustia temporum. » (DANIEL, IX, 25)

A ces Orientaux qui ont toujours le temps, et qui, par tempérament ou par philosophie, ne sont jamais pressés, les prophètes lancent les assauts et les harcèlements de la conversion. Par ailleurs, ces mêmes prophètes ne font rien sans invoquer la tradition, ils sont réformateurs au nom de la tradition mosaïque et pourtant leur grand message ce sont les temps nouveaux.

Après les prophètes, Jésus vient annoncer, lui aussi, l'imminence du Règne et, en même temps, il se réclame du plus lointain passé, des traditions pré-mosaïques par exemple, pour réformer des institutions comme le mariage. Mais dans l'un et l'autre cas, celui des prophètes comme celui de Jésus, ce n'est pas un recours à l'argument historique, mais à une révélation, à une histoire qualitative.

10. *Eschatologie qualitative.*

Au milieu des divergences d'opinion sur l'eschatologie, on s'accorde à reconnaître sous l'écorce des symboles une valeur essentielle du Royaume.

Voici déjà deux décennies, L. Cerfaux a écrit une page lumineuse sur ce dénominateur commun à toutes les tendances et proposé la formule qui mériterait de s'imposer, à savoir « l'eschatologie *qualitative* » [348]. Ayant accepté que l'eschatologie soit « temporelle » et « spatiale » il insiste sur son caractère qualitatif, et il y voit même l'essentiel : « Toutes les expressions employées sont des métaphores. Elles expriment et voilent en même temps l'essentiel. L'essentiel, c'est l'eschatologie qualitative. Les formules temporelles et spatiales, l'avènement du fils de l'homme,

---

mité de l'histoire ». Ibn Khaldûn identifie cet effort avec une investigation philosophique et y voit une partie de la sagesse. Cf. *op. cit.*, p. 65-66, 66-70. N'est-ce pas là encore une conception qualitative de l'histoire ?

348. L. CERFAUX, *Le Royaume de Dieu*, dans *Vie Spirituelle*, 75 (1946), p. 645-656.

le Royaume de Dieu, incluent la vision d'une réalité divine, d'une « qualité » religieuse, perçue par Jésus. Dieu son Père, la vie du ciel, sa perfection, sa pureté, la charité de Dieu, c'est la grande réalité divine qui domine le monde présent. La volonté divine s'est décidée à intervenir et à introduire dans le monde terrestre et actuel cette réalité céleste et intemporelle. « Dieu », tel que Jésus le contemplait et la volonté divine, telle qu'il l'accomplissait, voilà le centre d'intérêt de l'évangile. Eschatologie, sans doute, mais eschatologie avant tout qualitative » [349].

En quel sens faut-il entendre la formule ? L. Cerfaux le précise : « L'eschatologie qualitative s'introduit dans la vie présente et constitue la meilleure valeur du présent » [350]. Or ces formulations rejoignent celles de M.-J. Lagrange dans son commentaire de l'Évangile de Matthieu (ch. XXV).

Il serait assez facile de multiplier les témoignages d'exégètes qui vont dans le même sens. Mais ce travail a été entrepris maintes fois. Qu'il me soit permis d'en relever un, celui de Thomas Altizer, de Chicago. Il caractérise l'eschatologie chrétienne par son coefficient moral et de la manière suivante : « L'eschatologie chrétienne a totalement sublimé l'apocalyptique mythique du Judaïsme dans sa vision de la fin, dans la rigueur d'une obéissance religieuse d'un type éthico-eschatologique » [351]. Là encore « Eschatologie qualitative » serait l'exact correspondant d'une histoire qualitative.

Conclusion

> « Pour moi, dernier venu, j'ai été vigilant
> comme un grapilleur après les vendanges. »
> (*Sir.*, XXXIII, 16)

Après ces grappillages et recherches passablement variées dans les sous-bois de la mentalité antique, nous ne pensons pas avoir perdu le lecteur hors du sentier de la critique. Le fait est là : nous sommes en face de sciences historiques et herméneutiques de plus en plus relativisantes. Et ce n'est pas en sonnant le tocsin de l'alarme qu'on sauvera la Cité de Dieu. Jamais la peur n'a fait avancer une armée. Notre stratégie a été d'abord de chercher les enjeux de l'herméneutique et de l'historiographie contemporaine. Il en est résulté que l'enjeu principal apparaîtra dans le conditionnement culturel et personnel du témoin, de l'écrivain, de l'herméneute et de l'historien. Mais ne cédons pas à la tentation stérile d'épui-

---

349. *Ibid.*, p. 646-647.
350. *Ibid.*
351. Thomas J.J. ALTIZER, *The Religious Meaning of Myth and Symbol*, dans *Truth, Myth, Symbol*, New York, 1963, p. 103.

ser nos forces à faire le décompte des présupposés de chacun. Pour retrouver l'horizon et les questions de l'homme biblique, nous avons essayé non plus de nous appesantir sur les caractéristiques de tel ou tel écrivain ou d'une histoire midrashique minimisante, mais de reconnaître que dans une mentalité à prédominance symbolique, l'historiographie elle-même en partage le conditionnement. Pour cette histoire « conditionnée » par des rémanences de « mentalité archaïque », ou de la « pensée sauvage » (à l'exclusion de tout jugement dépréciatif à priori de ces modes de culture), nous pensons proposer, — faute de mieux, l'épithète de « qualitatif » par opposition à une histoire critique d'invention récente. S'il était admis que cette histoire qualitative correspond à l'historiographie naissante d'un grand nombre de peuples à l'âge de prédilection pour les symboles et la poésie, ce serait à l'avantage d'une meilleure critique littéraire et historique, d'une meilleure compréhension des paradoxes religieux, d'une révélation d'amour et d'une présence de Dieu aux hommes, mais en ne perdant plus l'avantage que nous a donné le grec Aristote en établissant la Poésie plus philosophique que l'Histoire.

Le plus inattendu, le plus inespéré dans cette longue quête des symboles et des chiffres « opératoires » de l'histoire du salut, ce fut bien d'aboutir à une révélation « thématique » du Logos dans le prologue du quatrième Évangile.

Toulouse, Avenue Lacordaire — Léon RAMLOT, O.P.

DIE HERMENEUTISCHE RELEVANZ DES GESCHICHTLICHEN CHARAKTERS DER CHRISTUSOFFENBARUNG

Die hermeneutische Frage ist in den letzten Jahrzehnten stark in den Vordergrund der Diskussion getreten [1]. Mit aller nur wünschenswerten Klarheit begründete die dogmatische Konstitution « Dei Verbum » des Vaticanum II die Möglichkeit und Notwendigkeit der biblischen Hermeneutik damit, daß « Gott in der Heiligen Schrift durch Menschen nach Menschenart gesprochen hat », so daß — wie dieselbe Konstitution sagt — die menschlichen Verfasser dieser Schriften, die in früheren offiziellen Dokumenten nur vorsichtig « auctores instrumentales » genannt wurden, bei aller göttlichen Einwirkung als « echte Verfasser » fungierten (Nr. 11). Dieser Charakter der Schriften beider Testamente als vollmenschlicher Sprachprodukte von geschichtlich existierende Menschen setzt notwendig die Orts-, Zeit- und Personenbindung ihrer Vorstellungs-, Denk- und Sprechweise voraus. Aus diesem Charakter der Schrift als menschlichem Wort ergibt sich für das Vaticanum II, — wie bei allen Erzeugnissen menschlicher Sprache, — sowohl die Möglichkeit als auch die Notwendigkeit des verstehenden Nachvollzugs, das heißt : der Auslegung.

Gewisse Bedingungen und Forderungen der Auslegung der Heiligen Schrift und des NT im besonderen sind heute allgemein anerkannt [2]. Zu diesen zählen in erster Linie *jene Forderungen, die sich aus dem Verhältnis zwischen biblischem Autor und nachvollziehendem Ausleger ergeben*. Auch hier hat sich die Konstitution « Dei Verbum » wesentliche fachwissenschaftlich erarbeitete Erkenntnisse zu eigen gemacht. Mit ihrem einleitenden Satz über die Schrifterklärung (Nr. 12) anerkennt sie die vom Hagiographen intendierte Aussage als den « Literalsinn » (der

---

1. Ein Auszug aus diesem Vortrag, der bei den « Journées Bibliques de Louvain 1966 » gehalten wurde, erschien in : *Concilium*, 3 (1967), 18-23 unter dem Titel « Offenbarung und Geschichte im Neuen Testament ». Auf Angabe von Literatur zu den Einzelpunkten wird aus Raumgründen möglichst verzichtet.

2. Neuere katholische und protestantische Beiträge zur Hermeneutik verzeichnet R. Schnackenburg in seinem Aufsatz : *Zur Auslegung der Hl. Schrift in unserer Zeit*, in *Bibel und Leben*, 5 (1964), 220-236, näherhin Anm. 1 ; vgl. weiter die Literatur zum Art. *Biblische Hermeneutik*, in *Sacramentum Mundi*, I (1967), 583.

deshalb nicht schon mit den buchstäblichen Worten zusammenfallen muß) und kennzeichnet sie die Ermittlung der Aussageabsicht und damit der je und je intendierten Aussage des Textes als das fundamentale und generelle Prinzip der biblischen Hermeneutik. Gleichzeitig nennt sie drei hauptsächliche Mittel zur Eruierung der Aussageabsicht einer biblischen Schrift im Ganzen und im Einzelnen, nämlich a) die Erforschung und Beachtung der umweltbedingten Denk- und Ausdrucksweise im allgemeinen ; b) die Erforschung der literarischen Gattung im besonderen — wobei die beigefügte Erklärung sowohl die Zahl und Art der bereits festgestellten und noch festzustellenden literarischen Gattungen und Formen offenläßt, als auch im besonderen die Variabilität des zur Verwendung kommenden Begriffs « Geschichte » betont ; c) die Beachtung und Erforschung der Situation, aus der heraus und für die der Hagiograph schreibt.

Zu den anerkannten Voraussetzungen der Auslegung gehört des weiteren *die Einsicht in die Bedeutung des auslegenden Subjektes*. Die Auslegung historischer Texte und der biblischen im besonderen ist in der Tat nicht nur eine Frage der korrekten Handhabung der einschlägigen geschichtswissenschaftlichen Hilfsmittel und Methoden. Der Besitz derselben Quellen und die einmütige Anerkennung desselben geschichtswissenschaftlichen Verfahrens führt erfahrungsgemäß noch nicht zu einer einmütigen Auslegung der Bibel. Die aufklärerische Vorstellung eines schlechthin vor-urteilslosen Befragens und Verstehens historischer Texte erwies sich als eine phantastische Abstraktion. Auch die heutigen Leser und Erklärer der biblischen Schriften kommen aus einer konkreten geschichtlichen Situation und bringen je ein ihnen angeborenes und (aus ihrem persönlichen Werdegang, ihren Lebenssituationen, ihrer « Schule ») zugewachsenes Vor-verständnis mit, also eine bestimmte Subjektivität, aufgrund deren sie die Quellen befragen und ein Gesamtverständnis der im NT bezeugten Phänomene zu gewinnen suchen. Das hat das Interpretationsprogramm R. Bultmanns, der auf Grund bestimmter axiomatischer Voraussetzungen ein einheitliches hermeneutisches Prinzip entwickelt und praktiziert, den Exegeten aller Konfessionen sehr nachdrücklich zum Bewußtsein gebracht.

1. *Eine unerläßliche Vorentscheidung.*

Im Hinblick auf den geschichtlichen Charakter der Christusoffenbarung haben wir zunächst von einer unerläßlichen Vorentscheidung zu sprechen. Das NT verkündet, daß die im Alten Bund eingeleitete Selbstmitteilung des persönlichen Gottes in Jesus Christus zum endgültigen Abschluß kam. Keinem Ausleger des NT läßt sich deshalb die Beantwortung einer prinzipiellen Frage ersparen, mag diese Antwort nun mehr reflektiert oder aber unreflektiert gegeben werden. Wir meinen die Frage, was göttliche Offenbarung, offenbarendes Handeln und Reden Gottes eigentlich heißen kann und heißt, ob und in welchem Sinne Gott seinen Willen mitteilen und damit sich selbst offenbaren konnte, *ob sich göttliches Handeln in einem historisch aufweisbaren Geschehen, im Leben und Schicksal einer historischen Person objektivieren konnte*. Die Auslegung des NT führt zwangsläufig zu unterschiedlichen Aussagegehalten, je nachdem ob der Ausleger etwa auf Grund der Restriktion des Vorverständnisses auf ein dem heutigen Menschen angeblich einzig mögliches Wirklichkeits- und Selbstverständnis eine Selbsterschließung Gottes in der Geschichte ausschließt oder aber auf Grund seiner philosophischen Überzeugung oder auch seines Glaubens an den lebendigen Gott und Herrn der Natur und Geschichte bereit ist, diese in dem Grad und Sinne anzuerkennen, in dem sie von den auszulegenden Quellen gefordert wird. Nur wer sich für diese Möglichkeit, für eine mögliche Bekundung des Willens und der Liebe Gottes in der Geschichte, in geschichtlichen Personen offenhält, wird zum Beispiel die Verkündigung Jesu dahin rekonstruieren können, daß Jesus nicht nur im Sinne existentialer Interpretation rein « prophetisch » das Kommen des Gottesreiches (und des Menschensohnes) ankündigte, sondern seine Wort- und Tatverkündigung als wirklichen Beginn der verheißenen endzeitlichen Heilsaktion Gottes verstand. Er ist mit anderen Worten im Stande, anzuerkennen, daß schon der Jesus des Erdenwirkens seiner Person entscheidende Bedeutung für das Kommen des Heils zuschrieb, daß er also der abschließende Offenbarer und Mittler des eschatologischen Heils sein wollte. Nur wer diesen Sendungsanspruch als historisch anerkennt, kann zum Beispiel sinnvollerweise die Frage diskutieren, ob Jesus nicht nur Exorzismen beziehungsweise überhaupt gewisse psychosomatische Heilwirkungen vollbrachte und diese als Zeichen der in ihm wirkenden Gotteskraft verstand, sondern kraft der ihn auszeichnenden eschatologischen Sendung über göttliche Kraft verfügte und deshalb wirkliche Wunder vollbringen konnte [3].

Freilich bleiben wir uns zugleich voll *der schwierigen Aufgabe* bewußt, *von der in der Geschichte Jesu erfolgten Offenbarung Gottes in adäquater Weise zu sprechen*. Das liegt bereits in der Natur der Sache. Die erwähnte Konstitution « Dei Verbum » deutet dies ihrerseits dadurch an, daß sie mit Recht vom « unsichtbaren » Gott als handelndem Subjekt des Offenbarungsgeschehens spricht. In der Tat : Was die gleiche Konsti-

3. Mit dieser grundsätzl. Anerkennung der Möglichkeit wirklicher ursprünglicher Wundertaten Jesu ist freilich noch keineswegs die Frage entschieden, wieviele und welche Wunder der verschiedenartigen Wunderperikopen der Evv in concreto als Machttaten Jesu in Frage kommen ; vgl. dazu den Aufsatz « Zur Problematik der evangelischen Wunderperikopen » in meinem demnächst im Patmos-Verlag-Düsseldorf erscheinenden Aufsatzband *Beiträge zur Evangelienforschung*.

tution in ihrem späteren Artikel 12 in Bezug auf die Weitergabe der Offenbarung sagt, daß nämlich « Gott in der Heiligen Schrift durch Menschen nach Menschenart gesprochen hat », wäre in einem wahren Sinne ja nicht erst von den Hagiographen, sondern auch bereits von dem diesen voraufgehenden Offenbarungsvorgang selbst zu sagen : daß also Gott « durch Menschen und nach Menschenart gesprochen hat ». Wenn die Konstitution das Offenbarungsgeschehen als Wirken Gottes, als Tun und Reden Gottes kennzeichnet, wenn sie ferner etwa vom erfolgten Kundtun, Aufrichten, Versprechen Gottes usw. spricht oder etwa im Anschluß an *Hebr.*, I, 1 sagt, daß Gott « seinen Sohn, das ewige Wort... gesandt », « zuletzt... zu uns im Sohn gesprochen hat », so lassen sich diese Aussagen ja nicht einfach als Konstatierung eines Geschehens begreifen, wie sich jedes beliebige andere Geschehen begreifen und feststellen läßt ; so wie beispielsweise auch die Hinrichtung Jesu von Nazareth am Kreuz, deren Faktizität vernünftigerweise überhaupt nicht zu bezweifeln ist. So mag ich, wie schon vermerkt, auf geschichtswissenschaftlichem Wege sehr wohl zu dem Ergebnis kommen, daß Jesus den einzigartigen Anspruch erhob, der abschließende Verkünder des Heils- und Heiligkeitswillens Gottes zu sein und deshalb aus eigener Autorität die Menschen auf diesen Willen als letztes Lebensziel verpflichten zu können. Aufgrund kaum bestreitbarer Anhaltspunkte mag ich auch ein einzigartiges Gottesverhältnis Jesu, eine von ihm beanspruchte Gottunmittelbarkeit als letzten faßbaren, wenn auch letztlich geheimnisvoll bleibenden Grund dieses seines Offenbareranspruchs historisch erheben können. Daß dieser Anspruch aber wahr ist, daß Jesus in der Tat dieser geschichtlich einmalige abschließende Offenbarer Gottes war, daß Gott selbst durch ihn sprach und handelte, daß er in Person das fleischgewordene Wort Gottes war, das kann ich letztlich nur glauben. Auch dann kann ich das nur glaubend akzeptieren, insofern ich vom Gesamtsinn der Botschaft Jesu her wirkliche Wunder Jesu sinnvoll und damit glaubwürdig mache und den Sinn und Zweck dieses Wunderwirkens im Sinne überlieferter Jesusworte als sprechendsten Ausdruck des Beginns des eschatologischen Handelns Gottes verstehen würde und verstehe. Die Wahrheit der durch Jesus erfolgten Offenbarung Gottes kann ich selbst dann nicht einfach konstatieren, wenn ich das auf einer anderen Ebene liegende Ostergeschehen hinzunehmen würde. Denn die Deutung von Erscheinungserlebnissen durch die Erscheinungsempfänger als « Auferweckung » im Sinne des apostolischen Kerygmas, also als eines ganz und gar wunderbaren, ausschließlich durch die Tat Gottes gewirkten, alle diesseitigen Dimensionen übersteigenden unanschaubaren Geschehens, kann ich ebenso nur glaubend als wahr akzeptieren oder auch ablehnen. Ob einer das Eine oder das Andere tut, liegt gewiß nicht an der historischen Methode als solcher. Es hängt vielmehr von einem ihr logisch vorgeordneten Wirklichkeitsverständnis ab, näherhin davon, ob der Betreffende ein Handeln Gottes der vom apostolischen Osterglauben beanspruchten Art anerkennt oder nicht.

2. *Eine unzureichende Vorstellung vom Gang der Christusoffenbarung.*

In der erwähnten prinzipiellen Vorentscheidung erschöpft sich die hermeneutische Relevanz der Thematik « Offenbarung und Geschichte » freilich noch keineswegs. Um diese aufzudecken, gehen wir von einer noch stark nachwirkenden unreflektierten Vorstellung von der Geschichte der Christusoffenbarung aus. Danach hat Gott sehr wohl seinen Heils- und Heiligkeitswillen im Rahmen der Geschichte eines Volkes geoffenbart, und zwar abschließend in der Geschichte Jesu von Nazareth. Aber man meint, Jesus habe in seinem Erdenwirken, gewissermaßen vom ersten Tage seines Auftretens an, schon alles das ausgesprochen und im wesentlichen so aussprechen müssen, was und wie es die Apostel nach Ostern und Pfingsten verkündeten und in den neutestamentlichen Schriften zu lesen ist. Ja, manche sind gar der Meinung, — weil sie sich weder um die literarische Eigenart der betreffenden Perikopen noch um die Frage nach Zweck und Erfolg beziehungsweise Erfolglosigkeit einer vorausgesetzten himmlischen Offenbarung kümmern —, Gott selbst habe Jesus schon vor seinem öffentlichen Auftreten als den Messias, als seinen geliebten, zum Messias erwählten Sohn offenbaren müssen ; so gleich nach seiner Geburt Hirten auf den Fluren Bethlehems oder anläßlich seiner Taufe den damals anwesenden israelitischen Taufempfängern oder wenigstens dem prophetischen Vorläufer Johannes. Die Apostel haben nach dieser weitverbreiteten Vorstellung nach Ostern und Pfingsten im wesentlichen nur wiederholt und ausgeführt, was Jesus bis zum Karfreitag gelehrt und abschließend als der Auferstandene *expressis verbis* ausgesprochen und angeordnet hat.

Wir brauchen hier nicht von den Gründen zu handeln, die diese vereinfachende Gesamtvorstellung verursachten. Diese Vorstellung bringt gewiß einen richtigen und zwar sehr wesentlichen Gesichtspunkt zum Ausdruck. Trotzdem ist sie unzureichend, weil sie dem geschichtlichen Charakter der Christusoffenbarung nicht gerecht wird, und zwar in einem entscheidenden Punkt, wie sich auch einer sehr vordergründigen Betrachtung auf den ersten Blick ergibt. *Die Kontinuität zwischen der nachösterlichen Heilsbotschaft und der voraufgehenden Verkündigung Jesu läßt sich nicht einfach als materielle Identität, im Sinne einer blossen Wiederholung und Ausführung begreifen.* Das wäre selbst dann nicht möglich, wenn man entgegen einer bereits gesicherten Erkenntnis der heutigen Evangelienforschung die synoptische Verkündigung mit der Verkündigung Jesu gleichsetzen wollte. Und warum ist das nachösterliche Evangelium nicht einfach identisch mit dem, was Jesus in seinen

Erdentagen den Israeliten verkündete ? Weil die durch und an Jesus erfolgte Offenbarung selbst ein geschichtlich fortschreitender Prozeß war. Darauf haben wir uns zunächst zu besinnen.

3. *Die Christusoffenbarung als fortschreitender Proezeß.*

Die Frage nach dem Verhältnis zwischen « historischem » Jesus und Christus « des Glaubens » ist begreiflicherweise dadurch in Mißkredit geraten, daß sie von der entmythologisierenden Existenztheologie schärfstens aufgeworfen und mit der Bestreitung eines realen Offenbarungsgeschehens beantwortet wurde. Über der Ablehnung dieser Interpretationsrichtung darf man aber nicht übersehen, daß die Unterscheidung zwischen irdischem und erhöhtem Jesus, zwischen dem verkündigenden und verkündigten Jesus in einem wahren Sinne berechtigt ist und erfordert wird, nämlich durch den faktischen Hergang der Christusoffenbarung selbst.

Wir begreifen schon längst, daß sich die Offenbarung des Alten Bundes als echte, nach vorne geöffnete und nach vorne führende Geschichte vollzog. Das kann nicht wundernehmen, sobald man bedenkt, daß schon die Offenbarung des Alten Bundes keineswegs ein « monolithisches Sprechen Gottes auf den Menschen hin » war, daß also nach einer Formulierung von H. Groß « der Heilsweg, den Gott in seinem auserwählten Volk kundmacht und Wirklichkeit werden läßt, den Menschen nicht nur ausschließlich von Gott her zugesprochen wird, daß vielmehr die Offenbarung sich auch in ihrem Entstehen an die Freiheit des Menschen richtet und seine Zustimmung fordert »[4]. Mit Recht wird darauf hingewiesen, daß Gott bereits nach *Gen.*, III, die ganze Situation des Menschen auf dessen Freiheit stellt und nach *Ex.*, XIX, 8 ; XXIV, 3.7 nicht weniger als dreimal das Einverständnis und die freiwillige Zusage des Volkes einholt, um sein großes Vorhaben an Israel zu verwirklichen, nämlich aus ihm das einzig auserwählte Volk zu machen und es sich im Sinaitischen Bund zu verbinden. Es bedeutet sicher einen geradezu säkularen Fortschritt des obersten Lehramtes der Kirche, wenn die Konstitution « Dei Verbum » das frühere einschichtige, stark intellektualistische Offenbarungsverständnis korrigiert und ergänzt durch *einen mehr personalen und dynamischen Offenbarungsbegriff* und die in Jesus Christus zu ihrem Höhepunkt gelangte Offenbarung in den Artikeln 3 und 4 als ein konkretes geschichtliches Geschehen kennzeichnet. Obgleich das Konzil verständlicherweise darauf verzichtet, im besonderen das abschliessende Offenbarungsgeschehen auch nur in wesentlichen

---

4. *Theologische Eigenart der Psalmen und ihre Bedeutung für die Offenbarung des AT*. Der Art. erscheint im 4. Heft dieses Jahrgangs von *Bibel und Leben*.

Zügen in seiner geschichtlichen Konkretion darzustellen [5], duldet es doch keinen Zweifel an seiner Absicht, die göttliche Offenbarung als in der Geschichte und durch Geschichte erfolgtes Geschehen zu kennzeichnen, als geschichtlich sich ereignendes Heil, als die Geschichte des lebendigen Gottes mit seinem Volk verstehen zu lassen. Durch diese Darstellung der göttlichen Offenbarung berechtigt das Konzil den Exegeten und Theologen grundsätzlich *zum wissenschaftlichen Versuch, die vollmenschliche Dimension der göttlichen Offenbarung ernstzunehmen, die konkrete Geschichte der göttlichen Offenbarung einschließlich des in Jesus erfolgten Abschlusses möglichst zu erhellen, das gesamte Offenbarungsgeschehen als einen geschichtlich fortschreitenden Prozeß zu begreifen*, in den auch die wechselnden geschichtlichen Situationen und die Zweitursachen, die Menschen, die Völker und insbesondere das zum Volk Gottes erkorene Israel als konstitutive Faktoren eingegangen sind.

Es ist also gewiß an der Zeit, in concreto damit Ernst zu machen, daß sich auch die durch und an Jesus erfolgte Offenbarung, dem Heilsplane Gottes entsprechend, als ein echt geschichtlicher, also fortschreitender Prozeß vollzog, und zwar, wie die Offenbarung des Alten Bundes, ebenfalls als eine nach vorne geöffnete und nach vorne führende Geschichte. So sehr die Erhöhung Jesu zu einer gottgleichen Existenz und Wirksamkeit als Wende- und Zielpunkt der Christusoffenbarung gelten muß, ist die Offenbarung des Neuen Bundes selbst mit der Auferweckung

---

5. Ein geradezu selbstverständliches Beispiel ist der erste Satz, mit dem die Konstitution im Art. 4 im Anschluß an die ersten Verse des Hebr-Briefes ihre Aussage über den Hergang der Christusoffenbarung einleitet: « Nachdem Gott viele Male und auf viele Weisen durch die Propheten gesprochen hatte, hat er zuletzt in diesen Tagen zu uns gesprochen im Sohn' (*Hebr.* I, 1-2) ». So wenig der Verf. des Hebr.-Briefes bei den Propheten etwa den später als Urpropheten betrachteten Moses oder auch Abraham als Offenbarungsmittler ausschließen wollte, so wenig auch unsere Konstitution. Oder ein auffälligeres Beispiel aus dem Anfang des 2. Kapitels über die Weitergabe der göttlichen Offenbarung. Damit das zum Heil aller Völker Geoffenbarte für alle Zeiten unversehrt erhalten bleibe und allen Geschlechtern weitergegeben werde, « hat Christus der Herr... » — so fährt das Konzil wörtlich fort — « den Aposteln geboten, das Evangelium, das er als die Erfüllung der früher ergangenen prophetischen Verheißung selbst gebracht und persönlich öffentlich verkündet hat, allen zu predigen als die Quelle jeglicher Heilswahrheit und Sittenlehre und ihnen so göttliche Gaben mitzuteilen » (Nr. 7). Es geht hier lediglich um die Wendung « persönlich öffentlich verkündet hat ». Dieser Satz erhebt selbstverständlich nicht den Anspruch, die Begründung des nachösterlichen Evangeliums in allen Punkten historisch adäquat zu formulieren. Denn « das Evangelium », das die Apostel allen zu predigen hatten, umfaßt Wahrheiten, die historisch so gut wie sicher nicht Gegenstand der persönlichen öffentlichen Verkündigung Jesu waren. Das gilt bereits von den Wahrheiten des erlösenden Sterbens und der erlösenden Auferweckung Christi, erst recht von der nach Ostern einsetzenden Explikation der christologischen, soteriologischen und ekklesiologischen Bedeutung des Erlösertodes und der Auferweckung Jesu.

bekanntlich noch keineswegs abgeschlossen. Auch sie bleibt nach vorne geöffnet. Blicken wir aber vor allem auf die schon realisierte Christusoffenbarung. Diese bietet sich als ein Prozeß dar, in dem nicht nur die Historie Jesu im strikten Sinne des Wortes, also das am Karfreitag endende Leben und Tun des irdischen Jesus, sondern auch — und nicht weniger — das an Jesus erfolgte Geschehen, vorab seine Auferweckung, offenbarende Bedeutung hat. Wer zu glauben bereit ist, daß die Christusoffenbarung die Ausführung eines göttlichen Heilsplanes ist, wird den echt fortschreitenden Charakter der Christusoffenbarung jedenfalls *ohne grundsätzliche Schwierigkeit* akzeptieren können. Für die Auslegung des NT selbst, für die Begründung und das Verständnis der Christusoffenbarung, ist die Beachtung dieses Umstandes von fundamentaler Bedeutung.

4. *Die hermeneutische Relevanz des fortschreitenden Charakters der Christusoffenbarung.*

Die hermeneutische Relevanz des fortschreitenden Charakters der Christusoffenbarung können wir hier nur mit einigen wesentlichen Punkten andeuten. Blicken wir zunächst auf das offenbarende Erdenwirken Jesu.

a) *Das offenbarende Erdenwirken Jesu.*

Nach den drei älteren Evangelien, die in stärkerem Ausmaß die charakteristische Thematik und Form der Verkündigung Jesu bezeugen, hat Jesus in der israelitischen Oeffentlichkeit *nur eine Bedingung für das Eingehen in das Gottesreich* verkündet, nämlich die gläubige und umkehrbereite Aufnahme seiner Gottesbotschaft. Viele seiner Worte, und zwar sicher genuine Worte und Gleichnisse, lassen sich ungezwungen nur dahin verstehen, daß Jesus in der Erfüllung der von ihm abschließend und verpflichtend verkündeten religiös-sittlichen Forderungen die einzige Bedingung für die Erlangung des Heils der kommenden Gottesherrschaft erblickte. Und zwar betrachtete Jesus dem Gesamttenor seiner Verkündigung zufolge das baldige Kommen des Gottesreiches und des Menschensohnes offenbar als eine echte Möglichkeit. Deshalb die Betonung des « plötzlich », die Forderung der Wachsamkeit und der steten Bereitschaft. Jesus hat den Israeliten nicht etwa gesagt : wenn ihr in das Gottesreich eingehen wollt, so genügt es in Wirklichkeit nicht, daß ihr euch dem von mir verkündeten Heils- und Heiligkeitswillen öffnet ; vor dem Kommen des Gottesreiches muß ich selbst erst noch für euch oder für « die Vielen » sterben ; und die entsühnende Kraft dieses Sterbens müßt ihr euch sodann aneignen, etwa im Sakrament der Taufe. Eine derartige Voraussage ist im Grunde auch deshalb nicht zu erwarten, weil Jesus durch diese in der israelitischen Oeffentlichkeit seine Forderung der Umkehr und Stetsbereitschaft nicht weniger abgeschwächt und entkräftet hätte als etwa durch eine ausdrückliche oder doch vernehmbare Verheissung einer dem Ende noch voraufgehenden Völkermission [6].

Welche *hermeneutische Relevanz* hat dann also der Umstand, daß Jesus die « metanoia », die Erfüllung des von ihm geoffenbarten Willens Gottes als unerläßliche, aber auch als einzige Bedingung für das Eingehen in das Gottesreich verkündete ? Es erweist sich als einzig konsequent und sinnvoll, daß Jesus ganz Israel, alle Israeliten ohne Rücksicht auf einen größeren oder geringeren Grad von Gesetzeserfüllung und Gerechtigkeitsanspruch, als Heilserben zurüsten wollte. Es erweist sich als ebenso konsequent und sinnvoll, daß er nicht daran dachte, die glaubens- und umkehrbereiten Israeliten aus dem übrigen Gottesvolk auszusondern, als ob er schon vorhandenen Bußbewegungen und Gruppen lediglich eine weitere konkurrierende Gruppe hinzufügen wollte. Aus demselben Grund muß es dann aber als voreilig und bedenklich, ja sicher als falsch bezeichnet werden, wenn aus dem Umstand, daß Jesus weder die umkehrbereiten Israeliten aussonderte und organisatorisch zusammenschloß, noch in der Öffentlichkeit von der Absicht einer Kirchenstiftung sprach, vielfach bereits gefolgert wird, Jesus habe diese Absicht nie gehabt und nie haben können ; er selbst habe überhaupt nie an einen Neubeginn der Heilsverkündigung und an eine Neukonstituierung der Heilsgemeinde gedacht und denken können. Das könnte man nur behaupten, wenn man die Beschränkung des offenbarenden Redens und Wirkens Jesu auf die Verkündigung seiner religiös-sittlichen Forderung als erwiesen betrachtet und die Möglichkeit ausschließt, daß Jesus selbst von einem bestimmten Zeitpunkt an in dem sich ihm aufdrängenden Todesschicksal ein zu seinem gegenwärtigen Heilswirken hinzukommendes göttliches « Muß » erkannte. In Wirklichkeit dürfte die Frage, ob und in welchem (impliziten oder expliziten) Sinne Jesus selbst einem gewaltsamen Sterben bewußt entgegensah und diesem heilsmittlerische Bedeutung zuschrieb, gerade insofern eine ernsthafte Prüfung erfordern, als das offenbarende Erdenwirken Jesu selbst als echt geschichtliches Geschehen begriffen werden muß.

Stellen wir hier nur fest : *um den Inhalt und die Bedeutung des offenbarenden Erdenwirkens Jesu ganz und widerspruchslos erfassen zu können und zur Geltung kommen zu lassen, wird der Ausleger den echt geschichtlichen, das heißt fortschreitenden Charakter der Christusoffenbarung als wesentlichen Gesichtspunkt in Anschlag bringen müssen.* Konkret bedeutet das vor allem : der Exeget, der mit den heutigen methodischen

---

6. Vgl. etwa A. Vögtle, *Exegetische Erwägungen über das Wissen und Selbstbewußtsein Jesu*, in *Gott in Welt* I, *Festgabe für K. Rahner*, Freiburg. i. Br., 1964, 620-626.

Möglichkeiten der Evangelienforschung die Historie Jesu aus den Quellen zu erheben versucht, muß zunächst ernstmachen mit der Möglichkeit, daß Gott einerseits mit dem Erdenwirken Jesu das heilsgeschichtliche Privileg Israels als des ersten und unmittelbaren Heilserben und des eigentlichen Ortes der Heilsverwirklichung respektierte, und Jesus aus diesem Grunde mit seinem und seiner Jünger missionarischen Wirken das Gottesvolk, speziell das Gottesvolk und nicht etwa die Heiden als Heilserben zurüsten wollte (vgl. *Mk.*, VII, 27 par. ; *Mt.*, X, 5f.). Er wird dafür Verständnis haben, daß sich keine ursprünglichen Worte für die ausdrückliche oder doch vernehmbare Verheißung einer dem Ende noch voraufgehenden Heidenmission [7] erbringen lassen, daß Jesus nicht eigentlich der Heiden sondern nur seiner israelitischen Hörer wegen ausdrücklich die Teilnahme der Heiden am Endheil verhieß, sogar unter der für jüdische Ohren geradezu unerträglichen Androhung des Ausschlusses der Israeliten (*Lk.*, XIII, 28f. par. ; XI, 31f. par.), um diesen den Ernst der gegenwärtigen Entscheidung zum Bewußtsein zu bringen. Der historisch arbeitende Exeget wird ebenso bedenken, daß derselbe Gott andererseits auch die Verwerfung des Offenbarers durch die maßgebenden Führer des jüdischen Volkes in die Heilsveranstaltung einplanen konnte, ja sich gerade dieser Entscheidung bediente, um einen neuen heilsmittlerischen Akt zu setzen, der nach Ostern den Neuansatz der Heilsverkündigung und die Neukonstituierung der Heilsgemeinde, das ist den Bau der Kirche, ermöglicht.

Welchen Fortgang hätte die von Jesus eingeleitete endzeitliche Offenbarung genommen, wenn sich ganz Israel einschließlich seiner religiösen und politischen Führer seinem Heils- und Bußruf geöffnet hätte ? Geschichtlich gesehen, hätte dann kein Grund bestanden, den römischen Statthalter um jeden Preis zur Hinrichtung Jesu zu bestimmen. Nur auf Grund der negativen Reaktion der Führerschicht des Gottesvolkes kam es, geschichtlich gesehen, zum erlösenden, bund- und kirchenstiftenden Sterben, zu der diesem Sterben nachfolgenden, dessen erlösenden Sinn bestätigenden neuen offenbarenden Tat Gottes und damit zur nachösterlichen Heilsbotschaft vom gekreuzigten und auferweckten Christus. *Wenn etwas eindrucksvoll bestätigen kann, daß die Offenbarung auch auf ihrem Höhepunkt ein echt dialogischer Vorgang war, wie sehr auch die Antwort des Offenbarungsempfängers, seine persönliche Entscheidung zum Offenbarungsgeschehen hinzugehörte, dann gewiß die Art und Weise, wie es zum erlösenden Sterben Jesu kam.*

Dementsprechend werden wir übrigens auch *die faktische nachösterliche Entwicklung*, die nur schrittweise zur Heidenmission führte, als

7. Über den sekundären, erst nachösterlichen Ursprung der ausdrücklichsten Missionslogien *Mk.*, XIII, 10 par. und XIV, 9 par. ist sich die Forschung einig.

durchaus gottgewollten Fortschritt der Christusoffenbarung zu begreifen vermögen. Die kritische Stimme und die missionarische Rolle der « Hellenisten » werden wir ja nicht einfach als bloßen Zufall erklären wollen. Und vor allem wird man die Nachberufung Pauli, durch den die Heidenmission grundsätzlich und faktisch soweit vorangetrieben wurde, daß « das Aufgebot Gottes » gegen Ende der apostolischen Generation überwiegend eine Kirche aus Heidenchristen war, doch nicht einfach als einen nachträglichen Notbehelf ansehen wollen, den das Versagen oder doch eine unerwartete Schwerfälligkeit der Urapostel notwendig gemacht hätte. Eine solche Erklärung ließe sich mit dem Begriff der Offenbarungs- und Heilsökonomie *Gottes* sicher nicht so leicht vereinbaren wie die Rolle der jüdischen Führerschicht beim Tode Jesu.

b) *Die offenbarende Tat der Auferweckung Jesu.*

Blicken wir sodann auf die offenbarende Tat der Auferweckung Jesu. Es ist schwierig zu entscheiden, in welchem Umfang Jesus in seinem Erdenleben die siegreiche Wende seines Todesschicksals voraussagte ; ob er selbst seine Parusie als richterlicher Menschensohn verhieß und ob er darüberhinaus sogar voraussagte, daß er nach seinem Tode zur Rechten Gottes sitzen, als Auferweckter in gottgleicher Macht existieren werde, ehe er zum Gericht kommen werde. Die Gültigkeit des nachösterlichen Christusglaubens hängt indes von der positiven oder negativen Beantwortung dieser historischen Fragen keineswegs ab. Die schmachvolle Hinrichtung Jesu als eines falschen Messiasprätendenten bedeutete ja nicht das schlechthinnige Ende seines Lebens und Wirkens, nicht das Ende der Geschichte Jesu. *Nach der festen Überzeugung der Apostel hob diese Geschichte durch eine neue offenbarende Machttat Gottes auf einer anderen Ebene als der des irdischen Lebens von neuem an und ging im Wirken des verklärten Herrn seiner Kirche weiter.* Nach dem einhelligen Zeugnis des NT gewannen die Jünger aufgrund der Selbstbekundungen des Erscheinenden die feste Überzeugung, daß Gott die beabsichtigte Vernichtung Jesu mit der als reines Wunder verstandenen Auferweckung Jesu beantwortete, durch diese seinen endzeitlichen Sendungsanspruch bestätigte und ihn selbst aus dem Tode in eine gottgleiche himmlische Machtstellung erhöhte. Diese offenbarende Tat Gottes begründete einerseits die entscheidende Position und Funktion Jesu für das Kommen der Heilszeit, wie das « Marana-tha » der palästinischen Urgemeinde bestätigt, andererseits den in der Kepha-Funktion kulminierenden Apostolat und die Sendung des Heiligen Geistes.

Gewiß will es nicht gelingen, durch kritische Operationen *ipsissima verba* des Erscheinenden, einen Urwortlaut des Redens des Auferstandenen, zu rekonstruieren und zu sichern, unter anderem auch deshalb, weil damit zu rechnen ist, daß der Erscheinende nicht ebenso auf natürliche Weise gesprochen hat wie der Jesus des Erdenlebens. Dieser Umstand, der im übrigen nur den Wundercharakter der Erscheinungen bestätigen würde, rechtfertigt jedoch nicht im geringsten, die eminent offenbarende Bedeutung, die das NT sachlich einhellig der Begegnung mit dem auferweckten Herrn zuschreibt, in Zweifel zu ziehen. Auch die Konstitution « Dei Verbum » weist ausdrücklich auf die offenbarende Bedeutung der Ereignisse der Erhöhung hin, wenn sie in Kap. 5 von der « pleniore intelligentia » erfolgten Weitergabe der Worte und Taten Jesu durch die Apostel spricht, « qua ipsi, eventibus gloriosis Christi instructi et lumine Spiritus veritatis edocti, fruebantur ».

Der mit der Auferweckung erreichte Wende- und Höhepunkt der Christusoffenbarung hat eine hermeneutische Relevanz, die nicht leicht überschätzt werden kann. Obgleich keine unserer neutestamentlichen Schriften die Absicht verfolgt, die Geschichte der Christusoffenbarung zu schreiben, wird diese auch von ihnen selbst sogar ausdrücklich auf je verschiedene Weise auf die Auferweckung hin orientiert [8]. Von der Begegnung mit dem Auferstandenen her hat die Interpretation der Schrift neu einzusetzen, ist der zur Erhöhung führende Weg (*Lk.*, XXIV, 4, 25-27) und das Werk des Messias (*Apg.*, I, 3) zu begründen und verständlich zu machen. Von dem durch Tod und Auferweckung erreichten offenbarungs- und heilsökonomischen status her setzt deshalb eine fortschreitende Interpretation und Explikation des Jesusgeschehens ein, die sich in erster Linie an der Schrift orientiert und im übrigen auch durch situationsbedingte Fragestellungen ausgelöst wird. Wiederum können wir zur Illustration nur einige Punkte andeuten [8a].

a) *Die successive Explikation der Christusoffenbarung.*

Beachten wir zunächst einige hauptsächliche Stufen und Strukturen der Entfaltung des Christusgeschehens. So wird in Anlehnung an alttestamentliche Schriftstellen [9] die « Auferweckung » Jesu als Einsetzung in die messianische Sohnschaft, als Sitzen zur Rechten Gottes und als Inthronisation zum allherrschenden, göttlich zu verehrenden « Kyrios » interpretiert.

Zielt die schon frühe Erhöhungschristologie auf die schrifttheologische Begründung der die Endoffenbarung ermöglichenden « messianischen » Machtstellung hin (was die grundlegende Predigt verlangte), so bezieht das vorpaulinische kerygmatische Paradosisstück *1 Kor.*,

---

8. Z. B. *Mk.*, IX, 9 f. ; *Lk.*, XXIV, 25-27 ; *Jo.*, II, 22 ; VII, 39 ; XII, 16 ; XVI, 12f.

8a. Vgl. ausführlicher in meinem Art. : *Jesus Christus*, in J. Bauer, *Bibeltheol. Wörterbuch*³, I, 777-790.

9. Vor allem an *2 Sam.*, VII, 14 ; *Ps.* II, 7 ; CX, 1 ; *Is.*, XLV, 33.

XV, 3f. auch den speziellen Heilssinn des Todes Jesu, sein Sterben « für unsere Sünden », in das *κατὰ γραφάς* ein.

Dem Interesse, die erlösende Kraft der Passion aus den Schriften zu begründen und zu explizieren, entspricht auch das Bemühen, das schon der ältesten Leidenserzählung eigen ist. Um jeden Gedanken an eine blamable Katastrophe abzuwehren, will sie das Passionsgeschehen, in meist indirekter, anspielender Schriftverwendung als « Erfüllung und Enthüllung alles Leidens des Gottesknechtes und der alttestamentlichen Frommen » (H. Schlier) darstellen und so als den von Gott geplanten Weg zur Verherrlichung begreifen lassen.

Ein anderes Beispiel. Erst aufgrund des Wendepunktes der Auferweckung wurde die im palästinischen Raum für den Messias Jesus beanspruchte Davidssohnschaft und seine Einsetzung in die messianische Gottessohnschaft (= Herrscherstellung) als Begründung zweier verschiedener Existenzweisen interpretiert, nämlich der irdisch-menschlichen und der himmlisch-pneumatischen Daseinsweise Jesu (*Röm.*, I, 3f.).

Von der Erhöhung Jesu zum göttlichen Kyrios, die ja stärkstens mit seinem im Tode endenden Erdenleben kontrastierte, wendet sich der Blick der apostolischen Verkündigung sodann schon früh nach rückwärts. Über das Erdenleben Jesu hinaus fragt die Reflexion nach dem Urgrund des Christusgeschehens. Wohl in gleichzeitigem Anschluß an die jüdisch-hellenistische Lehre von der vorweltlichen und schöpfungsmittlerischen Weisheit, expliziert sie das von Jesus beanspruchte einzigartige Gottverhältnis, das ihn zum absoluten Offenbarer qualifiziert (*Mt.*, XI, 27par.), und führt so zur Erkenntnis der Präexistenz [10] und damit zur Verkündigung der Menschwerdung des präexistenten Gottessohnes [11].

Erst nach Ostern konnten in mehr und mehr sich vertiefenden Dimensionen die Konsequenzen aus dem Mysterium des gekreuzigten, zum geist- und lebenspendenden Kyrios erhöhten Christus gezogen werden, hinsichtlich des Seins und des Lebens der einzelnen Menschen, der Kirche wie des gesamten Kosmos. Erst durch die Auferweckung Jesu war eine offenbarungs- und heilsökonomische Situation begründet, welche die Entfaltung einer Theologie der Heilsgeschichte (etwa im Sinne der Adam-Christus-Antithese, der Lehre von Christus als dem Friedensstifter zwischen den beiden Menschheitsteilen, dem hohepriesterlichen Mittler eines neuen Bundes und so weiter), einer Tauftheologie der *Röm.*, VI bezeugten Art, der paulinischen Christusmystik, der johanneischen Gottes- und Christusmystik ermöglichte. Erst jetzt konnte die Lehre von der Kirche als dem Leibe Christi entwickelt, die ekklesiologische und kosmologische Bedeutung Christi im Sinne des *Kol-*, *Eph-* oder auch des *Hebr-Briefes* entfaltet werden. Dabei läßt sich kaum

10. *Phil.*, II, 6ff. ; *1 Kor.*, VIII, 6 ; X, 4 ; *Kol.*, I, 15ff. ; *Jo.*, I, 1ff. u. ö.
11. *Gal.*, IV, 4f. ; *Röm.*, I, 3a ; VIII, 3 ; *Jo.* passim.

bezweifeln, daß die fortschreitende Erfahrung einer sich dehnenden Zwischenzeit der Gegenwart der schon erwirkten Anwartschaft auf das Endheil, dem schon gegenwärtig durch den irdischen und erhöhten Jesus ermöglichten Heilsbesitz, dem Verhältnis des Messias Jesus zu seinen Gläubigen, mit einem Wort : der Zeit der Kirche, ihren Lebensfunktionen und Lebensnotwendigkeiten mehr und mehr Eigengewicht zuerkennen ließ.

Einzig die Anerkennung eines gottgewollten Fortschrittes des durch und an Jesus erfolgten offenbarenden Handelns Gottes gestattet es, *die Unterscheidung zwischen dem auf Erden verkündigenden und dem durch den Geist in der Kirche sich weiter verkündigenden Jesus*, zwischen dem historischen Jesus und kerygmatischen Christus, *als legitime Forderung der Offenbarung anzuerkennen und* damit — grundsätzlich jedenfalls — den Anstoß, den die bloße Existenz der Frage nach dem historischen Jesus (einschließlich der dieser anhaftenden Problematik) im Empfinden Vieler heute noch auslöst, zu beseitigen.

Einzig die Anerkennung eines gottgewollten Fortschrittes des durch und an Jesus erfolgten offenbarenden Handelns Gottes gestattet dementsprechend auch *eine befriedigende Erklärung des eigentümlichen Verhältnisses zwischen der Heilsbotschaft der evangelischen, speziell der synoptischen, und der außerevangelischen Schriften*, vor allem der Tatsache, daß die nachösterliche Heilsbotschaft ungleich stärker als die des irdischen Jesus « Evangelium über Jesus Christus » ist. Es ist einfach ungerechtfertigt, eine gewissermaßen materielle Identität zwischen dem verkündigenden und verkündigten Jesus postulieren zu wollen. Wer meint, alle Momente der nachösterlichen Heilsbotschaft müßten, um als echte Offenbarung gelten zu können, explizit oder wenigstens implizit im Reden und Tun des irdischen Jesus vorweggenommen werden, verficht *ein unhaltbares hermeneutisches Axiom*. Wer das tut, verkennt den fortschreitenden Charakter der Christusoffenbarung. Der Exeget kann auch *per excessum* fehlen, nicht nur *per defectum*, wie jene zu tun mindestens in größter Gefahr sind, die die Christusoffenbarung nach dem Maßstab eines dem heutigen Menschen angeblich einzig möglichen Wirklichkeits- und Selbstverständnisses existential interpretieren. Im übrigen würde man mich falsch verstehen, wollte man daraus eine Geringschätzung des Bemühens hervorragender Exegeten aller Konfessionen um die möglichste Sicherung von *ipsissima verba et facta* des Erdenlebens Jesu ableiten. Es liegt mir nur an dem Gesichtspunkt, daß dieses Bemühen mit einer vom Hergang der Christusoffenbarung selbst gesetzten Grenze rechnen muß. Eine Berücksichtigung dieses Umstandes wird den Forscher davor bewahren können, um jeden Preis zu einem « positiven » Ergebnis zu gelangen und dadurch sein anerkennenswertes Bemühen unglaubwürdig zu machen.

Zum Abschluß dieses Punktes sei anhand eines besonders umstrittenen Beispiels wenigstens angedeutet, daß sich der offenbarungsgläubige Forscher *sine ira et studio* der Diskussion stellen kann, sofern er nur mit dem fortschreitenden Charakter der Christusoffenbarung ernstmacht. Daß sich Jesus der Menschensohnvorstellung bediente, daß er selbst von « dem Menschensohn » sprach, war nur « notwendig », insofern Jesus voraussagen sollte, daß er selbst als Richter kommen werde. Nun wird in letzter Zeit immer nachdrücklicher die Hypothese vertreten, Jesus selbst habe überhaupt nicht vom Menschensohn gesprochen, auch nicht rein objektiv [12]. Ob das zutrifft, sei hier völlig offengelassen. Ich frage nur, was es für die Christusoffenbarung, für den christlichen Glauben bedeuten würde, falls sich diese Hypothese eines Tages durchsetzen würde. An der Gültigkeit der futurischen Menschensohnworte der Evangelien würde das nicht das Geringste ändern. Denn auch wenn Jesus selbst vom Kommen des Menschensohnes überhaupt nicht gesprochen hätte, wäre der Glaube an die Parusie Christi, wie das « Maranatha » der palästinischen Urgemeinde sicher bezeugt, in einem Akt des offenbarenden Gottes verankert und begründet, nämlich in der Auferweckung Jesu Christi.

β) *Der offenbarungsgemäße Charakter der evangelischen Jesusüberlieferung.*

Den geschichtlich fortschreitenden Charakter der Christusoffenbarung darf man mit gutem Gewissen als *den Hauptgrund für die Eigenart der urchristlichen Jesusüberlieferung, für die literarische und sachliche Sonderart der christlichen Jesusbücher, des « genus » der Evangelienschriften* bezeichnen. Aus dem fortschreitenden Charakter der Christusoffenbarung und aus ihrer successiven Explikation, die nach Ostern einsetzt, ergibt sich als geradezu selbstverständliche Konsequenz die Form der mündlichen und schriftlichen Jesusüberlieferung, die literarisch einzigartige Darstellung der evangelischen Jesusgeschichte. Zum ersten *die aktualisierende und applizierende Ausrichtung der Evangelien.* Weil Jesus als der Auferweckte für die apostolische Generation nicht nur eine « vergangene », sondern auch, ja primär eine gegenwärtige, höchst lebendige und wirksame, im Gebet angeflehte und im Kult präsente Persönlichkeit war, die in der Kraft des Geistes lehrend, verheissend, mahnend, verpflichtend und lebenspendend weiterwirkt, verstand die

12. So u.a. E. KÄSEMANN, P. VIELHAUER, H. CONZELMANN, E. HAENCHEN und zuletzt H. TEEPLE, *The Origin of the Son of Man Christology*, in *Journal of Biblical Literature*, 84, 1965, 213-250, während u.a. R. BULTMANN, G. BORNKAMM, W. MARXSEN, E. TÖDT, zuletzt auch R. FORMESYN (*Was there Pronominal Connection for the « Bar Nasha » Selfdesignation ?* in *Novum Testamentum*, 8, 1966, 1-35) vertreten, daß Jesus rein « prophetisch » das Kommen des Menschensohnes ankündigte.

urkirchliche Verkündigung alles berichtende Reden über Einzelheiten der Jesusgeschichte zugleich als vergegenwärtigende Anrede, als ein Wort, das der Erhöhte nun in der durch Karfreitag, Ostern und Pfingsten begründeten Situation an die Gläubigen richtet. Zum zweiten wird verständlich, daß sich die Einsicht in das Geheimnis der Person und Geschichte Jesu, die aufgrund der Auferweckung und Geistsendung gewonnen wurde, bald mehr bald weniger, auch *in einer interpretierenden Wiedergabe von Worten, Taten und Begebenheiten der Jesusgeschichte* auswirkte. Ohne jede Schwierigkeit versteht man, daß die Evangelien sogar in dem vom Johannesevangelium bezeugten Grad die noch ausstehenden offenbarenden Geschehnisse des Todes, der Auferweckung und Geistsendung in das Wort des irdischen Jesus einbeziehen konnten. Sobald man bei der Erklärung der Evangelien den fortschreitenden Charakter der Christusoffenbarung als hermeneutisches Prinzip zur Geltung kommen läßt, verliert die starke Kerygmatisierung des Erdenwirkens Jesu, die besonders das Johannesevangelium auszeichnet, jede Anstößigkeit. In dieser starken Kerygmatisierung kommt ja gerade die entschiedene Ablehnung jeder Enthistorisierung, jeder gnostischen Verflüchtigung der Christusoffenbarung zum Ausdruck. Ja noch mehr. Indem das Johannesevangelium den mit der Auferweckung erreichten heilsökonomischen status stärkstens in das Wort des irdischen Jesus einbezieht und interpretieren läßt, so daß sich die Gegenwart des Erdenwirkens und die Zukunft des Wirkens des erhöhten Herrn der Kirche in einem die Synopse weit übersteigenden Maße ineinanderschieben, bestätigt es nur besonders nachdrücklich *die Überzeugung der Urkirche, daß das mit der Menschwerdung beziehungsweise mit dem offenbarenden Auftreten Jesu beginnende und in der Erhöhung und Geistsendung kulminierende Christusgeschehen eine einheitliche Heilsveranstaltung ist, die im Plane Gottes angelegt ist, die planmäßig fort-geschritten ist und auf die noch ausstehende Vollendung angelegt ist.*

5. *Die hermeneutische Relevanz des Wirkens des Heiligen Geistes.*

Die bis zum Ende des 1. Jahrhunderts reichende Verkündigung des NT bezeugt unter den verschiedensten Bezügen (christologisch, soteriologisch, sakramental, ekklesiologisch, religiös-sittlich) eine zunehmende Explikation des Christusgeschehens. Die neutestamentlichen Schriften bieten als solche kein einheitliches, ausgleichendes und geschlossenes Lehrsystem, « keine Systematik einer abgeschlossenen, — auch nach ihren Konsequenzen abgeschlossenen, — Offenbarung »[13]. Man spricht von einer nicht zu bestreitenden Pluralität unterschiedlicher,

13. O. KUSS, *Exegese als theologische Aufgabe*, in *Bibl. Zeitschrift*, NF, 5, 1961, 183.

selten « ausgeführter » Theologien. Nach H. Schlier « bietet eine Darstellung des neutestamentlichen Glaubensdenkens eigentlich nur eine Anzahl inhaltlich und formal recht verschiedenartiger Theologiefragmente, die zudem hinsichtlich ihres Umfangs, des Grades der theologischen Reflexion und der inneren Bedeutsamkeit oft kaum vergleichbar sind »[14]. *In nicht wenigen Fragen bleibt das Neue Testament in der Tat für verschiedene Verständnismöglichkeiten und Entwicklungsansätze offen.* Ja aus der Mehrstimmigkeit der neutestamentlichen Autoren und ihrer Aussagen wird bekanntlich sogar das Recht abgeleitet, nach einem « inneren » Kanon im « äußeren » Kanon zu fragen, innerhalb des NT kritisch die genuine apostolische Christusbotschaft und das ursprüngliche Selbstverständnis der Kirche herauszuarbeiten und von späteren Weiterentwicklungen zu unterscheiden.

Damit stellt sich eine letzte wesentliche hermeneutische Frage. *Wer garantiert die Richtigkeit, die Wahrheit dieser Explikation der Christusoffenbarung ?* Diese Frage wird vom NT auf verschiedene Art und in verschiedenen Fassungen mit dem Hinweis auf dieselbe offenbarungs- und heilsgeschichtlich bedeutsame Wahrheit beantwortet : Es ist *der Heilige Geist, durch den der erhöhte Christus präsent, wirksam geworden ist*[15].

Freilich tritt gerade an diesem Punkt der Berufung auf den Geist als den Interpreten und Garanten der Christusoffenbarung zugleich *die Grenze des Feststellbaren und Begründbaren* zutage, an die eine rein geschichtswissenschaftliche Auslegung des NT notwendig kommt. Es liegt in der Natur der von der Christusoffenbarung beanspruchten Sache, daß der mit geschichtswissenschaftlichen Methoden arbeitende Exeget überfordert würde mit der Pflicht, auf historisch-kritischem Wege positiv zu beantworten, daß der Geist die im NT sichtbar werdende Explikation der Christusoffenbarung leitete und damit deren Richtigkeit und Wahrheit garantiert. *Und doch darf es als sachgemäß gelten, wenn der Exeget den Anspruch des NT auf die bewahrende und auslegende Funktion des Geistes als hermeneutisches Prinzip mit in Anschlag bringt.*

Gewiß wird er in seinem Bemühen um die Gewinnung glaubensverbindlicher Aussagen *die Frage nach situationsbedingten Zügen, nach geschichtlich zufälligen, ja zwangsläufigen Momenten voll zur Geltung kommen lassen* und dabei die Grenze nicht zu übersehen versuchen, die der kritischen und normativen Funktion der neutestamentlichen Theologie, — nämlich gegenüber der das gesamte Glaubensgut in den gegenwärtigen Begriff erhebenden dogmatischen Theologie, — durch die

14. *Biblische und dogmatische Theologie,* in H. Schlier, *Besinnung auf das Neue Testament,* Freiburg i.Br., 1934, 30.

15. *1 Kor.*, II, 10f. ; VII, 40 ; *2 Kor.*, III, 17f. ; *Lk.*, XXIV, 48 ; *Apg.*, I, 4 ; II, 33 ; *Jo.*, VII, 39 ; XIV, 15ff. 26f. ; XVI, 7. 13ff. ; XX, 21f. ; *Mt.*, XXVIII, 20.

geschichtliche Bedingtheit der nicht vorschnell zu systematisierenden theologischen Aussagen des NT gesetzt ist. Die bis zu widerspruchsvollen Äußerungen gehende Mehrstimmigkeit der neutestamentlichen Autoren ist ja weitgehend in der Verschiedenheit der Herkunft, Erfahrung, Schulung, des Vorstellungs- und Denkhorizontes der einzelnen Verfasser begründet und darüberhinaus nicht weniger im aktuellen situationsgebundenen Charakter ihrer Schriften, die bald mehr, bald weniger als Gelegenheitsschriften, immer aber als Verkündigungsschriften zu bestimmten Bedürfnissen, Fragestellungen, Gefährdungen usw. Stellung nehmen, die selbst wieder durch unterschiedliche geistige Milieus und wechselnde Situationen der Empfänger der Heilsbotschaft beziehungsweise der Adressaten der einzelnen Schriften bedingt sind.

Andererseits darf sich aber der Ausleger gerade auch im Hinblick auf das Gesetz der Geschichtlichkeit, unter dem auch die Christusoffenbarung von Anfang an steht, berechtigt wissen, *nach der wenigstens hintergründigen Einheit der verschiedenen Aussagen, der verschiedenen Theologien und Theologiefragmente des NT zu fragen* und gegenüber der Behauptung, schon in den neutestamentlichen Schriften zeige sich ein deformierender, heterogene Elemente einführender Prozeß an, die kritische Sonde anzusetzen. Darüberhinaus wird ein Ausleger die im NT bezeugte Verkündigung und Explikation der Christusoffenbarung in dem Maße als innerlich gerechtfertigt und legitim anzuerkennen vermögen, als er das bewahrende und auslegende Wirken des Erhöhten durch den Geist gläubig in Anschlag zu bringen vermag. Gegenüber der heute virulenten Versuchung, das Kerygma eines neutestamentlichen Autors einer bestimmten Schrift oder Schriftengruppe ausdrücklich oder unausgesprochen zu der alle anderen theologischen Konzeptionen zensurierenden Norm zu machen, ist schließlich gerade auch die anerkannte Tatsache zu bedenken, daß die neutestamentlichen, vom dritten urkirchlichen Jahrzehnt an entstandenen und erhaltenen Schriften nicht als eine sich integrierende Einheit konzipiert und verfaßt wurden, sondern im Dienste der aktuellen, von Jahrzehnt zu Jahrzent, von Kirchenraum zu Kirchenraum verschieden orientierten Glaubensverkündigung geschrieben worden sind. Gerade auch dieser Umstand, daß die im NT zusammengefaßten und kanonisierten Schriften eine Funktion der lebendig tradierenden und verkündigenden Kirche sind, führt schließlich von selbst zur Frage nach der medialen Bedeutung dieser Kirche und ihrer Tradition.

78 Freiburg-i-Br., Johann-v-Weerthstr. 12 A. VÖGTLE

LE CHRIST ET LA FOI

On se propose, en ces pages, d'étudier à la lumière de l'Écriture et de la réflexion théologique, quelques-uns des rapports majeurs de la foi au Jésus prépascal et au Christ ressuscité. On les groupera sous deux chefs ; sous le premier, on posera la question de savoir si Jésus peut être considéré comme sujet de la foi ; sous le second, on traitera de Jésus en tant qu'objet ou terme de la foi. Mais c'est le premier titre qui aura la meilleure part ; aussi bien, la question qu'il pose réclame-t-elle, déjà comme question, une justification nécessairement malaisée au regard du lecteur catholique : comment la conscience humaine du Christ, illuminée par toutes les clartés de la vision, ne dissipe-t-elle pas toutes les ombres de la foi ? Prévenons toutefois que la difficulté consistera avant tout dans la détermination de tous les sens, possibles ou effectifs, de la notion de foi ; cette difficulté surmontée, on accordera sans peine, croyons-nous, qu'en l'un de ces sens — le sens de foi-confiance — la foi peut être reconnue, sans danger d'erreur, à Jésus. Mais après cela, l'effort de réflexion portera à peu près tout entier sur la place qu'occupe la foi ainsi comprise dans la conscience si mystérieuse de Jésus ; or nous verrons qu'elle est au centre et au cœur du Christ, et que c'est à partir d'elle que naît et s'épanouit l'Église tout entière en tant que peuple de la foi. *

I. La question de la « foi » de Jésus

Nombre de théologiens protestants n'ont pas d'objection à voir en Jésus un sujet de la foi, un croyant, et même ils s'y considèrent comme positivement obligés. A la question de savoir si Jésus, tel que l'historien réussit à le reconstituer à partir des évangiles synoptiques, doit être rangé parmi ceux qui croient, la réponse de G. Ebeling, encore que nuancée, est, somme toute, fermement positive : « Les Évangélistes ne s'expriment pas sur la foi de Jésus et pas davantage ne trouve-t-on un mot explicite de Jésus lui-même sur sa propre foi... Et cependant, compte tenu de la manière dont Jésus parle de la foi,

---

* L'article a paru en première édition dans la NRT, t. 88, p. 1009-1043. Nous remercions vivement l'Auteur et la direction de la Revue de nous avoir autorisé à le reproduire ici.

il semble impossible de le placer lui-même hors de la foi... Nous devons accorder que Jésus n'est pas à distancer de la foi dont il témoigne ; bien plutôt il s'est identifié à ce point avec elle qu'il n'a pas eu à parler de sa propre croyance ; il n'a cherché qu'à la susciter dans les autres [1] ». D'autres s'expriment à peu près de même au sujet du Jésus du kérygme ; et ce fait est peut-être plus significatif encore ; car ces théologiens estimeraient peut-être que la tradition des communautés primitives a modifié, dans le sens de sa foi au Christ glorieux, les traits du Jésus de l'histoire ; mais précisément, ils nient en tout cas que ces transformations aient abouti à rayer Jésus du peuple des croyants ; du moins le kérygme apostolique dans la forme qu'il prend dans l'épître aux Hébreux continue à reconnaître et même à souligner chez Jésus la présence de la foi. On nous renvoie ici à *He* 12, 2 qui donne au Jésus prépascal le titre de « chef de file » de la foi [2]. Comment faut-il comprendre ce passage dans son contexte ? Dans son commentaire de l'épître aux Hébreux, Hans Windisch accordait qu'à la lumière du chapitre 11 de l'Épître, le Christ apparaît sans doute comme celui qui a ouvert aux autres le chemin de la foi et les a conduits à son terme, « mais, compte tenu du chapitre 12, 2, on doit voir plutôt dans le Christ le modèle *(Vorbild)* le plus accompli de la foi persévérante ; il a été lui aussi un ascète de la foi qui eut à lutter jusqu'au bout pour donner toute sa perfection à son attitude de croyant [3] ». Même interprétation dans la *Christologie du Nouveau Testament* de M. O. Cullmann : « Aussi l'auteur (de l'épître aux Hébreux) ne craint-il aucunement de célébrer les qualités et les attributs humains de Jésus : nous lisons qu'il a dû devenir « un souverain sacrificateur miséricordieux et fidèle » (2, 17) ; il est même question de sa foi. La doctrine sacerdotale de l'épître veut en effet que Jésus — chef et consommateur de la foi (12, 2) — ait lui-même cru, et qu'il ait amené les hommes à croire en son œuvre [4] ». Enfin, dans son ouvrage récent, *Der Glaube im Hebräerbrief*, Erich Grässer [5] n'est pas moins formel : « Sans doute le Christ dans sa fonction d'*ἀρχηγός* et de *τελειωτής* se distingue de tous les *μέτοχοι* (de tous ceux qui participent à la foi) ; mais il n'en reste pas moins qu'en

1. G. Ebeling, *Wort und Glaube*, Tubingue, 1960, pp. 240, 241.

2. C'est, sinon la traduction, du moins le commentaire du terme *ἀρχηγός τῆς πίστεως*, dans C. Spicq, O.P., *L'Épître aux Hébreux*, Paris, t. II, 1953, p. 386.

3. H. Windisch, *Der Hebräerbrief*, Tubingue, 1931, p. 109.

4. O. Cullmann, *Christologie du Nouveau Testament*, Neuchâtel, 1958, p. 86.

5. Erich Grässer, *Der Glaube im Hebräerbrief*, Marbourg, 1965, p. 60 (voir *ibid.*, la note 280, où l'on déclare que tous les efforts pour assurer au Christ une foi qualitativement et quantitativement unique manquent leur but ; déclaration certainement excessive ; sur les faiblesses de cet ouvrage, d'ailleurs très méritant, voir la recension de A. Vanhoye, dans *Biblica*, t. 47, 1966, pp. 139-141).

un point il leur est commensurable : lui aussi a cru de la même manière qu'ont cru les *πρεσβύτεροι*, les ancêtres du chapitre 11 : il a été inébranlable en face des attaques et des ignominies ».

Des théologiens catholiques contemporains, le moins qu'on ait à dire est qu'ils se montrent, sous ce rapport, fort réticents. Ils ont derrière eux une longue tradition d'école qui ne les a guère préparés à l'idée d'une foi chez Jésus. On sait que saint Thomas écartait résolument et sans distinction la foi de l'âme du Christ. Dès le premier instant de la conception, elle ne pouvait pas ne pas avoir joui de la vision de l'essence divine, et l'on sous-entend que dans cette vision elle voyait aussi le dessein divin du salut ; mais précisément, cette double clarté l'empêchait, pour ainsi dire, de croire ; car la foi porte essentiellement sur les réalités divines non vues *(objectum fidei est res divina non visa)* [6] ; Jésus ne fut donc, en aucune mesure, un croyant. C'est sans doute, au moins partiellement, sous l'influence de ces vues communes aux théologiens scolastiques que les exégètes catholiques d'aujourd'hui hésitent à attribuer la foi au Christ. Le P. Spicq, qui voit pourtant en Jésus le chef de file de la foi, donne de *He* 12, 2, la traduction que voici : « ... fixant attentivement les yeux sur celui qui guide la foi et la mène à la perfection », traduction dont le commentaire ne semble laisser aucun doute sur sa pensée : « le Christ dirige, guide les disciples dans la vie de foi », dans *leur* vie de foi, et « il lui donne son plein achèvement ou son accomplissement (*τελειωτής*), la récompense céleste », mais lui-même s'est toujours trouvé en dehors et au-dessus de cette condition croyante ; on remarque d'ailleurs expressément que « jamais l'Écriture ne parle du Christ comme d'un croyant [7] ».

Cependant des doutes commencent à surgir, ici et là, dans la théologie catholique, sur la validité absolue de cette position. N'y aurait-il pas un sens selon lequel le Jésus prépascal (et peut-être même, nous le verrons, le Christ glorifié) eût lui-même exercé la foi, avant de la susciter en d'autres ? Le refus de lui reconnaître la foi ne serait-il pas fondé sur une conception trop étroite de celle-ci, sur des vues trop peu commensurées aux vraies dimensions de la foi biblique ? Les résultats d'une recherche sur la foi dans l'Écriture, vétéro- et néotestamentaire, nous invitent, estime Urs von Balthasar, à attribuer une certaine foi — et peut-être même la meilleure foi, la foi par excellence — à Jésus [8].

---

6. *S. Th.*, III^{a}, q. 7, a. 3.

7. C. Spicq, *op. cit.*, p. 386. Cfr aussi X. Léon-Dufour, S.J., *Les Évangiles et l'histoire de Jésus*, Paris, 1963, p. 406 ; commentant *Mc* 9, 22, 23 « Quoi ! Si tu peux... Tout est possible à celui qui croit », l'auteur écrit : « Évidemment, Jésus ne veut pas dire qu'il ait, lui, besoin de croire. »

8. H. Urs von Balthasar, *Sponsa Verbi*, Einsiedeln, 1961, dans l'étude qui

II. La foi dans l'Écriture

Laissant provisoirement la question de la foi chez Jésus, demandons-nous quelle est l'intelligence scripturaire de la foi [9].

L'Ancien Testament, tout d'abord. Une étude sur l'usage religieux du terme hébraïque *hê'emin*, que la LXX rend par *πιστεύειν*, et de quelques apparentés (*nè'èmān, 'èmèt, 'èmûnāh*) donne les résultats suivants : dans les livres hébreux de l'A.T., la foi désigne une attitude totale et complète du peuple élu, et des individus qui le composent, vis-à-vis de Yahweh, Dieu de l'Alliance, et de la révélation qu'il fait de lui-même comme du Sauveur de son peuple. Attitude totale *(Gesamthaltung)* : l'on entend par là que la foi n'est pas censée engager une faculté humaine parmi d'autres, mais toute la réalité existentielle de l'homme, corps compris, dont la foi détermine le comportement cultuel devant Dieu. Attitude complexe : la foi est faite d'éléments divers, que l'on peut réduire à trois principaux : 1) confession *(cognitio-agnitio)* [10] de Yahweh et de sa toute-puissance libératrice révélée dans l'histoire d'Israël ; 2) confiance en sa parole ; 3) obéissance à ses commandements, soumission à sa volonté. De ces trois éléments, c'est le second, la confiance, qui semble prévaloir dans l'A.T. jusqu'à se détacher des autres en quelque sorte ; confiance pleinement assurée qui prend la forme d'une remise totale de soi et d'un abandon à Celui qui mérite un crédit sans limite ; qui est espérance, lorsqu'elle est l'attente d'un avenir infailliblement garanti par les promesses (le thème de l'espérance ne se distingue pleinement de celui de la foi que dans le N.T., et là même, la foi l'enveloppera quelquefois encore : *1 P* 1, 21 ; *1 Th* 1, 3 ; *1 Co* 15, 13) ; confiance, encore, qui entendra bien se fonder sur la seule parole de Yahweh et sur sa fidélité *('emèt)* envers son peuple : au point que dans la notion de foi, déjà se fait jour l'idée d'une correspondance, d'une fidélité répondant à la fidélité divine, fondatrice et toujours présente. En bref, croire c'est dire *amen* aux paroles, aux promesses, aux commandements de Yahweh [11] ; *amen* qui est engagement

---

a pour titre *Fides Christi*, pp. 45-79, à laquelle nous renverrons souvent ; sur la foi chez Jésus, cfr pp. 55, 56. — Dans son commentaire de l'Épître aux Hébreux, déjà cité, *loc. cit.*, le P. Spicq notait que quelques catholiques (Rambaud, Wickham) donnent à *πίστις* le sens de confiance, « et comprennent que durant sa vie sur terre le Christ a lui-même entrepris les combats de la foi ».

9. Nous utilisons ici librement les conclusions de H. Urs von Balthasar, dans son ouvrage cité, en les complétant par l'étude de Dom M.-F. Lacan, O.S.B., *Les trois qui demeurent, 1 Cor. 13, 13*, dans *Rech. Sc. Rel.*, 46 (1958) 321-343, et par l'article de J. Alfaro, S.J., *Fides in terminologia biblica*, dans *Gregorianum*, 42 (1961) 463-505.

10. J. Alfaro, *art. cit.*, p. 474.

11. Id., *ibid.*, p. 475.

total, reconnaissance théorique et pratique de la volonté divine et de son absolue validité [12].

Nous devons nous attendre à ce que la foi, dans le Nouveau Testament, coïncide, en substance, avec la foi vétéro-testamentaire : accueil intégral, par l'homme, par toute sa réalité existentielle, de Dieu-Sauveur. Et de fait, il en est bien ainsi. Mais il y a lieu d'observer que les soulignements diffèrent : sans doute, le Nouveau Testament, au même titre que l'Ancien, voit dans la foi une obéissance (*ὑπακοή*) à Dieu et à sa Parole ; autrement dit, ce que nous appelions plus haut le troisième élément de la foi, l'obéissance, figure également dans les deux Alliances ; mais il n'en va pas de même des deux autres : tandis que dans l'Ancien Testament, on l'a dit, l'élément de confiance vient au premier plan, dans le Nouveau Testament, l'élément de connaissance ou, pour mieux dire, de confession de l'intervention divine (décisive) dans l'histoire, d'acceptation de la vérité du message, semble l'emporter sur l'aspect confiance, sans d'ailleurs le repousser dans l'ombre.

Au reste, il nous faut ici, par delà ces généralités, distinguer les différents écrits du Nouveau Testament et les conceptions, propres à chacun d'eux, de la foi.

Des Synoptiques, on nous dit que la signification prévalente reste celle de la confiance absolue en la toute-puissance de Dieu (dans les situations humainement désespérées dont font état les récits de guérison) ; mais déjà apparaît la foi comme adhésion à Jésus, reconnaissance de sa messianité annoncée par les prophètes [13].

L'évangile johannique : l'aspect connaissance est premier ; et selon cet aspect, la foi a pour objet la mission et la filiation divine de Jésus ; le Christ n'est du reste pas seulement terme de la confession *(in quem creditur)*, il en est encore son fondement *(cui creditur)* : dans son témoignage, c'est le témoignage même de Dieu que nous entendons, car le Fils voit le Père qu'il nous révèle ; mais cette confession, ainsi fondée, n'est pas qu'une simple démarche de l'intelligence ; c'est une pleine adhésion de l'homme au Christ, étroitement conjuguée avec la charité et l'observation des commandements ; tant et si bien qu'en croyant, nous entrons déjà dès à présent en possession de la vie éternelle et en communion de vie avec Dieu [14].

Les Actes des Apôtres donnent à la foi le sens d'adhésion au kérygme apostolique et à sa proclamation de Jésus-Christ, Seigneur et Sauveur ; mais ici aussi il s'agit, par delà une acceptation qui ne serait qu'intellectuelle, d'une réponse de l'homme tout entier, et — on le dit expressé-

---

12. H. U. von Balthasar, *op. cit.*, p. 50.
13. J. Alfaro, *art. cit.*, p. 479.
14. Id., *ibid.*, pp. 503, 504.

ment — d'une obéissance (*Ac* 6, 7), d'une confiance aussi dans l'accomplissement des promesses (*Ac* 27, 25).

Saint Paul : l'aspect confession de Jésus-Seigneur et de sa résurrection par Dieu (*Rm* 10, 9, 10) est particulièrement mis en relief ; mais sans omission de l'aspect-obéissance (*Rm* 10, 17 ; 6, 16-17 ; 15, 18). Quant à la confiance, l'Apôtre, reconnaissons-le, la relie moins à la foi qu'à l'espérance — à cette espérance qu'il a précisément distinguée de la foi, sans d'ailleurs l'en disjoindre (*1 Co* 13, 13 ; *Col* 1, 3-5 ; *1 Th* 1, 3 ; 5, 8 ; *2 Tm* 2, 22) ; mais ce n'est pas à dire qu'il ne reconnaisse, dans la foi elle-même, aucun élément de confiance ; il le lui confère d'autant plus qu'il la tourne non pas seulement vers le passé — adhésion au Christ qui est venu et nous a rachetés — mais vers l'avenir, en lui faisant confesser notre participation future à la glorification du Christ (*Rm* 6, 8 : nous croyons — nous avons confiance — que nous vivrons avec lui). Au demeurant, cette foi-confession doit s'entendre « dans le sens prégnant » : non pas seulement l'assentiment intellectuel donné à la parole divine, mais l'adhésion au Christ de l'homme tout entier [15].

Une donnée propre à la pensée de saint Paul sur la foi doit nous retenir ici ; elle répond à la question de savoir si la foi « passera » ou bien au contraire demeurera éternellement, dans la vision. Question dont on pressent que la solution intéressera le problème de la foi chez Jésus (chez le Jésus de l'histoire dont on admettrait, avec la théologie traditionnelle, qu'il a joui de la vision béatifique). Elle nous est imposée par *1 Co* 13, 13 que Dom Lacan, reprenant une interprétation d'Irénée et d'Origène [16], estime devoir traduire non pas, comme on l'a fait souvent : « maintenant (νυνὶ δέ) demeurent... », mais « cependant demeurent foi, espérance, charité, cette triade, mais la plus grande d'entre elles est la charité » ; et l'on entend bien : demeurent à jamais, même dans la vie future. Pour faire valoir ce sens, on allègue divers éléments de preuve : 1) en *1 Co* 13, 8, il n'est pas dit de la charité, contrairement à l'interprétation courante, qu'elle (seule) ne « passe » jamais, mais bien que « jamais elle ne succombe » : ἡ ἀγάπη οὐδεπότε πίπτει : rien ne peut l'abattre ; 2) pourquoi Paul dirait-il que foi, espérance, demeurent maintenant, alors que cela vaut aussi pour les autres dons (les prophéties, les langues, la science) dont il vient de parler ? Paul exprime une opposition entre ces derniers et la triade, comme entre l'imparfait, destiné à disparaître, et le parfait qui demeure : opposition bien rendue en traduction par « cependant » ; 3) la supériorité de la charité (« la plus grande d'entre elles ») est sauvegardée ; elle ne consiste plus dans le privilège de la pérennité (comme si elle seule survivait au-delà de la mort), mais

15. Id., *ibid.*, pp. 489, 490.

16. Irénée, *Adv. Haer.*, II, c. 28, n. 3, *PG* 7, 806 ; Origène, *Comm. in Jo.*, X, n. 27, *PG* 14, 393.

dans le fait qu'elle anime présentement, tous les autres dons, la foi et l'espérance mêmes ; le texte disait, en effet, plus haut (*1 Co* 13, 7) qu'elle les met en œuvre avec une inlassable persévérance et que c'est elle qui croit et qui espère [17].

Il est vrai, il y a, en un sens apparemment opposé, *2 Co* 5, 7 : « nous cheminons dans la foi, non dans la claire vision » ; et *Rm* 8, 24 : « notre salut est objet d'espérance ; et voir ce qu'on espère, ce n'est plus l'espérer ; ce qu'on voit, comment pourrait-on l'espérer encore ? Mais espérer ce que nous ne voyons pas, c'est l'attendre avec constance ». Mais contre cette objection, l'auteur observe au sujet de *2 Co* 5, 7 que les deux termes opposés πίστις et εἶδος doivent s'entendre ici objectivement et non comme deux attitudes subjectives : « nous marchons au moyen de la foi » (διὰ πίστεως) c'est-à-dire avec l'aide de la doctrine que nous croyons et qui nous éclaire tant que nous sommes en ce corps » (comparer *Col* 2, 7) ; « non au moyen de l'εἶδος, c'est-à-dire sans l'aide de la réalité vue ». Même remarque au sujet de *Rm* 8, 24 : « une espérance que l'on voit n'est plus une espérance... » : ici aussi, signification objective : l'espérance désigne la gloire espérée ; et il va de soi que cette gloire ne pourra plus s'appeler espérance, dès là qu'elle sera vue. Au reste, l'auteur estime que même si, en *2 Co* 5, 7, il fallait entendre la foi subjectivement, comme l'adhésion de notre intelligence à la doctrine du salut, on ne pourrait néanmoins en tirer objection valable contre la pérennité, établie par ailleurs, de la foi : car il ne faut pas méconnaître la complexité et plus encore la « souplesse [18] » de la notion biblique et paulinienne de la foi ; souplesse si grande qu'elle permet à l'Apôtre de diversifier le sens du mot ; ici et là (par exemple, peut-être en *2 Co* 5, 7), la foi désigne l'aspect d'adhésion à une doctrine qui ne procure qu'une connaissance imparfaite ; il est clair que cet aspect provisoire disparaîtra ; mais ailleurs, le mot revêt, pour saint Paul, le sens de « plénitude de confiance en Dieu [19] », de remise totale de soi-même à sa toute-puissance, de fidélité au Dieu fidèle : selon cette signification, la foi est une « attitude permanente » que la vision, loin d'exclure, « rendra indéfectible [20] » ; elle pourra bien laisser derrière elle le caractère d'inévidence des vérités auxquelles, durant notre état d'épreuve, la foi nous fait adhérer (inévidence que Paul n'ignore pas : *2 Co* 4, 18 ; 5, 7) mais elle confirmera et en quelque sorte accomplira la foi dans son caractère d'adhésion totale à Dieu qui se révèle.

C'est par des considérations semblables que l'auteur s'efforce d'accorder son interprétation de *1 Co* 13, 13 avec la déclaration de Benoît

17. Dom Lacan, *art. cit.*, pp. 329-330.
18. Id., *ibid.*, p. 333.
19. Id., *ibid.*, p. 324.
20. Id., *ibid.*, p. 339.

XII sur l'exclusion de la foi et de l'espérance par la vision : « la vision de l'essence divine et la jouissance qu'en ont les élus évacuent en eux les actes de foi et d'espérance, selon que la foi et l'espérance sont, au sens propre, des vertus théologales [21] ». Dans cette déclaration (1336), la foi et l'espérance sont manifestement entendues dans le sens que leur donnaient les Écoles : dispositions habituelles d'une faculté déterminée, données en vue de lui faire produire des actes surnaturels ; et nommément la foi dispose l'intelligence à accepter comme vrais des réalités et des événements qu'elle ne connaît ni par intuition (évidence) ni par démonstration (discours), mais qui lui sont proposés par le témoignage de Dieu. Ce sens des Écoles est-il recevable ? Assurément : nous avons vu (et nous verrons encore) que, selon un certain aspect, la foi biblique implique l'inévidence de son objet. Et il va de soi que la foi, ainsi entendue, toute précaire, sera dépassée par la vision. Mais pour valable qu'elle soit, cette foi scolastique ne recouvre pas la totalité de la foi biblique : celle-ci est aussi, et ici et là — dans les synoptiques, par exemple — avant tout, abandon confiant de l'homme tout entier à la toute-puissance libératrice : ainsi comprise, tout nous invite à dire que la foi, loin d'être effacée par la vision, demeure [22].

Terminons ce bref aperçu sur la foi dans l'Écriture par l'Épître aux Hébreux. La foi est le thème du chap. XI tout entier : on y dénombre et décrit les aspects subjectifs de la foi en renvoyant aux grands croyants de l'Ancienne Alliance en face des promesses divines. Aspects qui se présentent comme suit : la foi est la certitude d'une réalité qu'on ne voit pas, et singulièrement d'un événement à venir, annoncé par Dieu (vv. 7. 10. 17-19. 20-22. 26. 27. 28. 30. 31. 35) ; ferme confiance en la promesse, espoir assuré de son accomplissement (vv. 10. 11. 13. 24-26. 35. 38) ; obéissance et fidélité de l'homme à Dieu (vv. 7. 8. 27. 28. 30). Les versets 3 et 6 offrent cette particularité de faire porter la foi-connaissance non pas sur une promesse de Dieu, mais sur son existence et sur ses attributs de créateur du monde, de rémunérateur des hommes. Toute cette diversité avait du reste été introduite par une expression condensée, que la suite du chapitre se proposait d'expliquer : « la foi est garantie de ce qui est espéré, preuve de réalités non visibles » (11, 1),

21. Constit. « Benedictus Deus », Denz. 530.

22. Dans cette interprétation de Dom Lacan, sous quel aspect demeurera l'espérance ? Non sous l'aspect, provisoire, d'attente, mais sous celui de confiance filiale (*art. cit.*, p. 341) ; en quoi, ce semble, elle ne se distinguera plus de la foi. Certains théologiens ont cherché à fonder l'idée d'une survivance de l'espérance dans la vie future, même selon la note d'attente : espérance du Christ glorifié (et sans doute des bienheureux) dans le triomphe final : Thomas MUNIESSA, S.J., dans *Disputationes scolasticae*, t. II, Barcelone, 1689 ; cfr disp. 14, sect. 8, num. 73 et 77 ; voir, à ce propos, P. CHARLES, *Spes Christi*, dans *N.R.Th.*, 61 (1934) 1009-1021 et 64 (1937) 1051-1075.

termes qu'on veillera à interpréter dans le sens subjectif [23] : sans doute, de soi, ὑπόστασις, garantie, désigne une réalité objective, un fondement, une substance, et pareillement ἔλεγχος, argument, démonstration. Mais le contexte subséquent du chapitre XI impose une interprétation subjective du verset 1 : ὑπόστασις signifie la qualité de fermeté et de solidité dans l'attitude du croyant à l'égard des biens promis ; et ἔλεγχος exprime sa certitude, sa persuasion assurée, aussi forte que celle que donne une démonstration [24]. Quoi qu'il en soit, c'est bien l'aspect de connaissance, et expressément de connaissance non-évidente (certitude des choses qu'on ne voit pas) qui est proposé en ce verset premier. Néanmoins, compte tenu de la totalité du chapitre et plus encore de l'ensemble de la lettre, on estime que passe au premier plan l'aspect-confiance, — cet aspect dont nous avons vu qu'il prévalait dans la foi vétéro-testamentaire : fait qui n'a rien de surprenant puisque l'épître aux Hébreux entend décrire ce que fut la foi chez les ancêtres (πρεσβύτεροι) de l'Ancienne Alliance [25].

III. La « fides Christi »

A la lumière de ces vues bibliques sur la foi, nous pouvons revenir à présent à la question de la foi chez Jésus. Disons tout de suite qu'un aspect de la foi particulièrement souligné dans le Nouveau Testament ne s'est pas vérifié dans le Christ : l'aspect d'adhésion à une doctrine *(das Fürwahrhalten)* ou même à un message (kérygme divin annoncé par des témoins divinement accrédités) ; « avec la foi ainsi entendue, le Christ, qui est bien plutôt le contenu de ce kérygme, n'a rien de commun ; en ce sens il est au-dessus de la foi et lui-même ne croit pas [26] ». Mais on estime que tout n'est pas dit par là et même que l'essentiel est resté dans l'ombre : la foi biblique, on l'a vu, est avant tout la réponse fidèle, dans un mouvement d'abandon pleinement confiant, à la fidélité de Dieu ; cette foi-là, non seulement le Christ l'a connue, mais il en a été, nous dit-on, l'archétype, l'exemplaire accompli et, en raison de cet accomplissement en lui-même, la source en nous [27] ; il incite ses auditeurs à la foi : « tout est possible à celui qui croit » (*Mc* 9, 23), il les presse de laisser à Dieu tout l'espace, sûrs qu'ils doivent être de Celui auquel rien n'est impossible (*Mc* 10,

23. La traduction du P. Spicq que nous donnons dans le texte : « garantie », « preuve », offre plutôt le sens objectif (C. Spicq, *op. cit.*, t. II, p. 337). Mais le P. Spicq interprète plus heureusement ailleurs : « assurance de la réalité des choses invisibles » (*ibid.*, p. 147) et « persuasion des réalités invisibles » (*ibid.*, p. 372).

24. J. Alfaro, *art. cit.*, p. 493.

25. Id., *ibid.*, p. 505.

26. H. Urs von Balthasar, *op. cit.*, p. 52 ; cfr aussi p. 66.

27. Id., *ibid.*, p. 53.

27) ; en tout cela, c'est son attitude la plus intime qu'il révèle et à laquelle il nous propose de communier ; lui-même vit, agit et souffre dans la certitude d'être toujours exaucé (*Jn* 11, 41) : c'est cette certitude qu'il veut faire passer dans les siens dans une « vraie participation à ce qu'il possède archétypement [28] ».

De la présence de cette foi éminente en Jésus, on lira un témoignage dans le texte *He* 12, 1, 2 : « Voilà donc pourquoi nous aussi, enveloppés que nous sommes d'une si grande nuée de témoins, nous devons rejeter tout fardeau et le péché qui nous assiège et courir avec constance l'épreuve qui nous est proposée, fixant les yeux sur le chef (ἀρχηγός) de notre foi, qui la mène à la perfection (τελειωτής), Jésus, qui au lieu de la joie qui lui était proposée endura une croix, dont il méprisa l'infamie et qui est assis désormais à la droite du trône de Dieu ». La foi dont le Christ est déclaré l'*archêgos* est bien la foi-confiance, abandon que l'Ancien Testament avait particulièrement souligné : car ce verset 12, 1, vient au terme de toute la lignée des témoins de la foi de l'Ancienne Alliance évoquée au chapitre précédent. De quelle manière Jésus l'a-t-il exercée ? La mention de la croix (il endura une croix) fait sans doute référence implicite soit à l'agonie soit à *Lc* 23, 46 : « Mon Père, je remets mon esprit entre vos mains ». D'ailleurs, en un autre passage (5, 7), l'Épître elle-même avait dit expressément : Le Christ offrit « aux jours de sa chair » « prières et supplication, accompagnées d'un grand cri et de larmes à celui qui pouvait le sauver de la mort et étant exaucé en raison de sa piété, tout Fils qu'il était, il apprit de ce qu'il souffrit l'obéissance ». Jésus se considérait lui-même comme « sauvable » et, pour être sauvé, il s'en remit — dans un mouvement de foi inconditionnée — à la toute-puissance aimante du Père qui seule pouvait l'arracher à la mort ; en souvenance de quoi, le christianisme primitif accentuera l'attribution de la résurrection de Jésus à Dieu seul, et nommément au Père : « c'est Dieu qui l'a ressuscité, en le délivrant des affres de la mort » (*Ac* 2, 24 ; 3, 15 ; 4, 10....), et en répondant ainsi, Dieu fidèle, à la confiance absolue et à la fidélité de Jésus mourant. Mais par là même s'éclairent les termes ἀρχηγός et τελειωτής : le Christ est « chef de file » de la foi en ce qu'il crut à Dieu parfaitement et d'une foi vers laquelle tous les croyants passés et à venir regardent comme vers leur exemplaire ; et il en est le consommateur, en ce qu'il a donné à la forme de la foi sa réalisation *(Verwirklichung)* la plus accomplie ; tant et si bien que toute la foi chrétienne à venir et toute la foi judaïque antérieure n'est pas autre chose qu'une participation à la plénitude de foi de Jésus [29].

---

28. Id., *ibid.*, p. 56. Voir aussi, du même, *La gloire et la croix* (traduction de l'ouvrage *Herrlichkeit*, Einsiedeln, 1961), t. I, *Apparition*, Paris, 1965, p. 276.
29. Id., *Sponsa Verbi*, p. 58.

Cette interprétation de *He* 12, 2, rejaillit sur celle que nous devons donner aux textes pauliniens si fréquents sur la πίστις Χριστοῦ Ἰησοῦ [30] ou sur la πίστις ἐν Χριστῷ Ἰησοῦ [31]. On ne peut pas comprendre le génitif de la première formule comme un pur génitif objectif : comme si Paul avait voulu simplement nommer la foi dont le Christ est l'objet ; la seule attention au datif de la seconde formule, toute équivalente, suffit déjà à interdire cette lecture. Comprendra-t-on : la foi qui subjectivement est dans le Christ ? Ce serait trop simple. Nous dirons plutôt que si la foi dont le Christ est le sujet est visée, en effet, de quelque manière, ce n'est cependant qu'indirectement et à travers notre foi propre : la foi immédiatement désignée est bien la foi telle qu'elle est en nous, mais étant « in Christo », on donne à entendre que notre foi est une participation à la richesse même du Christ. En somme, génitif mystique (Deissmann) qu'avec Lohmeyer on interprétera dans un contexte paulinien général : Paul voit dans la foi une sorte de principe métaphysique, de cause formelle informant le croyant, au point que l'on pourrait dire : « ce n'est pas moi qui crois ; c'est la foi qui se pose en moi » *(sondern es glaubt in mir)*. Or, cette foi animatrice, c'est aussi, pour Paul, le Christ lui-même : non pas la foi qu'il a, ni même qu'il donne, mais la foi qu'il est. Voilà ce que s'efforce de rendre l'expression : foi de Jésus ; par quoi Jésus est d'ailleurs désigné tout ensemble comme Dieu et comme homme ; comme Dieu, car c'est en tant que Dieu qu'il peut être le principe religieux suprême (quasi formel) ; comme homme, car ce n'est que dans son humanité qu'il peut vérifier et éprouver lui-même ce qui s'appellera foi chez les siens. A travers le mot πίστις Ἰησοῦ Χριστοῦ, le regard est renvoyé à un lieu où le Christ dans son existence humaine obéissante nous ouvre l'accès au Père et où, simultanément, le Père, dans sa fidélité, se tourne vers le monde en réponse à l'obéissance de son Fils : lieu qui est tout ensemble grâce, évangile et foi ; or ce lieu détermine et informe toutes nos existences croyantes ; ainsi la *fides Christi* signifie l'attitude du Fils incarné en face du Père en tant qu'elle devient, par la grâce divine, principe métaphysique de tout le comportement des croyants devant Dieu ; et elle donne bien à entendre que le Christ est l'unique porteur historique, comme aussi et en conséquence l'unique dispensateur de tout ce qu'il peut y avoir de divin dans l'homme, dans l'individu et dans l'histoire [32]. Compte tenu de cette interprétation de la πίστις Χριστοῦ Ἰησοῦ

---

30. *Ga* 2, 16. 20 ; 3, 22 ; *Ep* 3, 12 ; *Ph* 3, 9 ; *Rm* 3, 22. 26.

31. *Ga* 3, 25 ; 5, 6 ; *Col* 1, 4 ; 2, 5 ; *Ep* 1, 15 ; *1 Tm* 1, 14 ; 3, 13 ; *2 Tm* 1, 13 ; 3, 15.

32. H. U. von Balthasar, *op. cit.*, pp. 58 suiv., qui s'inspire de E. Lohmeyer, *Grundlagen paulinischer Theologie*, 1929.

paulinienne, on comprendra que, pour finir, Urs von Balthasar ait écrit, de la foi du Christ, qu'elle se situe au « croisement vivant » de l'alliance entre Dieu et l'humanité. Elle est le Verbe incarné. Par quoi nous entendrons qu'étant le Verbe, elle est tout d'abord la *fides Dei*, la fidélité de Dieu dans son incorporation humaine ; dans l'homme Jésus, le oui des promesses divines est prononcé. Mais elle est aussi, parce qu'elle est l'homme-Jésus, la réponse humaine faite à la fidélité divine, la fidélité de l'homme et l'abandon absolu à la grâce qui lui est faite. Ces deux chemins, foi de Dieu, foi de l'homme, Jésus ne les parcourt pas successivement : il est bien plutôt leur identité hypostatique [33]. Or la plénitude selon laquelle le Christ réalise en soi la foi humaine fait qu'il en est l'exemplaire, l'archétype suréminent ; et par là même aussi le fondateur en nous et le dispensateur : sa foi suscite et détermine toute relation historique possible, toute fidélité concevable entre l'homme et Dieu qui se donne.

IV. La confiance de Jésus

Loin de faire objection à ces vues de von Balthasar, nous leur marquerons, pour le fond, un plein consentement. Qu'il y ait eu en Jésus de la foi-confiance, saint Thomas l'admettait équivalemment : commentant *He* 2, 13 « pour moi, j'aurai confiance en lui » (parole que l'Épître met sur les lèvres du Christ), il écrit qu'il y avait donc de la « fiducia » dans le Sauveur : dans sa passion, Jésus comptait sur le secours du Père [34]. Au surplus, la fonction qu'Urs von Balthasar attribue à cette « confiance » du Christ est, elle aussi, tout à fait valable : l'attitude intime de Jésus est l'exemplaire éminent de notre foi, qu'elle rend possible ; c'est à elle que nous participons et d'elle que nous vivons ; et l'on a fait remarquer justement qu'en présentant la foi des chrétiens comme une communion à la confiance de Jésus dans son aspect déterminément filial, Urs von Balthasar lui assurait sa dimension trinitaire : réception (ou audition) du Père et de sa fidélité dans le Fils et remontée (ou libre réponse à l'audition) vers le Père par le Fils [35].

---

33. Id., *ibid.*, p. 78.

34. « Fiducia est exspectatio cuiuscumque auxilii et secundum hoc fuit in Christo fiducia, in quantum secundum humanam naturam exspectabat a Patre auxilium in passione » (S. Thomas, *Super Epistolas S. Pauli Lectura*, Turin, 1953, n. 134, p. 366). Le texte de la Vulgate que S. Thomas avait sous les yeux porte : Ego ero fidens in eum (*He* 2, 13).

35. H. de Lavalette, dans sa recension de l'étude de H. U. von Balthasar, *Bulletin de théologie dogmatique*, dans *Rech. Sc. Rel.*, 50 (1962) 132.

Mais d'accord quant au fond, nous formulerons une objection contre la justesse de l'expression. Il est vrai qu'on nous dit : « les termes choisis importent peu » mais on ajoute aussitôt : « il est impossible de faire retour en arrière ; la théologie évitera de parler de foi du Christ [36] ». La foi est couramment définie comme l'adhésion, d'ailleurs existentielle, à un message dont le contenu est proposé par le témoignage divin, sans offrir l'évidence de son objet. Définition qui s'appuie sur un fondement scripturaire, l'Épître aux Hébreux, pour qui, nous l'avons vu, la foi est « la certitude des choses qu'on ne voit pas » (*He* 11, 1). Le Christ pourrait-il vérifier une foi ainsi conçue ? Si oui, il n'aurait pas « vu » la vérité de ce qu'il enseignait comme la Parole de Dieu ; sa conscience humaine eût reçu cette vérité indirectement, par la voie du témoignage divin, comme nous la recevons nous-mêmes ou du moins comme la recevaient les prophètes. Mais nous savons par ailleurs — et nous y reviendrons plus loin — qu'il n'en était pas ainsi : le Christ a eu la « vision », l'évidence des vérités qu'il proposait comme divines. On se gardera donc de lui attribuer, simplement et sans réserves, la foi au sens concret ; on se bornera à évoquer la « confiance » ou l'attitude d'abandon fidèle de Jésus ; ou si l'on emploie, ici et là, le mot de foi à son propos, on prendra soin d'indiquer par le contexte qu'on l'entend au sens de confiance, et non dans sa signification usuelle [37].

Toutefois, ce n'est pas pour avoir substitué au terme de « foi » celui de confiance et d'abandon qu'on aura tranché tous les doutes. Il faut même dire que la question essentielle demeure, dans toute sa force : celle de savoir si cette confiance du Christ prépascal ne s'enveloppait pas, ne devait pas s'envelopper d'une certaine obscurité, de telle manière qu'elle eût été, comme la nôtre, un mouvement de remise de soi à la promesse divine, dans la privation de l'évidence de son terme : Jésus en agonie aurait compté absolument sur le secours du Père et sur la résurrection sans pourtant « voir » la grâce promise.

V. Confiance et « vision »

Remarquons d'abord qu'il ne semble pas y avoir liaison nécessaire entre foi-confiance et obscurité même relative ; nous avons entendu plus haut Dom Lacan défendre l'interprétation de *1 Co* 13, 13, suivant

---

36. H. de Lavalette, *ibid.*

37. Et c'est bien ce que fait H. Urs von Balthasar, qui ajoute cette juste remarque : l'attitude archétypique (*urbildlich*) de Jésus est si originale, et son espace propre si inexprimable, qu'il faut renoncer à la désigner du nom dont nous nous servons pour exprimer son imitation en nous ; autrement, nous méconnaîtrions la distance de lui à nous. Pour la nommer, le Nouveau Testament ne

laquelle la foi subsiste à jamais, même dans la vision des élus ; si cette interprétation est valable, il s'ensuit que la foi-confiance n'implique aucunement, de soi, obscurité ou inévidence de son objet [38] ; et dès lors, même en admettant avec saint Thomas que le Christ prépascal jouissait de la vision immédiate de Dieu (et en elle de l'économie du salut), on pourra continuer à lui reconnaître la « foi », la confiance, l'abandon, — un abandon pleinement éclairé à la Providence du Père. Mais Urs von Balthasar ne semble pas l'entendre de la sorte. « Nous trouvons en Jésus, écrit-il, le non-vouloir savoir à l'avance, la non-anticipation de l'heure ». Et après citation de *Mc* 13, 32, sur l'ignorance, par le Fils, du jour et de l'heure : « Tout à fait indifférente la manière précise dont on interprétera le non-savoir économique (fonctionnel) du Fils ; le fait est qu'il existe, et c'est assez pour nous. Il fait partie de sa kénose, qui l'a fait renoncer à toute sorte de privilèges et de possibilités revenant de droit à la forme de Dieu du Fils de l'homme. Indifférente aussi la manière dont le Fils, dans l'évangile de Jean, est censé connaître à l'avance ou (simplement) pressentir l'heure, encore à venir, de sa passion ; oui, cette heure est bien à l'horizon de sa conscience, il y renvoie (et il la prédit), mais comme à la chose toute abandonnée au Père et qui ne regarde pas le Fils, sur laquelle il ne se concentre pas, qu'il laisse reposer dans le vouloir du Père, pour pouvoir ainsi s'endormir en toute confiance dans les bras de Dieu et recevoir l'heure décisive quand elle aura sonné, uniquement de la bonté paternelle [39] ». D'après ces mots, on voit que l'auteur unit en fait, sinon en droit, foi et inévidence : l'abandon à Dieu, — dont on pense peut-être qu'il eût pu, absolument, s'effectuer même en cas de toute clarté sur l'heure, — en fait ne s'accomplit que dans l'ignorance de son objet. Et remarquons bien quel est cet objet : ce n'est pas la date — combien lointaine ! — d'une parousie à la fin des temps, c'est l'heure, de toutes manières très proche, de sa mort, et, selon les termes de saint Jean, de son exaltation, de sa glorification dans la mort. On croit entrevoir les raisons qui ont dicté à l'auteur cette affirmation d'une ignorance effective au cœur de la confiance de Jésus. Sans doute estime-t-il que la kénose a dû aller jusque là ; faute de quoi, le Christ n'est pas vraiment semblable à nous, et notamment, sa foi, son abandon à Dieu, accompli en toute clarté, n'est plus, peut-être, l'archétype de *notre* abandon, si essen-

---

dispose pas d'un terme compréhensif de tous ses aspects. Et sa lumière est si éblouissante qu'il nous faut y distinguer des aspects divers et que nous ne pouvons en soutenir l'éclat que dans les reflets qu'elle pose sur nous (*op. cit.*, p. 53).

38. Encore qu'elle implique, comme nous le verrons plus loin, l'incompréhension de l'essence divine.

39. H. U. von Balthasar, *op. cit.*, p. 54.

tiellement effectué dans la nuit ; le Fils aurait voulu dépouiller son savoir humain du privilège de l'omniscience, pour pouvoir assurer de nous à lui la communauté dans la même lumière obscure de la foi. Telle est la raison, semble-t-il, pour laquelle l'auteur interprète *Mc* 13, 32, comme l'expression de ce non-savoir (relatif) du Fils (dans sa conscience humaine), avec l'avantage de rapprocher, après l'en avoir disjointe, la « foi-confiance » de la foi au sens usuel et de mieux se conformer peut-être à *He* 11, 1 : « la foi est la certitude de certaines choses qu'on ne voit pas » : toute foi, et même la foi de notre chef de file, Jésus.

Cette manière de voir est-elle compatible, pour un théologien catholique, avec la doctrine de son magistère ? On se souvient des règles de sûreté doctrinale énoncées, dans un passé récent (1918), par le Saint-Office, sur la science humaine du Christ : il en ressort que peut être dite certaine l'opinion selon laquelle le Christ n'a rien ignoré et qu'on ne peut recevoir dans les écoles catholiques l'avis de quelques auteurs récents (sur la science limitée de l'âme du Christ) avec autant de faveur que l'opinion des anciens sur la science universelle [40]. Ces deux règles faisaient suite à une première, relative à la présence de la « science des élus », c'est-à-dire de la « vision » dans l'âme du Christ prépascal. Et l'on n'oublie pas le passage de l'Encyclique « Mystici Corporis » (1943) où l'affirmation de la vision en Jésus figure comme preuve de la transcendance surnaturelle de son savoir [41].

L'opinion d'une confiance relativement obscure, en Jésus, peut-elle s'accorder avec ces textes ? Observons d'abord qu'en tout cas l'ignorance de l'heure n'empêcherait pas absolument la vision immédiate : le Christ, en tant qu'homme, aurait pu « voir » l'essence divine, sans voir nécessairement toutes les phases de l'économie du salut et toute l'histoire du monde créé et racheté, son savoir, quant à ce dernier, pouvant être mesuré par la libre dispensation divine et limité aux besoins de sa mission. Il y a ensuite à noter qu'après tout, Urs von Balthasar ne prête pas au Christ une pure et absolue ignorance de cela même dont il dit que le Christ ne le sait pas. Au lieu d'un non-savoir, il pourrait bien s'agir, écrit-il, d'une non-considération du savoir *(Hinterlegung des eigenen Wissens)* [42] : termes qui, pour ne pas être expliqués, n'en revêtent pas moins un sens assez clair : le Christ connaîtrait, en fait, d'une manière vécue, son heure ; bien plus il aurait la possibilité d'en prendre une connaissance réflexe, de faire émerger son savoir « obscur » au plan de la conscience claire, mais il refuserait d'exercer ce pouvoir, d'actuer cette virtualité, précisé-

40. *Denz.* 2184 et 2185.
41. *Denz.* 2289.
42. H. U. von Balthasar, *op. cit.*, p. 70.

ment par volonté de kénose, pour nous être semblable en tout (hormis le péché) et notamment dans la « foi » [43].

Voisine de cette explication suggérée par von Balthasar, ou peut-être même coïncidant avec elle, nous voudrions présenter l'explication, plus élaborée, de Karl Rahner : pour lui aussi, nous allons le voir, le non-savoir coexiste, dans la conscience humaine de Jésus, avec le savoir absolu ; présentation d'autant plus opportune qu'elle nous fournira indirectement bien des éléments pour l'objet propre de notre recherche sur la « foi » dans l'âme de Jésus [44].

S'il y a vision de Dieu dans la conscience humaine de Jésus, il vaut mieux, remarque Rahner, ne pas la déclarer bienheureuse ; c'est vrai que les textes du magistère la disent telle ; mais ils entendent par là qu'elle n'est pas inférieure, quant à l'immédiation de son terme, à la vision dont les « bienheureux » jouissent au ciel ; ils ne veulent pas donner à penser qu'elle ait été, pour Jésus, béatifiante ; autrement, comment aurait-il pu traverser une Passion, une souffrance qui ne fut pas seulement physiologique [45] ?

Mais, en fait, devons-nous dire que Jésus a joui de la vision immédiate ? Oui, sur la base d'une certaine « raison théologique » facile à discerner : suivant l'axiome de la métaphysique thomiste de la connaissance, la conscience et le savoir d'un être est commensuré à son immatérialité ; plus un être émerge de la matière et s'élève sur l'échelle des êtres, plus il est capable de connaître [46]. Or l'union hypostatique

43. On s'est d'ailleurs demandé s'il n'y avait pas eu, dans les années récentes, un mouvement de retour à l'interprétation que donnent de *Mc* 13, 32 plusieurs Pères grecs : admission d'une ignorance humaine impliquée dans la mission rédemptrice. « Cette « ignorance », demande le P. A. Sepinski, de même que l'agonie et la déréliction, n'a-t-elle pas pu faire partie de l'économie de la *kenôsis* dont parle *Ph* 2, 6-9 » (*La psychologie du Christ chez saint Bonaventure*, Paris, 1948, p. 131, n. 1 ; cité par le P. J. Galot, S.J., *Science et Conscience de Jésus*, dans *N.R.Th.*, 82 (1960) 127, n. 46). Le P. Galot cite encore le nom du P. H. Bouessé, dans son ouvrage, *Le Sauveur du Monde*, 2. *Le mystère de l'Incarnation*, Paris, 1953, p. 400, n. 75bis. Le P. Bouessé y pose la question de savoir si l'on ne peut émettre l'hypothèse, par mode de recherche, de l'ignorance du Sauveur « relativement à l'unique point du jour et de l'heure du jugement » ? Voir aussi les remarques du P. Galot sur la portée du « nec certa dici potest sententia » : le *potest* n'équivaut pas à *debet*. Mais on notera que ces auteurs envisagent tout au plus l'ignorance du jugement, et non pas, comme von Balthasar, celle de la mort.

44. K. Rahner, *Dogmatische Erwägungen über das Wissen und Selbstbewusstsein Christi*, dans *Schriften zur Theologie*, Einsiedeln, t. V, 1962, pp. 222-245.

45. Id., *ibid.*, p. 232, n. 10.

46. Id., *ibid.*, p. 234 : « Ein Seiendes in dem Mass bei sich ist, als es Sein hat oder ist ». L'auteur eût pu renvoyer à saint Thomas, *S. Th.*, I^a, q. 14, a. 1 : « Patet igitur quod immaterialitas alicuius rei est ratio quod sit cognoscitiva. »

constitue l'actualisation ontologique la plus haute, la plus immatérielle, à laquelle puisse atteindre une réalité créée ; en elle, la puissance obédientielle de l'ouverture humaine à Dieu, du « radical pouvoir être assumé », est actuée par l'Acte incréé lui-même, exerçant à son égard une causalité quasi formelle. Il ne se peut donc que cette détermination ontologique, éminente entre toutes, ne soit pas consciente dans son sujet ; communication de Dieu lui-même à la fine pointe de l'esprit créé, elle ne pourra pas ne pas constituer un moment du *Bei sich sein* (de la conscience) de la subjectivité humaine du Christ. Qu'on y songe bien d'ailleurs (et ici Rahner avance une seconde preuve) : l'union hypostatique ne consiste pas en une conjonction de deux réalités-choses ; elle est bien plutôt l'achèvement absolu *(die absolute Vollendung)* de l'esprit fini formellement en tant qu'esprit ; c'est dire qu'elle est nécessairement consciencielle ; elle ne peut être donnée en son être plénier que dans l'union subjective de la conscience humaine de Jésus avec le Logos [47]. C'est à partir de cette union consciencielle que Jésus prononcera le *Logion* : « Tout m'a été livré par mon Père. Et personne ne connaît le Fils, si ce n'est le Père, et personne ne connaît le Père, si ce n'est le Fils, et celui à qui le Fils veut bien le révéler » (*Mt* 11, 27). Celui qui parle ainsi, c'est l'homme Jésus-Christ ; la conscience qui exprime en ces paroles humaines le mystère de Dieu est elle-même une conscience humaine ; or « si elle peut l'exprimer, c'est que d'abord elle le reçoit, le recueille, le contemple [48] », c'est qu'elle en a la « vision ». Plus précisément, le mystère que l'âme humaine voit ainsi, c'est sa subsistance dans la relation divine qu'est le Fils ; mais elle ne prend pas conscience de son « être » dans le Fils, sans connaître en même temps le Père, sans connaître aussi la spiration active et son terme ; de telle sorte qu'on ait à parler d'une vision, en Jésus, de la vie trinitaire.

Mais quel est le *mode* de cette vision ? Le mot évoque l'idée d'une représentation objective, où l'essence divine contemplée serait comme

---

Il présente la même preuve dans son étude *Problèmes actuels de christologie*, dans *Écrits théologiques*, Paris, t. I, p. 141.

47. Cette conscience de l'union hypostatique s'éclaire-t-elle dans l'âme du Christ dès le commencement, « a primo instante » (Denz. 2289), ou bien ne se forme-t-elle qu'au moment où le conditionnement corporel permet, chez Jésus, l'éveil et l'exercice des facultés supérieures ? Sauf erreur, le P. Rahner ne dit rien à ce sujet, mais M. Mouroux, dans son livre, *Le Christ et le temps*, Paris, 1962, p. 111, 112, opte résolument pour le premier terme, non seulement par fidélité à l'enseignement du magistère (Denz. 2289 : « ce sont là les exigences mêmes du dogme chrétien »), mais pour une « raison théologique » qu'il s'efforce de faire valoir et au terme de laquelle il doit apparaître que l'âme du Christ « dès qu'elle existe » et « du premier coup », émerge, au-delà de la pure condition humaine, au-delà des ténèbres de l'inconscience, dans la lumière de Dieu. Cfr *op. cit.*, p. 111.

48. J. Mouroux, *op. cit.*, p. 113.

un livre ouvert, dans lequel Jésus lirait tous les autres contenus de conscience possibles, « dans leur singularité distincte et sous la forme de propositions énoncées » *(in ihrer... satz-haft formulierten Aussagbarkeit)* [49]. Une telle interprétation de la vision paraît à Rahner inacceptable ; elle entraînerait, pour la conscience humaine de Jésus, l'incapacité d'avoir été ce que les textes évangéliques nous montrent qu'elle fut : « conscience de l'interrogeant, du doutant, de l'apprenant, du surpris, de l'intérieurement ébranlé, de celui qu'assaille un mortel abandon de Dieu [50] ». Mais voici comment nous concevrons l'immédiation de Dieu dans l'âme de Jésus : elle est simplement la transparence, à elle-même, de son union avec Dieu, la nécessaire émergence à la luminosité de la conscience de son unité substantielle avec le Logos ; conscience de fils de Dieu originaire, non-objectivée, subjectivité de la filiation objective donnée en même temps que celle-ci, comme son moment intérieur. Pour la mieux comprendre, comparons-la à la détermination fondamentale *(Grundbefindlichkeit)* de notre propre spiritualité créée : nous existons au sein d'une tendance vers l'absolu de l'être ; or cette tendance constitutive est consciente d'elle-même et de l'Absolu qu'elle vise : savoir à priori non objectivé, détermination radicale par laquelle nous sommes présents à nous-mêmes *(bei sich)*, éclairés sur notre subjectivité et sur notre relation transcendantale à la totalité des objets possibles de notre connaissance et de notre liberté [51]. Cette intelligence de nous-mêmes n'attend pas pour sortir de l'ombre que nous réfléchissions sur elle et formions à son sujet des propositions ; elle est là déjà depuis toujours sous la forme d'un savoir non-réflexe de soi, visée transcendantale d'un horizon d'être à l'intérieur duquel s'effectuera toute rencontre avec les choses ; éclairage conscient *(bewusst)* et, au départ, pourtant, s'ignorant lui-même *(nichtgewusst)* sur le mode objectif ; la réflexion sur ce savoir qui vient après, est portée par lui et jamais elle n'arrivera à l'égaler, à en donner une expression objective adéquate. Il en va de même chez Jésus ; avec cette différence qu'en lui, à la détermination fondamentale dont nous venons de dire qu'elle porte la réflexion et l'action, appartient, de surcroît, l'immédiation de Dieu, l'assomption hypostatique de l'esprit de Jésus par le Logos ; mais précisément, cette immédiation de Dieu est présente à son esprit humain de la même manière que lui est présente la détermination fondamentale créée : non pas sur un mode objectivé et thématisé, mais préréflexivement, tel un horizon qui lui est donné (à lui seul), dans l'espace duquel toute sa vie spirituelle est appelée à se déployer.

49. K. Rahner, *Schriften*, t. V, p. 236.
50. Id., *ibid.*
51. Id., *ibid.*, p. 229.

On mesure les conséquences d'une vision ainsi comprise.

Tout d'abord, ce mode d'immédiation fondamental de Dieu est compatible avec un développement et une histoire spirituelle de l'homme Jésus : formation croissante de sa conscience réflexe d'être le Fils de Dieu, thématisation et objectivation progressive de tout ce qu'il ne connaît, au principe, que sur le mode préréflexif.

Mais c'est trop peu dire : non seulement, ce développement est possible, il est exigé. Et de nouveau, il en va ici pour Jésus comme pour tout esprit créé ; à tout homme, nous l'avons dit, est donnée depuis toujours sa détermination fondamentale comme esprit et la conscience prospective qu'elle comporte ; pourtant l'homme doit encore partir, pour ainsi parler, au-devant de soi-même ; ainsi le veut précisément sa détermination qui est, constitutivement, requête de réflexion ; il faut qu'au cours d'une longue expérience, l'esprit se laisse dire thématiquement et objectivement ce qu'il est et ce qu'il a compris dès son éveil. C'est l'essence même de l'esprit et de la personne, de chercher ainsi à se médiatiser pour lui-même *(sich... für sich selbst vermitteln)* [52] ; et ne voyons dans cette connaissance explicite qu'il raconte au cours de sa vie que l'explication, le déploiement de sa détermination fondamentale, la venue au jour parfait de son éclairage initial, caché et intérieur. Ainsi aussi chez Jésus : mais chez lui, c'est sa conscience filiale et son immédiation avec Dieu qui appelle et réalise progressivement son propre statut réflexif ; elle veut accéder et elle accède en fait à elle-même, à travers une histoire spirituelle — histoire durant laquelle l'esprit de Jésus ne s'applique pas indifféremment à tout objet ; c'est bien plutôt une histoire dirigée et polarisée : toutes les démarches de Jésus sont autant d'efforts pour rejoindre asymptotiquement sur le mode thématique ce qu'il est, ce qu'il possède déjà au fondement même de son être *(im Grunde des Daseins)* [53]. Aussi peut-on parler d'un développement même religieux de Jésus *(religiösen Entwicklung)* [54], à condition de bien voir que ce développement est porté par l'immédiation déjà présente, déjà effective, qu'il se borne à exposer et à objectiver [55]. En somme, la détermination fondamentale propre à Jésus s'interprète elle-même ; et cette interprétation s'accomplit dans la rencontre de Jésus avec le monde qui l'entoure. C'est pourquoi rien de plus légitime, pour l'exégète et le théologien, que d'étudier la conceptualisation judaïque déjà existante à laquelle a recouru Jésus pour s'exprimer, pour thématiser sa détermination théandrique ; car ce ne fut pas seulement ni même d'abord

52. Id., *ibid.*, pp. 240, 241.
53. Id., *ibid.*
54. Id., *ibid.*
55. Id., *ibid.* : « ... und legt sie aus, objektiviert sie ».

par souci d'adaptation pédagogique que Jésus a assumé le langage de son temps, mais parce qu'il en avait besoin pour se reconnaître et se dire lui-même à lui-même. Ce que fut, en fait, ce développement religieux de Jésus, seule l'enquête historique peut l'établir. Or si elle procède correctement, peut-être arrivera-t-elle à montrer, par ses propres méthodes, que l'unité de cette histoire de la conscience de soi de Jésus, sa continuité, sa clarté ne s'expliquent bien que dans l'hypothèse de l'immédiation fondamentale de Jésus avec Dieu, hypothèse dont la foi affirme par ailleurs la validité.

Enfin, — dernière conséquence de la vision telle qu'on l'a définie —, s'il en est ainsi, on comprend qu'on ait à parler tout ensemble du savoir et du non-savoir de Jésus. En dépit de son caractère non-thématique et non-réflexe, l'immédiation avec Dieu que lui vaut sa détermination fondamentale propre, donne à Jésus un savoir réel, dans lequel se connaissant comme Fils de Dieu, il connaît immédiatement l'essence divine et en elle la totalité de la volonté divine de création et de rédemption [56]. Mais d'autre part, précisément parce que ce savoir n'est pas encore, dès l'abord, thématisé, on peut l'appeler un non-savoir, au regard des « objectivations » et des « conceptualisations » qu'il se donnera progressivement dans la dimension du savoir réflexe. Par là, Rahner estime pouvoir satisfaire à deux exigences également valables : l'enseignement de l'Église est respecté même là où il parle de la connaissance que, dès le début *(ab initio)* eut Jésus, « de tout ce que Dieu connaît dans sa science de vision » : le mode non-thématique du savoir universel initial de Jésus ne s'oppose pas à l'énoncé du magistère, d'autant moins que, de toutes manières, celui-ci n'a pas voulu dire que l'âme de Jésus connaissait toutes choses sur le *mode* dont Dieu lui-même, dans sa science de vision, les connaît : car nous savons par ailleurs que l'âme de Jésus, même glorifiée, ne peut pas avoir la « compréhension » de l'essence divine [57] ; or cette restriction ne peut pas manquer de conséquences quant à la manière dont l'âme de Jésus connaît les autres objets. Mais d'autre part, en n'attribuant, au départ, à Jésus qu'une connaissance non thématique et en posant par là la possibilité pour lui d'une histoire, et d'une vraie découverte de cela même qu'il « savait » déjà, nous rencontrons un des impératifs les plus certains du dogme chrétien, selon lequel l'humanité de Jésus est véritable, en tout semblable à la nôtre et tout autre chose qu'une apparence d'homme dont Dieu se serait revêtu ; ce qui revient à dire

56. A vrai dire, Rahner ne dit rien expressément au sujet de la volonté divine de création comme terme du savoir non réflexe.

57. K. RAHNER, *op. cit.*, p. 243, n. 12, renvoie à saint Thomas, *S. Th.*, III^a, q. 1, a. 1. Nous aurons à revenir plus loin sur l'incompréhensibilité de l'essence divine au regard de la conscience humaine de Jésus.

que nous évitons une mythologisation du Christ que des théologiens d'aujourd'hui dénoncent si justement. Et pour finir, Rahner observe qu'à partir de cette même distinction entre savoir et non-savoir, il y aurait lieu de comprendre en particulier la conscience eschatologique de Jésus : elle n'a pas été la saisie anticipative, objective et thématisée, des réalités dernières qui étaient aux portes (les *Eschata*), mais en quelque sorte leur esquisse *(Entwurf)* (leur pressentiment déterminé) à partir du savoir que possédait Jésus dans la détermination fondamentale de son immédiation avec Dieu. On peut dire que, sur cette base, le savoir qu'il en avait était absolu ; mais dans la médiation objective que se donna (progressivement) la détermination fondamentale, Jésus ne connut les réalités dernières que dans la mesure déterminée par la possibilité de l'objectivation [58].

Nous ne contesterons pas l'intérêt de ces vues de Rahner sur la vision conçue comme savoir non-réflexe et, en quelque sorte, exercé de l'immédiation de Dieu dans l'âme de Jésus. Mais nous désignerons ici une des obscurités dans laquelle elles nous laissent. On se souvient que la théologie classique reconnaissait à Jésus, outre la vision « immédiate », une certaine science infuse portant sur des termes divers, et limités dans leur extension par la volonté divine, dispensatrice. Si nous le lisons correctement, Rahner ne retient pas cette science infuse, en tant que science distincte de la science de vision ; pour lui, pas de « species infusae », du moins pas nécessairement en très grand nombre ; il n'y a guère d'infus, semble-t-il, que la détermination fondamentale et l'immédiation avec Dieu ; et comme cette immédiation, on l'a vu, est nécessairement lumineuse et transparente à elle-même, on peut parler d'elle comme d'un *savoir* infus : fondement à priori du savoir qui va se développer et se raconter peu à peu, au gré des rencontres avec les choses [59]. C'est ici que se forme notre doute. Selon les récits évangéliques, Jésus a annoncé que partout où serait proclamée la bonne nouvelle, dans le monde entier, on redirait, à sa mémoire, l'onction que venait de lui faire la femme, chez Simon le lépreux (*Mc* 14, 9) ; il a prédit à Pierre son reniement ; il a promis, après sa mort, la mission de l'Esprit (*Jn* 15, 26). Si l'on ne veut pas renoncer à l'authenticité de ces paroles et d'autres semblables, il faut admettre la présence en Jésus de connaissances déterminées de l'avenir, sous forme de représentations objectives et thématisées. Comment ont-elles pu se former dans sa conscience humaine ? A s'en tenir

---

58. K. Rahner, *op. cit.*, p. 244 ; on hésite sur l'interprétation de ce passage particulièrement difficile. L'auteur renvoie à une étude plus explicite sur cette même question : *Theologische Prinzipien der Hermeneutik eschatologischer Aussagen*, dans *Schriften*, t. IV, 1960, p. 401-428.

59. K. Rahner, *Schriften*, t. V, p. 242.

aux éléments fournis par Rahner, il faudrait dire que ces objectivations relatives à l'avenir ont apparu, comme toutes les autres, en vertu de la thématisation, de l'interprétation que se donnait à elle-même la détermination fondamentale de Jésus, dans sa réaction sur le monde qui l'entoure. Mais voilà précisément ce qui ne se laisse guère comprendre : la rencontre avec la réalité empirique ne donne pas un principe d'explication suffisant pour la formation de connaissances objectives portant sur l'avenir. On ne voit pas comment pouvoir faire ici l'économie d'une science infuse, et nous entendons bien de connaissances infuses objectives, qu'on pourra d'ailleurs concevoir comme le fruit d'une actualisation objectivante du savoir pré-réflexif, effectuée directement par l'Esprit en Jésus (directement, et non à travers la médiation de l'environnement mondain). Ce qui, tout compte fait, reviendrait à dire que Jésus possède, outre la vision immédiate et outre la « science acquise » (cette dernière : simple thématisation, au contact des choses, de la vision), une connaissance objective infuse de tout « ce que Dieu veut qu'il connaisse pour remplir sa mission [60] ».

Dernière question, importante de notre point de vue, au sujet de la vision : elle concerne le rapport du *mode* de la vision immédiate avec la foi-abandon chez Jésus. Cette dernière exige-t-elle comme condition de sa possibilité le non-savoir objectif dans la conscience humaine du Christ ? A vrai dire, le P. Rahner ne s'interroge pas sur ce point, son attention ne s'étant pas portée sur la « foi » de Jésus. Mais l'eût-il fait, il semble qu'il eût dû donner une réponse positive : sans la coexistence, dans sa conscience, du non-savoir objectif avec le savoir originaire absolu, Jésus eût été incapable de la liberté pour l'abandon. Remarquons, en effet, nous dit-il, qu'en tout homme, la *docta ignorantia* constitue la condition de sa liberté : certes, la détermination fondamentale de notre esprit est, nous l'avons vu, consciente de soi sur le mode pré-réflexif et non thématique ; nous possédons vitalement une appréhension de la totalité du réel dans notre tendance vers lui : anticipation dynamique de ce qui nous sera donné plus tard thématiquement ; de cette anticipation, véritable transcendance — au sens de dépassement de nous-mêmes — vers l'absolu et l'infinité divine, nous pouvons et devons parler en termes de savoir, puisqu'elle est consciente d'elle-même ; mais, sous le rapport de la perception objectivante, elle est, de soi, non-savoir, puisqu'elle-même ne s'offre pas, dès l'abord, sur le mode de l'objectivation et de la thématisation : c'est pourquoi, pour tout dire, on caractérisera bien le fond de notre esprit par l'expression de docte ignorance. Or cette ignorance ou ce

60. Ces derniers mots sont empruntés à J. MOUROUX, *op. cit.*, p. 115, où, cependant, la science infuse n'est pas nommée.

savoir purement dynamique est absolument requis par notre liberté : il aménage l'espace ouvert dans lequel l'action peut se déployer, et son importance, pour elle, est aussi grande que la présentation, à la volonté, d'un objet déterminé d'option. A dire vrai, il faudrait prouver cette affirmation et Rahner se borne à dire que « la philosophie » le pourrait relativement aisément [61] : « pour qu'un être fini puisse s'accomplir en une décision historique », il faut que lui soit donnée la faculté de s'abandonner *(das Sichanvertrauen)* à la Réalité qu'il ne peut embrasser du regard (du moins pas sur le mode objectif) *(das Sichanvertrauen an das Unübersehbare)* [62] ; sa liberté a besoin du « vide » volontairement accepté comme du fond obscur sur lequel elle se détachera. On dira encore en d'autres termes : une anticipation de tous les objets possibles de la liberté est nécessaire à la fondation de cette dernière ; mais cette anticipation ne peut être que transcendantale (et dynamique) ; la perception objectivante de tous les objets et dans toutes leurs déterminations serait la mort même de la liberté [63]. Cela est si vrai que même dans la vision béatifiante, une obscurité demeurera, sans laquelle notre authenticité spirituelle serait menacée ; car nous savons que cette vision n'équivaudra pas à une « compréhension de Dieu » ; et loin d'être la suppression de son mystère, elle en sera l'heureuse acceptation pleinement éclairée et la reconnaissance éternelle ; acceptation, dont Rahner estime sans doute qu'on peut la traduire, elle aussi, en termes d'abandon [64].

Reste à dire que tout cela vaut du Jésus de l'histoire (quoi qu'il en soit du Christ glorieux). Certes, redisons encore que pour ce qui concerne l'application à Jésus de la notion de « foi », nous ne trouvons rien dans l'étude de Rahner ; mais ce qu'il remarque expressément, c'est qu'il y a eu chez Jésus, liberté, et sans doute, dirait-il aussi : abandon. Or cette liberté et cet abandon n'ont été possibles, estime Rahner, que grâce au non-savoir objectif : une science objectivante totale aurait étouffé la liberté de Jésus [65].

---

61. K. Rahner, *op. cit.*, p. 230 : « ... verhältnismässig leicht ».

62. Id., *ibid.*

63. Id., *ibid.*, p. 244.

64. Id., *ibid.*, p. 231 : Rahner ne met pourtant pas expressément cette acceptation céleste du mystère de Dieu en rapport avec la liberté (une liberté qui, de toutes manières, ne peut plus être une liberté de *contrariété*, liberté de choix entre le bien et le mal).

65. Est-ce bien sûr ? La science objectivante totale étouffe peut-être la *liberté de contrariété* (cfr note précédente) ; mais, précisément Jésus, impeccable, n'a jamais eu cette liberté ; il serait sans doute très difficile de montrer que la forme de liberté, qui était la sienne, eût été rendue impossible par une science objectivante exhaustive.

VI. Abandon ontologique et abandon existentiel

Ayant ainsi traité de la foi-confiance de Jésus dans son rapport à sa « vision », nous voulons à présent désigner la place qu'occupe cette confiance dans le cœur du Christ ; or, nous allons voir qu'elle n'est pas un phénomène secondaire et en quelque sorte latéral ; abandon volontaire du Christ à Dieu, elle est la traduction existentielle de l'abandon ontologique par lequel la nature humaine du Christ passe, pour y subsister, dans la personne du Verbe éternel.

Car on peut parler d'un abandon ontologique en Jésus, de par la seule manière dont son humanité arrive à l'existence. On l'accordera sans peine, si l'on ne refuse pas tout crédit à la conception thomiste de la personne, du moins dans l'interprétation qu'en a donnée non pas Cajetan, mais Capreolus. Selon cette conception, la nature humaine singulière ne doit pas sa personnalisation au principe d'individuation mais bien à son acte d'existence propre et proportionné : l'homme est personne humaine en raison de sa position dans l'être par l'*actus existendi* fini et correspondant à sa puissance. D'autre part, nous confessons dans la foi, au sujet de Jésus, que tout en étant nature humaine singulière, il n'est pas personne humaine, assumé qu'il est en la personne divine du Verbe. Mais cela même qu'est-ce à dire, pour un théologien thomiste, sinon que la nature humaine en Jésus n'a point son acte d'être propre et proportionné, qu'elle ne subsiste pas en elle-même, mais dans l'Être divin, dans l'Acte qui transcende infiniment sa potentialité ? Puisque Jésus-homme ne s'appartient pas, on voit donc que sa nature n'existe qu'en fonction d'un dessaisissement, d'une désappropriation, qui la fait passer en possession de Dieu. Exprimerons-nous ce renoncement ontologique simplement et sans réserves en termes d'aliénation ? On pourrait le montrer par ailleurs, l'homme est homme et se distingue des autres êtres de son expérience par sa condition de puissance obédientielle et d'ouverture à la présence de Dieu et à l'actuation par l'Acte increé lui-même. Davantage : en réfléchissant sur la révélation de l'Incarnation, on est amené à définir l'homme comme l'être ouvert à cette Incarnation, comme l'esprit fini que Dieu peut actuer immédiatement non pas seulement au niveau de ses facultés supérieures, mais au plan de sa nature même, de telle manière que cette nature, — du moins en un représentant de notre race, Jésus, — existe de l'existence même de Dieu ; et de telle manière aussi que ce Jésus soit ensuite le principe de notre actuation par Dieu au niveau de notre intelligence, dans la vision. Dans ces conditions, si l'homme est bien l'être qu'on vient de dire, le dessaisissement par lequel la nature humaine singulière de Jésus passe dans la propriété de Dieu ne peut plus être conçu sous tous rapports comme une aliénation ; la même assomption par laquelle le Verbe attire à soi son humanité est l'acte même par lequel il la donne et la restitue le plus parfaitement à elle-même, puisqu'il la fait être cela même à quoi elle aspirait [66]. Mais cette complexité prouve seulement que notre réflexion théologique humaine ne peut exprimer que dialectiquement la réalité infiniment mystérieuse de l'Incarnation ; elle ne prouve pas que nous puissions renoncer aux termes de dépouillement et d'abandon ; il reste vrai que la nature humaine de Jésus n'existe que dans un don, un abandon de soi, absolu et unique, à Dieu.

Il y a ensuite à considérer que l'Acte divin dans lequel passe et s'abandonne ontologiquement la nature de Jésus, n'est pas simplement et sans plus l'essence divine, mais c'est le Logos, l'essence divine selon sa relation de filiation en Dieu. Cette circonstance fortifie encore ce caractère d'abandon substantiel par quoi existe l'humanité de Jésus. Car la personne qui la fait être, c'est une personne divine qui « reçoit tout » du Père, sur le mode expressément filial [67] et qui ne peut pas ne pas imprimer ce caractère filial dans la nature et dans la conscience humaine qu'elle assume. Or là où il y a réception et filiation, il y a reconnaissance de dépendance et remise de soi au Père dont tout procède.

Enfin, l'humanité de Jésus est unie au Fils en état de mission, en tant qu'il est formellement envoyé dans une histoire pécheresse pour la transformer en histoire de salut. Mais nous savons bien que cette mission, précisément parce qu'elle s'accomplit dans un monde pécheur, impose à l'humanité qu'assume Jésus une kénose, un renoncement à certaines prérogatives auxquelles elle pourrait prétendre. Nous retrouvons donc, ici, à un nouveau titre, la réalité d'un abandon ontologique de la nature humaine du Christ ; le Fils de Dieu ne la fait exister que sous la forme d'un renoncement, d'ailleurs provisoire, à des grandeurs certaines.

Retournons maintenant en arrière : nous avons vu plus haut comment l'union hypostatique était nécessairement lumineuse et transparente à elle-même, en raison de la nature des termes qu'elle unit : l'homme qu'elle fait subsister dans le Verbe n'est pas une réalité-chose, c'est un esprit fini, c'est une conscience ; il n'y a donc d'union hypostatique au sens propre et plénier que si la conscience humaine de Jésus comme conscience est déterminée par le Verbe qui la fait être. Mais puisque cette même conscience humaine n'existe que dans l'abandon ontologique multiple qu'on a décrit plus haut, il s'ensuit

66. Cfr, sur ce point, K. Rahner, *Écrits théologiques*, t. I, p. 143, n. 1.

67. Le Saint-Esprit reçoit, lui aussi, tout du Père, et du Fils, mais non pas sur le mode filial.

que cet abandon substantiel de soi est aussi un abandon conscienciel : la conscience de Jésus se connaît comme dessaisissement de la nature humaine au profit du Verbe ; et cette connaissance n'est pas consécutive, elle est immédiate, ou, pour reprendre un mot déjà employé, elle est la transparence de l'abandon humain de Jésus, et sa présence à soi. Et d'un même et unique regard, la conscience humaine de Jésus s'appréhende selon toutes les dimensions de son abandon : abandon de l'homme à Dieu, et du Fils au Père, et abandon des prérogatives imposé par les exigences de la mission.

En somme, identité réelle de l'abandon ontologique et de l'abandon conscienciel ; il n'y a de distinction que pour nous, au niveau des catégories ontologiques d'une part et des catégories consciencielles d'autre part, les unes et les autres étant également nécessaires pour notre expression humaine de l'être spirituel. Cette dernière remarque permettrait de fonder la légitimité d'une christologie conscientielle. On a pu écrire, non sans précautions d'ailleurs : « Celui qui, par exemple, dirait : Jésus est l'homme qui vit dans un don de soi unique, absolu à Dieu, pourrait bien avoir là exprimé dans son authentique profondeur l'essence du Christ » [68]. Et, en effet, dès là qu'on entend bien énoncer en termes de conscience l'abandon de Jésus dans sa totalité, on énonce aussi en fait, quoique implicitement, l'aspect ontologique de cet unique abandon. L'erreur commencerait sans doute, — serait-ce l'erreur bultmannienne ? — au moment où l'on prétendrait que la traduction conscientielle de l'abandon se suffit et qu'il n'est nullement besoin de formulations ontologiques pour distinguer, dans son unicité et son originalité spécifiques, l'abandon et l'union de Jésus à Dieu de tous les autres abandons que l'expérience et l'histoire religieuse nous met sous les yeux chez les mystiques ou chez les prophètes. Mais si la christologie conscientielle évite de se faire ainsi exclusive, alors en effet il se pourrait bien qu'elle réussisse à dire tout, à exprimer la totalité du mystère, avec l'avantage d'apporter un contenu intérieur, une plénitude de sens au « vide formel » de l'expression purement ontologique de la christologie substantialiste [69].

Mais, de notre point de vue, la question se pose de savoir si cette transparence de l'abandon ontologique de soi en Jésus vérifie la notion de foi-confiance, sur laquelle porte notre enquête. S'il fallait répondre

68. K. Rahner, *Écrits théologiques*, t. I, p. 145.

69. Id., *ibid.*, p. 146. Nous disons : ontologique, là où la traduction de K. Rahner, *op. cit.*, p. 144 dit : ontique, et inversement ; nous conformant en cela à la terminologie adoptée par M. Heidegger, pour qui ontique est synonyme d'existentiel, et ontologique d'existential. Cfr par ex. M. Heidegger, *Sein und Zeit*, Tubingue, 6e édit., pp. 12, 13 (voir W. J. Richardson, *Heidegger. Through Phenomenology to Thought*, La Haye, 1963, pp. 49, 50).

oui, autant vaudrait tout de suite identifier, paradoxalement, vision et foi : car la vision immédiate, on s'en souvient, n'est, du moins selon le P. Rahner, que la conscience humaine originaire de Jésus d'être uni immédiatement à Dieu, de subsister en lui ; mais cette conscience est aussi, nous le savons déjà, la conscience du dessaisissement, du « passage en Dieu », donc de l'abandon. En réalité les choses ne sont pas si simples ; l'abandon-ontologique et la conscience que cet abandon prend de lui-même n'est pas, — du moins pas formellement, — ce que nous appelons la « foi-abandon ». Car, au point où nous sommes, nous n'avons encore établi que l'existence, en Jésus, d'un abandon qui lui est donné, qu'il reçoit pour ainsi dire passivement, et de la conscience de cet abandon subi. La nature humaine est posée comme dessaisie, sans intervention de la liberté humaine du Christ, et elle se sait ainsi dessaisie indépendamment de toute ratification par la volonté. D'un mot, jusqu'ici nous comprenons que le Christ se sait abandonné, mais nous ne voyons pas qu'il s'abandonne. Nous disons à présent qu'il s'abandonne librement, dans une sorte de moment logiquement postérieur, et qu'il sanctionne dans sa volonté ce mode par lequel Dieu le fait être : c'est à cette sanction, à cette ratification volontaire que nous réserverons le terme de foi-abandon ; démarche dont on voit à présent qu'elle se distingue de la vision comme la liberté de la connaissance qui la précède. Mais pour s'en distinguer, il n'en reste pas moins qu'elle ne peut pas ne pas l'accompagner et que, sa fonction, dans la vie du Christ, est aussi centrale que la vision même. Regardons une fois de plus l'essence de l'union hypostatique : union, disions-nous, non pas entre deux réalités-choses, mais entre deux esprits, de telle sorte qu'elle n'existe dans son être propre et plénier que par la conscience et dans la conscience humaine de Jésus. Mais la même raison fonde l'acte libre de la volonté humaine ; Dieu ne s'unira pleinement à l'homme que dans l'exercice de l'acte par lequel cet homme est vraiment homme : l'acte volontaire et libre. Sans doute, c'est la personne du Verbe elle-même, — la seule personne en Jésus incarné, — qui pense et qui veut à travers sa conscience et sa volonté humaine ; d'où il suit qu'il ne se peut pas que cette volonté, volonté du Verbe, ne se détermine librement pour le bien : impeccabilité de l'homme-Jésus ; ce qui revient à dire qu'il n'est pas concevable que Jésus ne ratifie pas en fait l'abandon ontologique. Mais cette circonstance — l'impeccabilité de Jésus — loin d'infirmer notre thèse contribue à l'établir : ce n'est pas n'importe quel acte libre, mais c'est, déterminément, l'acte libre d'abandon, le oui donné par Jésus à l'abandon ontologique qui entre dans les composantes de l'union hypostatique ; et cet acte libre peut bien se distinguer de la vision, il est, tout autant que cette dernière, intrinsèque à cette union. Aussi pouvons-nous dire de lui qu'il est simplement, sinon la traduction consciencielle (la vision l'est déjà), du moins la traduction existentielle de l'abandon ontologique.

VII. Les deux formes, terrestre et glorieuse, de l'abandon

Cet abandon existentiel est de soi tout intérieur et caché. Sous quelles formes concrètes s'exprime-t-il ?

Vient d'abord en considération sa forme terrestre. Et celle-ci même offre un double aspect, négatif et positif. L'aspect négatif : Jésus ne se confie pas à Dieu, sans se refuser aux appuis humains, sans pratiquer lui-même, au suprême degré, la pauvreté en esprit qu'il exalte devant ses auditeurs : Bienheureux ceux qui n'attendent pas leur salut des hommes, ni d'eux-mêmes, mais du seul Seigneur. Que Jésus lui-même n'ait pas mis son espérance et sa confiance dans les hommes, déjà le texte de *He* 5, 7, nous le disait équivalemment plus haut : il offrit aux jours de sa chair prières et supplication à celui qui — seul — pouvait le sauver de la mort : Jésus sait d'un savoir absolu que l'homme séparé ne peut être source de vie. Mais par delà ce texte particulier, il y a l'affirmation générale que Jésus fut sans péché ; or, le péché, dans l'Écriture, c'est la glorification de l'homme en soi-même, la volonté de s'en remettre à soi seul pour le succès de sa vie, le refus de s'ouvrir à la toute-puissance divine : le *καυχᾶσθαι* dont saint Paul nous dit qu'il définit le statut de l'homme selon la chair [70] ; si donc on nous dit par ailleurs que Jésus — et que lui seul — échappe à cette condition pécheresse, on nous donne par là même à entendre qu'il ignore absolument toute « glorification dans la loi » (*Rm* 2, 23). Chef de file de la foi, il l'est d'abord par là qu'il est le chef de file des pauvres, de tous ceux qui désapprennent, par lui et en lui, l'humaine suffisance : « Rengaine ton glaive ; car tous ceux qui prennent le glaive, périront par le glaive » (*Mt* 26, 52).

L'aspect positif que les sources mettent le mieux en lumière dans l'abandon de Jésus consiste, semble-t-il, dans sa confiance en Dieu pour le salut ou, ce qui revient au même dans son cas, pour la victoire sur la mort. Selon le kérygme, Jésus a été semblable à nous, moins le péché ; et dans cette ressemblance, il faut peut-être relever avant tout le fait que Jésus « a été tenté comme nous en toutes choses » (*He* 4, 15). Avec Cullmann, nous admettrons que le terme *πεπειρασμένος* ne s'applique pas exclusivement au récit de la tentation, ni aux passages où l'on voit Jésus « tenté », mis à l'épreuve,

70. Cfr R. Bultmann, *Theologie des Neuen Testaments*, Tubingue, 1948, pp. 257 suiv., où l'on trouve une interprétation très étudiée du *καυχᾶσθαι* sur la base de *Rm* 2, 17, 23 ; *1 Co* 1, 19-31 ; *Rm* 3, 27 ; *Ga* 6, 4, etc.

par des débats doctrinaux (*Mc* 8, 33 ; 12, 15 ; *Jn* 8, 1) : « il s'agit véritablement de cette tentation générale, due à notre faiblesse humaine, et à laquelle nous sommes tous exposés du seul fait que nous sommes des hommes. L'expression « comme nous » n'est pas de pure forme ; elle a un sens profond [71] ». Peut-être pourrait-on parler ici de la tentation insidieuse qui est sécrétée par notre angoisse et notre peur de la mort, et qui nous sollicite à nous appuyer sur n'importe quoi, pour nous sauver, ou pour nous divertir : Jésus aurait connu cette angoisse, sourdement, toute sa vie durant, et elle atteignit son paroxysme dans l'agonie, au point, dit l'Épître aux Hébreux, de lui faire pousser de grands cris et verser des larmes. Mais, dès le départ, elle est surmontée par sa foi-confiance, par sa remise totale au Père, qui va désormais le soutenir tout au long de ses jours et que l'Épître aux Hébreux rend par ces mots où s'expriment tout à la fois l'obéissance et la tranquille confiance de Jésus : « C'est pourquoi, entrant dans le monde, il dit : Voici, je viens... pour faire, ô Dieu, ta volonté » (*He* 10, 5. 7). Acte d'abandon total qui a sa plus haute intensité dans la mort : « Mon Dieu, je remets mon esprit entre vos mains » (*Lc* 23, 46) et que ne décourage pas la déréliction du Père : « Mon Dieu, mon Dieu, pourquoi m'as-tu abandonné » (*Mc* 15, 34) : Jésus ne laisse pas d'appeler Dieu son Dieu. Quant à l'objet de cette confiance, c'est, nous l'avons dit, sa propre Résurrection ; il a « présenté » « des prières et des supplications à celui qui pouvait le sauver de la mort » (*He* 5, 7) ; mais le kérygme, nous le savons par ailleurs, dit de Jésus qu'il concevait sa propre mort et sa résurrection comme condition de notre salut : « Maintenant je vais aller vers vous... afin qu'ils aient en eux-mêmes, dans sa plénitude, la joie qui est la mienne » (*Jn* 17, 13). En définitive, c'est pour nous que Jésus avait confiance : il attendait de Dieu seul l'exaltation céleste à partir de laquelle il serait constitué, à notre profit, émissaire parfait et accompli de l'Esprit.

Mais cet abandon pour le triomphe sur la mort cesse avec l'obtention de son terme. Ou, si le Christ céleste reçoit encore comme une grâce son pouvoir de Rédempteur, cette réception actuelle n'a plus le caractère de renoncement, d'acceptation de la kénose qu'offrait la forme primitive de l'abandon, dans le Jésus terrestre ; l'abandon pour la kénose disparaît avec celle-ci. En conclurons-nous qu'il n'y aurait plus dans le Christ céleste aucune forme d'abandon ? Reste la ratification des deux abandons ontologiques dont nous avons vu plus haut qu'ils entraient dans la constitution même de l'union hypostatique : le Christ glorieux continue à accepter que sa nature humaine s'abandonne, pour subsister, à l'Être divin, comme il accepte aussi cette

71. O. CULLMANN, *Christologie du Nouveau Testament*, p. 84.

subsistance dans la condition de dépendance de l'Être divin filial. Au surplus, il y a, dans le Christ céleste, une forme d'abandon et de confiance, qu'il vérifie sans doute éminemment, mais qu'il exerce pourtant en commun avec tous les élus. Nous voulons parler de son abandon au Dieu incompréhensible.

Et d'abord, remettons-nous en mémoire la pensée chrétienne traditionnelle sur l'incompréhension de Dieu au sein même de la vision. On sait comment saint Thomas rendait raison de l'incompréhensibilité divine : pour voir Dieu en lui-même, l'esprit créé a besoin du don surnaturel qu'est la lumière de gloire ; mais ce don est mesuré par la capacité de l'esprit qui le reçoit, il est créé et fini ; il ne peut donc nous donner l'intelligibilité absolue de Dieu, nous le faire connaître autant que Dieu est en soi connaissable, infiniment ; il ne peut nous en donner la « compréhension » (*S. Th.*, I^a^, q. 12, a. 7). Ainsi les élus connaissent Dieu non plus seulement à travers ses participations créées, ils l'atteignent en lui-même ; ils le voient tout entier ; et cependant ils ne le voient pas totalement ; il s'en faut même infiniment qu'ils épuisent la plénitude intensive de l'Être divin.

Qu'on y songe bien au reste, l'âme glorifiée doit rester elle-même et il n'est pas question que son moi se dissolve en Dieu. Mais si elle comprenait, en l'épuisant, celui qui n'est qu'intelligible pur, si elle percevait infiniment l'infini, toute sa capacité étant égale à la sienne, son individualité limitante et contraignante, sa nature ne pourrait plus subsister. « Si donc elle ne doit pas se perdre dans une impossible dilatation, si nous devons rester nous-mêmes, il faudra qu'en nous actuant il (Dieu) continue de nous dépasser. A ce prix seulement il demeurera l'autre [72]... ».

Ajoutons encore que les bienheureux mesurent l'inadéquation de leur vision à la perfection intensive divine, et qu'ils saisissent la transcendance persistante de Dieu ; ils la saisissent même incomparablement mieux que dans la vie présente ; ici, la connaissant dans l'incapacité de notre idée de Dieu à égaler l'essence divine, nous pouvous entretenir l'illusion que cette incapacité passera, avec l'âge de nos concepts ; mais dans la vision « se dissipe l'apparence trompeuse d'une incapacité purement provisoire à pénétrer le mystère » : les élus voient en Dieu même, et non plus à travers l'indigence de leurs notions que « le mystère n'est donc pas ce reste provisoire qui doit être aboli » ; « il est la propriété même qui *toujours* et nécessairement caractérise Dieu... si bien que la vision immédiate — et béatifiante — de Dieu, qui nous est promise comme notre accomplissement est la

72. P. Rousselot, *L'Intellectualisme de saint Thomas*, Paris, 1936, 3e édit., p. 40. L'auteur renvoie en note à *3 C.G.*, c. 55 ; *S. Th.*, I^a^, q. 12, a. 7 et 4.

saisie immédiate de l'incompréhensibilité [73] ». Si bien aussi que « les hommes et les anges peuvent également donner à Dieu le nom d'îles étrangères ; c'est pour lui-même et pour lui seul que Dieu n'est pas un étranger [74] ».

Mais s'il en est ainsi, si la vision nous fait voir le mystère comme tel, il ne se peut qu'elle ne suscite en nous un mouvement d'abandon, de remise totale à Dieu ; mouvement qu'on est d'autant plus autorisé à nommer confiance qu'il comporte une tradition de soi à la ténèbre divine, en tant que ténèbre, et qu'il rejoint par là la description de la foi que donne l'Épître aux Hébreux : la foi est la certitude de réalités non visibles. Confiance des élus qui, elle non plus, n'est pas marginale ; elle est aussi essentielle que leur vision même et elle accompagne nécessairement celle-ci. Et nous comprenons à partir de quoi et comment la foi-confiance, ainsi entendue, demeure. Qu'elle demeure, nous le savions déjà [75] ; nous en voyons maintenant le fondement : le mystère de Dieu, saisi directement et immédiatement comme mystère. Conclusion moins étrange qu'il ne paraît. Si nous en croyons Urs von Balthasar, elle serait à tout le moins préparée par la théologie mystique de saint Jean de la Croix. Nous y lisons que le chemin vers Dieu que suit l'expérience chrétienne a, paradoxalement, son point de départ dans le savoir expérimental du commençant, dans son expérience de la consolation sensible et spirituelle ; mais, à mesure de son progrès, voici que cette consolation fait place à une foi toujours plus dépouillée. Le croyant entre dans une nuit obscure ; sans doute, pour autant qu'elle est souffrance, cette nuit est toute provisoire ; mais en tant que nuit elle ne passe pas, et elle ne cédera pas la place à une lumière qui lui serait sous tous rapports hétérogène [76]. Ainsi la foi est tout autre chose qu'une étape, simplement dépassable, préparatoire à la gnose ; la vraie et définitive gnose « comprend en soi une forme suprême, mûre, complètement épanouie de non-savoir, d'abandon, de foi [77] ». Déjà, dans la vie présente, la foi est une participation obscurément consciente de soi à l'excès de la vie éternelle ; dans la vie future, cette certitude de l'excès et de la transcendance incompréhensibles, loin de disparaître, trouvera, dans la vision même, la source de toute sa fermeté.

---

73. K. Rahner, *Écrits théologiques*, t. III, Paris, 1963, *Réflexions théologiques sur l'Incarnation*, p. 86.

74. Saint Jean de la Croix, *Cantique spirituel*, strophe 14, trad. des carmélites de Paris, p. 152, cité par J. Lebreton, *Histoire du dogme de la Trinité*, Paris, 2e édit., 1928, t. II, p. 538.

75. Cfr plus haut, p. 214.

76. H. U. von Balthasar, *op. cit.*, p. 77. Peut-être faut-il comprendre que la lumière de gloire n'est pas, pour le bienheureux, entièrement nouvelle ; déjà, elle a commencé à éclairer l'âme dans la lumière obscure de la foi.

77. Id., *ibid.*, p. 78.

On ferait erreur si l'on estimait intolérable pour la raison, l'idée que l'être se réservera éternellement son mystère.

Car si d'une part, il est possible de démontrer la présence dans notre esprit, d'un désir naturel de la vision divine, il est peut-être non moins possible de montrer que tout homme aspire à une société humano-divine fondée sur l'abandon et sur la confiance, confiance en Dieu et dans les autres hommes.

Supposons que la créature spirituelle créée ne recherche rien tant, dans son vœu le plus profond, que le bonheur de l'autre ; s'il en est vraiment ainsi, loin de répugner à lui donner sa foi dans une certaine obscurité, elle désirera lui offrir le témoignage de sa confiance, car rien n'honore et ne valorise l'autre autant que la confiance qu'on lui porte et qu'on lui garde dans l'amitié. D'autre part, cette confiance, cet abandon de nous-mêmes ne procède pas d'une pauvreté, ou d'une faiblesse, mais d'une force ; l'homme qui exige, dans les relations communautaires, des évidences en quelque sorte contraignantes, qui ne s'engage pas sans appuis rationnels déterminants, voilà le faible, l'incertain, l'angoissé, celui qui voudrait se dispenser d'être libre. En bref, l'acte d'abandon répond à l'aspiration secrète et de l'amour et de la liberté, et la foi-confiance donnée à l'autre loin d'aliéner de lui-même celui qui en a l'audace, lui donne de se trouver et de se parfaire. Dans ces conditions, est-il étonnant que la vie future comporte encore la possibilité et la réalité de la confiance ? Si l'évidence absolue devait occuper tout l'espace, ce serait alors qu'il faudrait se récrier : en l'homme sauvé, une exigence de son amour et de son authenticité serait frustrée. Mais il n'en est rien ; et le mystère, principe de possibilité de l'abandon, demeure à jamais. Il demeure d'abord entre les esprits créés ; car il y aura toujours, d'un être fini à l'autre, une région d'ombre et d'inconnaissance. « Il faut être Dieu, c'est-à-dire vérité subsistante, pour pénétrer pleinement, en la posant, l'intelligibilité de l'univers créé [78] » ; seul donc notre Créateur nous connaît adéquatement et nous restons éternellement, par une partie de nous-mêmes, incompris de nous-mêmes et des autres ; sans doute les élus auront-ils, dans la vie future, l'évidence, qu'ils n'ont pas dans la vie présente, de la qualité intime de ceux de leurs frères humains déjà glorifiés comme eux, mais il y aura toujours au cœur de chacun assez de retraites impénétrables pour fonder chez tous les autres la possibilité d'une confiance dépassant en intimité celle qui se mesurerait aux seules évidences acquises. Il faut même dire que cette impénétrabilité sera en raison directe de la richesse et de la perfection de l'être considéré. C'est bien pourquoi le mystère demeurera avant tout de

78. P. ROUSSELOT, *op. cit.*, p. 21.

Dieu aux hommes ; l'Être infiniment parfait leur restera infiniment mystérieux et principe, en eux, d'un abandon et d'une confiance incommensurable, — confiance qui correspondra, nous l'avons vu, à leur désir profond et qui donc, loin de les perdre et de les égarer hors d'eux-mêmes, leur vaudra d'enfin s'accomplir.

Reste à reconnaître la validité de ces vues pour le Christ glorifié. Notre Seigneur et Sauveur n'a pas, lui non plus, en son âme humaine, une connaissance compréhensive de l'essence divine. C'était déjà vrai du Christ viator, du Jésus prépascal : sa vision non béatifiante ne l'égalait pas aux dimensions de l'infini. Mais c'est non moins vrai du Christ en gloire. Saint Thomas écrit simplement et sans distinction : il faut dire que l'âme du Christ ne comprend en aucune façon l'essence de Dieu ; sans doute la voit-il tout entière, mais il ne la voit pas totalement, ni dans la mesure où elle est (de soi et pour Dieu lui-même) visible (intelligible) (« non ita perfecte sicut visibilis est ») [79] ; et bien que le degré de sa vision soit incomparablement plus élevé que celui des autres élus, elle reste à une distance infinie de l'intelligibilité divine. Comment en serait-il autrement ? L'âme humaine du Christ, créée et finie, ne pourrait se dilater aux dimensions de l'infini sans cesser d'être elle-même, et sans se dissoudre en Dieu. Dès lors, comme les élus, l'âme du Christ s'abandonne, dans un élan de confiance, au Père qu'elle ne « comprend pas » ; abandon d'autant plus plénier qu'il a son fondement dans une vue plus pénétrante de l'incompréhensibilité divine.

VIII. Le Christ, l'Église et la foi

Ainsi le Christ vérifie en plénitude les différentes formes de l'abandon. Nous voulons voir à présent qu'en raison de cette plénitude, il en est la source en nous, de telle sorte que notre foi soit à concevoir comme une participation à l'abandon du Christ. A vrai dire, nous la connaissons déjà comme telle [80] ; mais ce que nous voulons faire apparaître à présent, c'est le caractère communautaire et ecclésial de cette participation : en nous faisant communier à sa confiance, Jésus fonde le peuple de Dieu uni dans la foi et lui-même, chef de file de la foi, apparaît en conséquence comme le prince du peuple de la foi.

Nous supposons établi par ailleurs que l'homme est, « dans son essence propre, dans son fond originel, dans sa nature, un pour-soi purement référé [81] » à la possession plénière du mystère divin : désir

79. Saint Thomas, *S. Th.*, III^{a}, q. 10, a. 1.

80. Cfr plus haut, p. 219-220.

81. Ces derniers mots sont empruntés à K. Rahner, *Écrits théologiques*, t. III, p. 85.

naturel de la vision béatifique ou du moins ouverture, puissance obédientielle à l'actuation, par Dieu lui-même, de notre esprit. Mais nous pouvons et nous devons aller plus loin en cette voie, et souligner ici un trait que nous avons déjà noté incidemment : il y a en nous « puissance obédientielle par rapport à l'union hypostatique, à l'assumabilité de la nature par la personne du Verbe de Dieu [82] ». Certes, il n'est pas question de prétendre que « la possibilité de l'union hypostatique puisse, comme telle, être rigoureusement reconnue à priori, c'est-à-dire indépendamment de la révélation du fait lui-même ; ni non plus, qu'une telle possibilité doive être actualisée en tout homme possédant une telle essence [83] » (l'essence spirituelle ouverte à la visite de Dieu). Seule la révélation nous apprend qu'une nature humaine singulière, celle de Jésus, a été assumée par la personne divine ; mais elle ne nous l'apprend pas, sans nous la présenter en même temps comme un bien, comme une perfection, voire comme la plus haute perfection dont notre nature est surnaturellement capable, et dès lors elle nous la notifie comme désirable, comme le terme du vœu le plus profond de notre esprit : nous étant bonne, à nous et à Jésus, l'union hypostatique de Jésus répond à notre intime aspiration. Vue qu'on traduira en langage teilhardien : de même que l'espèce-homo, quand elle apparaît sur la planète, récapitule tout le mouvement « expansionnel » de la vie, ainsi le Christ épure, dirige et suranime « la montée générale des consciences dans laquelle il s'est inséré [84] » ; que l'un d'entre nous soit Homme-Dieu : telle est la prière qui monte de notre cœur à tous et qui meut, secrètement, toute notre histoire. « Il n'est donc pas si extraordinaire, — si l'on peut s'exprimer ainsi, — qu'un tel être existe, puisque cet achèvement extraordinaire est déjà pressenti, comme tout accompli, dans le pur mystère de l'intellection originelle [85] ». Vœu très secret, disions-nous, très ontologique ; mais peut-être est-ce lui qui s'exprime consciencieIlement dans la joie que nous éprouvons à reconnaître un cœur innocent et pur parmi nous. Quoi qu'il en soit, nous regardons vers le Christ comme vers notre Universel concret, vers l'être qui, en soi, rassemble toute la bonté possible de l'Église. Et il l'est si réellement, il résume si parfaitement l'excellence de notre race, il est en continuité si authentique avec nous qu'il peut répondre devant Dieu pour nous tous. A la question de savoir comment le Christ, nature humaine singulière comme nous, a bien pu mériter le salut de tous les hommes, alors que chacun de nous ne peut mériter au sens propre que pour soi-même, peut-être faut-il répondre en

82. Id., *ibid.*, p. 87.
83. Id., *ibid.*, p. 88.
84. P. Teilhard de Chardin, *Le phénomène humain*, Paris, 1955, p. 327.
85. K. Rahner, *op. cit.*, p. 89.

renvoyant à cette convergence ontologique de l'humanité tout entière dans son sommet qu'est Jésus. Terme suprême des vœux de notre nature, l'offrande du Christ est celle de la nature même ; dans son sacrifice, c'est nous tous qui sommes offerts, en un sens qui n'est pas purement juridique ou représentatif.

Tendance, en chacun de nous, à une vision de Dieu personnelle, tendance à l'union hypostatique réalisée dans le seul Jésus-Christ, il ne se peut pas que ces deux tendances, pour distinctes qu'elles soient, ne soient unifiées de quelque manière ; or, il n'y a guère qu'une seule union concevable : nous regardons vers le Christ comme vers le sommet à partir duquel Dieu se dispensera à nous dans sa gloire ; nous aspirons à ce que l'homme-Jésus soit uni à Dieu comme celui dont nous recevrons notre propre union et qui nous fera participer à sa filiation. Mais cela même qu'est-ce à dire sinon que nous voulons constituer un seul peuple, un seul corps, uni dans une dépendance vitale à l'égard du Christ, sa tête et son chef ? Lui-même, en raison de son union personnelle au Verbe, vérifie en soi toute perfection humaine concevable (les anciens théologiens parlaient de sa grâce infinie) ; encore lui reste-t-il à l'actualiser, à la raconter dans l'histoire ; et c'est ce qu'il fait en s'unissant, en son corps mystique, des membres toujours nouveaux dont les saintetés complémentaires exposent, précisément, et interprètent les richesses de sa grâce. Mais puisque, nous l'avons vu d'autre part, l'acte suprême du Christ est la reconnaissance du « mystère » incompréhensible et l'abandon auquel elle donne lieu, nous devons dire que notre propre abandon n'est qu'une participation, voire qu'une expression du sien : de telle sorte que, chef et prince de l'Église, on comprenne que l'Écriture ait vu en lui le prince de la foi, le prince du peuple de la foi.

IX. JÉSUS TERME DE NOTRE FOI

Nous n'aurions pas défini les rapports noués par la foi avec Jésus, si après avoir dit en quel sens Jésus avait pu se reconnaître comme sujet de la foi-confiance et de l'abandon, nous ne montrions pas comment paradoxalement, il s'est, de quelque manière, présenté comme objet de foi, comme celui en qui il fallait croire. Or nous entendons bien que c'est le Jésus prépascal qui déjà a orienté l'esprit de ses auditeurs vers cet aspect mystérieux et proprement divin de sa personne, comme aussi nous estimons que l'historien, par ses seules méthodes, est en mesure de découvrir cette orientation. Elle est particulièrement sensible dans les récits de guérison ou de miraculeuse préservation d'un mal imminent. Guérisons du paralytique (*Mc* 2, 1-12 ; *Mt* 9, 1-8 ; *Lc* 5, 17-26) ; de la fille de Jaïre et de l'hémorroïsse

(*Mc* 5, 21-43, par.), de l'aveugle Bartimée (*Mc* 10, 46-52 ; *Lc* 18, 35-43), du serviteur du Centurion (*Mt* 8, 5-13 ; *Lc* 7, 1-10), de la fille de la Chananéenne (*Mt* 15, 21-28 ; *Mc* 7, 24-30), des deux aveugles (*Mt* 9, 27-31), des dix lépreux (*Lc* 17, 11-19)[86]. C'est vrai que Jésus y dit non pas « je t'ai sauvé », mais « ta foi t'a sauvé » ; mais tout indique que la foi qui sauve dérive de la rencontre avec Jésus et avec lui seul ; en sorte qu'il apparaît comme le fondement et comme la source de cette foi vivifiante. C'est lui qui suscite la foi à laquelle rien n'est impossible, et par là il fait poser, obscurément, au témoin la question de sa propre puissance. Le récit de la tempête apaisée (*Lc* 8, 19-26) appelle une remarque semblable : à la prière des disciples, Jésus commande au vent et aux vagues, et le calme revenu, il demande : Où donc est votre foi ? Entendons plus naturellement « foi en moi », car le Père n'avait pas été nommé ; au reste, les disciples, dans leur surprise, s'interrogent : Quel est celui-là qui commande au vent et à la mer ; c'est le mystère de la personne de Jésus qu'ils pressentent, comme c'est la foi en lui à laquelle ils se reprocheraient d'avoir manqué[87]. G. Ebeling observe sans doute que dans les Logia de Jésus le concept de foi n'est jamais explicitement mis en rapport avec Jésus lui-même, comme objet et terme de foi[88] : il n'en va pas des synoptiques comme de l'évangile, plus tardif, de Jean ; dans ce dernier, la foi se porte expressément sur la personne de Jésus. Et Ebeling estime que cette direction des synoptiques doit être tenue pour fidèle : ils ont conservé le fond primitif et n'ont pas permis que le concept de foi du kérygme référé à Jésus comme à son terme réagisse sur la teneur authentique des Logia et des récits. Mais il n'en reste pas moins, concède Ebeling, que, déjà chez les Synoptiques, la foi en Jésus est partout comme sous-entendue (en *Mt* 9, 28, elle est même expressément déclarée : aux aveugles qui lui demandent sa pitié : Croyez-vous que je le puisse faire ?) ; les récits présentent les bénéficiaires des miracles comme ayant eu confiance en Jésus ; confiance qui les a mis en marche vers lui et pour laquelle ils sont félicités[89].

De cette même intention cachée d'orienter les esprits vers sa puissance, Jésus donne peut-être un autre témoignage dans la manière

86. Ce groupement est emprunté à J. ALFARO, *art. cit.*, p. 476.

87. Sur la « pointe christologique » du récit de la tempête apaisée, voir l'étude du P. X. LÉON-DUFOUR, dans *Études d'Évangile*, Paris, 1965, pp. 153-181 ; « cette Parole (dite à la mer : Silence, tais-toi, *Mc* 4, 39) jaillit de la bouche d'un homme qui commande moins au nom de Dieu qu'en vertu d'une autorité et d'une puissance personnelle » p. 176) ; (cfr *N.R.Th.*, 87 (1965) 897-922).

88. G. EBELING, *Wort und Glaube*, p. 241. Mais l'auteur considère, assez gratuitement, comme secondaire (inauthentique ?) *Mt* 18, 6, où Jésus nomme « Ces petits qui croient en moi ».

89. ID., *ibid.*, p. 241.

qui lui est propre d'utiliser l'*Amen*[90]. Dans l'Ancien Testament et dans l'usage juif, *Amen* termine régulièrement le discours, pour l'affermir, et il est prononcé non pas par celui qui vient de parler, mais par celui qui a été interpellé. Et ainsi en sera-t-il également dans l'usage chrétien, après le Christ. Chez Jésus, au contraire, et chez lui seul, l'*Amen* est sa formule d'introduction à la parole qu'il va dire. Comme s'il voulait donner à entendre : le mot que vous allez écouter est couvert par la garantie de Dieu et par la promesse divine de le tenir ; la vérité et la réalité de mes paroles est la vérité et la réalité de Dieu même[91]. Ainsi, Jésus n'attend pas que ses auditeurs disent *Amen* de leur côté ; nul besoin chez lui d'une confirmation de leur part. Il est et se sait déjà la certitude souveraine et c'est du haut de celle-ci qu'il s'adresse aux siens, offrant en sa personne le fondement de la confiance absolue qu'il leur demande. Et qu'on ne dise pas qu'il renvoie peut-être ainsi à sa seule messianité ou que, thaumaturge, il se désigne simplement comme l'instrument de la toute-puissance divine ; il est plus naturel de penser qu'il s'identifie à celle-ci[92] et qu'il en dispose à son gré et souverainement, même si par ailleurs il fait comprendre qu'il l'a reçue du Père (*Jn* 5, 26 ; 13, 3). Parlant en croyants, nous dirons que l'*Amen* de Jésus est l'expression de la conscience qu'il avait de subsister dans le Fils de Dieu, de cette conscience dont nous avons dit plus haut qu'elle n'était pas autre chose que le moment intérieur de l'union hypostatique.

Faut-il souligner, pour finir, le prix de ce second rapport de la foi à Jésus, par quoi elle devient foi en Jésus ? Si nous en restions au premier rapport, nous pourrions penser que pour être disciple de Jésus et pour le suivre (l'*ἀκολουθεῖν* de *Lc* 5, 27), il suffit de s'ouvrir à une foi sans réserve à la toute-puissance divine aimante et vivifiante. De même que notre prince de la foi a été sauvé par sa confiance absolue en Celui qui pouvait le ressusciter des morts, ainsi nous serait-il demandé sans plus de nous en remettre à Dieu seul. Et c'est vrai que cette foi à laquelle rien n'est impossible est déjà ardue et rare. Où sont les chrétiens dont on peut dire qu'ils attendent tout de Dieu ? C'est parce qu'il mesurait l'extrême difficulté de cette foi en Dieu que Jésus a pu avoir cette parole troublante : Le Fils de l'homme quand il viendra, trouvera-t-il la foi sur la terre ? (*Lc* 18, 8). Et pourtant qui n'aurait que cette foi au Père ne serait encore chrétien qu'à demi. Celui-là seul suit Jésus qui en confesse la mystérieuse

---

90. Voir, sur ce point, G. Ebeling, *ibid.*, p. 242 ; mais déjà H. Schlier, art. *ἀμήν*, dans *Theol. Wörterbuch zum N.T.*, t. I, pp. 341-342.

91. G. Ebeling, *op. cit.*, p. 244.

92. G. Ebeling, *op. cit.*, p. 251 : « ... eine mit Vollmacht ausgestattete Person ».

identification avec la toute-puissance, et non pas seulement au titre de sa résurrection, mais déjà au titre de sa présence en la chair, dans ses jours terrestres. « Sauve-nous, Seigneur, nous périssons » (*Mt* 8, 25). En dehors de Jésus et de la foi en lui, il n'y a plus pour nous d'absolu possible ; plus rien qu'incertitude, angoisse et égarement.

Eegenhoven-Louvain L. MALEVEZ, S.J.
95, Chaussée de Mont-Saint-Jean

L'EUCHARISTIE, APPROCHE THÉOLOGIQUE

Si je comprends bien la tâche qui me fut confiée, il m'incombe de présenter une approche théologique du mystère de l'eucharistie à la lumière des publications récentes d'exégèse et de théologie biblique. J'ai cru pouvoir répondre au mieux à ce que l'on attendait de moi en situant la présence eucharistique de notre Seigneur Jésus-Christ dans la ligne de la présence de Dieu au milieu de son peuple sous l'Ancien Testament, en tant que prolongement et accomplissement de cette présence qui se réalisait dans le « mémorial » cultuel de ses œuvres de salut. A ce premier exposé j'ajouterai quelques réflexions sur le caractère sacrificiel de l'eucharistie en me référant aux textes prophétiques de l'Ancien Testament qui ont repensé la notion de sacrifice ; relectures prophétiques qui ont manifestement influencé l'approche néotestamentaire du sacrifice de la croix, ainsi que la commémoration et la proclamation cultuelles de ce sacrifice dans la célébration eucharistique.

1. *Présence de Dieu dans le « mémorial » cultuel de l'Ancien Testament.*

Dans la théologie de l'alliance vétérotestamentaire, le thème de l'habitation de Dieu dans la tente de l'alliance et dans le temple occupe une place centrale. La réalité de salut la plus importante par laquelle Dieu scelle son pacte avec le peuple élu, est incontestablement sa présence permanente au milieu des siens : « Alors la nuée couvrit la tente du témoignage, et la gloire de Jahvé remplit le tabernacle. Et Moïse ne put entrer dans la tente du témoignage parce que la nuée la couvrait de son ombre et que la gloire de Jahvé remplissait la tente » (*Exod.*, XL, 34-38). Cette présence divine est ailleurs expliquée formellement comme la confirmation divine de l'alliance : « Je maintiendrai avec vous mon alliance... et j'établirai ma demeure au milieu de vous. Je ne vous rejetterai pas mais vivrai au milieu de vous. Je serai pour vous un Dieu et vous serez pour moi un peuple » (*Lev.*, XXVI, 11-12). Plus tard le temple de Jérusalem prendra la place de cette présence divine dans la tente, présence confirmant l'alliance (*I Reg.*, VIII ; *II Chron.*, V-VII). C'est pourquoi le temple devint le centre du culte en Israël.

La question est importante de savoir comment nous devons nous représenter cette présence de Dieu. D'une manière générale, on peut dire que la notion de la présence de Jahvé au milieu des siens dérive de la foi du peuple de Dieu. Plus en particulier, cette foi en la présence de Dieu dans la tente et dans le temple doit être interprétée comme une « concentration cultuelle » de la foi en l'action salutaire continue de Dieu dans l'histoire et la vie quotidienne d'Israël. « Concentration cultuelle » : je veux signifier par cette expression que dans une célébration cultuelle la foi prend conscience d'une manière spéciale et exceptionnelle de la présence divine s'exerçant dans la vie quotidienne.

Dans l'expérience religieuse du peuple de l'Ancienne Alliance se manifeste une conscience particulièrement vive de l'action de Dieu et de sa proximité à nous à travers les faits et les choses de chaque jour. Ainsi les succès militaires, les événements politiques, la prospérité dans les entreprises, etc., peuvent tous être décrits et célébrés comme « l'action puissante de Dieu » pour son peuple. Dans la prière des Psaumes, la vie humaine toute entière avec toutes ses péripéties, ses situations, ses nuances, est assumée devant Dieu comme découlant de sa volonté créatrice et salvatrice et, dès lors, comme cachée en quelque sorte uniquement en celle-ci. Prier par conséquent, n'est nullement se distancer du cours ordinaire de la vie ; c'est au contraire se concentrer sur le fait que tout est en relation immédiate avec Dieu et immédiatement présent devant Lui.

Cette même référence étroite de Dieu aux données de la vie quotidienne s'exprime aussi dans les actes cultuels, dans les fêtes et dans les sacrifices. Le culte, et en particulier le sacrifice, est une action religieuse, — une prière en action, — où se rencontrent et se recoupent de fait tous les fils dont la vie ordinaire est tissée. Dans la foi jahvéiste, le besoin du sacré est précisément provoqué par la préoccupation d'assurer la subsistance à la vie et à son cadre vital. La vie humaine de tous les jours se base toute entière sur l'alliance de Dieu avec les siens. Les sacrifices de l'Ancienne Loi n'ont d'autre fin que de confirmer, éventuellement de réparer, cette alliance en présence de Dieu, qui donne la vie.

De tout cela il résulte que le culte israélite ne dérive pas d'un désir humain de chercher contact avec un Dieu qui lui serait distant, étranger, voire hostile, mais qu'il est au contraire concentration de la foi sur un Dieu qui est présent et qui apporte le salut à la vie de tous les jours. Ainsi les institutions cultuelles de l'ancien peuple de Dieu nous apprennent que le culte n'implique pas *per se* une séparation entre Dieu et le monde, mais au contraire qu'il est précisément la célébration de la présence de Dieu parmi les hommes et dans le monde.

Dans les célébrations cultuelles israélites, — telle est une deuxième et importante constatation, — la concentration de la foi sur la présence active de Dieu dans l'histoire et la vie de son peuple se réalise toujours par une « commémoration », un « mémorial » des actions salutaires de Dieu dans l'histoire d'Israël. La fête de Pâques en constitue une excellente illustration. Primitivement elle était un rituel pour la fête du printemps au cours de laquelle on invoquait la protection divine sur les pérégrinations des troupeaux à l'époque de la transhumance. Plus tard on y rappelait surtout les premières grandes œuvres salvifiques de Dieu, à savoir la délivrance du joug égyptien et la conduite du peuple élu à travers le désert vers la terre de la promesse. La liaison du thème de « l'exode » égyptien à l'exode des nomades est un fait bien établi [1].

Or, il est important de noter que le « mémorial » cultuel du passé salutaire comporte une vraie actualisation du passé, qui rend l'œuvre salutaire, accomplie jadis par Dieu, à nouveau présente. Un « mémorial » cultuel biblique comporte pour ainsi dire un « rappel » qui implique la réalité actualisée de l'acte salutaire évoqué. Dieu se rappelle son alliance, se souvient d'elle en l'accomplissant *hic et nunc* pour ceux qui la célèbrent cultuellement. L'homme de son côté se rappelle l'acte salvifique posé jadis par Dieu, se souvient de lui en se soumettant *hic et nunc* dans la célébration à son influence et à sa puissance salutaires. « Mémorier » un acte salutaire du passé, c'est donc le rendre de nouveau présent et y participer, de manière à obtenir la garantie que la promesse divine se réalisera un jour pleinement à l'époque du Messie.

Le signe du « mémorial » qu'est la célébration cultuelle, s'adresse donc à la fois à Dieu et à l'homme. Elle invite aussi bien Dieu que l'homme à se rappeler, à se souvenir. Ainsi que nous le remarquions, Dieu se souvient en réalisant son alliance dans ceux qui la célèbrent, et l'homme de son côté se souvient de l'œuvre salutaire de Dieu en se soumettant *hic et nunc* à sa puissante influence. Ceci apparaît clairement dans les instructions touchant la célébration de la Pâques : « Ce jour-là tu donneras à ton fils l'explication que voici : C'est à cause de ce que Jahvé a fait *pour moi* lors de *ma* sortie d'Égypte » (*Exod.*, XIII, 8). Une réflexion de Gamaliël, transmise par la Mishnah, ajoute : « En chaque génération, on se considérera comme si l'on avait quitté soi-même l'Égypte. » La fête de Pâques était par conséquent comme fête de commémoration une vraie assimilation personnelle de l'acte salutaire posé jadis par Dieu et rendu présent par le signe de la célébration cultuelle. Dans la mesure où la fête était une « fête pour le Seigneur » (*Exod.*, XII, 27), Pâques était un appel pressant au Seigneur pour qu'il daignât se souvenir de son alliance [2].

---

1. Voir à ce sujet R. DE VAUX, *Les sacrifices de l'Ancien Testament*, dans *Cah. de la Revue Biblique*, Paris, 1964, p. 7-27.

2. Cfr sur cette question : art. *Mimnèiskomai*, dans *Theol. Wörterb. z.N.T.*, t. IV, p. 678-682 ; Pl. RUPPRECHT, *Zu meinem Gedächtnis*, dans *Erbe und Auftrag*, 1961, t. XXXVII, p. 91-100 (abondante bibliographie) ; Dr. J. PLOOY, *De*

C'est précisément dans la représentation cultuelle de l'œuvre salvifique puissante de Dieu au sein de son peuple que s'accomplit dans la vie de tous les jours la concentration en esprit de foi autour de la présence de Dieu dans son Alliance avec lui.

Si donc dans la version paulinienne de l'institution de l'eucharistie survient l'ordre de réitération : « Faites ceci en ma mémoire » (*I Cor.*, XI, 24-25), il importe de comprendre cet ordre d'anamnèse à la lumière de la notion vétérotestamentaire. Le signe de l'acte accompli sur le pain et sur le calice renvoie à une représentation de l'action salutaire du Christ, analogue aux anamnèses de l'Ancienne Loi. C'est sous le signe d'une anamnèse, d'un « mémorial », que la présence du Christ, confirmant d'une façon permanente l'alliance de Dieu avec les hommes, devient visible d'une façon particulière.

Ajoutons qu'à l'heure présente on est généralement d'accord pour considérer la relation paulinienne de l'eucharistie comme la formulation la plus ancienne du kérygme apostolique primitif, relatif au repas du Seigneur, formulation dont l'Apôtre affirme au surplus qu'elle remonte au Seigneur lui-même. Le fait que cette relation porte l'empreinte d'une rédaction liturgique ne s'y oppose pas. Au reste, son ancienneté est confirmée par la présence de termes et d'expressions d'allure sémitique qui sont étrangers à la langue paulinienne. Le terme « anamnèse » est un *hapax legomenon* ; il ne se rencontre chez Paul qu'en ce seul endroit : signe manifeste qu'il convient de l'interpréter dans son sens originel, sémitique [3].

Il nous a paru important de souligner tout cela dès à présent. Plus loin nous reviendrons sur la réalité parfaitement propre et unique de la présence eucharistique du Seigneur. Pour l'instant, il nous suffit de faire remarquer qu'aux premiers siècles, le christianisme a toujours compris la célébration eucharistique comme un « mémorial », comme une « anamnèse », et qu'il lui a donné la signification d'une vraie actualisation, tout comme dans les Écritures. « Mémorier », c'est rendre présents à la communauté, à l'Église, les actes salutaires du Seigneur [4].

---

mysterieleer van Odo Casel, Zwolle, 1964, p. 135-142 (ce dernier ouvrage donne un résumé de : P. A. H. de Boer, *Gedenken und Gedächtnis in der Welt des Alten Testaments*, Stuttgart, 1962).

3. Voir entre autres P. Neuenzeit, *Das Herrenmahl. Studien zur paulinischen Eucharistieauffassung*, dans *Stud. z. A. u. N. Test.*, I, München, 1960, p. 82-100 ; 103 ss. — N. Hook, *The Eucharist in the New Testament*, London, 1964, p. 48-63.

4. Cfr J. Betz, *Die Eucharistie in der Zeit der griechischen Kirchenväter*. Bd. I/1 : *Die Aktualpräsenz der Person und des Heilswerkes Jesu im Abendmahl nach der vorephesinischen griechischen Patristik*, Freiburg i.Br., 1955, p. 156-197 : « kommemorative Aktualpräsenz des Heilswerkes Jesu ». Cette notion apparaît surtout dans les textes liturgiques. Voir aussi l'article *Eucharistie*, dans *Lexikon f. Theol. u. Kirche* (2e ed. 1959), t. III, col. 1148-1152.

D'autres textes scripturaires nous permettent de préciser l'acte salutaire du Christ qui est commémoré dans l'anamnèse eucharistique. Après avoir cité littéralement la formulation liturgique des paroles de l'institution telle qu'elle était en usage à son époque (*I Cor.*, XI, 23-25), Paul exprime sa vue théologique personnelle sur le mystère commémoré en ces termes : « Chaque fois que vous mangez ce pain et que vous buvez ce calice, vous annoncez la mort du Seigneur jusqu'à ce qu'il revienne » (v. 26). Pour l'Apôtre, ce « mémorial » signifie donc l'acte de rendre présente la mort-en-vue-de-la-vie du Christ, et cela au sein de la communauté célébrant le culte pour réaliser et parfaire en elle ce mystère et s'ouvrir ainsi à la perspective de la gloire future qui sera son partage avec et par le Sauveur. En d'autres mots, c'est dans la célébration d'une anamnèse, d'un « mémorial », que la présence eucharistique du Seigneur ressuscité devient une réalité : « Ceci est mon corps pour vous », « Ce calice est la Nouvelle Alliance en mon sang » (vv. 24-25).

Les récits synoptiques de l'institution de l'eucharistie envisagent la célébration de la Cène clairement comme la célébration de la Pâques de l'Alliance Nouvelle (voir surtout *Lc.*, XXII, 19-20 ; cfr 15-18). Nous rejoignons ainsi par un autre biais le concept d'anamnèse. Dans le même sens que sous l'Ancien Testament, l'anamnèse pascale « commémore » un exode, à savoir notre exode de l'Ancienne vers la Nouvelle Alliance dans le Seigneur, grâce à une participation à sa mort-pour-la-vie. Ceci résulte de nouveau des paroles mêmes de l'institution : « Ceci est mon corps qui est donné pour vous... La nouvelle Alliance dans mon sang qui est répandu pour vous » (*Lc.*, XXII, 19-20) ; « Car ceci est mon sang de l'Alliance qui est répandu pour beaucoup en vue de la rémission des péchés » (*Mt.*, XXVI, 28 ; *Mc.*, XIV, 24).

L'anamnèse eucharistique des premiers siècles chrétiens envisage par conséquent l'eucharistie non seulement comme la présence du corps du Christ, mais en tout premier lieu comme la présence actuelle de son œuvre salutaire. Ainsi l'eucharistie devient *prosphora*, c'est-à-dire sacrifice, du fait qu'elle rend présent le sacrifice de la croix du Christ. Précisément du fait qu'elle rend présente l'œuvre salvifique du Christ, notre Seigneur lui-même devient personnellement, corporellement, présent en elle.

2. *Présence eucharistique du Christ.*

On n'ignore pas que cette vue sur la présence eucharistique du Christ telle que les premiers siècles l'ont exprimée, retient de nouveau en ces derniers temps toute l'attention des exégètes et des théologiens. C'est précisément dans la représentation cultuelle de l'œuvre salvifique puissante de Dieu au sein de son peuple que s'accomplit la concentration en esprit de foi autour de la présence de Dieu dans son Alliance avec lui dans la vie de tous les jours [5]. Antérieurement la conception la plus répandue avait tendance à envisager la présence du corps et du sang du Christ de manière à l'isoler de la présence de l'action salutaire de ce mystère en nous. La présence du Christ sous les espèces était souvent considérée d'une façon trop unilatérale, et par conséquent partiellement incorrecte, comme le terme final, comme la fin en soi du mystère. Pour la même raison, la présence du Christ dans l'eucharistie était trop considérée comme la présence de « quelque chose », d'un « objet sacré ». En toute hypothèse, on s'arrêtait trop d'une part au Christ présent *là*, « dans le tabernacle », « sur l'autel », et, d'autre part, à nous-mêmes présents devant lui.

Un exemple curieux de cette façon particulière d'envisager l'eucharistie est la réponse de S. Thomas à la question de savoir par quoi ce sacrement se caractérise. Il répond : les autres sacrements opèrent en premier lieu quelque chose *en nous*, tandis que l'eucharistie réalise d'abord une chose *en dehors de nous*, à savoir la présence du Christ sous les espèces du pain et du vin [6]. De cette façon, le Docteur Angélique fixa inébranlablement le caractère « objectif » de la présence du Christ dans l'eucharistie. Il convient toutefois de se demander si cette présence réelle du Christ ne se réalise pas aussi essentiellement *en nous*.

La façon de s'exprimer des Écritures justifie cette question. Dans la relation paulinienne des paroles de l'institution, nous lisons : « Ceci est mon corps *pour vous*. » Même s'il s'avérait que nous ne pouvons pas établir avec certitude que ce texte fait déjà allusion au caractère sacrificiel de l'eucharistie, ainsi que Paul Neuenzeit l'affirme [7], ces paroles signifient nécessairement : « Mon corps *en tant que don de salut pour vous*. » Dans le texte paulinien sur le calice : « Ce calice est la Nouvelle Alliance en mon sang », la présence du Christ est envisagée manifestement comme réalisant l'union messianico-eschatologique de Dieu avec son peuple nouveau.

Du reste, comment la théologie pourrait-elle affirmer et comprendre la présence eucharistique du Seigneur comme actualisation non-sanglante du sacrifice de la croix, sans affirmer en même temps que dans cette

---

5. P. e. J. BETZ, o.c., et plusieurs théologiens réformés, comme P. BRUNNER, *Zur Lehre vom Gottesdienst der im Namen Jesu versammelten Gemeinde*, dans *Leiturgia. Handbuch des Evangelischen Gottesdienstes*, t. I, 1952, p. 83-361. — J. PLOOY, *o.c.* — Max THURIAN, *L'Eucharistie. Mémorial du Seigneur, sacrifice d'action de grâce et d'intercession*, Neuchâtel-Paris, 1959. — Jean DE WATTEVILLE, *Le Sacrifice dans les textes eucharistiques des premiers siècles*, dans *Bibliothèque Théologique*, Neuchâtel, 1966.

6. S. Th., III, 73, 1 ad 3.

7. *O.c.*, p. 163-174. Ses arguments ne sont pas convaincants ainsi que nous le montrons plus loin.

présence, le Seigneur glorifié réalise en nous son œuvre de salut ? Comment l'eucharistie pourrait-elle être une anticipation du « banquet céleste », arrhe de notre future glorification auprès du Seigneur, sans que se réalise dans la présence eucharistique du Christ un mystère d'union avec Lui ?

Ces diverses considérations postulent que nous affirmions que la présence réelle eucharistique du Seigneur est fondamentalement et essentiellement une *présence où il parfait en nous son œuvre de salut.* Et cela précisément *dans le signe* de la célébration cultuelle du « mémorial », où sa mort-en-vue-de-la-vie pour nous est rendue présente dans sa communauté, son Église.

Il va de soi qu'on a entrepris d'expliciter davantage cette position d'un point de vue théologique.

Une première façon de le faire, sur laquelle on insiste beaucoup à notre époque, consiste à voir la présence eucharistique du Christ dans le prolongement de sa présence dans la communauté qui célèbre l'eucharistie. Le Seigneur est en effet présent dans cette communauté en tout premier lieu sur la base de la parole de Dieu, y proclamée et reçue en esprit de foi. Cette parole rend le Seigneur présent « par manière de dialogue où l'on confesse sa foi », ainsi que s'exprime Paul De Haes [8]. Jésus en effet a dit : « Où deux ou trois seront réunis en mon nom, je serai au milieu d'eux » (*Mt.*, XVIII, 20). Il y a donc une présence réelle du Seigneur dans sa parole proclamée et reçue en esprit de foi.

C'est précisément cette présence réelle du Christ qui fait que la célébration du « mémorial » qu'est l'eucharistie, devient une « concentration cultuelle » de sa présence dans toute notre existence humaine, ainsi que de son œuvre de salut en nous et en notre monde. Toutefois, — pour reprendre une expression de Heinrich Schlier, — le service cultuel de la parole n'est qu'un « préambule » à ce qui devient dans la célébration de l'alliance, la présence proprement sacramentelle et eucharistique du Seigneur. C'est cette présence que le dogme catholique a toujours considérée à bon droit, — mais en n'évitant pas toute insistance unilatérale, — comme le noyau, le cœur, l'essence même du mystère sacré de l'eucharistie.

Paul De Haes fait remarquer que l'eucharistie peut être considérée « comme une célébration ecclésiale dans laquelle le Seigneur glorifié est lui-même la personne qui agit » [9]. Affirmation exacte, à laquelle il convient toutefois d'ajouter : le Christ glorifié *tel qu'il* est présent

---

8. P. DE HAES, *Eucharistie en eschatologie*, dans *Praesentia Realis. Verslagboek van de studiedagen gewijd aan de moderne problematiek betreffende de Praesentia Realis*, Nijmegen 18-19 april 1963, Nijmegen, 1963, p. 48.

9. *O.c.*, p. 48.

parmi et en nous, qui sommes sa communauté, son Église. Or, dans la célébration eucharistique, il est précisément présent par une présence réelle dans la proclamation et l'acceptation de sa Parole en esprit de foi, par la commémoration-en-paroles de son œuvre de salut au sein de et par sa communauté. C'est à partir de cette présence qu'« Il peut nous associer à son sacrifice de la croix », ainsi que P. Schoonenberg l'a expliqué [10].

Ainsi pouvons-nous peut-être représenter le mystère eucharistique comme suit : dans le service de la parole, la présence du Seigneur dans sa communauté, son Église, n'est qu'une présence, — quoique réelle, — dans et par la parole. Cela crée déjà une certaine alliance avec Lui, mais seulement dans la sphère de l'entente, de l'accord. Il s'agit déjà d'une vraie alliance, mais d'une alliance qui tend essentiellement à se parfaire dans l'union, dans l'amour ; une union qui entre humains est volontiers signifiée par la présentation d'un don, d'un présent, en tant que signe d'offrande et donation personnelles. C'est pourquoi dans la célébration proprement dite de l'alliance, le Seigneur prend le pain et le vin pour se donner lui-même à travers ses signes à nous : « Prenez, mangez, ceci est mon corps », « Buvez tous de ceci, car ceci est mon sang de l'alliance » (*Mt.*, XXVI, 26-28) ; oui, « Ce calice est l'alliance nouvelle en mon sang » (*I Cor.*, XI, 25). Lui en nous et nous en Lui : union dans un acte d'amour consistant dans le don total de sa personne à travers le symbole du présent. Ainsi lorsqu'un père donne aux siens le pain, il peut signifier dans ce geste toute sa vie et tout son travail pour les siens, tout l'amour qui le fait vivre uniquement pour eux.

Il n'est pas sans importance que le pain et le vin peuvent être considérés comme correspondant aux premiers besoins vitaux de l'homme. C'est à ce titre en effet qu'ils sont aptes à symboliser le don de la vie, de la personne même. Dans la Bible, le pain est force et restauration, voire vie de l'homme (*Ps.* CIV, 14-15). Ne pas avoir de pain équivaut à ne rien posséder (*Amos*, IV, 6). C'est pourquoi le don du pain peut devenir l'expression synthétique de tous les dons, voire de la donation personnelle du Christ.

Puis le pain n'est pas seulement la vie. Il est aussi destiné à être rompu. De cette façon, il désigne aussi la participation, la communion, la communauté. Manger le pain avec quelqu'un devient une expression stéréotypée pour signifier « être son ami » (cfr par exemple *Ps.* XLI, 16 ; *Job*, XIII, 18). Partager son pain avec les pauvres devient l'expression par excellence de la charité fraternelle (cfr *Prov.*, XXII, 9 ; *Ez.*, XVIII, 7, 16 ; *Job*, XXXI, 17 ; *Is.*, LVIII, 7 ; *Tob.*, IV, 16) [11].

10. P. SCHOONENBERG S. J., *De tegenwoordigheid van Christus*, dans *Verbum*, 1959, t. XXVI, p. 157.

11. Voir p.e. art. *Pain*, dans *Vocabulaire de Théol. Bibl.*, Paris, 1962, col. 725-728.

L'achèvement sacramentel de la présence du Christ dans le sacrement de l'eucharistie proprement dit se dégage aussi du don de son corps et du sang. En effet, « le corps est ce par quoi nous sommes durant cette vie ordonnés vers autrui et vers le monde pour leur être présents » [12]. C'est dire que les paroles : « Ceci est mon corps » signifient la présence du Christ dans les signes de sa donation personnelle à nous, qui sommes son Église, sur le plan sacramentel le plus réel et le plus intense ; et cette présence sacramentelle ne fait que parfaire sa présence déjà réalisée par la parole.

Le mystère de la présence du Christ peut encore être approché avec succès à partir de la notion scripturaire de « mémorial », d'« anamnèse ». Dans l'Écriture, nous l'avons déjà noté, l'anamnèse comporte que l'œuvre salvifique de Dieu est rendue actuellement présente à son peuple, à savoir tous les actes salutaires accomplis par Lui pour confirmer son alliance et ses promesses. Or, l'ensemble, la totalité de ses œuvres salvifiques est « apparue » dans l'humanité de son Fils, et plus précisément encore dans l'humanité de son Fils glorifié. Dès lors, rendre présentes les œuvres de Dieu dans un « mémorial » cultuel, rappelant ou restaurant son alliance, dans le cadre de l'Alliance Nouvelle, ne peut signifier pour nous que rendre présent Celui dans lequel toute cette action salutaire est réellement et personnellement présente. Nous aboutissons ainsi tout naturellement à la présence réelle du Sauveur dans le signe, le « sacrement », de la célébration eucharistique, signe qu'il nous a légué.

Cette approche possède, elle aussi, un fondement biblique. Les paroles : « Ce calice est la Nouvelle Alliance en mon sang » paraissent nous renvoyer à l'image prophétique du Serviteur de Jahvé, que le texte inspiré nous présente comme étant, en sa personne même, l'Alliance de Dieu avec les hommes (*Is.*, XLII, 6 et XLIX, 8). Il revient à Jean Betz d'avoir signalé ces textes et leur implication [13]. Toute l'action salvifique du Père qui a abouti à l'Alliance s'est donc réalisée dans l'humanité vivante et glorifiée du Christ, cette humanité telle qu'elle est précisément présente dans l'eucharistie.

Dans une même ligne de pensée, il est peut-être possible de comprendre le mystère eucharistique comme la manifestation visible et sacramentelle de l'existence humaine dans sa réalité la plus propre et la plus profonde.

Déjà Pierre Teilhard de Chardin envisagea le mystère eucharistique dans une perspective cosmique. Dans la consécration du pain et du vin,

---

12. P. DE HAES, *o.c.*, p. 40.

13. J. BETZ, *Die Eucharistie in der Zeit der griechischen Väter*. Bd. II/1 : *Die Realpräsenz des Leibes und Blutes Jesu im Abendmahl nach dem Neuen Testament*, 2e éd., Freiburg-i.-Br., 1964, p. 64.

qui représentent l'homme et son monde, tout le cosmos est en quelque sorte consacré, assumé dans l'existence glorifiée de Celui en qui le monde, par le biais de l'homme, trouve toute sa raison d'être (*Col.*, 1, 14 ss.). Ainsi la présence eucharistique de notre Seigneur devient « la consécration du monde », terme final vers lequel tout le cosmos tend dans son évolution, terme pour lequel toute l'histoire du monde fut ordonnée et écrite.

Mais peut-être n'est-il pas exclu que la présence eucharistique du Seigneur puisse encore être envisagée comme la manifestation de la « consécration » de l'existence humaine elle-même, non seulement sous son aspect cosmique, mais en outre spécifiquement humain. Rappelons-nous à cet effet que les commémorations cultuelles bibliques ne visaient à rien d'autre qu'à la « concentration cultuelle » de l'action salutaire de Dieu, vécue et perçue en esprit de foi dans la vie quotidienne et dans le déroulement de l'histoire. Si donc nous pouvons interpréter l'eucharistie comme la réalisation néotestamentaire parfaite de ce « mémorial », la présence eucharistique du Seigneur apparaît comme la concentration sacramentelle sur la présence du Christ dans notre vie humaine de tous les jours, réalisée à travers le signe d'une célébration cultuelle exprimant notre vocation. Dans la présence eucharistique du Seigneur devenu « homme pour nous tous » [14], le contenu de notre propre existence que nous avons à réaliser dans notre vie quotidienne, devient visible et manifeste dans son origine et sa source, à savoir devenir et être homme pour tous, avec et dans notre Seigneur tel qu'il se manifeste dans sa présence eucharistique, dans tous les secteurs de la vie humaine, dans le travail, la science, la culture, la technique, etc., et réaliser tout cela pour rendre présent au monde l'amour rédempteur de Dieu, notre Père, lui-même. Ce que le deuxième Concile du Vatican a dit de l'Église, vaut autant du mystère eucharistique : « Elle est le signe et l'instrument de l'unité du genre humain entier », unité dans laquelle toutes les aversions, toutes les oppositions de tous les hommes seront vaincues.

En même temps devient ainsi visible dans la présence eucharistique du Christ comment nous ne pouvons réaliser cette mission qu'en étant sa « communauté », son « église », où Lui-même est présent réellement et sacramentellement, confirmant l'alliance de Dieu avec les hommes. C'est pour cette raison, croyons-nous, que S. Paul insiste tellement sur

---

14. Dans son opuscule bien connu *Honest to God*, l'évêque anglican J. A. T. Robinson a présenté le Christ comme « homme pour autrui ». Ne serait-ce pas plus conforme aux Écritures de dire « homme pour nous tous » ? Homme dans lequel tout l'amour rédempteur de Dieu, notre Père, s'est incarné en amour humain qui se donne sans réserve, d'une manière visible et tangible. Dans la paraphrase « homme pour autrui » n'apparaît pas suffisamment que ce « pour autrui » est la présence, l'épiphanie dans une vie humaine, de l'amour que Dieu, notre Père, est pour nous tous dans son Fils, qui est « le Fils de son amour ».

le fait « de se réunir en assemblée », en communauté (*I Cor.*, XI, 18) comme étant le vrai point de départ de toute célébration eucharistique.

Totalisant ces diverses considérations, il nous semble que nous pouvons dire à la lumière des diverses données bibliques qu'une explication de la présence eucharistique du Christ peut se situer dans la perspective et le prolongement :

1. de la présence du Christ parmi les siens par la parole de Dieu proclamée et reçue en esprit de foi ;

2. de la donation de la vie et de la personne du Christ qu'expriment les dons du pain et du vin, du corps et du sang ;

3. dans la perspective du concept même de « mémorial », d'« anamnèse » biblique, qui, évoquant l'alliance, évoque et rend présente la personne du Christ devenue personnellement cette alliance ;

4. dans la notion teilhardienne de la « consécration du monde », du cosmos, au Christ, le monde étant appelé à être assumé par lui ;

5. dans la notion même de notre vocation d'existence humaine, appelée à réaliser l'« être homme pour tous ». Par l'eucharistie, le Christ réalise sacramentellement cette vocation et nous donne l'exemple et le moyen de la réaliser à notre tour suivant son exemple.

Il paraît clair que ces diverses façons de s'approcher de la présence eucharistique de notre Seigneur et d'en entreprendre une certaine intelligence peuvent se concilier avec la doctrine de la transsubstantiation, quelle que soit la manière de concevoir celle-ci. Ce dernier problème ne sera pas abordé ici, mais nous aurons à nous arrêter encore dans les pages qui suivent, à l'aspect sacrificiel du mystère eucharistique[15].

3. *Peut-on appeler l'eucharistie un sacrifice ?*

Est-il besoin de se rappeler que dans les essais contemporains pour renouveler la célébration liturgique de l'eucharistie et, par conséquent, pour renouveler la catéchèse eucharistique, on éprouve quelque difficulté à rendre compte de l'aspect sacrificiel du mystère ? On ne cesse en revanche de parler de l'eucharistie comme un repas. Les raisons qui expliquent la réserve témoignée à l'endroit de l'aspect sacrificiel, sont de nature très diverse. En voici quelques-unes énoncées par manière de question.

15. Pour un exposé de la transsubstantiation, cfr S. TROOSTER, *Transsubstantiatie*, dans *Streven*, 1965, t. XVIII, p. 737-744.

Est-il réellement vrai que Dieu désire des sacrifices de la part de son peuple ? qu'il désire voir du sang pour lui accorder la réconciliation et le pardon ? Une telle conception paraît difficilement conciliable avec la notion néotestamentaire de Dieu, notre Père. Puis, « l'offrande » du sacrifice de la croix du Christ, n'est-elle pas une tentative pour nous dérober à nos propres obligations ? Idée difficilement acceptable pour l'homme moderne, devenu conscient et capable de s'exprimer et d'assumer ses propres responsabilités. Au reste, la notion de « sacrifice cultuel », ne repose-t-elle pas toute entière sur une conception dépassée de Dieu et du monde, comme si Dieu et le monde étaient deux réalités opposées, voire hostiles ? La notion de « repas » au contraire nous apparaît facilement accessible à partir de notre vie et de notre expérience quotidiennes, alors que celle de « sacrifice » évoque des associations qui se situent dans des cadres culturels primitifs, qui ont recours à des méthodes magiques pour mettre l'homme à l'abri d'esprits mauvais et de divinités jalouses de son sort.

Dans notre exposé de la présence cultuelle de la mort du Christ en vue de la vie au cours de la célébration eucharistique, nous avons soigneusement évité toutes les formules qui auraient pu prêter le flanc à de telles objections. Maintenant nous voudrions encore montrer qu'à partir d'une interprétation correcte des données scripturaires, quelques difficultés soulevées contre l'aspect sacrificiel de l'eucharistie disparaissent largement. Ici également nous ne pouvons faire abstraction de toute référence aux données de l'Ancien Testament.

Dieu demande-t-il des sacrifices, demande-t-il le sang des siens ? Dans son livre *Les Sacrifices de l'Ancien Testament,* R. de Vaux montre que cette notion est étrangère à l'image de Dieu élaborée par l'intuition fondamentale du Jahvéisme. Toute la pratique sacrificielle, codifiée définitivement dans le Lévitique, respire une autre atmosphère. On apporte à Jahvé des sacrifices pour l'honorer comme le donateur de toutes choses. On célèbre des sacrifices pacifiques, — ou comme de Vaux s'exprime, — des sacrifices de communion, dans des sentiments de joie, pour fêter l'Alliance de Dieu avec son peuple ; on Lui présente des sacrifices d'expiation pour confesser sa foi et sa confiance dans la grâce et la fidélité éternelles de Dieu et dans la restauration de l'alliance violée. La manière très particulière de se servir du sang ne dément pas ces significations fondamentales. L'aspersion avec le sang, depuis les origines symbole de la vie, ne signifie pas que Jahvé réclame le sang et la vie en vue de l'expiation ; elle est au contraire le signe d'une communion de vie entre Dieu et l'homme par l'alliance, qui est instituée, confirmée ou rétablie. C'est la raison pour laquelle le peuple et l'autel sont à la fois aspergés par le même sang.

Beaucoup plus importante est la relecture prophétique des lois sur les sacrifices, relecture qui leur a donné en quelque sorte une nouvelle empreinte. Précisément au moment où le culte tendait à se constituer en entité indépendante et à dégénérer en formalisme, les prophètes ont fait résonner unanimement, que Dieu réclame non des holocaustes mais des cœurs contrits. Ainsi la doctrine vétérotestamentaire sur les sacrifices est couronnée par une vive insistance sur ce qui constitue l'essentiel du culte sacrificiel, à savoir l'attitude personnelle de l'homme à l'égard de Dieu. Dieu est le Seigneur de toutes choses ; son alliance avec son peuple est pure gratuité ; la magie ne peut rien obtenir de Lui. De l'homme, Dieu demande qu'il Le reconnaisse comme l'Unique, qu'il prenne part à la justice divine, c'est-à-dire qu'il aide les veuves, les orphelins et les opprimés, plutôt que de remplir scrupuleusement les prescriptions cultuelles. Il demande aussi que l'homme soit sincère et droit de cœur, et qu'il se convertisse s'il a abandonné l'alliance. Dieu ne cherche pas à priver l'homme de sa vie, mais, au contraire, Il désire qu'il s'ouvre à la vraie vie, lui offerte dans l'Alliance et la Loi.

Le sommet de cette théologie de nouveau style sur le sacrifice se rencontre dans les chants deutero-isaïens du « Serviteur de Jahvé ». Dans le quatrième chant, le Serviteur opère l'expiation et acquiert ainsi le pardon pour les « nombreux », précisément grâce à sa fidélité et à son obéissance à Jahvé jusque dans la mort. Précisément ce don de soi-même est compris comme la réalisation la plus essentielle de la notion de sacrifice. Le Serviteur lui-même est sacrifice, exactement dans la mesure où il est « serviteur » ; dans la mesure où il est « obéissant jusque dans la mort », ainsi que la communauté chrétienne primitive a interprété avec une sûreté parfaite les chants (*Phil.*, II). La fin du Serviteur est dès lors liée à l'idée de résurrection. Une telle vie, au sein et à partir de l'Alliance, ne peut se terminer dans l'anéantissement. La grâce et la fidélité éternelles de Jahvé s'y opposent.

Si donc P. Neuenzeit hésite à penser que les paroles de l'institution de l'eucharistie, rapportées par S. Paul (*I Cor.*, XI), impliquent déjà l'idée de sacrifice, du fait qu'elles renvoient aux chants du Serviteur, c'est qu'il a perdu de vue l'approfondissement de la notion du sacrifice qu'ils contiennent et expriment [16]. Dès lors, le Christ n'a pas payé une rançon avec son sang pour l'expiation de nos péchés ; ni à l'esprit mauvais qui nous aurait tenu captifs, ni à son Père, qui, pour satisfaire à sa justice, aurait réclamé un sacrifice, du sang. Au reste, quand le Nouveau Testament fait mention de notre rédemption, il ne parle pas seulement de la mort en croix de Jésus et il n'affirme pas que c'est uniquement par son sang qu'il nous a sauvés. Tout cela compte bien entendu, mais pas uniquement. Toute la vie du Christ, sa vie, toute entière inspirée

16. P. Neuenzeit, *o.c.*, p. 163-174.

et mue par l'Esprit, sa vie en tant que celle d'un Prophète et d'un Serviteur, sa mort et sa glorification, tout cela ensemble a opéré notre rédemption. Quand dans les lettres pauliniennes il est question du sang du Christ, de sa mort pour nos péchés, de la Nouvelle Alliance en son sang, de la réconciliation par la mort du Fils, surgit, cela va sans dire, l'arrière-fond cultuel de l'Ancien Testament. Mais la « justice de Dieu » n'est pas un tribunal auquel une rançon doit être payée. Elle est au contraire la grâce divine qui donne la vie. C'est la justice salvatrice qui nous sauve de nos péchés à cause de notre foi dans le Christ. Le Fils n'a rien à payer au Père ; le Père et le Fils opèrent ensemble notre salut.

De cet approfondissement bien conçu de la notion de sacrifice, nous pouvons dégager une notion parfaitement valable. Dans ce cas, il convient de ne pas la limiter à la mort en croix du Seigneur. Le « sacrifice » signifie désormais l'acceptation de la vie dans les conditions posées par Dieu, conditions qui s'imposent d'ailleurs tous les jours à nous. Disponibilité, service, abandon à la volonté du Père, obéissance, vivre de telle façon que tout dérive du Père : tout cela synthétisé et vécu jusqu'à la mort, justifie que l'on parle du sacrifice du Christ, et de la présence de son sacrifice dans la célébration eucharistique.

Que le Christ prenne notre place ne signifie ainsi nullement que nous serions dispensés de vivre en esprit et en état de sacrifice. Au contraire. Cela signifie que le Christ s'est trouvé le premier, et d'une façon parfaite, à une place qui vaut aussi pour nous, c'est-à-dire comme vrai Fils à l'égard du Père dans une obéissance parfaite jusqu'à la mort. Cela signifie qu'il a été solidaire avec notre condition de vie jusque dans la mort en parfait abandon au Père. Cela signifie qu'il est devenu le prototype de notre condition humaine, le « premier d'entre beaucoup de frères », ainsi que s'exprime l'apôtre Paul. C'est pourquoi croire que Jésus est le Christ, qu'il fonde ou rétablit l'alliance avec le Père, — croire que nous avons part à son mode de vie, — l'Évangile dit que nous devenons ses disciples, — n'implique pas que nous renonçons à notre propre responsabilité. Bien au contraire.

Concluons. Ce n'est pas une bien bonne solution que de remettre à l'arrière-plan l'aspect sacrificiel de l'eucharistie. Au reste, l'aspect « repas » apparaît à divers égards également discutable. L'eucharistie n'est pas en fin de compte un repas au sens ordinaire du mot, bien que le pain et le vin nous soient offerts pour être consommés. L'eucharistie est surtout « repas » dans la mesure où elle est un symbole qui nous renvoie à la communion et à l'alliance avec Dieu et entre nous. Mais elle est aussi sacrifice à la lumière de ce que nous avons essayé d'exposer rapidement, d'après les Écritures, sur le caractère sacrificiel de la vie de Jésus, de sa mort et de sa résurrection.

Sur la base de ces considérations conseillons à certains liturgistes et catéchistes de revenir le plus tôt possible sur leurs pas, pour accorder et maintenir à la sainte eucharistie son caractère de sacrifice dans leurs essais de donner à ce mystère un exposé et une forme cultuelle qui conviennent à notre époque.

Maastricht, 1966 S. TROOSTER S.J.

Au cours des discussions qui suivirent l'exposé de S. Trooster, pas mal d'auditeurs se déclarèrent d'accord sur la nécessité de souligner le caractère sacrificiel de la célébration eucharistique. On accepta aussi généralement le recours à la notion d'anamnèse pour expliquer en partie le rite eucharistique, tout en soulignant, ainsi que S. Trooster le reconnut lui-même (cfr p. 257), qu'elle ne suffit pas à rendre compte de la « transsubstantiation ».

L'EUCHARISTIE NÉOTESTAMENTAIRE

Déjà à plusieurs reprises nous avons abordé l'étude des textes néotestamentaires sur l'eucharistie [1]. En cette nouvelle contribution, nous voudrions les poursuivre en fonction de quelques publications récentes, en particulier de la plaquette de Willy Marxsen [2].

---

1. J. Coppens, *L'offrande des fidèles dans la liturgie eucharistique ancienne*, dans *Cours et Conférences des Semaines liturgiques (Huy 1926)*, t. V, p. 99-123, Louvain, 1927. — *Les prières de l'offertoire et le rite de l'offrande*, dans *Cours et Conférences des Semaines liturgiques (Louvain, 1927)*, t. VI, p. 185-196, Louvain, 1928. — *Le mystère eucharistique et les mystères païens. L'eucharistie est-elle une célébration de mystère ?*, dans *Cours et Conférences des Semaines liturgiques (Tournai, 1928)*, t. VII, p. 111-134, Louvain, 1929. — *Les soi-disant analogies juives de de l'eucharistie*, dans *Eph. Theol. Lov.*, 1931, t. VIII, p. 238-248. — *Eucharistie*, dans *Dict. Bible. Supplément*, 1933, t. II, col. 1146-1152. — *Les origines de l'eucharistie d'après les livres du Nouveau Testament*, dans *Eph. Theol. Lov.*, 1934, t. XI, p. 30-60. — *Eucharistie* (suite et fin), dans *Dict. Bible. Supplément*, 1934, t. II, col. 1153-1215. — *Les origines de l'eucharistie d'après les livres du Nouveau Testament*, dans *Eucharistie. Encyclopédie populaire sur l'eucharistie*, p. 3-16, Paris, 1934. — *Miscellanées bibliques. XXIV. Mysterium fidei*, dans *Eph. Theol. Lov.*, 1957, XXXIII, p. 483-506. — *L'eucharistie, sacrement et sacrifice de la nouvelle alliance, fondement de l'Église*, dans *Aux origines de l'Église. Recherches bibliques*, t. VII, p. 125-152, Bruges-Paris, 1964. — *Miscellanées bibliques*. XXXIV. *L'eucharistie dans le Nouveau Testament*, dans *Eph. Theol. Lov.*, 1965, t. XLI, p. 142-147. — *Die Eucharistie, Sakrament und Opfer des Neuen Bundes*, dans *Vom Christus zur Kirche*, p. 159-201, Vienne, 1966.

2. Willi Marxsen, *Das Abendmahl als christologisches Problem*, Gütersloh, 1965. — Parmi les articles les plus récents sur l'eucharistie, relevons R. H. Fuller, *The Double Origin of the Eucharist*, dans *Bibl. Research*, 1963, t. VIII, p. 60-72. — Sv. Aalen, *Das Abendmahl als Opfermahl im Neuen Testament*, dans *Nov. Test.*, 1963, t. VI, p. 128-152. — J. Alonzo Díaz, *Los elementos de la tradición eucarística en relación con Jesucristo*, dans *Rev. Esp. Teol.*, 1963, t. XXXII, p. 47-60. — L. Dequeker, *Het genre van de Joodse zegen in de eucharistie*, dans *Coll. Mechl.*, 1963, t. XLVIII, p. 529-548. — B. Fraigneau-Julien, *Éléments de la structure fondamentale de l'eucharistie*, II. *Le sacrifice*, dans *Rev. Sc. Rel.*, 1963, t. XXXVII, p. 321-344. — D. Augsburger, *John and the Institution of the Lord's Supper*, dans *Andrews University Seminary Studies*, 1963, t. I, p. 3-24. — C. H. C. MacGregor, *The Eucharist in the Fourth Gospel*, dans *New Test. Stud.*, 1963, t. IX, p. 111-119. — V. Parkin, *Sunesthiein in the New Testament*, dans *Studia Evangelica*, 1964, t. III, 2, p. 250-253. — G. D. Kilpatrick, *L'eucharistie dans le Nouveau Testament*, dans *Rev. Théol. Phil.*, 1964, t. XCVII, p. 193-204. — O. S. Brooks, *The Johannine Eucharist. Another Interpretation*, dans *Journ. Bibl. Lit.*, 1963, t. LXXXII,

Notre attention se portera surtout sur trois problèmes. Nous nous demanderons successivement lequel des quatre textes qui nous livrent les paroles de la cène doit être considéré comme le plus primitif ; puis quel est le *Sitz im Leben* originel de ces paroles ; enfin dans quelle mesure nous sommes à même de reconstituer pour la période apostolique une évolution dans le sens que ces paroles comportent.

I

Nous pouvons être bref en ce qui concerne le premier problème. Dans nos dernières études sur l'eucharistie, nous avons opté pour la priorité de la rédaction paulinienne [3]. La version de Marc et à fortiori celle de Matthieu sont secondaires [4]. Quant à Luc, il dépend, à ce que beaucoup pensent, de la tradition paulinienne [5].

Nous n'avons pas, semble-t-il, à modifier ces conclusions. Nous pouvons au contraire verser au débat en faveur du caractère secondaire de Matthieu diverses considérations en partie nouvelles. Il est frappant que Matthieu vise à unir les actes et les paroles qui constituent la cène, y compris le logion eschatologique, en une seule unité qui possède un caractère plus nettement liturgique. A cette fin tendent l'*ἐκ τούτου τοῦ γενήματος* (v. 29), le *γάρ* du v. 28, le *λέγω δὲ ὑμῖν* du v. 29, et peut-être même le *δούς* du v. 26. Puis le fait que Matthieu insiste sur l'invitation adressée aux apôtres pour manger (*φάγετε*) et boire (*πίετε*) peut impliquer, ainsi que nous l'examinerons plus loin, que l'accent s'est déplacé sur les actes rituels, sacramentels, de la communion au corps et au sang de Jésus. Signalons encore l'addition *εἰς ἄφεσιν ἁμαρτίων* (v. 28) et celle d'*ἀπ' ἄρτι* au v. 29, qui paraît impliquer que le Christ lui-même n'a pas bu de la coupe et en souligne ainsi le caractère strictement eucharistique pour autrui. Enfin on propose de retenir encore comme modifications matthéennes l'expression *βασιλείᾳ τοῦ πατρός μου* (v. 29), l'addition de *ὁ Ἰησοῦς* (v. 26) et celle de *τοῖς μαθηταῖς* (v. 26), qui laisse peut-être entendre que le rite eucharistique n'est pas réservé aux seuls apôtres.

p. 293-300. — O. T. ALLIS, *The Communion of the Blood of Christ*, dans *Christianity Today*, 1965, t. IX, p. 607-608. — W. THÜSING, *Das Opfer der Christen nach dem Neuen Testament*, dans *Bibel und Leben*, 1965, t. VI, p. 37-50. — R. T. ADAMS, *The Eucharistie Texts of the Didache*, dans *Dunwoodie Review*, 1965, t. VI, p. 7-24. — J. L. TEICHER, *Ancient Eucharistic Prayers in Hebrew*, dans *Jew. Quart. Rev.*, 1963, p. 99-109. — I. MANCINI, *Prières eucharistiques anciennes*, dans *Terre Sainte*, 1965, p. 19-23.

3. *L'eucharistie, sacrement et sacrifice de la nouvelle alliance, fondement de l'Église*, p. 142-144.

4. *Ibid.*, p. 143-144, où nous estimons toutefois que les deux traditions peuvent faire valoir des raisons pour leur ancienneté.

5. *Ibid.*, p. 130-135.

Nous pourrions encore relever l'addition μεθ' ὑμῶν (29), d'où l'on pourrait inférer par contraste qu'au moment de la cène le Sauveur n'a pas pris part au repas. Mais l'étude du logion relatif au banquet eschatologique ne doit pas nous retenir en ce moment [6].

II

Passons au *Sitz im Leben* littéraire des paroles eucharistiques. Un article récent a repris le problème de leur contexte et conclut qu'elles constituent une insertion plus ou moins maladroite dans le texte primitif de Marc [7]. Voici les raisons alléguées en faveur de cette prétendue insertion.

L'article fait remarquer en premier lieu qu'on peut retrancher du texte de Marc le v. 22b : καὶ εἶπεν· λάβετε· τοῦτό ἐστιν τὸ σῶμά μου, et le v. 24 : καὶ εἶπεν αὐτοῖς· τοῦτό ἐστιν τὸ αἷμά μου τῆς διαθήκης τὸ ἐκχυννόμενον ὑπὲρ πολλῶν, sans nuire à la suite du récit. Bien au contraire, à retrancher ces données, la narration se déroule sans le moindre heurt. Elle nous met en présence d'un repas solennel comprenant, à côté du pain, une coupe de vin, et le Sauveur rattache à celle-ci tout naturellement le logion touchant le banquet eschatologique, faisant ainsi de la cène un banquet d'adieu.

Le récit abrégé ainsi reconstitué aurait d'autant plus de chances d'être primitif qu'on le retrouve à peu près intégralement dans ce qu'on appelle la version brève de Luc, chapitre XXII, versets 15-18. Le troisième évangéliste atteste en cette péricope une cène également non eucharistique et la distribution d'une coupe à laquelle se rattache pareillement le logion sur le banquet eschatologique.

Plusieurs désharmonies dans la rédaction actuelle de Marc confirmeraient l'insertion : 1. Les paroles qui expliquent le vin sont dites par Jésus alors que les disciples sont censés avoir déjà bu de la coupe ; elles viennent donc trop tard ; indice d'une addition maladroite [8]. 2. Le Christ se réfère au contenu de la coupe en l'appelant « fruit de la vigne », alors qu'il l'aurait déjà désigné comme son sang [9]. 3. Enfin comment le Christ aurait-il pu appeler encore vin « nouveau » celui du banquet eschatologique s'il venait de parler déjà du vin de l'alliance « nouvelle » ? [10]

---

6. Cfr J. Coppens, *L'eucharistie dans le Nouveau Testament*, dans *Eph. Theol. Lov.*, 1965, t. XLI, p. 142-147.

7. S. Dockx, *Le récit du repas pascal, Marc 14, 17-26*, dans *Biblica*, 1965, t. XLVI, p. 445-453.

8. *Ibid.*, p. 448.

9. *Ibid.*, p. 448.

10. *Ibid.*, p. 448.

Que valent ces considérations qui ne sont pas très neuves ?

Les deux dernières tiennent au sens et surtout à la place que l'on assigne au logion touchant le banquet eschatologique. Cette parole a-t-elle introduit ou plutôt clôturé le banquet ?

D'après Luc, le logion est à situer au début de la cène. Quant à son sens, il n'est pas exclu que le Sauveur entendait signifier qu'il ne comptait pas prendre part au repas. Th. Zahn accepte ce sens pour le texte de Matthieu et J. Jeremias le défend longuement pour la tradition de Luc [11]. W. Grundmann paraît accepter l'exégèse de J. Jeremias, y compris l'interprétation très particulière que cet auteur attribue à ce qu'il appelle un jeûne rituel de Jésus [12]. Nous n'avons pas besoin de suivre Joachim Jeremias dans ses vues originales pour admettre la possibilité que le logion de *Mc.*, XIV, 25 ait ouvert le banquet. Au reste, dès que l'on admet, — et c'est l'opinion qui prévaut jusqu'à maintenant, — que la dernière cène eut lieu dans le cadre d'une célébration pascale, il n'est pas douteux que plus d'une coupe ait circulé.

Une seule désharmonie est de nature à nous troubler, à savoir le fait qu'au v. 23 l'acte de boire est mentionné avant les paroles qui s'y rapportent au v. 24. Le fait n'a pas échappé aux commentateurs. Déjà Gustav Wohlenberg y attirait l'attention [13]. Contrairement à son habitude, notait-il, Marc se sert non de l'imparfait mais de l'aoriste : *καὶ ἔπιον*. Mais précisément ce détail enlève beaucoup à la pertinence de la remarque. Le texte de Marc est avant tout narratif. Rien d'étonnant qu'il rapporte les actes avant les paroles. Au reste qu'on veuille remarquer que la phrase : *καὶ ἔπιον ἐξ αὐτοῦ πάντες* se présente comme une parenthèse, peut-être provoquée par le désir de l'évangéliste d'insister sur l'unicité du calice circulant parmi ceux qui étaient présents et sur la participation de tous à la même coupe. A retrancher l'incise, le parallélisme entre la description des deux rites est frappant. La seule différence qui subsiste, à savoir l'absence d'un *πίετε*, correspondant au *λάβετε* du v. 22, s'explique par l'introduction de la phrase en discussion. Certes, il y a aussi la présence de deux termes différents, *εὐλογήσας* et *εὐχαριστήσας*, mais ceux-ci se retrouvent dans Matthieu, et il n'est pas exclu que l'emploi des deux termes se justifie. Chacun d'eux exprimerait une nuance, une action spéciale.

Est-ce à dire maintenant que la péricope qui raconte l'institution de l'eucharistie a dès ses origines appartenu littérairement au récit de la

---

11. J. JEREMIAS, *Die Abendmahlsworte Jesu*, 3e éd. Goettingue, 1960, p. 201, 199-209.

12. W. GRUNDMANN, *Das Evangelium nach Lukas*, 2e éd., dans *Theol. Handkommentar NT*, Berlin, 1961, p. 393.

13. G. WOHLENBERG, *Das Evangelium des Markus ausgelegt*, 1re et 2e éd., dans *Kommentar zum Neuen Testament*, t. II, Leipzig, 1910, p. 351.

passion ? En la matière, la discussion n'est pas close. La reprise de ἐσθιόντων en *Mc.*, XIV, 22 ; *Mt.*, XXVI, 26 ; l'absence de toute mention des δώδεκα, l'absence aussi de toute référence claire au cadre pascal que la péricope précédente a mise en relief, amènent certains auteurs à penser que la péricope sur la cène pourrait dériver d'une autre source que le reste du récit de la passion. Wilfred L. Knox par exemple envisageait deux traditions qu'il appelait respectivement *Disciples' source* et *Twelve-source* [14]. Mais quelle que soit la solution de ce problème, les indices cités ne nous engagent pas à distinguer à l'intérieur même de la péricope eucharistique marcienne deux stratifications, et ils ne suffisent pas à justifier une opinion qui ne rattacherait plus la cène eucharistique au repas célébré par Jésus avec ses apôtres la veille de sa mort.

III

Nous devons aborder en troisième lieu l'évolution du rite et des croyances eucharistiques telle que W. Marxsen estime pouvoir la reconstituer. Il conviendrait d'y distinguer ce que cet auteur appelle lui-même d'une part une préhistoire toute conjecturale et, de l'autre, une esquisse plus strictement historique qui s'appuierait solidement sur les textes. Cette dernière, celle qui nous intéresse le plus, comprendrait les étapes suivantes : d'abord les vues que l'apôtre Paul est censé reprendre à la tradition et qu'il expose en *I Cor.*, XI, 20-34 ; puis les spéculations propres à Paul qu'il nous lègue dans ce qu'on pourrait appeler un *midrash* eucharistique, *I Cor.*, X, 16-17 ; en troisième lieu se présente à nous le texte marcien ; il est relayé en quatrième lieu par la rédaction matthéenne ; enfin W. Marxsen nous renvoie à quelques textes post-apostoliques où l'évolution sacramentelle a atteint son apogée [15].

La tradition que Paul rapporte dans *I Cor.*, XI, 23-25 n'ignore pas que l'eucharistie primitive faisait partie d'un repas complet (v. 25), puis que les rites sur le pain et le vin étaient primitivement distincts et par conséquent qu'ils n'apparaissaient pas nécessairement complémentaires, enfin que l'accent tombait sur l'action du Christ, c'est-à-dire sur son « eucharistie », « son action de grâces », et sur la distribution communautaire du pain et du vin, et non pas sur l'assimilation des aliments par les chrétiens dans une communion sacramentelle, ni à fortiori sur les aliments eux-mêmes.

---

14. W. L. Knox, *The Sources of the Synoptic Gospels*. Edited by H. Chadwick, t. I, *St Mark*, Cambridge, 1953, p. 116-125. — *Mc.*, XIV, 22-25 appartiendrait à la « Disciples' source » (p. 116). Cfr W. Burgers, *De overlevering van het laatste avondmaal in het kader van het passieverhaal. Een literair-critisch onderzoek van Mc. XIV, 1-25 en Mt. XXVI, 1-29*. Licenciaatsproefschrift, Leuven, 1958.

15. W. Marxsen, *op. cit.*, p. 26, avec renvoi à Ign., *Eph.*, 20, 2.

Selon Marxsen, les Corinthiens s'étaient déjà écartés de la tradition prépaulienne, notamment en reportant l'eucharistie toute entière à la fin du repas et en unissant ainsi étroitement les rites du pain et du vin. En outre, des conceptions sacramentelles et sacrificielles avaient commencé à s'introduire. Devant ces innovations qu'il constate, l'Apôtre réagit diversément. S'il s'efforce de conserver au rite eucharistique la signification d'un repas de fraternité, s'il ne rapproche pas le pain-corps et le vin-sang jusqu'à en faire une unité sacrificielle, — en ce cas, il se serait servi des vocables *σάρξ* et *αἷμα*, — il accepte que désormais l'eucharistie se célèbre après le repas [16]. Il en résulte qu'elle tend à devenir un acte strictement cultuel, liturgique. Puis, en *I Cor.*, X, 16-17, l'Apôtre montre qu'il attache de l'importance aux éléments eucharistiques comme tels. La *koinônia* réalisée par l'eucharistie n'est plus seulement une fraternité mais une réalité sacramentelle, une union mystérieuse avec le Seigneur [17]. Le rapprochement, antithétique bien entendu, établi par l'Apôtre entre le repas eucharistique et les repas sacrificiels païens confirma et accentua l'évolution vers une conception sacramentelle. Elle contribua également à introduire dans la célébration et la théologie eucharistiques un aspect sacrificiel [18]. Toutefois on ne peut pas croire que Paul s'est déjà représenté l'efficacité ou la causalité sacramentelle par manière de « transmission matérielle » de ce qu'on pourrait appeler la grâce. W. Marxsen en voit la preuve dans le fait que Paul n'attribue même pas une telle transmission à la manducation des idolothytes. Puisque les fidèles qui possèdent une foi éclairée peuvent acheter les viandes offertes aux idoles et les consommer, n'est-ce pas la preuve que l'Apôtre n'y incluait aucune substance ou vertu spéciales ? Tout nous inviterait donc à penser que l'Apôtre envisageait de la même façon les éléments du repas cultuel eucharistique [19].

Dans Marc et Matthieu, les aspects sacramentels et sacrificiels ont pris nettement plus d'importance. Cela résulte d'abord des formules liturgiques invitant les fidèles à boire et à manger. La manducation individuelle des aliments eucharistiques serait ainsi devenue l'aspect principal du rite. Cela résulte ensuite de la modification importante que la parole consacrant le vin a subie [20]. Dans les évangiles de Matthieu et de Marc, l'idée sacrificielle affleure de deux côtés : d'abord par référence au sacrifice de l'alliance sinaïtique et puis par allusion au martyre sacrificiel du Serviteur de Yahvé.

---

16. *Ibid.*, p. 8-10. — J. J. von Allmen, *Essai sur le repas du Seigneur*, dans *Cahiers théologiques*, n° 55, Neuchâtel, 1966, p. 96, n. 60, admet l'équivalence de *σῶμα* et *σάρξ* pour constituer un binôme sacrificiel avec *αἷμα*,
17. W. Marxsen, *op. cit.*, p. 12-13.
18. *Ibid.*, p. 13-14.
19. *Ibid.*, p. 14.
20. *Ibid.*, p. 15.

Pour W. Marxsen, ni la conception de Marc et de Matthieu, ni celle de l'apôtre Paul, ni même celle que Paul a reçue lui-même par voie de tradition ne peuvent remonter à Jésus [21]. Ces diverses conceptions prétendent rendre présentes les réalités eschatologiques sous des catégories matérielles, alors que les Palestiniens n'ont pu concevoir une telle présence que sur un plan temporel par anamnèse ou par anticipation imaginative [22]. En outre, elles supposent toutes un cadre ecclésial. Or on ne peut prêter au Christ l'intention et l'idée de fonder une Église [23]. Puis le fait de se représenter l'Église comme le corps du Christ répugne également à une mentalité juive. Nous sommes en l'occurrence confrontés avec un concept hellénique [24]. Enfin même le cadre assigné aux paroles eucharistiques est déjà une donnée que la recherche historique ne peut plus garantir. Il s'agit tout simplement d'une datation qu'on pourrait appeler théologique [25]. Et l'auteur de nous renvoyer à l'hypothèse qui cherche à détacher la péricope sur la dernière cène de son cadre actuel, c'est-à-dire du récit de la passion.

Au terme d'une critique aussi négative, et, disons-le tout de suite, somme toute peu originale, W. Marxsen s'efforce de donner au repas célébré par Jésus la veille de sa mort un autre contenu. Il avoue loyalement ne plus disposer de documents suffisants pour tenter une reconstitution sûre et objective des faits. Se basant d'une part sur le rôle tenu par les repas dans la vie de Jésus et notamment sur les récits fortement eucharistiés de la multiplication des pains [26], et, d'autre part, sur les mentions d'une fraction de pain dans les textes les plus anciens des Actes, il croit ne pas se tromper en se représentant la dernière cène comme un simple repas de fraternité, anticipant la venue du règne de Dieu et plus particulièrement le banquet eschatologique qui y deviendra le privilège des élus.

IV

A tout prendre, les vues sur l'évolution du rite eucharistique dont nous venons de prendre connaissance, offrent, nous l'avons déjà noté, peu de données ou de considérations critiques nouvelles.

Elles retracent une évolution qui se heurte à des difficultés nombreuses, qui nous paraissent insurmontables. Elles postulent notamment qu'une

21. *Ibid.*, p. 19.
22. *Ibid.*, p. 23.
23. *Ibid.*, p. 18.
24. *Ibid.*, p. 16, 22, 27.
25. *Ibid.*, p. 18.
26. *Ibid.*, p. 19-21. — Cfr A. HEISING, *Die Botschaft der Brotvermehrung*, dans *Stuttgarter Bibel-Studien*, nº 15, Stuttgart, 1966.

signification presque entièrement nouvelle s'est substituée rapidement aux actes posés par Jésus et que toutes les églises ont fini très vite par s'y rallier. Ce n'est pas évidemment le simple fait que les deux rites ont été juxtaposés et postposés au repas profane qui a pu introduire cette portée entièrement nouvelle. Ce n'est pas davantage la mentalité hellénistique des Corinthiens, à peine convertis, qui a pu élaborer et surtout imposer à l'Apôtre et à toutes les églises la conception nouvelle du repas du Seigneur. Paul lui-même peut difficilement passer pour l'artisan de la prétendue nouvelle foi eucharistique, sacramentelle et sacrificielle, vu qu'il nous déclare tenir cette foi par tradition [27]. Enfin comment mettre en doute l'affirmation nette et claire de l'Apôtre touchant le cadre concret des paroles eucharistiques, alors que d'un point de vue historique elles se situent parfaitement la veille de la mort de Jésus et qu'elles conviennent si bien à refléter les sentiments qui ont dû animer en ce moment le Sauveur [28] ?

V

Il nous reste à dire un mot sur les apports des recherches récentes sur la signification du rite eucharistique telle qu'elle se dégage des paroles dites par Jésus.

La foi chrétienne traditionnelle voit dans le mystère eucharistique un sacrifice et un sacrement, à savoir le sacrement de la présence réelle du Christ parmi les siens. Les théologiens réformés ont en général éprouvé plus de difficultés à accepter le caractère sacrificiel que la valeur sacramentelle du rite. Or, à mon avis, on s'attendrait plutôt au contraire [29].

---

27. Cfr W. GOOSSENS, *Les origines de l'eucharistie, sacrement et sacrifice*, dans *Un. Cath. Lov. Diss. ad gradum Magistri S. Th.*, sér. II, t. XXII, Gembloux, 1931.

28. Cfr J. J. VON ALLMEN, *op cit.*, p. 95 : « Jésus se sait le Messie et il donne par conséquent à sa mort une portée messianique : la portée d'un sacrifice déterminant pour l'histoire du monde. »

29. Deux ouvrages récents, celui de J. J. VON ALLMEN, *op. cit.*, et celui de J. DE WATTEVILLE, *Le sacrifice dans les textes eucharistiques des premiers siècles*, dans *Bibliothèque théologique*, Neuchâtel, 1966, tendent à revoir les positions réformées. Selon J. J. von Allmen, deux notions chères à l'Église ancienne sont importantes pour une intelligence de l'eucharistie, à savoir celles d'*anamnèse* et d'*épiclèse*. La première sert surtout à éclaircir l'aspect sacrificiel tandis que la seconde éclaire surtout le caractère sacramentel de l'eucharistie.

Parmi les ouvrages auxquels J. DE WATTEVILLE se réfère, relevons : F. WIELAND, *Mensa und Confessio*, Munich, 1906. — F. WIELAND, *Der vorirenäische Opferbegriff*, Munich, 1909. — M. GOGUEL, *L'eucharistie des origines à Justin Martyr*, Paris, 1910. — E. DORSCH, *Der Opfercharakter der Eucharistie einst und jetzt*, 2e éd., Innsbruck, 1911. — G. P. WETTER, *Altchristliche Liturgien. I. Das christliche Mysterium*, Goettingue, 1921. — II. *Das christliche Opfer*, Goettingue, 1922. — H. LIETZMANN, *Messe und Herrnmahl*, Bonn, 1926. — P. BATIFFOL, *L'eucharistie*,

Acceptons, pour simplifier la discussion, comme point de départ le texte réduit à sa plus simple expression telle que par exemple d'aucuns nous paraissent le reconstituer par manière de formule primitive : « *Il prit le pain, prononça une action de grâces* (ou éventuellement : *une*

---

la présence réelle et la transsubstantiation, 9e éd., Paris, 1930. — O. CULLMANN, *La signification de la sainte Cène dans le christianisme primitif*, dans *Rev. Hist. Phil. Rel.*, 1943, 1-22. — M. BARTH, *Das Abendmahl : Passamahl, Bundesmahl und Messiasmahl*, Zurich, 1945. — F. J. LEENHARDT, *Le sacrement de la sainte Cène*, Neuchâtel, 1948. — O. CULLMANN, *Les sacrements dans l'évangile johannique*, Paris, 1951. — J. A. JUNGMANN, *Missarum solemnia*, 2 vol., Paris, 1954. — R. K. YERKES, *Le sacrifice dans les religions grecque et romaine et dans le judaïsme primitif*, Paris, 1955. — K. G. KUHN, *Repas cultuel essénien et Cène chrétienne*, dans *Les Manuscrits de la mer Morte. Colloque de Strasbourg*, p. 75 ss., Paris, 1957. — A. JAUBERT, *La date de la sainte Cène*, Paris, 1957. — R. D. RICHARDSON, *Supplementary Essay*, dans H. LIETZMANN, *Mass and Lord's Supper*, Leyde, 1958-1965. — M. THURIAN, *L'eucharistie. Mémorial du Seigneur. Sacrifice d'action de grâces et d'intercession*, Neuchâtel, 1959. — A. BENOIT, *Saint Irénée. Introduction à sa théologie*, Paris, 1960. — P. A. H. DE BOER, *Gedenken und Gedächtnis in der Welt des Alten Testaments*, Stuttgart, 1962. — J. A. JUNGMANN, *La liturgie des premiers siècles*, Paris, 1962. — B. BOTTE, *La Tradition apostolique d'Hippolyte*, Munster, 1963. — W. SCHOTTROFF, *Gedenken im alten Orient und im Alten Testament*, Neukirchen-Vluyn, 1963. — J. PLOOY, *De mysterieleer van Odo Casel*, Zwolle, 1964. — P. PRIGENT, *Apocalypse et liturgie*, dans *Cahiers théologiques*, nº 52, Neuchâtel, 1964. — J. DE BACIOCCHI, *L'eucharistie*, Tournai, 1964.

On consultera encore : I. W. RAYMOND, *The Teaching of the Early Church on the Use of Wine and Strong Drink*, New York, 1927. — A. D'ALÈS, *De sanctissima eucharistia*, Paris, 1929. — Y. BRILIOTH, *Eucharistic Faith and Practice Evangelical and Catholical*. Authorized Translation by A. G. HEBERT, Londres, 1930. — P. BENOIT, *Le récit de la cène dans Luc, 22, 15-20*, dans *Rev. Bibl.*, 1939, p. 357-393 et *Exégèse et Théologie*, t. I, p. 163-209, Paris, 1961. — E. GAUGLER, *Das Abendmahl im Neuen Testament*, Zurich, 1943. — Y. DE MONTCHEUIL, *Signification eschatologique du repas eucharistique*, dans *Rech. Sc. Rel.*, 1946, t. XXXIII, p. 10-43. — Th. F. TORRANCE, *Le sacerdoce royal*, dans *Verbum Caro*, Neuchâtel, 1955. — J. A. JUNGMANN, *Vom Sinn der Messe als Opfer der Gemeinschaft*, 3e éd., dans *Christ Heute*, 3e sér., fasc. 8, Einsiedeln, 1955. — F. J. LEENHARDT, *Ceci est mon corps. Explication de ces paroles de Jésus-Christ*, dans *Cahiers théologiques*, nº 37, Paris, 1955. — C. COLOMBO, *Teologia, filosofia e fisica nella trasustanziazione*, dans *La Scuola Catt.*, 1955, t. LXXXIII, p. 89-124 ; *Ancora sulla trasustanziazione, ibid.*, 1956, t. LXXXIV, 263-288. — B. LEEMING, *Principles of Sacramental Theology*, Londres, 1956. — Ch. JOURNET, *La Messe. Présence du sacrifice de la croix*, dans *Textes et études théologiques*, Bruges, 1957. — *Zur Lehre vom heiligen Abendmahl. Bericht über das Abendmahlsgespräch der Evangelischen Kirche in Deutschland 1947-1957 und Erläuterungen seines Ergebnisses*, 5e éd., Munich, 1958. — J. P. AUDET, *Esquisse historique du genre littéraire de la « Bénédiction » juive et de l'« Eucharistie » chrétienne*, dans *Rev. Bibl.*, 1958, p. 371-399. — G. LUCCHESI, *Mysterium fidei. Il testo della consacrazione eucaristica nel canone romano*, dans *Bibl. Cardinale Gaetano Cicognani*, fasc. 4, Faenza, 1954. — P. Y. EMERY, *Le sacrement eucharistique selon les théologiens réformés français du XVIIe siècle*, dans *Verbum Caro*, Neuchâtel, 1959. — B. GÄRTNER, *John 6 and the Jewish Passover*, dans *Coniectanea neotestamentica*, nº XVII, Lund, 1959. — A. M. ROGUET,

bénédiction), le rompit et le leur donna en disant : (Prenez ?) ceci est mon corps qui est donné pour vous. Faites ceci en mémoire de moi. De même le calice après le repas en disant : Ce calice est le nouveau testament en

---

L'eucharistie, dans *Saint Thomas : Somme théologique*, Tournai, 1960. — A. HAAS, *Die Abendmahlsgemeinschaft in der EKD*, dans *Theologische Existenz Heute*, Munich, 1960. — Fr. CLARK, *Eucharistie Sacrifice and the Reformation*, Londres, 1960. — *Lutherische Abendmahlslehre heute*, Goettingue, 1960. — *Aktuelle Fragen zur Eucharistie herausgegeben von* M. SCHMAUS, Munich, 1960. — H. HAAG, *Das Opfer im Alten Testament*. B. ALFRINK, *Biblischer Bundesgedanke und eucharistische Feier*. — M. LÖHRER, *Die Messe als Opfer der Kirche in der Zeit der Kirche*, dans *Bibl. Beiträge*, nouv. sér., nº 1, Einsiedeln, 1961, p. 17-27, 28-41, 42-58. — *Die Eucharistie im Verständnis der Konfessionen herausgegeben von* Thomas SARTORY, Recklinghausen, 1961. — R. R. BROWN, *The Eucharist and Baptism in St John*, dans *Proceedings of the Catholic College. Teachers of Sacred Doctrine*, 1962, t. VIII, p. 14-33. — E. J. BICKERMANN, *Bénédiction et Prière*, dans *Rev. Bibl.*, 1958, p. 524-532. — O. CASEL, *Faites ceci en mémoire de moi*, dans *Lex Orandi*, XXXIV, Paris, 1962. — *True Worship. The Fifth Downside Symposium edited* by L.SHEPPARD, Londres, 1963. — O. CASEL, *La fête de Pâques dans l'Église des Pères*, dans *Lex Orandi*, XXXVII, Paris, 1963. — A. AMBROSIANO, *Il sacramento della Nuova Pasqua*, dans *Asprenas*, 1963, t. X, p. 3-24. — A. AMBROSIANO, *La dottrina eucaristica in S. Giovanni secondo le recenti discussioni tra i protestanti*, dans *Rivista Biblica*, 1963, p. 1-20. — E. RUCKSTUHL, *Die Chronologie des letzten Mahles und des Leidens Jesu*, dans *Biblische Beiträge*, nouv. sér., nº 4, Einsiedeln, 1963. — J. M. R. TILLARD, *L'Eucharistie Pâque de l'Église*, dans *Unam Sanctam*, XLIV, Paris, 1964. — W. L. BOELENS, *Die Arnoldshainer Abendmahlsthesen*, Assen, 1964. — H. JORISSEN, *Die Entfaltung der Transsubstantionslehre bis zum Beginn der Hochscholastik*, Munster-en-W., 1965. — L. SMITS, *Vragen rondom de eucharistie*, Ruremonde, 1965. — R. SONNEN, *Transsubstantiatie*, dans *Verbum*, 1965, t. XXXII, p. 223-238. — J. WILKINSON, *The Supper and the Eucharist. A Layman's Guide to Anglican Revision*, Londres, 1965. — K. RAHNER, *L'eucharistie et les hommes d'aujourd'hui*. Traduit par Charles MULLER, Tours, 1965. — J. BETZ, *Die Eucharistie*, dans *Wort und Sakrament herausgegeben von* H. FRIES, p. 146-178, Munich, 1965. — PAUL VI, *Mysterium fidei. Encyclique du 3 septembre 1965*, Paris, 1965. — P. LEBEAU, *Le vin nouveau du royaume*, dans *Museum Lessianum. Section biblique*, nº 5, Bruges, 1966. — B. NEUNHEUSER, *L'eucharistie*. II. *Au Moyen Age et à l'époque moderne*, dans *Histoire des Dogmes*, Paris, 1966. — R. E. BROWN, *The Gospel according to John I-XII*, dans *Anchor Bible*, New York, 1966. — J. DELMOTTE, *Mysterium fidei. Recente publikaties over de Eucharistie*, dans *Coll. Brug. Gand.*, 1966, t. XII, p. 3-25. — J. P. DE JONG, *De eucharistie. Symbolische werkelijkheid*, Hilversum, 1966. — E. SCHILLEBEECKX, *Christus' tegenwoordigheid in de Eucharistie*, Bilthoven, 1966. — J.A.T. ROBINSON, *Le Corps. Étude sur la théologie de saint Paul*. Traduit par P. DE SAINT-SEINE, S. J. Préface à la traduction française par J. GUILLET, dans *Parole et Tradition*, Lyon, 1966. — H. M. FÉRET, *Eucharistie pâque de l'Univers*, dans *Foi vivante*, Paris, 1966. — L. BOUYER, *Eucharistie. Théologie et spiritualité de la prière eucharistique*, Tournai, 1966. — K. MCDONNELL, *John Calvin, the Church and the Eucharist*, Princeton, 1967. — Th. D. STANKS, *The Eucharist : Christ's Self Communication in a Revelatory Event*, dans *Theol. Stud.*, 1967, t. XXVIII, p. 27-50. — Cfr aussi la note suivante.

mon sang » [30]. On laisserait donc de côté, on s'en sera aperçu, dans les paroles prononcées sur le vin : « *répandu pour beaucoup pour la rémission des péchés* », mais on propose d'ajouter à la parole dite sur le pain : « *qui a été livré pour vous* ». On néglige par conséquent un élément important pour une interprétation sacrificielle. On le réintroduit, il est vrai, sous une forme atténuée, dans la parole sur le pain.

Même dans le texte ainsi hypothétiquement reconstitué, les indices en faveur d'une portée sacrificielle ne font pas défaut. Il y a d'abord le *τὸ ὑπὲρ ὑμῶν διδόμενον*, où le terme *διδόμενον*, évoquant peut-être le don du Serviteur de Yahvé, et le régime circonstanciel *ὑπὲρ ὑμῶν* nous orientent vers une interprétation sacrificielle du rite. Ensuite et surtout il y a la notion d'alliance conclue dans le sang qui nous renvoie à la conclusion sacrificielle du pacte sinaïtique. « Alliance » et « sang » nous mettent en présence d'éléments importants et traditionnels de la théologie sacrificielle biblique [31].

On peut concéder à certains auteurs récents que dans la forme marcienne, matthéenne et lucanienne, à la suite de l'addition de : *τὸ περὶ* (*ὑπὲρ*) *πολλῶν ἐκχυννόμενον*, l'accent sacrificiel s'est déplacé. Grâce à ce bout de phrase, le texte envisage, semble-t-il, moins la présence d'un sacrifice sanglant à la manière des sacrifices de l'Ancienne Loi que la donation sacrificielle du Serviteur souffrant, offrant volontairement sa vie pour autrui, en d'autres termes la présence d'une victime libre s'offrant à Dieu dans et par le martyre en oblation personnelle et spirituelle.

Quelle que soit du reste l'exacte allusion sacrificielle contenue dans les paroles du Christ, il est clair qu'il eut devant les yeux la mort violente qui allait mettre fin à sa carrière. Dès lors, il importe de déterminer le rapport du rite eucharistique avec la mort du Sauveur. A ce qu'il nous paraît, le terme le plus approprié pour exprimer cette relation est fournie par le texte inspiré lui-même, à savoir celui *d'anamnèsis*. C'est par *anamnèsis* dans le sens d'évocation représentative réelle, signifiée par le terme

---

30. H. SCHÜRMANN, *Der Einsetzungsbericht Lk 22, 19-20*, dans *Neutest. Abhandl.*, t. I, II, III, Munster-en-W., 1953, 1955, 1957. — Cfr LE MÊME, *Die Anfänge christlicher Osterfeier*, dans *Theol. Quart. Schrift*, 1951, t. XXXI, p. 414-425; *Das apostolische Interesse am eucharistischen Kelch*, dans *Münch. Theol. Zeitschr.*, 1954, t. IV, p. 223 ss. — Cfr P. NEUENZEIT, *Das Herrenmahl. Studien zur paulinischen Eucharistiefassung*, dans *Studien zum Alten und Neuen Testament*, t. I, Munich, 1960. — J. BETZ, *Die Eucharistie in der Zeit der Griechischen Väter*, t. II, 1 : *Die Realpräsenz des Leibes und des Blutes Jesu im Abendmahl nach dem Neuen Testament*, Fribourg-en-Br., 1961. — J. COPPENS, *L'eucharistie, sacrement et sacrifice de la nouvelle alliance*, p. 125, n. 4.

31. J. J. VON ALLMEN relève comme indices d'une portée sacrificielle : l'allusion à l'agneau pascal, celle à la conclusion de l'alliance sinaïtique, le binôme *σῶμα-σάρξ* et *αἷμα*, l'antithèse paulinienne aux sacrifices païens, les termes *didomenon* et *ekchunnomenon*, le fait que Jésus a voulu donner à sa mort une portée sacrificielle.

zākar en hébreu, que le rite rendra à l'avenir le sacrifice du Sauveur présent à toutes les générations [32].

A diverses reprises, on a tenté de retrouver dans l'épître aux Hébreux diverses allusions à l'eucharistie-sacrifice. Nous n'avons pas besoin de ces textes pour mettre en lumière l'aspect sacrificiel de l'eucharistie, et nous préférons nous en abstenir. Si l'épître en question est d'importance primordiale pour l'interprétation sacrificielle de la mort de Jésus, les textes où elle parlerait de l'eucharistie comme rite commémoratif de cette mort sacrificielle sont d'une interprétation trop délicate et trop compliquée pour conduire à un consensus [33].

Le problème de la présence réelle est autrement compliqué. Depuis longtemps les exégètes catholiques ont renoncé à expliquer le texte à partir d'une analyse du verbe *ἐστιν*, *est*, même si l'on peut dire qu'il était présent dans le texte original araméen sous une forme équivalente [34]. D'autre part, peu d'exégètes se sentiront aujourd'hui tentés de souscrire à l'exégèse telle que Walter Grundmann la propose en 1959. *Den-ha-gûfi* serait à traduire : *Das bin ich*, « Cela je le suis » ; du pain, « c'est cela ce que je suis, ce que je serai pour vous » [35]. En d'autres termes, le Christ aurait voulu exprimer précisément l'idée que plus tard l'évangile de Jean lui prête, à savoir que par la foi il deviendrait pour les siens un pain spirituel. Si cette manière de voir, qui pratiquement élimine le terme *σῶμα*, prenant *gûfi* comme équivalent du pronom personnel, pourrait à la rigueur se soutenir pour le pain, elle n'offre aucun sens pour le logion sur le vin tel que les textes de Marc et de Matthieu le présentent en étroit parallélisme avec la parole sur le pain.

Pour l'intelligence des paroles eucharistiques, il convient de s'adresser au témoin le plus ancien de leur interprétation, c'est-à-dire à saint Paul dans la première épître aux Corinthiens. De tous les passages pauliniens commentant les paroles du Christ, *I Cor.*, XI, 20-23a, 26-34 est, de l'avis

32. J. J. von Allmen se réfère, lui aussi, à la notion d'anamnèse mais estime que la théologie catholique ne l'a pas toujours interprétée correctement. — R. PRENTER (*Connaître Christ.* Texte français établi par Dom Jean EVRARD, O.S.B., dans *Bibl. Théol.*, Neuchâtel, 1966, p. 52-68) reconnaît, lui aussi, à l'eucharistie un caractère sacrificiel, notamment en raison du cadre pascal et de l'anamnèse de la mort du Seigneur, mais il estime que l'Église catholique a mal interprété la portée sacrificielle du rite. Il n'accepte pas toutefois la « messe privée » (p. 65). Même opposition chez J.-J. VON ALLMEN, *op. cit.*, p. 91, n. 51. L'un et l'autre n'arrivent pas à en comprendre le sens.

33. Cfr l'ouvrage cité de W. GOOSSENS pour une analyse des textes de l'Épître aux Hébreux.

34. Cfr J. DUPONT, « *Ceci est mon corps, ceci est mon sang* », dans *Nouv. Rev. Théol.*, 1958, t. LXXX, p. 1025-1041. — J. J. VON ALLMEN, *op. cit.*, p. 79.

35. W. GRUNDMANN, *Das Evangelium des Markus*, 2ᵉ éd., Berlin, 1959, p. 285.

de B. van Iersel, le plus éloquent [36]. Nous souscrivons volontiers à cette manière de voir et avec lui nous déduisons du verset 30 que la présence réelle du Sauveur sous les éléments du pain et du vin n'est pas purement intentionnelle.

Le second texte important, *I Cor.*, X, 16-17 exige, d'après l'auteur cité, une interprétation plus délicate, plus spécieuse [37]. Le verset 16 affirme clairement que les aliments eucharistiques opèrent la communion au sang et au corps du Christ. Toutefois, note B. van Iersel, cette entrée en communion n'implique pas nécessairement que le corps et le sang du Christ soient présents dans les deux éléments, pas plus que le Christ n'est présent dans les eaux du baptême qui nous unissent pourtant à sa mort et à sa résurrection [38].

Remarquons tout de suite que l'analogie n'est pas parfaite. Paul emploie le terme *κοινωνία* uniquement pour la participation mystérieuse au corps et au sang eucharistiques. Et puis, dans la péricope en cause, l'Apôtre établit l'unité de l'Église sur l'unicité du pain eucharistique. Il faut donc qu'il ait en vue une seule et même réalité de salut, mystérieusement présente dans l'eucharistie, à savoir en l'espèce le vrai corps et le vrai sang de Jésus.

Mais ne pourrait-on pas objecter contre le réalisme eucharistique précisément à partir du verset 17a, celui que pourtant B. van Iersel appelle à la rescousse pour donner à son argumentation le poids dont

---

36. B. van Iersel, *De praesentia realis in het Nieuwe Testament*, dans *Praesentia Realis*, Nijmegen, 1963, p. 7-18, notamment p. 14-16.

37. *Ibid.*, p. 12-13.

38. *Ibid.*, p. 13. — Cfr H. Gressmann, *'Η κοινωνία τῶν δαιμονίων*, dans *Zeitschr. Neut. Wiss.*, 1921, t. XX, p. 224-230. — E. Käsemann, *Leib und Leib Christi. Eine Untersuchung zur paulinischen Begrifflichkeit*, dans *Beiträge Hist. Theol.*, t. IX, Tubingue, 1933. — H. Seesemann, *Der Begriff koinônia im Neuen Testament*, dans *Beihefte ZNW*, t. XIV, Giessen, 1933. — A. Wikenhauser, *Die Kirche als der mystische Leib Christi nach dem Apostel Paulus*, Munster, 1937. — E. Percy, *Der Leib Christi in den paulinischen Homologumena und Antilegomena*, dans *Lunds Universitets Årskrift*, nouv. sér., t. XXXVIII, 1, Lund, 1942. — L. Cerfaux, *La théologie de l'Église suivant saint Paul*, 1re éd., dans *Unam Sanctam*, t. X, Paris, 1942. — L. Malevez, *L'Église, corps du Christ. Sens et provenance de l'expression chez saint Paul*, dans *Science religieuse. Travaux et Recherches*, Paris, 1944, p. 27-94. — B. V. Jourdan, *Koinonia in I Cor X, 16*, dans *Journ. Bibl. Lit.*, 1948, t. LXVII, p. 111-124. — W. Goossens, *L'Église corps du Christ d'après saint Paul. Étude de théologie biblique*, dans *Études bibliques*. Série in-4, Paris, 1949. — Th. Soiron, *Die Kirche als Leib Christi nach der Lehre des hl. Paulus*, Düsseldorf, 1951. — G. Bornkamn, *Herrenmahl und Kirche bei Paulus*, dans *Zeitschr. Theol. Kirche*, 1956, t. LIII, p. 312-349. — J. Reuss, *Die Kirche als « Leib Christi » und die Herkunft dieser Vorstellung bei dem Apostel Paulus*, dans *Bibl. Zeitschr.*, 1958, nouv. sér., t. II, p. 103-127. — J. J. Meuzelaar, *Der Leib des Messias. Eine exegetische Studie über den Gedanken vom Leib Christi in den Paulusbriefen*, Assen, 1961. — K. Mahy, *Mündige Gemeinde*, dans *Stuttgarter Biblische Studien*, t. II, Stuttgart, 1967.

elle a besoin [39] ? Le pain eucharistique, pain unique, n'aurait d'autre effet que de symboliser et de constituer visiblement grâce à ce symbolisme l'unité des fidèles, le corps mystique du Christ.

Cette difficulté ne me paraît pas résister à une interprétation fidèle du texte. En l'occurrence, Lucien Cerfaux nous montre la voie. Le *ἓν σῶμα* n'est pas le corps mystique ; c'est l'unique corps du Christ que tous les fidèles atteignent réellement à travers les éléments eucharistiques et dont ils deviennent réellement participants [40].

B. van Iersel insiste sur le fait que dans les deux textes cités la présence du Christ est liée à l'action de manger le pain et de boire le vin comme si la présence ne se réalisait qu'en ce moment [41]. A mon avis, c'est là forcer la portée du texte. Il va de soi que pour une participation au Christ eucharistique la mention de manger ou de boire les éléments eucharistiques est indispensable. L'auteur cité allègue aussi le terme *ἔδωκεν* des synoptiques comme s'il offrait un point d'appui à une explication de la présence eucharistique du Christ par voie de don et de donation. C'est là, me paraît-il, s'engager sans raison suffisante sur la voie d'un rapprochement avec des vues spéculatives récentes sur le mystère eucharistique. Il en va de même quand l'auteur cité s'appuie sur les termes *ὑπὲρ* (*περὶ*) *ὑμῶν* pour y découvrir l'amorce d'une explication faisant appel à la notion de « relation interpersonnelle » [42]. En revanche, notre auteur n'a pas tort quand il remarque que saint Paul n'envisage pas formellement le problème d'une conversion de substances [43], bien que l'insistance sur le *τὸν ἄρτον τοῦτον* (*I Cor.*, XI, 26) et *τὸ ποτήριον τοῦ κυρίου* (*ibid.*, v. 27), expressions qui arrachent le pain et le calice à leur contexte profane ordinaire, insinuent qu'un mystérieux changement s'est accompli.

Remarquons que saint Paul ne parle pas de manger le corps ou de boire le sang. Ces expressions qui renforcent le réalisme, apparaîtront dans le quatrième évangile [44]. On mange et on boit les espèces sacramentelles et, à travers elles, on est assimilé au corps et au sang du Christ. Dans notre précédent article, nous avons essayé d'introduire même une certaine nuance entre ces deux assimilations. Nous estimions que

---

39. B. VAN IERSEL, *art. cit.*, p. 12.

40. L. CERFAUX, *La théologie de l'Église suivant saint Paul*, dans *Unam Sanctam*, t. X, Paris, 1942. — W. GOOSSENS, *L'Église corps du Christ d'après saint Paul. Étude de théologie biblique*, dans *Études bibliques*, Paris 1944.

41. B. VAN IERSEL, *art. cit.*, p. 15. — Cfr sur l'opinion protestante qui limite la présence du Christ à la célébration eucharistique J. J. VON ALLMEN, *op. cit.*, p. 86, n. 35.

42. B. VAN IERSEL, *art. cit.*, p. 9-10.

43. *Ibid.*, p. 16.

44. De même, implicitement dans Matthieu dans la mesure où il introduit les paroles du Christ par *φάγετε* (XXVI, 26. Cfr aussi *Mc.*, XIV, 22) et *πίετε* (XXVI, 27).

le corps désigne surtout le don de la personne du Christ et que le sang vise plus particulièrement l'union à son sacrifice [45].

A la lumière des observations précédentes, il apparaît suffisamment que Paul, les chrétiens auxquels il s'adresse et plus tard les écrits johanniques ont cru à la présence du Seigneur dans les éléments et le repas eucharistiques. Il est plus difficile, voire impossible de préciser comment ils ont conçu plus concrètement la réalisation de cette présence. Peut-être pouvons-nous affirmer qu'en raison de leur conception du monde, il leur était plus facile qu'à nous-même de se le représenter. Il est entendu qu'ils songeaient au Christ glorifié [46] et qu'ils lui attribuaient une existence pneumatique et dès lors une plus grande liberté et puissance de multiplier sa présence, de transcender le temps et l'espace. Il serait vain, croyons-nous, de demander aux textes néotestamentaires de plus amples précisions.

Concluons que l'eucharistie se présente à travers tous les textes comme le don de la personne du Christ par et à travers son sacrifice en tant que nourriture spirituelle. Le rite eucharistique constitue l'*anamnèse* de cette donation sacrificielle et spirituelle ; la dernière cène en fut ce qu'on pourrait appeler la *prosphora*.

Terminons notre exposé en nous demandant s'il est possible de trouver dans le judaïsme, notamment dans le judaïsme hellénistique, quelques textes qui peuvent nous mettre en présence d'un *Sitz im Leben*, d'un climat où la foi eucharistique telle qu'elle s'exprime chez Paul et chez Jean, a pu être plus aisément comprise et accueillie.

On a, faut-il le rappeler, rapproché du vocabulaire, sinon du rite eucharistique, divers passages de l'opuscule *Joseph et Aseneth* que Chr. Burchard a étudiés en dernier lieu : *Untersuchungen zu Joseph und Aseneth. Ueberlieferung-Ortbestimmung*, dans *Wiss. Unters. z. Neuen Testament*, t. VIII, Tubingue, 1965 :

49,3-13 *Οὐκ ἔστι προσῆκον ἀνδρὶ θεοσεβεῖ,*
ὃς εὐλογεῖ τῷ στόματι αὐτοῦ τὸν
θεὸν τὸν ζῶντα, καὶ ἐσθίει ἄρτον
εὐλογημένον ζωῆς, καὶ πίνει
ποτήριον εὐλογημένον ἀθανασίας,
καὶ χρίεται χρίσματι εὐλογημένῳ
ἀφθαρσίας...

---

45. J. Coppens, *L'eucharistie, sacrement et sacrifice de la nouvelle alliance*, p. 157, n. 3 ; p. 158, n. 1.

46. Cfr P. Benoit, *L'Ascension*, dans *Exégèse et théologie*, t. I, Paris, 1961, p. 363-411. — J. J. von Allmen, *op. cit.*, p. 90, n. 49.

56,1 Καὶ ἀνακαίνισον αὐτὴν τῷ πνεύματί
σου τῷ ἁγίῳ,
καὶ φαγέτω ἄρτον ζωῆς σου,
καὶ πιέτω ποτήριον εὐλογίας σου,
καὶ συγκαταρίθμησον τῷ λαῷ σου...

61,4-7 ... καὶ φάγεις ἄρτον ζωῆς εὐλογημένον,
καὶ πίεις πότηριον ἐμπεπλησμένον ἀθανασίας,
καὶ χρίσματι χρισθήσῃ εὐλογημένῳ τῆς ἀφθαρσίας.

64,14s. ἰδοὺ δὴ ἔφαγες ἄρτον ζωῆς,
καὶ ποτήριον ἔπιες ἀθανασίας,
καὶ χρίσματι κέκρισαι ἀφθαρσίας.

69,8-10 ἦλθε δὲ ἄνθρωπος πρός με σήμερον ἐκ τοῦ οὐρανοῦ
καὶ ἐπιδέδωκέ μοι ἄρτον ζωῆς καὶ ἔφαγον,
καὶ ποτήριον εὐλογημένον ἔπιον...

Ps. V,11 και εδωκε μοι φαγειν αρτον ζωης
και... ποτηριον σοφιας.

Après avoir soupesé tous les arguments à l'appui d'une interprétation strictement rituelle, Chr. Burchard conclut fermement par un *non liquet*. Il reste cependant que certaines expressions évoquent curieusement le vocabulaire eucharistique.

Parmi les autres textes invoqués parfois, renvoyons en premier lieu au banquet promis par la Sagesse, en *Sir.*, XXIV, 19, 21 et surtout en *Sir.*, XV, 3, banquet plus ou moins amorcé par un début d'interprétation spirituelle de la manne (*Sap.*, XVI, 26 ; pas XI, 4) et par le thème selon lequel la Sagesse donne l'Esprit (*Sap.*, I, 6-7 ; IX, 17. Texte douteux VII, 22) [47]. Puis signalons également quelques textes de Philon à propos de la manne (*De fuga*, 137), ou du sacrifice de Melchisédech (*Leg. All.*, III, 82), et principalement du don qu'un homme pieux peut faire de sa vie en communion avec le Logos, grand prêtre (*De somn.*, II, 249) [48].

47. M. M. Bourke, *The Eucharist and Wisdom in First Corinthians*, dans *Studiorum Paulinorum Congressus Internationalis Catholicus 1961*, Rome, 1963, p. 367-381.

48. *De fuga*, 137, ed. F. H. Colson-G. H. Whitaker, *Philo with an English Translation*, dans *The Loeb Classical Library*. *Philo*, t. V, Cambridge-Londres, 1949, p. 82-83 : la manne est identifiée avec ῥῆμα θεοῦ καὶ λόγον θεῖον. — *Leg. All.*, III, 82, *ibid.*, *Philo*, t. I, Londres, 1929, p. 354-355 : le vin offert par Melchisédech abreuve les âmes. — *De somn.*, II, 249, *ibid.*, *Philo*, t. V, p. 554-555 : en ce dernier texte, le plus important, le Logos est appelé οἰνοχόος τοῦ θεοῦ καὶ συμποσίαρχος, « the Cup-bearer of God and Master of the feast », qui verse aux convives rien d'autre que Lui-même, οὐ διαφέρων τοῦ πόματος, « who is also none other than the draught which he pours ».

Encore, et peut-être surtout, il y a les textes pauliniens qui voient l'eucharistie typiquement préfigurée dans la manne et l'eau du désert (*I Cor.*, X, 1-11 ; XII, 13) et qui leur attribuent, dans la ligne de ce que la Sagesse impartit à ses fidèles, le don de l'esprit (*I Cor.*, XV, 45. Cfr III, 16).

Enfin, toujours dans le même ordre d'idées il convient d'évoquer le discours johannique sur Jésus pain de vie, discours où les thèmes de la manne et du don de l'esprit reviennent à la surface. S'appuyant sur des contacts du texte johannique avec la littérature paulinienne, d'aucuns estiment qu'il pourrait s'agir en l'occurrence de thèmes à la fois préjohanniques et prépauliniens.

Les textes que nous venons de déceler ne sont pas nombreux, mais il n'est pas exclu qu'on puisse en trouver d'autres. Tels quels ils peuvent, ce nous semble, contribuer à nous faire comprendre que les premiers croyants ont pu s'ouvrir à l'intelligence du *Mysterium fidei* telle qu'elle apparaît au grand jour dans divers témoignages éloquents de l'Église subapostolique [49].

Louvain. J. COPPENS

---

49. La notion de manger la chair du Christ et de boire son sang soulève du point de vue des conceptions religieuses des difficultés que W. DULIÈRE a examinées : *Un problème à résoudre. L'acceptation du sang eucharistique par les premiers chrétiens juifs*, dans *Studia Theologica*, 1966, t. XX, p. 62-93. Les chrétiens furent accusés par certains milieux païens d'anthropophagie et par ailleurs les chrétiens, en particulier Tertullien, ont réfuté cette accusation, notamment en faisant valoir que d'après une coutume juive, les chrétiens d'Afrique refusaient même de manger de la viande non exsangue.

On a voulu rattacher la notion d'un breuvage cultuel du sang à une influence cultuelle païenne, mais W. Dulière n'arrive pas à aligner de textes probants. Il renvoie à SALLUSTE, *Catilina*, 2c (cité par TERTULLIEN, *Apol.*, 9, 9 et MINUCIUS FELIX, *Octavius*, 30, 5 et aux mystères fort mal connus de Bellona allégués par TERTULLIEN, *Apol.* Déjà J. PAMELIUS (Paris, 1635, p. 39) y consacrait des annotations. Le texte peut-être le plus parlant est celui d'HOMÈRE, *Odyssée*, livre X, où les défunts remontant du Hadès boivent le sang sacrificiel pour se ranimer et s'entretenir avec les vivants.

On observera que déjà les textes du Nouveau Testament envisagent la manducation et l'action de boire eucharistiques comme de nature « spirituelle » : *I Cor.*, X, 3 ; *Joh.*, VI, 63. Cfr le texte fort discuté de *II Cor.*, III, 17 : ὁ δὲ κύριος τὸ πνεῦμα ἐστιν. Puis « boire le sang » exprime avant tout avoir part au sacrifice du Christ. Si le Christ et l'Église apostolique ont employé cette formule contre toutes les traditions juives réservant le sang à Dieu, c'est que Jésus avait conscience d'avoir une autorité divine et que l'Église n'a pas hésité à la lui attribuer.

R. PRENTER (*op. cit.*, p. 55-56) observe à juste titre que l'idée de boire le sang de la victime est tellement offensante pour une mentalité juive qu'elle ne peut dériver de la communauté chrétienne palestinienne. « Dans le christianisme primitif, partout où l'on trouve des idées étrangères à la tradition judaïque et très originales,

Par manière de complément nous ajoutons ici une liste d'études qui se préoccupent de circonscrire d'un point de vue théologique le mystère de l'eucharistie eu égard aux controverses récentes :

A. Piolanti, *De symbolismo et ubiquismo a Pio XII proscripto*, dans *Euntes docete*, 1951, t. I, p. 56-71. — C. Colombo, *Teologia, filosofia e fisica nella dottrina della transustanziazione*, dans *Scuola Cattolica*, 1955, t. LXXXIII, p. 89-124. — M. Ghirardi, *Ai margini d'una controversia eucaristica*, *ibid.*, p. 289-300. — C. Colombo, *Ancora sulla dottrina della transustanziazione e la fisica moderna*, *ibid.*, 1956, t. LXXXIV, p. 263-288. Le Même, *Bilancio provvisorio di una discussione eucaristica*, *ibid.*, 1960, t. LXXXVIII, p. 23-55. — P. Benoit, *The Holy Eucharist*, dans *Scripture*, 1956, p. 97-108 ; 1957, p. 1-15. — Le Même, *L'Eucharistie dans le Nouveau Testament*, dans *Lumière et Vie*, 1957. — I. J. Fortmann, *Eucharistische presentie en de grondgestalten der eucharistieviering*, dans *Ann. Thijmgen.*, 1958, t. XLV, p. 203-214. — F. J. Leenhardt, *Quelques réflexions après un débat œcuménique sur la transsubstantiation*, dans *Festgabe Joseph Lortz*, t. I, p.85-90. Baden-Baden, 1958. — D. T. Strotmann, *L'orthodoxie orientale dans le débat sur la transsubstantiation*, dans *Irénikon*, 1959, p. 295-308. — D. N. Egenter, *Vers une doctrine eucharistique commune dans la théologie protestante d'Allemagne*, *ibid.*, 165-177. — D. Ghyssens, *Présence réelle eucharistique et transsubstantiation dans les définitions de l'Église catholique*, *ibid.*, p. 420-435. — H. Chavannes, *La présence réelle chez saint Thomas et chez Calvin*, dans *Verbum Caro*, 1959, p. 159 ss. — P. Schoonenberg, *De tegenwoordigheid van Christus*, dans *Verbum*, 1959, t. XXVI, p. 148-157. — B. W. Möller, *De transsubstantiatie*, dans *Ned. Kath. Stemmen*, 1960, t. LVI, p. 2-14. — Le Même, *Existentiaal en kategoriaal denken*, *ibid.*, p. 166-171. — J. Kors, *De transsubstantiatie*, *ibid.*, 153-165. — Th. F. Torrance — I. A. Muirhead, *Doctrinal Consensus on Holy Communion*, dans *Scott. Journ. Theol.*, 1962, t. XV, p. 4-35. — J. A. Boere, *The Eucharist and the Lord's Supper. The Real Presence in Ecumical View*, dans *Stud. Sacred*

---

il faut les attribuer à Jésus et non pas à la communauté chrétienne. Car il serait absurde d'attribuer aux disciples une plus grande originalité qu'au maître. » Les critiques qui acceptent ce raisonnement et refusent néanmoins d'admettre l'institution par Jésus, se voient dès lors obligés d'avoir recours à une création de la communauté hellénistique. Mais ici également les analogies qui auraient pu suggérer la création du rite, font défaut.

J.-J. von Allmen (*op. cit.*, p. 96, n. 61) estime que dans la cène, le sang n'est pas en rapport avec la crucifixion de Jésus, « puisque la crucifixion était un sacrifice non-sanglant, les crucifiés n'étant pas égorgés (cfr *Jn* 19, 34 ». C'est là, à mon avis, une réflexion subtile que nous ne croyons pas pouvoir retenir. Mais le fait que les paroles de Jésus touchant l'acte de boire son sang furent dites avant sa passion, prouve bien que cet acte n'est pas à comprendre d'une façon crue, capharnaïte. L'eucharistie unit au sacrifice du Christ et à la personne du Christ en tant qu'immolé pour le salut du monde. Le texte de *Jn.*, XIX, 34, auquel J.-J. von Allmen renvoie, souligne le caractère sacrificiel de la mort du Sauveur et veut montrer en même temps que cette mort fut au point de départ d'une communication sacramentelle des bienfaits du sacrifice.

Theology, 2e sér., nº 142, Washington, 1963. — W. C. H. DRIESSEN, *Eucharistie in de Oude Kerk*, dans *Praesentia Realis. Sanctissima Eucharistia*, 1963, p. 19-36. — P. DE HAES, *Eucharistie en eschatologie*, *ibid.*, p. 37-55. — R. VOSSEBRECHER, *Die Theologie der wirklichen Gegenwart heute*, *ibid.*, p. 56-70. — K. RAHNER, *Die Gegenwart Christi im Sakrament der Herrenmahles*, dans *Schriften zur Theologie*, t. IV, p. 357-385, Einsiedeln, 1964. — H. MCCABE, *The Real Presence*, dans *Clergy Review*, 1964, p. 749-759. — A. M. ROGUET – P. JOURNEL – P. GY, *Le mystère de l'eucharistie*, dans *La Maison-Dieu*, 1964, t. LXXVII, p. 115-133. — CH. DAVIS, *The Theology of Transsubstantiation*, dans *Sophia*, avril 1964 (article pas vu). — E. SCHOENMAECKERS, *Die katholische Kirche der Niederlanden in der Krise der Gegenwart*, dans *Orientierung*, 1964, t. XXVIII, p. 19-22. — P. SCHOONENBERG, *Eucharistische tegenwoordigheid*, dans *Verbum*, 1964, p. 395-415. — R. SONNEN, *Transsubstantiatie*, dans *Verbum*, 1965, p. 223-238. — DE BISSCHOPPEN VAN NEDERLAND, *Herderlijk schrijven over de Eucharistie*, dans *Kath. Archief*, 21 mai 1965, p. 597-600. — C. J. M. DUPONT, *De Eucharistie in Gods zichtbare liefde*, dans *De Bazuin*, 1965, t. XLVIII, nº 23, p. 6-7. — L. SMITS, *Brood en wijn zijn niet een louter signaal, want Christus is zelf tegenwoordig, meer dan ik vroeger durfde vermoeden*, *ibid.*, 1965, t. XLVIII, nº 9, p. 4-5. — E. SCHILLEBEECKX, *Christus'tesgenwoordigheid in de Eucharistie*, dans *Tijdschr. Theol.*, 1965, t. V, p. 136-174. — L. SMITS, *Vragen rondom de Eucharistie*, Ruremonde, 1965. — I. R. SONNEN, *Neubesinnung auf die Eucharistie als Sakrament*, dans *Katech. Blätter*, 1965, t. XC, p. 490-501. — S. TROOSTER, *Transsubstantiatie*, dans *Streven*, 1965, p. 737-747. — GR. BAUM, *The Manifold Presence of Christ at Mass*, dans *The Ecumenist*, 1965, t. III. — P. DE HAES, *The Presence of the Lord Christ : Different Modes of Actualization in the Liturgy*, dans *Lumen Vitae*, 1965, 435-441, 447-449. — J. DELMOTTE, « *Mysterium Fidei* ». *Recente publikaties over de Eucharistie*, dans *Coll. Brug. Gand.*, 1966, t. 12, p. 3-25. — E. SCHILLEBEECKX, *Una questione attuale di teologia eucaristica ; transustanziazione-transfinalizzazione-transignificazione*, dans *Riv. Pastorale Liturgica* (Brescia), 1966, t. IV, fasc. 16, p. 227 ss. — E. SCHILLEBEECKX, *Transsubstantiation, Transfinalization, Transsignification*, dans *Worship*, 1966, t. XL, p. 324-338. — G. S. SLOYAN, *Debate on the Eucharist*, dans *Commonweal*, 1966, t. LXXXIV, p. 357-361. — E. GUTWENGER, *Das Geheimnis der Gegenwart Christi in der Eucharistie*, dans *Zeitschr. Kath. Theol.*, 1966, t. LXXXVIII, p. 185-197. — J. GOTTSCHALK, *Die Gegenwart Christi im Abendmahl*, Essen, 1966. — I. VAN HOUT, *Fragen zur Eucharistielehre in den Niederlanden*, dans *Catholica*, 1966, t. XX, p. 179-199. — *Einige Bemerkungen zur Enzyklika « Mysterium Fidei »*, dans *Concilium*, 1966, p. 308-318. — J. M. POWERS, « *Mysterium fidei* » *and the Theology of the Eucharist*, dans *Worship*, 1966, t. XL, p. 17-35. — B. MEYER, *Calvin's Eucharistic Doctrine : 1536-39*, dans *Journ. Ecum. Stud.*, 1967, t. IV, p. 47-65. — J. RATZINGER, *Das Problem der Transsubstantiation und die Frage nach dem Sinn der Eucharistie*, dans *Theol. Prakt. Quart.*, 1967, t. CXLVII, p. 129-159. — W. BEINERT, *Die Enzyklika « Mysterium fidei » und neuere Auffassungen über die Eucharistie*, *ibid.*, p. 159-176. — L. RENWART, *L'eucharistie à la lumière des documents récents*, dans *Nouv. Rev. Théol.*, 1967, t. XCIX, p. 225-256. — E. SCHILLEBEECKX, *Die eucharistische Gegenwart*, Dusseldorf, 1967. — E. Gutwenger, *Pascha-Mysterium und Eucharistie*, dans *Zeitschr. Kath. Theol.*, 1967, t. LXXXIX, p. 339-346. — G. L. Rossi, *Corpus Christi*, dans *Renovatio*, 1967, t. II, p. 349-374, 509-562. — J. de Baciocchi, *La doctrine eucharistique du Concile Vatican II*, dans *Parole et Pain*, nº 21, 1967, p. 269-284. — J.-M. R. Tillard, *Eucharistie et Église selon Vatican II*, *ibid.*, p. 285-309. — D. Fisher, *The Turmoil in Dutch Catholicism*, dans *Sign*, oct. 1967, p. 13-24. — H. Schürmann, *Le récit de la dernière cène*, dans *Lumières bibliques*, Le Puy, X. Mappus, 1966. — R. A. Adams, *The Holy Spirit and the Real Presence*, dans *Theol. Stud.*, 1968, t. XXIX, p. 37-51. — B. Faivre, *Eucharistie et mémoire*, dans *Nouv. Rev. Théol.*, 1968, t. XC, 278-290. — J. M. R. Tillard, *L'Eucharistie et le Saint-Esprit*, *ibid.*, 363-387.

SUBSIDIA BIBLIOGRAPHICA

I

L'Herméneutique biblique

Introduction bibliographique

Au cours de ses travaux, J. Coppens réunit à diverses reprises une abondante bibliographie relative aux problèmes de l'herméneutique biblique : voir en particulier J. Coppens, *Les Harmonies des deux Testaments*, 2e éd., dans *Cahiers de la Nouvelle Revue Théologique*, t. VI, Tournai, Casterman, 1949, p. 127-137 et J. Coppens, *Vom christlichen Verständnis des Alten Testaments*, dans *Folia Lovaniensia*, nos 3-4, Bruges, Desclée De Brouwer et Fribourg-en-Br., Herder, 1952, p. 31-40.

Nous complétons ces données. Après avoir énuméré quelques travaux plus anciens déjà indiqués dans les ouvrages cités mais rappelés ici pour le rôle qu'ils ont joué, nous signalons surtout les études parues depuis 1952. Nous relevons en particulier les publications que J. Coppens aborda au cours de ses recherches ou qui se situent autour des thèmes d'herméneutique traités par les auteurs des articles réunis en ce volume.

* * *

Pour compléter encore ou éventuellement rectifier la liste, on peut avoir recours aux indications bibliographiques précieuses que fournissent *Biblica*, *Ephemerides Theologicae Lovanienses*, *New Testament Abstracts*, *Theologische Revue*, *Zeitschrift f. Altt. Wissenschaft*, *Zeitschriftenschau*, ainsi que, mais uniquement pour les ouvrages, les fascicules annuels intitulés *Booklist* publiés par la *Society for Old Testament Study*. Ces fascicules ont déjà été deux fois réunis en volumes : *Eleven Years of Bible Bibliography (1946-56)*. Edited by H. H. Rowley, Indian Hills, 1957. — *A Decade of Bible Bibliography*. Edited by G. W. Anderson, Oxford, 1967.

* * *

Pfaff, Chr. M., *Introductio in historiam theologiae literariam*, Tubingue, 1724.

Grätz, H., *Haggadische Elemente bei den Kirchenvätern*, dans *Monatschr. Gesch. Wiss. Jud.*, 1854, 3, 311-319, 352-355, 381-387, 428-431.

Hilgenfeld, A., *Der Kanon und die Kritik des Neuen Testaments in ihrer geschichtl. Ausbildung und Gestaltung, nebst Herstellung und Beleuchtung des Muratorischen Bruchstücks*, Halle, 1863.

Perraud, Ad., *L'Oratoire de France au XVIIe et au XIXe siècle*, Paris, 1866.

DIESTEL, L., *Geschichte des Alten Testaments in der christlichen Kirche*, Iéna, 1869.
DENIS, J., *Critique et controverse ou Richard Simon et Bossuet*, Paris, 1870.
SIEGFRIED, C., *Philo von Alexandrien als Ausleger des Alten Testaments*, Iéna, 1875.
PATRIZII, Fr.-X., *Institutio de interpretatione Bibliorum*, 2e éd., Rome, 1876.
KIHN, H., *Ueber theôria und allêgoria nach verlorenen hermeneutischen Schriften der Antiochener*, dans *Theol. Quart.*, 1880, 62, 531-582.
LE MÊME, *Theodor von Mopsuesta and Junilius Africanus als Exegeten*, Fribourg-en-Br., 1880.
FARRAR, F. W., *History of Interpretation*, Londres, 1886.
DRUMMOND, J., *Philo Judaeus or the Jewish Alexandrian Philosophy in its Development*, 2 vol., Londres, 1888.
HATCH, E., *The Influences of Greek Ideas and Usages upon the Christian Church*, Londres, 1891.
NASH, S. H., *The Exegesis of the School of Antioch*, dans *Journ. Bibl. Lit.*, 1892, 11, 22-37.
VAN DER VLUGT, W., *Levensbericht van Abraham Kuenen*, Leyde, 1893.
ROBERT, CH., *Les Études bibliques. Réponse à « L'Encyclique et les catholiques anglais et américains »*, Paris, 1894.
VERNES, M., *Les résultats de l'exégèse biblique*, Paris, 1890.
DITTMAR, W., *Vetus Testamentum in Novo. Die alttest. Parallelen des N.T. im Wortlaut der Urtexte und der Septuaginta zusammengestellt*, Göttingen, 1899-1903.
POELS, H., *Critiek en Traditie. De Bijbel voor de Roomschen*, Bergen-op-Zoom-Anvers, 1899.
LAGRANGE, M.-J., *L'interprétation de la sainte Écriture par l'Église*, dans *Rev. Bibl.*, 1900, 9, 135-142.
GINZBERG, L., *Allegory*, dans *Jew. Encycl.*, I, 1901.
PRAT, F., *Les historiens inspirés et leurs sources*, dans *Études*, 1901, 86, 494-496.
ZÖLLIG, A., *Die Inspirationslehre des Origenes*, dans *Strassb. theol. Stud.*, t. V, 1, Fribourg-en-Br., 1902.
LE ROY, É., *Qu'est-ce qu'un dogme ?* dans *La Quinzaine*, avril 1903.
LE ROY, É., *Dogme et critique*, Paris, 1904.
BLONDEL, M., *Histoire et Dogme. Les lacunes philosophiques de l'exégèse moderne*, dans *La Quinzaine*, 1904. — Cfr *Les premiers écrits de Maurice Blondel*, Paris, 1956.
VAN DEN BERGH VAN EYSINGA, G. A., *Allegorische interpretatie*, Amsterdam, 1904.
LABERTHONNIÈRE, L., *Le réalisme chrétien et l'idéalisme grec*, Paris, 1904.
LAGRANGE, M.-J., *La méthode historique*, Paris, 1904.
BATIFFOL, P., *La question biblique dans l'Anglicanisme*, dans *Science et Religion*, Paris, 1905.
BLANCHE, A., *Le sens littéral des Écritures d'après saint Thomas d'Aquin*, dans *Rev. Thomiste*, 1906, 14, 192-212.
STEPHAN, H., *Luther im Wandel seiner Kirche*, Giessen, 1907.
PIUS X, *Decretum Lamentabili, 3-6-1907*, dans *Acta Apost. Sedis*, 1907, 40, 470-478. — Cfr *Doctrina Pontificia*. I. *Documentos biblicos*. Edición preparada por S. Muñoz Iglesias, dans *Bibl. Autores Cristianos*, Madrid, 1955, 281-267.
PIUS X, *Litterae encyclicae Pascendi, 8-9-1907*, dans *Acta Apost. Sedis*, 1907, 40, 612-650. — Cfr *Doctrina Pontificia, loc. cit.*, 292-316.

HEINISCH, P., *Der Einfluss Philos auf die älteste christliche Exegese*, Münster, 1908.

BRÉHIER, E., *Les idées philosophiques et religieuses de Philon d'Alexandrie*, Paris, 1908.

MIGNOT, E.-I., *L'Église et la critique*, Paris, 1910.

BARTH, C., *Die Interpretationen des Neuen Testaments in der valentiniaschen Gnosis*, dans *Texte Unters.*, 37, 3, Leipzig, 1911.

SYNAVE, P., *La causalité de l'intelligence humaine dans la révélation prophétique*, dans *Rev. Sc. Phil. Théol.*, 1914, 8, 218-235.

HUMBERT, A., *Les origines de la théologie moderne*. I. *La renaissance de l'antiquité chrétienne (1450-1521)*, dans *Bibl. théol.*, Paris, 1911.

LINDEBOOM, J., *Het Bijbelsch humanisme in Nederland*, Leyde, 1913.

PIROT, L., *L'œuvre exégétique de Théodore de Mopsueste*, Rome, 1913.

TREITEL, L., *Ursprung, Begriff und Umfang der allegorischen Schriftverklärung*, dans *Philonische Studien*, Breslau, 1915.

DE GHELLINCK, J., *Pour l'histoire du mot revelare*, dans *Rech. Sc. Rel.*, 1916, 6, 149-167.

D'ALÈS, A., *Julien d'Éclane exégète*, dans *Rech. Sc. Rel.*, 1916, 6, 311-324.

RITSCHL, O., *Das Wort dogmaticus in der Geschichte des Sprachgebrauchs bis zum Aufkommen des Ausdrucks theologia dogmatica*, dans *Festschrift J. Kaftan*, 260-271. Tubingue, 1920.

ACKERMAN, H. C., *Reconceptualization as a Principle of Exegesis*, dans *Angl. Theol. Rev.*, 1919-1920, 2, 71-73.

VACCARI, A., *La theoria nella scuola exegetica di Antiochia*, dans *Biblica*, 1920, 1, 3-36.

TALON, P. F., *S. Augustin a-t-il réellement enseigné la pluralité des sens littéraux dans l'Écriture ?*, dans *Rech. Sc. Rel.*, 1921, 12, 1-29.

HARNACK, A. von, *Marcion. Das Evangelium vom fremden Gott. Eine Monographie zur Geschichte der Grundlegung der katholischen Kirche*, Leipzig, 1921.

DOBSCHÜTZ, E. von, *Vom vierfachen Schriftsinn*, dans *Harnack-Ehrung* (7 mai 1921), Leipzig, 1921.

BATE, H. M., *Some Technical Terms of Greek Exegesis*, dans *Journ. Theol. Stud.*, 1922-1923, t. 24, 56-56.

POMMIER, J., *Renan d'après des documents inédits*, Paris, 1923.

DE FAYE, E., *Origène. Sa vie, son œuvre, sa pensée*, 3 vol., Paris, 1923-1928.

DOBSCHÜTZ, E. VON, *Vom Auslegen, insonderheit des N. T.*, Halle, 1922 ; 2e éd., Göttingen, 1927.

HEIDEGGER, M., *Unterwegs zur Sprache*, 1923 ; 2e éd., Pfullingen, 1960.

ZILLESEN, O., *Mythus, Sage, Märchen*, dans *Preuss. Kirchenz.*, 1924, 20, 127-240.

PROCKSCH, O., *Ziele und Grenzen der Exegese*, dans *Neue Kirchl. Zeitschr.*, 1925, 715-730.

GORCE, D., *La lectio divina. Des origines du cénobitisme à saint Benoît et Cassiodore*. I. *Saint Jérôme et la lecture sacrée dans le milieu ascétique romain*, Paris, 1925.

BARDY, G., *Les traditions juives dans l'œuvre d'Origène*, dans *Rev. Bibl.*, 1925, 34, 217-252.

SALES, M., *Principia tradita a S. Thoma pro S. Scripturae interpretatione*, dans *Xenia Thomistica*, 1925, 11, 19-34.

HEEREN, A. VAN DER, *De variis sensibus Sacrae Scripturae*, dans *Coll. Brugenses*, 1926, 25, 402-415.

HOLZMEISTER, U., *Sensus exclusivus et praecisivus Sacrae Scripturae*, dans *Biblica*, 1926, 7, 170-182.
SYNAVE, P., *La doctrine de S. Thomas d'Aquin sur le sens littéral des Écritures*, dans *Rev. Bibl.*, 1926, 35, 40-65.
TOBAC, É., *Les cinq livres de Salomon*, Bruxelles, 1926.
BEHM, J., *Pneumatische Exegese ? Ein Wort zur Methode der Schriftauslegung*, Schwerin, 1926.
BAUMGÄRTEL, F., *Pneumatische Exegese*, dans *Christ. u. Wiss.*, 1926, 2, 237-247.
KRÜGER, G., *Der Historismus und die Bibel*, Giessen, 1925.
LEVIE, J., *Exégèse catholique, exégèse protestante*, dans *Nouv. Rev. Théol.*, 1926, 53, 166-184.
SEEBERG, R., *Zur Frage nach dem Sinn und Recht einer pneumatischen Schriftauslegung*, dans *Zeitschr. Syst. Theol.*, 1926, 4, 3-59.
LE MÊME, *Zum Problem der pneumatischen Exegese*, dans *Sellin-Festschrift*, 127-137. Leipzig, 1927.
COLUNGA, A., *El método histórico en el estudio de la Sagrada Escritura según S. Tomás*, dans *Cienc. Tom.*, 1927, 19, 30-51.
FLEIG, P., *Die hermeneutischen Grundsätze des Thomas von Aquin*, Fribourg-en-Br., 1927.
NAVILLE, E., *La méthode historique dans l'étude de l'A.T.*, dans *Actes Congr. Intern. Hist. Rel.*, Paris, 1923, 421-439, s. d.
FERN´NDEZ, A., *De mente S. Augustini relate ad unitatem sensus litteralis*, dans *Verbum Domini*, 1927, 7, 278-284.
FRICK, H., *Wissenschaftliches und pneumatisches Verständnis der Bibel*, dans *Sammlung gemeinverständlicher Vorträge*, Tubingue, 1927.
WITTIG, J., *Um den Entwicklungsgedanken*, dans E. ROSENSTOCK.-J. WITTIG, *Das Alter der Kirche. Aufsätze und Akten*, Berlin, 1927, I, 155-192.
BARTH, K., *Die Lehre vom Gottes Wort. Prolegomena zur christl. Dogmatik*, Munich, 1927.
CULLMANN, O., *Les problèmes posés par la méthode exégétique de l'école de Karl Barth*, dans *Rev. Hist. Philos. Rel.*, 1928, 8, 70-83.
SCHNEIDER, N., *Wege und Abwege neuzeitlicher katholischen Schriftauslegung*, dans *Pastor Bonus*, 1928, 39, 241-250.
TATE, J., *The Beginnings of Greek Allegory*, dans *Class. Review*, 1927, 21, 214-215.
DÜRR, L., *Religiöse Lebenswerte des Alten Testaments*, dans *Veröffentl. Kath. Akad.*, Fribourg-en-Br., 1928.
DODD, C. H., *The Authority of the Bible*, Londres, 1928.
SCHEMPP, P., *Luthers Stellung zur Heiligen Schrift*, Munich, 1929.
WACH, J., *Das Verstehen. Grundzüge einer Geschichte der hermeneutischen Theorie im 19. Jahrhundert*, Tubingue, 1929.
SCHLINGENSIEPEN, H., *Erasmus als Exeget. Auf Grund seiner Schriften zu Matthäus*, dans *Zeitschr. Kirchengesch.*, 1929, nouv. sér., 11, 16-57.
CAPLAN, D. R., *The Four Senses of Scriptural Interpretation and the Mediaeval Preaching*, dans *Speculum*, 1929, 4, 282-290.
STEIN, E., *Die allegorische Exegese des Philo aus Alexandrien*, Giessen, 1929.
RIVIÈRE, J., *Le modernisme dans l'Église*, Paris, 1929.
TATE, J., *Plato and Allegorical Interpretation*, dans *Class. Review*, 1929, 23, 142-154 ; 1930, 24, 1-10.
STEIN, E., *Allegorische Auslegung*, dans *Encycl. Judaica*, 1929, 2, 338-351.
COLUNGA, A., *Algunos principios exegéticos de San Agustín*, dans *Est. Bibl.*, 1930, 2, 101-112.

Ceuppens, F., *Quid S. Thomas de multiplici sensu litterali in S. Scriptura senserit ?*, dans *Divus Thomas* (Pi.), 1930, 33, 164-175.

Zarb, S. M., *Utrum S. Thomas unitatem an vero pluralitatem sensus litteralis in Sacra Scriptura docuerit*, dans *Div. Thomas* (Pi.), 1930, 33, 337-359.

Cohenel, Dain (Ruotolo, Dolindo), *La Sacra Scrittura. Psicologia, commento, meditazioni*, II vol., Napoli, 1930-1937.

Siegfried, T., *Das Wort und die Existenz. I. Die Theologie des Wortes bei Karl Barth*, Gotha, 1930.

Llamas, J., *San Agustín y la multiplicidad de sentidos litterales en la Escritura*, dans *Rel. y Cult.*, 1931, 4, 238-274.

Colunga, A., *La harmonia del Antiguo y del Nuevo Testamento según San Augustin*, dans *Estud. Bibl.*, 1930, 2, 184-189, 249-263.

Ginsburger, M., *L'exégèse biblique des juifs allemands au moyen âge d'après le Ms. Reuchlin 8 de Karlsruhe*, dans *Hebr. Un. Coll. Ann.*, 1930, 7, 439-456.

Roles, H., *St. Augustins theologische Auffassung von Schriftwort im allgem. u. von Johannesevangelium im besonderen*, dans *Past. Bon.*, 1931, 42, 97-113, 189-201.

Lhermet, J., *Pascal et la Bible*, Paris, 1931.

Deneffe, A., *Dogma. Wort und Begriff*, dans *Scholastik*, 1931, 6, 381-400, 505-538.

Oepke, A., *Geschichtliche und übergeschichtliche Schriftauslegung*, Gütersloh, 1931.

Bardy, G., *Commentaires patristiques de la Bible*, dans *Dict. Bible Suppl.*, 1931, II, 73-103.

Tyng, D., *Theodore of Mopsuestia as Interpreter of the O.T.*, dans *Journ. Bibl. Lit.*, 1931, 50, 298-303.

Parent, J.-M., *La notion de dogme au XIII*^{e} *siècle*, Paris-Ottawa, 1932.

Baumgärtel, F., *Die Eigenart der alttestamentlichen Frömmigkeit*, Schwerin, 1932.

Polman, P., *L'élément historique dans la controverse religieuse du XVI*^{e} *siècle*, dans *Univ. Cath. Lov. Diss. Fac. Theol.*, Louvain, 1932.

Hänel, J., *Das Wort Gottes und das Alte Testament. Vorträge*, Gütersloh, 1932.

Frick, R., *Schriftgebrauch und Schiftverständnis in Augustins Confessionen*, dans *Jahrb. Schule Bethel*, 1932, 3, 87-127.

de Ambroggi, D. P., *Il senso letterale pieno nelle Divine Scritture*, dans *Scuola Catt.*, 1932, 60, 296-312.

Zarb, S., *Unité ou multiplicité des sens littéraux dans la Bible*, dans *Rev. Thomiste*, 1932, 37, 251-300.

Bover, J., *La theoria antioquena defendida por Julián de Elcano*, dans *Est. Ecl.*, 1933, 12, 405-415.

Fabri, F., *La condiscendenza divina nell' ispirazione biblica secondo S. G. Crisostomo*, dans *Biblica*, 1933, 14, 330-347.

Perrella, G., *Inspirazione profetica e inspirazione scriturale*, dans *Divus Thomas* (Pi.), 1933, 36, 121-143.

Vaccari, A., *Antica e nuova interpretazione del salmo 16*, dans *Biblica*, 1933, 14, 408-434.

Verla, G., *Senso letterale e sensi mistici nella S. Scrittura*, dans *Palestra del Clero*, 1933, 12, 161-165.

Mariès, L., *Études préliminaires à l'édition de Diodore de Tarse sur les Psaumes*, Paris, 1933.

Tate, J., *Socrates and the Myths*, dans *Class. Review*, 1933, 27, 74-80, 159-161.

Vaccari, A., *La « teoria » esegetica antiochena*, dans *Biblica*, 1934, 15, 94-101.

VENARD, L., *Citations de l'Ancien Testament dans le Nouveau Testament*, dans *Dict. Bible. Suppl.*, 1934, II, 23-51.

VISCHER, W., *Das Christuszeugnis des Alten Testaments* I. *Das Gesetz*, Leipzig, 1934.

VACCARI, A., *Cardinalis Caietanus Sacrorum Librorum studiosus*, dans *Verb. Domini*, 1934, 14, 321-327.

ALT, A. - BEGRICH, J. - RAD, G. von, *Führung zum Christentum durch das Alte Testament*, Leipzig, 1934.

CHARUE, A., *La signification typique de l'A. T.*, dans *Coll. Namurc.*, 1934, 28, 225-241.

GRÜNAGEL, F., *Das Aergernis des A. T. Martin Luthers Antwort gegen alle « Buchstabilisten » und « Judaisten »*. Bonn, 1934.

BOVER, J. M., *El P. Juan Maldonado, teólogo y escriturario*, dans *Razón y Fe*, 1934, 34, 481-504.

ALLEVI, L., *Ellenismo e Cristianesimo*, Milan, 1934.

RAD, G. von, *Das Christuszeugnis des Alten Testaments. Eine Auseinandersetzung mit W. Vischers gleichnamigen Buch*, dans *Theol. Blätter*, 1935, 14, 249-254.

STAERK, W., *Der Christ und sein A. T.*, dans *Die Furche*, 1934, 20, 423-434.

TRAUB, F., *Die Kirche und das A. T.*, dans *Zeitschr. Theol. Kirche*, 1935, 16, 175-189.

WÜRTHWEIN, E., *Vom Verstehen des A. T.*, dans *Beer Festschrift*, Stuttgart, 1935.

ZARB, S. M., *De sensu litterali S. Scripturae secundum S. Augustinum*, dans *Scientia*, 1935, 1, 101-138.

HEINEMANN, I., *Altjüdische Allegoristik*, Breslau, 1935.

CHAINE, J. - VENARD, L. - BARDY, G. - MAGNIN, E. - GUITTON J., *L'œuvre exégétique et historique du R. P. Lagrange*, dans *Cahiers de la Nouvelle Journée*, 38, Paris, 1935.

VACCARI, A., *S. Tommaso e Lutero nella storia dell' esegesi*, dans *Civ. Catt.*, 86, 1935, 2, 561-575 ; 1935, 3, 36-47.

HERNTRICH, V., *Theologische Auslegung des A. T. ? Zum Gespräch mit Wilhelm Vischer*, Goettingue, 1936.

RAD, G. VON, *Sensus Scripturae Sacrae duplex ? Eine Erwiderung*, dans *Theol. Blätter*, 1936, 15, 30-34.

COPPENS, J., *Le chanoine Albin Van Hoonacker. Son enseignement, sa méthode et son œuvre exégétiques*, Bruges, Desclée De Brouwer, 1935.

HEPPE, H., *Die Dogmatik der evangelisch- reformierten Kirche*, Neukirchen, 1935.

CADIOU, R., *La jeunesse d'Origène. Histoire de l'École d'Alexandrie au début du IIIe siècle*, Paris, 1935.

GINSBERG, L., *Die Haggada bei den Kirchenvätern*, VI : *Der Kommentar des Hieronymus zu Jesaia*, dans *Jew. Stud. Mem. G. Kohut* edit. by SOL. BARON and ALEX. MARK, 280 ss. New-York, 1935.

ROSENBLATT, S., *The Interpretation of the Bible in the Mishnah*, Baltimore, 1935.

HIRSCH, E., *Das Alte Testament und die Predigt des Evangeliums*, Tubingue, 1936.

SELLIN, E., *Das A. T. im christlichen Gottesdienst u. Unterricht*, Gütersloh, 1936.

VAN DEN BERGH VAN EYSINGA, G. A., *Het Oud Testament als christelijk geschrift*, dans *Nieuw Theol. Tijdschr.*, 1936, 25, 111-128.

MOLDAENKE, G., *Schriftverständnis und Schriftdeutung im Zeitalter der Reformation. I. Mathias Flacius Illyricus*, Stuttgart, 1936.
ROSENZWEIG, F. - BUBER, M., *Die Schrift und ihre Verdeutschung*, Berlin, 1936.
SHROYER, M. J., *Alexandrian Jewish Literalists*, dans *Journ. Bibl. Lit.*, 1936, 55, 261-284.
MONDESERT, C., *Le symbolisme chez Clément d'Alexandrie*, dans *Rech. Sc. Rel.*, 1936, 26, 158-180.
WACH, J., *Interpretation of Sacred Books*, dans *Journ. Bibl. Lit.*, 1936, 55, 59-63.
VISCHER, W., *Das Christuszeugnis des Alten Testaments. I. Das Gesetz*, 3e éd., Munich, 1936.
DE GROOT, J., *Exegese*, Groningue, 1936.
SCHREINER, H., *Das Alte Testament in der Verkündigung*, Schwerin, 1937.
SCHLATTER, W., *Gottes- u. Christuserkenntnis im A. T. u. N. T.*, dans *Aus der Welt der Bibel*, nº 15, Berlin, 1937.
HELBARTH, H., *Die Auslegung des A. T. als theologische Disziplin*, dans *Theol. Blätter*, 1937, 16, 129-143.
BAUMGÄRTEL, F., *Zur Frage der theologischen Deutung des Alten Testaments*, dans *Zeitschr. Syst. Theol.*, 1938, 15, 136-162.
OBBINK, Th. W., *Theologische Bezinning op het Oude Testament*, Nijkerk, 1938.
GYLLENBERG, R., *Die Unmöglichkeit einer Theologie des A. T.*, dans *In Piam Memoriam A. von Bulmerincq*, Riga, 1938, 64-68.
DE WILDE, J., *Het Probleem van het Oude Testament*, 1938.
CLAUDEL, P., *Introduction au « Livre de Ruth ». Texte intégral de l'ouvrage de l'abbé Tardif de Moidry*, Paris, 1938.
KRAJEWSKI, F., *Bernhard von Clairveaux und die Erneuerung der allegorischen Predigt*, dans *Die Seelsorge*, 1938-1939, 16, 329-333.
BRUNNER, E., *Wahrheit als Begegnung*, Berlin, 1938.
AALEN, L., *Testimonium Spiritus Sancti som teologisk « prinsipp »*, Oslo, 1938.
PFEIFFER, R., *Von den geschichtlichen Begegnungen der kritischen Philologie mit dem Humanismus*, dans *Arch. Kult. Gesch. (Eduard Schwartz zum 80. Geburtstag gewidmet)*, 1938, 28, 191-209.
BONSIRVEN, J., *Exégèse rabbinique et exégèse paulinienne*, Paris, 1939.
CLOSEN, G., *Wege in die Heilige Schrift. Theologische Betrachtungen über religiöse Grundideen des Alten Bundes*, Regensburg, 1939.
CLOSEN, G. - WERPS, H. J., *Lichtbakens in de Heilige Schrift*, Brugge, 1939.
GOPPELT, L., *Typos. Die typologische Deutung des Alten Testaments im Neuen*, Gütersloh, 1939.
Geist des Christentums und des Katholizismus. Hrsg. v. J. R. GEISELMANN, Mayence, 1940.
DE VINE, C., *The Consequent Sense*, dans *Cath. Bibl. Quart.*, 1940, 2, 145-155.
VAN LEEUWEN, W. S., *Eirene in het Nieuwe Testament*, Wageningen, 1940.
DEN BOER. W., *De allegorese in het werk van Clemens van Alexandrië*, Leiden, 1940.
MEINHOLD, P., *Geschichte und Exegese im Barnabas*, dans *Zeitschr. Kirchengeschichte*, 1940, 59, 255-303.
GOODENOUGH, E. R., *Introduction to Philo Judaeus*, New Haven, 1940.
DE BOER, P. A. H., *De Boodschap van het Oude Testament*, Assen, 1940.
BEUMER, J., *Das katholische Schriftprinzip in der theologischen Literatur der Scholastik bis zur Reformation*, dans *Scholastik*, 1941, 16, 24-52.

ABEL, F.-M., *Parallélisme exégétique entre S. Jérôme et S. Cyrille d'Alexandrie*, dans *Vivre et Penser* (*Rev. Bibl.*, édition au temps de guerre), 1941, 1, 94-119, 212-230.

SCHWEIZER, E., *Diodor von Tarsus als Exeget*, dans *Zeitschr. Neutest. Wiss.*, 1941, 40, 33-75.

VACCARI, A., *Lo studio della Bibbia nell' età dei Padri e ai nostri giorni*, dans *Civ. Cat.*, 92, 4, 1941, 321-334 ; 93, 1, 1942, 340-353 ; 93, 3, 1942, 331-340 ; 93, 4, 1942, 98-103.

HULST, A. R., *Hoe moeten wij het Oude Testament uitleggen ?*, Wageningen, 1941.

RÜSSEL, H. W., *Antike Welt und Christentum*, Amsterdam-Leipzig, 1941.

BROUWER, A. M., *Typologie*, dans *Nieuwe Theol. Studiën*, 1941, 24, 98-115.

HUYSMAN, J.-B., *Het Geheim van het Oude Boek. Gedachten over het lezen van de Schrift met een voorwoord van* Dr. A. VAN DEN BORN, Heemstede, 1941.

WOLFF, H. H., *Die Einheit des Bundes. Das Verhältnis von Altem und Neuem Testament bei Calvin*, Halle, 1941. (Diss. polyc.)

GUITTON, J., *Portrait de M. Pouget*, 2e éd., Paris, 1941.

BAUMGARTNER, W., *Die Auslegung des Alten Testaments im Streit der Gegenwart*, dans *Schweiz. Theol. Rundschau*, 1941, II, 17-38.

STRATHMANN, H., *Die Krisis des Kanons der Kirche. Joh. Gerhards und Joh. Sal. Semlers Erbe*, dans *Theol. Blätter*, 1941, 20, 295-310.

RAD, G. VON, *Das A. T. in der katholischen Kirche*, dans *Theol. Blätter*, 1942, 21, 177-181.

EBELING, G., *Evangelische Evangelienauslegung. Eine Untersuchung zu Luthers Hermeneutik*, Munich, 1942.

CALÈS, J., *Un maître de l'exégèse contemporaine. Le Père Ferdinand Prat (1857-1934)*, Paris, 1942.

VISCHER, W., *Das Christuszeugnis des Alten Testaments*. II. *Die früheren Propheten*, Zurich, 1942.

LESTRINGANT, P., *Essai sur l'unité de la révélation biblique. Le problème de l'unité de l'Évangile et de l'Écriture aux deux premiers siècles*, Paris, 1942.

PARAIN, BRICE, *Recherches sur la nature et la fonction du langage*, 7e éd., dans *Bibliothèque des Idées*, Paris, 1942.

BROUWER, A. M., *Metaphoor, allegorie en allegorese*, dans *Nieuwe Theol. Stud.*, 1942, 25, 21-36.

VAN TICHELEN, TH., *Pater Lagrange. De grootmeester der Katholieke Bijbelstudiën (1855-1938)*, Anvers, 1942.

BARDY, G., *Pour l'histoire de l'école d'Alexandrie*, dans *Vivre et Penser*, 1942, 2, 80-109.

CULLMANN, O., *Les premières confessions de foi chrétiennes*, Paris, 1943.

RAD, G. VON, *Grundprobleme einer biblischen Theologie des Alten Testaments*, dans *Theol. Lit. Zeit.*, 1943, 68, 226-234.

COPPENS, J., *De geschiedkundige ontwikkeling van de oudtestamentische exegese vanaf de Renaissance tot en met de Aufklärung*, dans *Meded. Kon. Vl. Acad. Wet. Lett. Sch. Kunsten van België*, V, 4, Bruxelles, 1943.

PIUS XII, *Litterae encyclicae Divino afflante Spiritu, 30-9-1943*, dans *Acta Apost. Sedis*, 1943, 35, 297-325. — Cfr *Doctrina Pontificia, loc. cit.*, 518-560.

DUNCKER, G., *De vera et genuina Sacrae Scripturae interpretatione*, dans *Angelicum*, 1943, 20, 53-62.

BRAUN, F.-M., *L'œuvre du Père Lagrange. Étude et bibliographie*, Fribourg (Suisse), 1943.

ROBINSON, H. WHEELER, *The Higher Exegesis*, dans *Journ. Theol. Stud.*, 1943, 44, 143-147.
COLUNGA, A., *La inspiración divina de la S. Escritura*, dans *La Ciencia Tomista*, 1943, 64, 327-346.
LE MÊME, *¿ Existe pluralidad de sentidos literales en la S. Escritura ?* dans *Est. Bíblicos*, 1943, 423-447.
LE MÊME, *Dós palabras más sobre los sentidos de la S. Escritura*, dans *La Ciencia Tomista*, 1943, 64, 327-346.
LACHANCE, L., *La philosophie du langage*, Ottawa-Montréal, 1943.
MARTÍNEZ, E., *El sentido típico en la Escritura*, dans *Miscel. Comillas*, 1943, 2, 1-34.
NACAR, E., *Sobre la unidad o multiplicidad del sentido literal en las Escrituras*, dans *Ciencia Tomista*, 1943, 64, 193-210.
BARONI, V., *La Contre-réforme devant la Bible. La question biblique*, Lausanne, 1943.
LE ROY, É., *Introduction à l'étude du problème religieux*, Paris, 1944.
SPICQ, C., *Esquisse d'une histoire de l'exégèse latine au moyen âge*, dans *Bibl. Thomiste*, XXVI, Paris, 1944.
BUZY, D., *Un problème d'herméneutique sacrée : sens plural, plénier et mystique*, dans *L'Année théologique*, 1944, 385-408.
MONDÉSERT, C., *Clément d'Alexandrie*, dans *Théologie*, 4, Paris, 1944.
PONTET, M., *L'exégèse de S. Augustin prédicateur*, dans *Théologie*, 7, Paris, 1944.
CULLMANN, O., *Die Pluralität der Evangelien als theologisches Problem*, dans *Theol. Zeitschr.*, 1945, 1, 23-42.
AUBERT, R., *Le problème de l'acte de foi*, dans *Univ. Cath. Louvain. Diss. Fac. Théol.*, Louvain, 1945.
KÜMMEL, W. G., *Verheissung und Erfüllung*, Bâle, 1945.
BREEN, Q., *The Two-fold Truth Theory in Melanchton*, dans *Review of Religion*, 1945.
REVERDIN, O., *La religion de la cité platonicienne*, dans *École française d'Athènes*, Paris, 1945.
MANSON, T. W., *The Argument from Prophecy*, dans *Journ. Theol. Stud.*, 1945, 46, 129-136.
NACAR, E., *Sobre la unidad o multiplicidad del sentido literal en la Escritura*, dans *La Ciencia Tomista*, 1945, 66, 563-572.
PERRELLA, G., *Il pensiero di S. Agostino e S. Tommaso circa il numero del senso letterale nella S. Scrittura*, dans *Biblica*, 1945, 26, 277-302.
CERFAUX, L., *S. S. Pie XII. Encyclique sur les études bibliques introduite et commentée*, dans *Chrétienté nouvelle*, Bruxelles, 1945.
ALFRINK, B. J., *Over « typologische » exegese van het Oude Testament*, Nimègue, 1946.
LOUIS, P., *Les Métaphores de Platon*, Paris, 1945.
COPPENS, J., *De jongste Bijbelencycliek* (Ons Geloof, avril 1945). Louvain, 1945.
COPPENS, J., *Notata de traditione divina. Een onuitgegeven Leuvensch handschrift als bijdrage tot de geschiedenis van de Leuvensche theologische Faculteit*, dans *Med. Kon. Vl. Acad. Wet. Lett. Sch. Kunsten van België*, t. 7, 1, Bruxelles, 1945.
GRANT, R. M., *Historical Criticism in the Ancient Church*, dans *Journ. Rel.*, 1945, 25, 183-196.
CULLMANN, O., *Christus und die Zeit*, Zurich, 1946.
BOUYER, L., *Liturgie et exégèse spirituelle*, dans *Maison-Dieu*, 1946, 7, 27-50.

DEVREESSE, R., *La méthode exégétique de Théodore de Mopsueste*, dans *Rev. Bibl.*, 1946, 53, 207-241.
GRIBOMONT, J., *Le lien des deux Testaments selon la théologie de S. Thomas*, dans *Eph. Theol. Lov.*, 1946, 22, 70-89.
KEHOE, R., *The Spiritual Sense of Scripture*, dans *Blackfriars*, 1946, 27, 246-251.
LYMANN, M. E., *The Unity of the Bible*, dans *Journ. Bible Religion*, 1946, 14, 5-12.
ROBINSON, H. WHEELER, *Inspiration and Revelation in the Old Testament*, Oxford, 1946.
VISCHER, W., *Das Christuszeugnis des Alten Testaments*. II. *Die Propheten*. Erste Hälfte : *Die früheren Propheten*, 2e éd., Munich, 1946.
LAVERGNE, *L'expression biblique*, Paris, 1946.
CAMELOT, T., *Clément d'Alexandrie et l'Écriture*, dans *Rev. Bibl.*, 1946, 53, 242-248.
BRAUN, F.-M., *Les études bibliques d'après l'encyclique de S. S. Pie XII « Divino afflante Spiritu »*, dans *Discours universitaires*, nouv. sér., 8, Fribourg (Suisse), 1946.
CLAUDEL, P., *Art Poétique. Connaissance du temps. Traité de la co-naissance au monde et à soi-même. Développement de l'Église*, 18e éd., Paris, 1946.
CRUTTWELL, R. W., *Virgil's Mind at Work. An Analysis of the Symbolism of the Aeneid*, Oxford, 1946.
COPPENS, J., *Kanunnik Theodor Van Tichelen en zijn Bijbelwerk*, Louvain, 1946.
BENOIT, P., *La Prophétie*. Paris, 1947.
CHARLIER, C., *La lecture sapientielle de la Bible*, dans *Maison-Dieu*, 1947, 12, 14-52.
DE LUBAC, H., *Typologie et allégorisme*, dans *Rech. Sc. Rel.*, 1947, 34, 180-266.
DEN BOER, W., *Hermeneutic Problems in Early Christian Literature*, dans *Vig. Christ.*, 1947, 1, 150-167.
GUILLET, J., *Les exégèses d'Alexandrie et d'Antioche, conflit ou malentendu ?* dans *Rech. Sc. Rel.*, 1947, 34, 257-302.
OEPKE, A., *Geschichtliche und übergeschichtliche Schriftauslegung*, 2e éd., Gütersloh, 1947.
JACOBS, J.-GERATS, A., *Gedachten, woorden en daden van Mgr. Dr. H. A. Poels*, Heerlen, 1947.
VISCHER, W., *Die Bedeutung des Alten Testaments für das christliche Leben*, dans *Theol. Stud.*, 1947.
DE GHELLINCK, J., « *Pagina* » et « *Sacra doctrina* ». *Histoire d'un mot et transformation de l'objet primitivement désigné*, dans *Mélanges A. Pelzer*, 23-59. Louvain, 1947.
DE LUBAC, H., *Le problème du développement du dogme*, dans *Rech. Sc. Rel.*, 1948, 35, 130-160.
DANIÉLOU, J., *L'unité des deux testaments dans l'œuvre d'Origène*, dans *Rech. Sc. Rel.*, 1948, 22, 27-56.
ALFRINK, B., *Rondom de « spiritueele » verklaring van de H. Schrift*, dans *Ned. Kath. Stemmen*, 1947, 43, 289-295, 329-337.
VAN DER LOOS, H., *Allegorische exegese*, dans *Ned. Theol. Tijdschr.*, 1947-1948, 2, 129-137.
SAILER, J., *Ueber Typen im Neuen Testament*, dans *Zeitschr. Kath. Theol.*, 1947, 69, 490-496.
BARRETT, C. K., *The Old Testament in the Fourth Gospel*, dans *Journ. Theol. Stud.*, 1947, 48, 155-169.

DUBARLE, A., *Le sens spirituel des Écritures*, dans *Rev. Sc. Phil. Théol.*, 1947, 31, 41-72.
BARDY, G., *Interprétation chez les Pères*, dans *Dict. Bible Suppl.*, 1947, IV, 569 ss.
COTTER, A., *The Obscurity of Scripture*, dans *Cath. Bibl. Quart.*, 1947, 9, 453-464.
PLOEG, J. VAN DER, *L'exégèse de l'Ancien Testament dans l'Épître aux Hébreux*, dans *Rev. Bibl.*, 1947, 54, 187-228.
LE MÊME, *The Place of Holy Scripture in the Theology of St. Thomas*, dans *The Thomist*, 1947, 10, 398-422.
SCHODER, R., *The Rebirth of Scriptural Theology*, dans *Am. Eccl. Rev.*, 1947, 117, 81-101.
LAISTNER, M. L. W., *Antiochene Exegesis in Western Europe during the Middle Ages*, dans *Harv. Theol. Rev.*, 1947, 40, 19-32.
POLENZ, M., *Der hellenische Mensch*, Goettingue, 1947.
CULLMANN, O., *Christ et le Temps. Temps et histoire dans le Christianisme primitif*, dans *Sér. théol. Actualité protestante*, Paris, 1947.
DAY LEWIS, C., *The Poetic Image*, dans *The Clark Lectures 1946*, Londres, 1947.
DE LUBAC, H., *Interprétation de l'Écriture*, dans *Catholicisme*, 4e éd., dans *Unam Sanctam*, 3, Paris, 1947, 133-178.
WOLFSON, H. A., *Philo*, 2 vol., Cambridge (Mass.), 1947.
BARTH, K., *Die protestantische Theologie im 19. Jahrhundert. Ihre Vorgeschichte und ihre Geschichte*, Zurich, 1947.
HEILER, FR., *Alfred Loisy, der Vater des katholischen Modernismus*, Munich, 1947.
KRAMM, H. H., *The Theology of Martin Luther*, Londres, 1947.
MISKOTTE, K. H., *Over het levende woord*, La Haye, 1948.
STEINMANN, J., *Apologie du littéralisme*, dans *La Vie Intellectuelle*, 1948, 16, nº 5, 15-22.
DANIÉLOU, J., *Origène*, Paris, 1948.
DEVREESSE, R., *Essai sur Théodore de Mopsueste*, dans *Studi e Testi*, 141, Città del Vaticano, 1948.
BIERBERG, R., *Does Sacred Scripture have a Sensus plenior ?*, dans *Cath. Bibl. Quart.*, 1948, 10, 182-195.
DANIÉLOU, J., *Les divers sens de l'Écriture dans la tradition chrétienne primitive*, dans *Eph. Theol. Lov.*, 1948, 24, 119-126.
GRANT, R., *The Bible in the Church*, New York, 1948.
SAMAIN, P., *Note sur le sens spirituel de l'Écriture*, dans *Rev. Dioc. Tournai*, 1948, 3, 429-433.
BLEEKER, L. H. K., *Hermeneutiek van het Oude Testament*, dans *Theologia*, Harlem, 1948.
DUESBERG, H., *Les valeurs chrétiennes de l'Ancien Testament*, Maredsous, 1948.
Kerygma und Mythos. Ein theologisches Gespräch, dans *Theologische Forschung*, I, Hamburg, 1948.
FLANAGAN. M. H., *Chrysostom on the Condescension and Accuracy of the Scriptures*, Maynooth, 1948.
KLOSSOWSKI, P., *Les méditations bibliques de Hamann avec une étude de Hegel*, dans *Philosophie contemporaine*, Paris, 1948.
DUGMORE, B. D., *The Interpretation of the Bible*, London, 1948.
BORNKAMM, H., *Luther und das Alte Testament*, Tubingue, 1948.
CHARLIER, C., *Exégèse patristique et exégèse scientifique*, dans *Esprit et Vie*, 1949, 52-69.

DAUBE, D., *Rabbinic Method of Interpretation and Hellenistic Rhetoric*, dans *Hebr. Un. Coll. Ann.*, 1949, 22, 239-264.
MCKENZIE, J. L., *A New Study of Theodore of Mopsuestia*, dans *Theol. Stud.*, 1949, 10, 394-408.
CHARLIER, C., *Typologie ou évolution. Problèmes d'exégèse spirituelle*, dans *Esprit et Vie*, 1949, 2, 578-597.
CLAUDEL, P., *Lettres au R. P. Maydieu, directeur de La Vie intellectuelle*, dans *Dieu vivant*, 1949, 14, 76-81.
CONGAR, Y., *Que pouvons-nous trouver dans les Écritures ?*, dans *La Vie spirituelle*, oct. 1949, 227-231.
COURTADE, G., *Le sens de l'histoire dans l'Écriture et la classification usuelle des sens scripturaires*, dans *Rech. Sc. Rel.*, 1949, 36, 136-141.
DANIÉLOU, J., *Exégèse et dogme*, dans *Dieu vivant*, 1949, 14, 90-94.
DE LUBAC, H., *Sens spirituel*, dans *Rech. Sc. Rel.*, 1949, 36, 542-576.
MALEVEZ, L., *Deux théologies catholiques de l'histoire*, dans *Bijdragen*, 1949, 10, 225-241.
PLOEG, J. VAN DER, *Schriftverklaring en theologie*, dans *Studia Catholica*, 1949, 24, 94-98.
STEINMANN, J., *Entretien de Pascal et du Père Richard Simon sur les sens de l'Écriture*, dans *La Vie Intellectuelle*, 1949, 239-253.
AMSLER, S., *Typologie de l'Ancien Testament chez S. Paul*, dans *Rev. Théol. Phil.*, 1949.
COPPENS, J., *Les Harmonies des deux Testaments*, 2e éd., Tournai, 1949.
CULLMANN, O., *La nécessité et la fonction de l'exégèse philologique et historique de la Bible*, dans *Verbum Caro*, 1949, 3, 2-13.
TAILLADE, J., *Vue synthétique sur la classification des divers sens de l'Écriture*, Chartres, 1949.
HAMER, J., *Karl Barth*, Bruges, 1949.
Die Bibel, dans *Schweizer. Rundschau*, 1949 :
BALTHASAR, H. U. von, *Die Schrift als Gottes Wort*, *ibid.*, 428-442.
FREI, G., *Symbolverständnis und Bibel*, *ibid.*, 443-451.
KRAFT, B., *Religion und Leben in der Bibel*, *ibid.*, 452-460.
THIEME, K., *Prinzipien der Bibelübersetzung*, *ibid.*, 497-502.
BAUHOFER, O., *Jesus Christus Verheissung und Erfüllung*, *ibid.*, 512-521.
DE LA POTTERIE, J., *De sensu vocis emeth in Vetere Testamento*, dans *Verbum Domini*, 1949, 27, 336-354 ; 1950, 28, 29-42.
RUSSIER, J., *La foi selon Pascal*, 2 vol., Paris, 1949.
HOWARD, W. FR., *The Romance of New Testament Scholarship*, Londres, 1949.
LEVI-STRAUSS, Cl., *Les structures élémentaires de la parenté*, Paris, 1949.
KÜMMEL, W. G., *Notwendigkeit und Grenze des neutestamentligen Kanons*, dans *Zeitschr. Theol. Kirche*, 1950, 47, 277-313.
STUPPERICH, R., *Schriftverständnis und Kirchenlehre bei Butzer und Gropper*, dans *Jahrb. Ver. Westf. Kirchengeschichte*, 1950.
PELIKAN, J., *From Luther to Kierkegaard*, St. Louis (Mo.), 1950.
BONNARD, P., *L'encyclique ‘Divino afflante Spiritu’ et l'orientation de l'herméneutique biblique*, dans *Rev. Théol. Phil.*, 1950, 38, 51-57.
BULTMANN, R., *Ursprung und Sinn der Typologie als hermeneutische Methode*, dans *Pro Regno. Pro Sanctuario. Festschrift van der Leeuw*, Nijkerk, 1950. Cfr TLZ, 1950, 75, 205-212.
CERFAUX, L., *Simples réflexions à propos de l'exégèse apostolique*, dans *Problèmes et méthodes d'exégèse théologique*, Bruges, 1950, 33-44.
COPPENS, J., *Le problème d'un sens biblique plénier*, dans *Problèmes et méthode d'exégèse théologique*, Bruges, 1950, 11-19.

LE MÊME, *Le protévangile. Un nouvel essai d'exégèse, ibid.*, 45-79.

LE MÊME, *Bibliographie, ibid.*, 79-91.

COURTADE, G., *Les Écritures ont-elles un sens plénier ?*, dans *Rech. Sc. Rel.*, 1950, 37, 481-499.

DANIÉLOU, J., *Sacramentum futuri. Études sur les origines de la typologie biblique*, Paris, 1950.

LE MÊME, *Recension J. Coppens*, dans *Dieu vivant*, 1950, 16, 149-153.

LE MÊME, *Recension W. Vischer*, dans *Dieu vivant*, 1950, 15, 139-141.

EBELING, G., *Die Bedeutung der historisch-kritischen Methode für die protestantische Theologie und Kirche*, dans *Zeitschr. Theol. Kirche*, 1950, 47, 1-46.

GRIBOMONT, J., *Sens plénier, sens typique et sens littéral*, dans *Problèmes et méthode d'exégèse théologique*, Louvain-Bruges, 1950, 31-21.

LEVIE, J., *L'encyclique ' Humani Generis ' et l'Écriture sainte*, dans *Nouv. Rev. Théol.*, 1950, 72, 785-793.

LERCH, D., *Isaaks Opferung christlich gedeutet. Eine auslegungsgeschichtliche Untersuchung*, Tubingue, 1950.

DE LUBAC, H., *Histoire et Esprit. L'intelligence de l'Écriture sainte d'après Origène*, dans *Théologie*, 16, Paris, 1950.

PIUS XII, *Litterae encyclicae Humani generis, 12-8-1950*, dans *Acta Apost. Sedis*, 1950, 42, 501-578. — *Doctrina Pontificia, loc. cit.*, 595-602.

RAHNER, H., *Hemmschuh des Fortschritts ? Zur Enzyklika Humani generis*, dans *Stimmen der Zeit*, 1950-1951, 147, 161-171.

SCHILDENBERGER, J., *Vom Geheimnis des Gotteswortes*, Heidelberg, 1950.

DE VAUX, R., Recension des *Harmonies des deux Testaments*, dans *Rev. Bibl.*, 1950, 57, 280-281.

BEA, A., *L'enciclica « Humani generis » e gli Studi biblici*, dans *La Civiltà Catt.*, 1950, 101, vol. 4, 417-430.

BURGHARDT, W., *On Early Christian Exegesis*, dans *Theol. Stud.*, 1950, 11, 78-116.

DE AMBROGGI, D., *I sensi biblici. Direttive e studi recenti*, dans *Scuola Catt.*, 1950, 78, 444-456.

DINKLER, E., *Bibelautorität und Bibelkritik*, dans *Sammlung gemeinverst. Vorträge und Schriften*, 193, Tübingen, 1950.

GELIN, A., *Le sens spirituel de l'Écriture*, dans *L'Ami du Clergé*, 1950, 60, 641-646.

LABOURDETTE, M., *La prophétie*, dans *Rev. Thomiste*, 1950, 50, 408-421.

MILLER, A., *Zur Typologie des Alten Testaments*, dans *Antonianum*, 1950, 25, 425-434.

PENNA, A., *Principi e carattere dell' esegesi di S. Girolamo*, Rome, 1950.

RUSSEL, R., *Humani generis and the Spiritual Sense of Scripture*, dans *Downside Review*, 1950-1951, 1-15.

DIEM, H., *Grundfragen der biblischen Hermeneutik* dans *Theol. Exist.*, nº 24, Munich, 1950.

PREUSS, C., *The Contemporary Relevance of von Hofmann 's Hermeneutical Principles*, dans *Interpr.*, 1950, 4, 311-321.

Comment faut-il lire la Bible ?, dans *Recherches et Débats*, nº 8, févr.-mars 1950, Supplément Sciences Religieuses, ronéot., 20 p.

ORTIZ DE URBINA, J., *Das Symbol von Chalcedon. Sein Text, sein Werden, seine dogmatische Bedeutung*, dans *Das Konzil von Chalcedon*, t. I, Wurzbourg, 1951, 389-418.

GRANT, R. M., *The Place of the Old Testament in Early Christianity*, dans *Interpretation*, 1951, 5, 185-202.
WOOLCOMBE, K. L., *Le sens de « type » chez les Pères*, dans *Suppl. Vie Spir.*, 1951, 16, 84-100.
PETERSON, E., *Theologische Traktate*, Munich, 1951.
SODEN, H. VON, *Was ist Wahrheit ?*, dans *Urchristentum und Geschichte*, I, 1-24, Tubingue, 1951.
BEA, A., *Die Enzyklika ' Humani Generis ' : ihre Grundgedanken und ihre Bedeutung*, dans *Scholastik*, 1951, 26, 36-56.
BRAUN, F.-M., *Le sens plénier et les encycliques*, dans *Rev. Thomiste*, 1951, 51, 294-304.
CERFAUX, L., *L'exégèse de l'Ancien Testament par le Nouveau Testament*, dans *L'Ancien Testament et les Chrétiens*, Paris, 1951, 132-148.
COPPENS, J., *Pour une meilleure intelligence des saintes Écritures*, dans *Eph. Theol. Lov.*, 1951, 27, 500-507.
DANIÉLOU, J., *Qu'est-ce que la typologie ?*, dans *L'Ancien Testament et les Chrétiens*, Paris, 1951, 199-205.
DODEWAARD, J. A. E. VAN, *De spirituele exegese*, dans *Ned. Kath. Stemmen*, 1951, 47, 257-268.
LE MÊME, *Een proeve van spirituele exegese*, *ibid.*, 1951, 47, 321-325.
GIER, G. DE, *Maria's tenhemelopneming. Schriftuurlijke elementen, dogmatische samenhang*, dans *Ned. Kath. Stemmen*, 1951, 47, 53-64.
LAMBERT, G., *L'encyclique ' Humani Generis ' et l'Écriture sainte*, dans *Nouv. Rev. Théol.*, 1951, 73, 225-243.
MCKENZIE, JOHN L., *A Chapter in the History of Spiritual Exegesis : de Lubac's ' Histoire et Esprit '*, dans *Theol. Stud.*, 1951, 12, 365-381.
MEULEMAN, G. E., *Dz ontwikkeling van het dogma in de Rooms-katholieke theologie*, Kampen, 1951.
MILLER, A., *Zur Typologie des Alten Testaments*, dans *Bened. Monatschr.*, 1951, 27, 12-19.
LEMOINE, E., *Théorie de l'emphase hébraïque*, Paris, 1951.
VOLLERT, C., *Humani generis and the Limits of Theology*, dans *Theol. Stud.*, 1951, 12, 3-24.
WEIGEL, G., *The Historical Background of Humani generis*, dans *Theol. Stud.*, 1951, 12, 208-230.
CHEMINANT, P., *Les deux âges de l'allégorisme scripturaire au moyen âge*, dans *Rev. Théol. Anc. Méd.*, 1951, 18, 19-28.
COLUNGA, A., *Las audacias exegético-bíblicas de la teología moderna*, dans *La Ciencia tomista*, 1951, 78, 441-458.
FILSON, V., *The Unity of the Old and New Testament. A Bibliographical Survey*, dans *Interpretation*, 1951, 5, 134-152.
GELIN, A., *Le problème de l'Ancien Testament*, dans *Recherches et Débats*, 1951, 13, 3-13.
LE MÊME, *Comment le peuple d'Israël lisait l'Ancien Testament*, dans *L'Ancien Testament et les Chrétiens*, Paris, 1951, 117-131.
GLEN, J., *Jesus Christ and the Unity of the Bible*, dans *Interpretation*, 1951, 5, 259-267.
LEAL, J., *El sentido plenior de la Sagrada Escritura*, dans *Razón y Fe*, 1951, 144, 474-482.
LEVIE, J., *Exégèse critique et interprétation théologique*, dans *Rech. Sc. Rel.*, 1951, 39, 237-252.
TUYA, M., *¿ El sentido típico es sentido bíblico ?*, dans *La Ciencia Tomista*, 1951, 78, 571-574.

Spicq, C., *L'avènement de la théologie biblique,* dans *Rev. Sc. Phil. Théol.*, 1951, 34, 561-574.

The Old Testament and Modern Study. Ed. H. H. Rowley. Oxford, 1951.

Charlier, C., *La lecture chrétienne de la Bible,* Maredsous, 1951.

La Bible et le Prêtre, dans *Études de pastorale,* 5, Louvain, 1951.

Institutiones Biblicae Scholis accommodatae. I. De S. Scriptura in universum, 6e éd., Rome, 1951.

Bonhoeffer, D., *Widerstand und Ergebung. Briefe und Aufzeichnungen aus der Haft.* Herausgegeben von E. Bethge, Munich, 1951.

Hägglund, B., *Die heilige Schrift und ihre Deutung in der Theologie Johann Gerhards. Eine Untersuchung über das altlutherische Schriftverständnis,* Lund, 1951.

Ebeling, G., *Die Anfänge von Luthers Hermeneutik,* dans *Zeitschr. Theol. Kirche,* 1951, 48, 172-230.

Amsler, S., *Où en est la typologie ?* dans *Ét. Théol. Rel.*, 1952, 27, 75-81.

Baumgärtel, F., *Verheissung. Zur Frage des evangelischen Verständnisses des Alten Testaments,* Gütersloh, 1952.

Coppens, J., *Nouvelles réflexions sur les divers sens des Saintes Écritures,* dans *Nouv. Rev. Théol.*, 1952, 74, 3-20.

Le Même, *Vom christlichen Verständnis des Alten Testaments,* dans *Folia Lovaniensia,* Louvain-Fribourg-en-Br., 1952.

Grass, H., *Grundsätze katholischer Bibelauslegung,* dans *Theol. Lit. Zeit.*, 1952, 77, 487-494.

Kerrigan, A., *St. Cyril of Alexandria, Interpreter of the Old Testament,* Rome, 1952.

de Lubac, H., *L'interprétation de l'Écriture,* dans *Catholicisme. Les aspects sociaux du dogme,* 5e éd., Paris, 1952, 133-178.

Noth, M., *Die Vergegenwärtigung des Alten Testaments in der Verkündigung,* dans *Evang. Theol.*, 1952-1953, 12, 6-17 et dans *Probleme alttest. Hermeneutik,* Munich, 1960, 54-69.

Rad, G. von, *Typologische Auslegung des Alten Testaments,* dans *Evang. Theol.*, 1952-1953, 12, 17-33 et dans *Gesammelte Studien zum Alten Testament,* Munich, 1960, II, 329-424.

Dodd, C. H., *According to the Scriptures,* London, 1952.

Barfield, O., *Poetic Diction,* 2e éd., London, 1952.

Auvray, P., *Comment se pose le problème de l'inspiration des Septante,* dans *Rev. Bibl.*, 1952, 59, 321-336.

Ballet, P., *¿ Utilizarón los Santos Padres, especialmente los Antioquenos el « sensus plenior » en sus commentarios ?,* dans *XII Semana Bíblica Española,* Madrid, 1952, 387-402.

Bover, J., *El problema del sentido bíblico ampliado, ibid.*, 263-282.

Le Même, *Tipologia verbal,* dans *XIII Semana Bíblica Española,* Madrid, 1953, 325-338.

Colunga, A., *Un ejemplo de sentido literal pleno,* dans *XII Semana Bíblica Española,* Madrid, 1952, 465-481.

de Ambroggi, D., *I sensi biblici. Proposte per chiarire la terminologia,* dans *Scuola Catt.*, 1952, 90, 230-239.

Denton, R., *Typology. Its Use and Abuse,* dans *Angl. Theol. Rev.*, 1952, 34, 211-217.

de Rietmatten, H., *Typology in the Scriptures,* dans *Blackfriars,* 1952, 33, 132-141.

Fernández, A., *Sensus typicus, sensus plenior,* dans *Biblica,* 1952, 33, 526-528.

IBÁÑEZ ARANA, A., *La moderna exégesis espiritual*, dans *Lumen*, 1952, 1, 193-212.
LE MÊME, *La verdadera exégesis espiritual*, *ibid.*, 288-306.
PENNA, A., *La Lettera di Dio. Presupposti di esegesi biblica*, Brescia, 1952.
TURRADO, L. *¿ Le demuestra la existencia del « Sensus plenior » por las citas que el Nuevo Testamento hace del Antiguo*, dans *XII Semana Bíblica Española*, Madrid, 1952.
TUYA, M. de, *Si es posible y en qué medibo un sensus plenior a la luz del concepto teológico de inspiración*, dans *La Ciencia Tomista*, 1952, 79, 369-418.
WEISENGOFF, J., *Recension de Cerfaux, Coppens, Gribomont*, dans *Cath. Bibl. Quart.*, 1952, 14, 83-85.
SEISDEBOS, F., *La theoria antioquena*, dans *Est. Bíblicos*, 1952, 11, 31-67.
SMALLEY, B., *The Study of the Bible in the Middle Ages*, 2e éd., Oxford, 1952.
SPICQ, C., *L'Écriture sainte et S. Thomas*, dans *Bull. thomiste*, 1947-1952, 8, 210-221.
SUÁREZ, P. L., *El sensus plenior y la XII Semana Bíblica Española*, dans *Illustración del Clero*, 1952, 45, 21-28.
BOMAN, TH., *Das hebräische Denken im Vergleich mit dem Griechischen*, Göttingen, 1952.
WRIGHT, G. E., *God Who Acts*, London, 1952.
CONGAR, Y., *Le Saint-Esprit et le corps apostolique réalisateurs de l'œuvre du Christ*, dans *Rev. Phil. Théol.*, 1952, 36, 613-625 ; 1953, 37, 24-48.
BAKKUIZEN VAN DEN BRINK, J. N., *Traditie in de Reformatie en het Katholicisme in de XVIe eeuw*, dans *Med. Kon. Ned. Akad. Wet.*, afd. *Letterkunde*, nouv. sér., 15, nº 2, Amsterdam, 1952.
ZEEDEN, E. W., *Martin Luther und die Reformation im Urteil des deutschen Luthertums*, 2 vol., Fribourg-en-Br., 1950-1952.
BARDY, G., *L'inspiration des Pères de l'Église*, dans *Rech. Sc. Rel.*, 1952, 40, 7-26.
HARTLICH, Chr. - SACHS, W., *Der Ursprung des Mythosbegriffes in der modernen Bibelwissenschaft*, dans *Schriften Studiengemeinschaft Evang. Akademie*, 2, Tubingue, 1952.
LUDWIG, E., *Schriftverständnis und Schriftauslegung bei Johann Albrecht Bengel*, Stuttgart, 1952.
BULTMANN, R., *Das Problem der Hermeneutik*, dans *Glauben und Verstehen*, II, 211-235, Tubingue, 1952.
HEINEMANN, I., *Die Allegoristik der hellenistischen Juden ausser Philon*, dans *Mnemosyne*, 1952, IV, 5, 130-138.
SMITS, C., *Oudtestamentische Citaten in het Nieuwe Testament*. I. *Synoptische evangeliën*, Bois-le-Duc, 1952. — II. *Handelingen van de Apostelen. Evangelie van Johannes. Apocalyps en katholieke Brieven*, 1955. — III. *De brieven van Paulus*, 1957. — IV. *De brief aan de Hebreeën. Het oude Testament in het Nieuwe. Algemene beschouwingen*, 1963.
TRILLHAAS, W., *Interpretationswege der heutigen evang. Theologie*, dans *Studium Generale*, 1952, 5, 531-537.
ZIMMERLI, W., *Verheissung und Erfüllung*, dans *Evang. Theologie*, 1952-1953, 12, 34-59.
DIEM, H., *Das Problem des Schriftkanons*, dans *Theol. Stud.*, nº 32, Zurich, 1952.
LERCH, D., *Zur Frage nach dem Verstehen der Schrift*, dans *Zeitschr. Theol. Kirche*, 1952, 49, 350 ss.
BAUMGÄRTEL, F., *Verheissung. Zur Frage des evangelischen Verständnisses des A. T.*, Gütersloh, 1952.

AMSLER, S., *Prophétie et typologie*, dans *Rev. Théol. Phil.*, 1953, 3, 139-148.
BROWN, R. E., *The History and Development of the Theory of a Sensus plenior*, dans *Cath. Bibl. Quart.*, 1953, 15, 141-162.
DANIÉLOU, J., *Essai sur le mystère de l'histoire*, Paris, 1953.
FERNANDEZ, A., *Sentido plenior, literal, tipico, espiritual*, dans *Biblica*, 1953, 34, 299-326.
KÜMMEL, W. G., *Verheissung und Erfüllung*, 2e éd., Zürich, 1953.
SCHWEITZER, W., *Schrift und Dogma in der Oekumene*, Gütersloh, 1953.
STRATHMANN, H., Recension de *Les Harmonies des deux Testaments*, dans *Theol. Lit. Zeit.*, 1953, 78, 603-604.
SUTCLIFFE, E. F., *The Plenary Sense as a Principle of Interpretation*, dans *Biblica*, 1953, 34, 333-343.
TERNANT, P., *La theoria d'Antioche dans le cadre des sens de l'Écriture*, dans *Biblica*, 1953, 34, 135-158, 354-383, 456-486.
VRIELINCK, J. H., *Het waarheidskarakter der heilige Schrift*, dans *Schrift en Kerk*, 1953, 29-39.
VRIEZEN, TH. C., *Schriftcritiek en Schriftgezag*, dans *Schrift en Kerk*, 1953, 17-27.
BRAUN, F. M., *La théologie biblique. Qu'entendre par là ?* dans *Rev. Thom.*, 1953, 53, 221-253.
DANIÉLOU, J., *The Fathers and the Scripture*, dans *East. Churches Quart.*, 1953, 10, 265-273.
IBÁÑEZ ARANA, A., *El concepto de inspiración y el porvenir del « sensus plenior »*, dans *Lumen*, 1953, 7, 193-219.
LECLER, J., *Littéralisme biblique et typologie au XVIe siècle*, dans *Rech. Sc. Rel.*, 1953, 41, 76-95.
MUÑOZ IGLESIAS, S., *El llamado sentido típico no es estrictamente sentido bíblico viejo-testamentario*, dans *Est. Bíbl.*, 1953, 12, 159-183.
TURRADO, L., *El problema de las citas bíblicas*, dans *Cultura bíblica*, 1953, 10, 294-299.
TUYA, M., *El sentido típico del Antiguo Testamento es verdadera y estrictamente sentido de la Biblia*, dans *La Ciencia Tomista*, 1953, 80, 625-661.
QUIMBY, C. W., *The Unity of the Biblical Message*, dans *Journ. Bible Rel.*, 1953, 21, 30 ss.
SEYNAEVE, J., *Cardinal Newman's Doctrine on Holy Scripture*, Louvain, 1953.
KÖHLER, L., *Der hebräische Mensch*, Tübingen, 1953.
DUMONTIER, P., *Saint Bernard et la Bible*, Bruges, 1953.
DOEVE, J. W., *Jewish Hermeneutics in the Synoptic Gospels and Acts*, Leyde, 1953.
SEELIGMANN, I. L., *Voraussetzungen der Midraschexegese*, dans *Suppl. Vet. Test., Copenhagen 1953*, Leyde, 1953, 150-181.
RAD, G., VON, *Verheissung. Zum gleichnamigen Buch Fr. Baumgärtels*, dans *Evang. Theologie*, 1953, 13, 406-413.
SNAITH, N. H., *The Distinctive Ideas of the Old Testament*, Londres, 1953.
GOGARTEN, F., *Verhängnis und Hoffnung der Neuzeit. Die Säkularisierung als theologisches Problem*, Stuttgart, 1953.
LANG, A., *Der Bedeutungswandel der Begriffe « fides » und « haeresis » und die dogmatische Wertung der Konzilsentscheidungen von Vienne und Trient*, dans *Münch. Theol. Zeitschr.*, 1953, 4, 133-146.
LAMPE, G. W. H., *Theological Exegesis*, dans *Theology*, 1953, 56, 201-208.
BAUMGÄRTEL, F., *Das alttestamentliche Geschehen als « heilsgeschichtliches » Geschehen*, dans *Geschichte und Altes Testament. Festgabe Alt*, dans *Beiträge Hist. Theologie*, 16, Tubingue, 13-28.

LE MÊME, « *Ohne Schlüssel vor der Tür des Wortes Gottes* », dans *Evang. Theol.*, 1953, 13, 413-421.
LE MÊME, *Das hermeneutische Problem des A. T.*, dans *Theol. Lit. Zeit.*, 1954, 79, 199-212.
DE VOOGHT, P., *Les Sources de la doctrine chrétienne d'après les théologiens du XIVe siècle et du début du XVe*, Bruges, 1954.
FLESSMANN-VAN LEER, E., *Tradition and Scripture in the Early Church*, Assen, 1954.
BAUMGÄRTEL, F., *Der Dissensus im Verständnis des Alten Testaments*, dans *Evang. Theologie*, 1954, 14, 298-313.
LE MÊME, *Le mythe dans les écrits du NT*, dans *Numen*, 1954, 120-135.
JEPSEN, A., *Probleme der Auslegung des Alten Testaments*, dans *Zeitschr. Syst. Theol.*, 1954, 23, 373-386.
KAMLAH, E., *Buchstabe und Geist. Die Bedeutung dieser Antithese für die altt. Exegese des Apostels Paulus*, dans *Evang. Theol.*, 1954, 14, 276-282.
SCHILLING, O., *Der geistige Sinn der Heiligen Schrift*, dans *Theologie und Glaube*, 1954, 44, 241-254.
TUYA, M. DE, *Anotaciones a un articulo sobre el « Sensus Plenior »*, dans *La Ciencia Tomista*, 1954, 81, 627-644.
VRIEZEN, TH. C., *Hoofdlijnen der theologie van het Oude Testament*, 2e éd., Wageningen, 1954.
AUBERT, R., *La théologie catholique au milieu du XXe siècle*, Tournai, 1954.
BULLOUGH, S., *The Spiritual Senses of Scripture*, dans *The Life of the Spirit*, 1954, 8, 343-353.
DEL PARAMO, S., *El problema del sentido literal pleno en la Sagrada Escritura*, Santander, 1954.
FERNÁNDEZ, A., *Nota referente a los sentidos de la S. Escritura*, dans *Biblica*, 1954, 35, 72-79.
FRANQUETA, P., *Inspiración, causalidad instrumental y sentido pleno*, dans *XIV Semana Bíblica Española*, Madrid, 1954, 187-208.
GUILLET, J., *Thèmes bibliques. Études sur l'expression et le développement de la révélation*, dans *Théologie*, 18, Paris, 1954.
GUTHRIE, M., *The Bible and Current Theories about Language*, dans *Journ. Transactions Victoria Institute*, 1954, 86, 49-60, 113-120.
MCCASLAND, S., *The Unity of the Scripture*, dans *Journ. Bibl. Lit.*, 1954, 73, 1-10.
ZARB, S. M., *De ubertate sensus litteralis in S. Scriptura secundum doctrinam S. Thomae Aquinatis*, dans *Problemi scelti di teologia contemporanea. Analecta Gregoriana*, 68, Roma, 1954, 251-274.
O'FLYNN, J., *The Senses of Scripture*, dans *Ir. Theol. Quart.*, 1954, 21, 181-184.
LE MÊME, *Newman and the Scriptures*, *ibid.*, 264-269.
OÑATE, J. E., *¿ El llamado sentido típico es estrictamente sentido bíblico viejo-testamentario ?*, dans *Problemi scelti di teologia contemporanea. Analecta gregoriana*, 68, Roma, 1954, 307-317, et dans *Est. Bíblicos*, 1954, 13, 185-197.
PEINADOR, M., *Justificación del sentido « plenior » dento de los necesidades a que responde*, dans *XIV Semana Bíblica Española*, Madrid, 1954, 421-438.
PUZO, F., *El doble sentido literal del P. Juan Azor*, dans *Problemi scelti di teologia contemporanea. Analecta Gregoriana*, 68, Roma, 1954, 275-280.
RENARD, H., *L'objet de la Bible : son expression dans les divers sens*, *ibid.*, 281-292.

HAHN, F., *The Old Testament in Modern Research*, Philadelphia, 1954.
LEMOINE, E., *Théorie de l'emphase grecque classique et biblique*, Paris, 1954.
BARSOTTI, D., *La parole de Dieu dans le mystère chrétien*, dans *Lex orandi*, 17, Paris, 1954.
BERNHART, J., *Bibel und Mythos. Ein Vortrag*, Munich, 1954.
LÄUCHLI, S., *Die Frage nach der Objektivität der Exegese des Origines*, dans *Theol. Zeitschr.*, 1954, 10, 175-197.
SEBASTHIAN, F., *Interpretación teológica de la inspiración*, dans *Semana Biblica Española*, XIV, 179-186. Madrid, 1954.
BLÄSER, P., *St. Paul's Use of the Old Testament*, dans *Theol. Dig.*, 1954, 2, 49-52. — Cfr *Theol. Quart. Schr.*, 1952, 133, 152-169.
ENCISCO, J., *Observaciones acerca del sentido pleno*, dans *Est. Bíbl.*, 1954, 13, 325-331.
GUILLET, J., *Deux aspects du sens spirituel de l'Écriture*, dans *Problemi Scelti di Teologia Contemporanea*, 299-305, Rome, 1954.
MILLER, A., *Sui diversi sensi della Sacra Scrittura, ibid.*, 233-249.
PRENTER, R., *Spiritus creator. Studien zu Luthers Theologie*, dans *Forsch. Gesch. Lehre Protest.*, 6, Munich, 1954.
SICK, H., *Melanchthon als Ausleger des AT*, Diss. Heidelberg, 1954.
MILBURN, R. L. P., *Early Christian Interpretation of History*, Londres, 1954.
DANIÉLOU, J., *The Fathers and Scripture*, dans *Theol.*, 1954, 57, 83-89.
MALEVEZ, L., *Le message chrétien et le mythe*, Paris, 1954.
STECK, K. G., *Undogmatisches Christentum ?*, Munich, 1955.
HESSEN, J., *Platonismus und Prophetismus. Die antike und die biblische Geisteswelt in strukturvergleichender Betrachtung*, Munich, 1955.
BETTI, E., *Teoria generale della interpretazione*, Milan, 1955.
KOOPMANS, J., *Das altkirchliche Dogma in der Reformation*, Munich, 1955.
NOORDMANS, O., *Gestalte en Geest*, Amsterdam, 1955.
PREUSS, R., *The Inspiration of Scripture. A Study of the Theology of the Seventeenth Century Lutheran Dogmaticans*, Édimbourg, 1955.
COLSEN, J., *Poels*, Ruremonde, 1955.
KRAELING, E. G., *The Old Testament since the Reformation*, Londres, 1955.
BRATHGÅRD, H., *Bibeln och människan in Magnus Friedrich Roos' teologi. En systematisk Studie i württembergspietism*, dans *Stud. Theol. Lund.*, 10, Lund, 1955.
TRILLHAAS, W., *Das Alte Testament in der Dogmatik*, dans *Gedenkschrift für W. Elert*, 272 ss., 1955.
BROWN, R. E., *The Sensus Plenior of Sacred Scripture*, Baltimore, 1955.
FRIES, H., *Bultmann, Barth und die katholische Theologie*, Stuttgart, 1955.
MUÑOZ IGLESIAS, S., *Documentos Biblicos*, dans *Bibliotheca de autores cristianos*, Madrid, 1955.
RULER, A. A. VAN, *Die christliche Kirche und das Alte Testament*, dans *Beitr. Evang. Theol.*, 23, Munich, 1955.
DEL PARAMO, S., *El « mysterio » paulino y el sentido literal pleno*, dans *XV Semana Bíblica Española*, 247-266. Madrid, 1955.
TEMINO SAIZ, A., *En torno al problema del Sensus plenior*, dans *Est. Bíblicos*, 1955, 14, 5-47.
TUYA, M., *En torno al problema del « sensus plenior »*, dans *La Ciencia Tomista*, 1955, 82, 625-643.
The Bible Today. Historical, Social and Literary Aspects of the Old and New Testaments, London, 1955.
DE LA POTTERIE, I., *The Meaning of the Word of God*, dans *Lumen*, 1955, V, 10, 15-30.

Muñoz Iglesias, S., *Recension de l'ouvrage de S. del Paramo*, dans *Est. Bíbl.*, 1955, 14, 125-126.
Murphy, R., *Recension de l'ouvrage de R. Brown*, dans *Cath. Bibl. Quart.*, 1955, 17, 502-505.
Gloege, G., *Der theologische Personalismus als dogmatisches Problem*, dans *Kerygma und Dogma*, 1955, 23-41.
Wolf, E., *Kerygma und Dogma*, dans *Antwort. Festschrift für Karl Barth*, 780-807, Zurich, 1956.
Gögler, R., *Die christologische und heilstheologische Grundlage der Bibelexegese des Origenes*, dans *Theol. Quart.*, 1956, 136, 1-13.
Hessen, J., *Griechische oder Biblische Theologie ? Das Problem der Hellenisierung des Christentums in neuer Beleuchtung*, 2e éd., Bâle, 1956.
Stamm, J. J., *Jesus Christus und das Alte Testament*, dans *Evang. Theol.*, 1956, 16, 387-395.
Wolff, H. W., *Zur Hermeneutik des Alten Testaments*, dans *Evang. Theol.*, 1956, 16, 337-370.
Benoit, P., *Note complémentaire sur l'inspiration*, dans *Rev. Bibl.*, 1956, 416-422.
Eichholz, G., *Der Ansatz K. Barths in der Hermeneutik*, dans *Antwort. Karl Barth zum siebzigsten Geburtstag*, Zürich, 1956, 52-69.
Ibañez Arana, A., *El concepto de inspiración y el porvenir del ' sensus plenior '*, dans *Lumen*, 1953 et *Theology Digest*, 1956, 4, 59-64.
Kraus, H. J., *Geschichte der historisch-kritischen Erforschung des Alten Testaments von der Reformation bis zur Gegenwart*, Neukirchen, 1956.
Sevenster, J. N., *Rome en de vrije Bijbel*, Amsterdam, 1956.
Bea, A., *La bula « Ineffabilis Deus » y la hermeneutica biblica*, dans *Revista Bíblica con sección litúrgica*, 1956, 82, 181-186 ; 1957, 83, 1-6. Cfr *Alma Socia Christi*, 1953, 3, 1-17.
Fernández, A., *Apostillas relativas a los sentidos bíblicos*, dans *Biblica*, 1956, 37, 184-198.
Suarez, P. L., *Noematica biblico-mesianica de Alfonso Tostado de Madrigal*, dans *Collegium Theologicum Claretianum Calceatense*, Madrid, 1956.
Ausejo, S. de, *El « sensus plenior » de la Sagrada Escritura*, dans *Est. Bíbl.*, 1956, 15, 95-104.
Benoit, P., *Recension de l'ouvrage de R. Brown*, dans *Rev. Bibl.*, 1956, 63, 285-287 et dans *Exégèse et théologie*, I, 19-21. Paris, 1961.
Brown, R., *Correspondance avec J. P. Weisengoff*, dans *Cath. Bibl. Quart.*, 1956, 18, 49-53.
Girban, B., *Sobre el uso de la Biblia en la liturgia*, dans *Liturgica. Schuster Volume*, 45-65. Montserrat, 1956.
McKenzie, J., *The Two-Edged Sword*, 295-308, Milwaukee, 1956.
Geiselmann, J. R., *Das Missverständnis über das Verhältnis von Schrift und Tradition und seine Ueberwindung in der katholischen Theologie*, dans *Una Sancta*, 1956, 2, 131-150.
Chaix-Ruy, J., *Ernest Renan*, Lyon, 1956.
Buber, M., *Twee wijzen van geloven*, La Haye, 1956.
Marlé, R., *Bultmann et l'interprétation du Nouveau Testament*, Paris, 1956.
Ziener, G., *Die theologische Begriffsprache im Buche der Weisheit*, dans *Bonn. Bibl. Beitr.*, 11, Bonn, 1956.
Charlier, C., *Méthode historique et lecture spirituelle des Écritures*, dans *Bible et Vie chrétienne*, 1957, no 18, 7-26.
Courtade, G., *Lettres encycliques*, dans *Dict. Bible Suppl.*, Paris, 1957, V, 375-387.

DUMÉRY, H., *La foi n'est pas un cri*, Tournai, 1957.
EICHRODT, W., *Ist die typologische Exegese sachgemässe Exegese*, dans *Suppl. Vetus Testamentum*, IV, Leyde, 1957, 161-180.
PLOEG, J. VAN DER, *De zin der Heilige Schrift*, dans *De Wereld van de Bijbel*, Utrecht, 1957, 78-93.
LE MÊME, *Grondregels der katholieke interpretatie*, *ibid.*, 93-107.
SCHILDENBERGER, J., *Inspiration und Irrtumslosigkeit der Heiligen Schrift*, dans *Fragen der Theologie heute*, Zürich, 1957, 109-121.
GRANT, R. M., *The Letter and the Spirit*, London, 1957.
LAMPE, G. W. H. - WOOLLCOMBE, K. J., *Essays on Typology*, dans *Studies in Biblical Theology*, 22, London, 1957.
HERRAN, L. M., *Simbolos y typos y su valencia conceptual*, dans *Estudios marianos*, 1957, 18, 11-54.
PÉPIN, J., *A propos de l'exégèse allégorique : l'absurdité signe de l'allégorie*, dans *Studia patristica*, Berlin, 1957, I, 395-413.
HEBERT, G., *Fundamentalism and the Church*, Philadelphia, 1957.
BLACKMANN, E. C., *Biblical Interpretation. The Old Difficulties and the New Opportunities*, Londres, 1957.
GRUBER, W., *Die pneumatische Exegese bei den Alexandrinern. Ein Beitrag zur Noematik der Heiligen Schrift*, Graz, 1957.
MASCALL, E. L., *Words and Images. A Study in Theological Discourse*, Londres, 1957.
PÉPIN, J., *S. Augustin et la fonction protreptique de l'allégorie*, dans *Rech. Aug.*, 1958, 1, 245-286.
LE MÊME, *Jugements chrétiens des quatre premiers siècles sur l'allégorie grecque*, dans *École Pratique Hautes Études*, 1957, 97-100.
LE MÊME, *La teología tripartita de Varrón y la interpretación alegórica*, dans *Agustino* (Madrid), 1957, 331-366.
RAMSEY, Ian T., *Religious Language. An Empirical Placing of Theological Phrases*, London, 1957.
ELLIS, E. E., *Paul's Use of the Old Testament*, Édimbourg, 1957.
GEISELMANN, J. R., *Das Konzil von Trient über das Verhältnis der Heiligen Schrift und der nicht geschriebenen Traditionen*, dans *Die mündliche Ueberlieferung* ed. M. SCHMAUS, Munich, 1957, 123-206.
OESTERGAARD-NIELSEN, H., *Scriptura Sacra et Viva vox. Eine Lutherstudie*, dans *Forsch. Gesch. Lehre Protest.*, 10, Munich, 1957.
KARPP, H., *« Prophet » oder « Dolmetscher » ? Die Geltung der Septuaginta in der Alten Kirche*, dans *Festschrift Dehn*, Neukirchen, 1957.
ALOUD, K., *Luther as Exegete*, dans *Exp. Times*, 1957, 69, 45-48, 68-73.
MARXSEN, W., *Exegese und Verkündigung*, Munich, 1957.
MÖHLER, J. A., *Die Einheit in der Kirche oder das Prinzip des Katholizismus*. Hrsg. v. J. R. GEISELMANN, Darmstadt, 1957.
SCHLINK, E., *Die Struktur der dogmatischen Aussage*, dans *Ker. u. Dogma*, 1957, 3, 251-306.
CHADWICK, O., *From Bossuet to Newman*, Cambridge, 1957.
BLONDEL, M. - VALENSIN, A., *Correspondance 1899-1912*, Paris, 1957.
REID, J. K. S., *The Authority of Scripture*, Londres, 1957.
RATSCHOW, K. H., *Der angefochtene Glaube. Anfangs- und Grundprobleme der Dogmatik*, Gütersloh, 1957.
MÖHLER, J. A., *Symbolik*, Darmstadt, 1958.
RATZINGER, J., *Offenbarung - Schrift - Ueberlieferung*, dans *Trier. Theol. Zeitschr.*, 1958, 67, 13-27.

GADAMER, H. G., *Simbolo e allegoria*, dans *Umanesimo e simbolismo. Arch. di Filosofia*, 1958, 29-33.
MCKENZIE, J. L., *Problems of Hermeneutics in Roman Catholic Exegesis*, dans *Journ. Bibl. Lit.*, 1958, 77, 197-204.
SCHLIER, H., *Die Zeit der Kirche*, 2e éd., Fribourg-en-Br., 1958.
SCHLIER, H., *Kerygma und Sophia. Zur neutest. Grundlegung des Dogmas*, *ibid.*
HÄGGLUND, B., *Die Bedeutung der « regula fidei » als Grundlage theologischer Aussagen*, dans *Stud. Cath.*, 1958, 12, 1-44.
GORCE, D., *La patristique dans la Réforme d'Érasme*, dans *Festgabe Lortz*, Baden-Baden, 1958.
COPPENS, J., *Le problème du sens plénier*, dans *Eph. Theol. Lov.*, 1958, 34, 1-20.
DIEM, H., *Was heisst Schriftgemäss ?*, Neukirchen, 1958.
DUMÉRY, H., *Phénoménologie et religion. Structures de l'institution chrétienne*, dans *Initiation philosophique*, Paris, 1958.
FORESTELL, J. T., *The Limitation of Inerrancy*, dans *Cath. Bibl. Quart.*, 1958, 20, 9-18.
GIBLIN, C. H., *'As it is weritten...'. A Basic Problem in Noematics and its Relevance to Biblical Theology*, dans *Cath. Bibl. Quart.*, 1958, 20, 327-353, 477-498.
HESSLER, B., *Zur Frage nach dem 'Vollsinn' der heiligen Schrift*, dans *Wiss. u. Weisheit*, 1958, 21, 134-141.
KRUMHOLTZ, R. H., *Instrumentality and the 'Sensus Plenior'*, dans *Cath. Bibl. Quart.*, 1958, 20, 200-205.
LEVIE, J., *La Bible, parole humaine et message de Dieu*, Louvain, 1958.
MALTHA, A. H., *De nieuwe theologie*, Bruges, 1958.
MICHL, J., *Dogmatischer Schriftbeweis und Exegese*, dans *Bibl. Zeitschr.*, 1958, nouv. sér., 2, 1-14.
MUILENBURG, J., *Preface to Hermeneutics*, dans *Journ. Bibl. Lit.*, 1958, 77, 18-26.
SCHNACKENBURG, R., *Der Weg der katholischen Exegese*, dans *Bibl. Zeitschr.*, 1958, 2, 161-176.
SCHROEDER, F. J., *Père Lagrange : Record and Teaching in Inspiration*, dans *Cath. Bibl. Quart.*, 1958, 20, 206-217.
SCHÜCKLER, G., *Der theologische Aufbruch in der protestantischen Bibelwissenschaft des Alten Testaments*, dans *Catholica*, 1958, 11, 108-125.
STUHLMUELLER, C., *The Influence of Oral Tradition upon Exegesis and the Senses of Scripture*, dans *Cath. Bibl. Quart.*, 1958, 20, 299-326.
WOLF, H. H., *Die Einheit des Bundes. Das Verhältnis von Alten und Neuen Testament bei Calvin*, Neukirchen, 1958.
MARROU, H. I., *Saint Augustin et la fin de la culture antique*, 4e éd., Paris, 1958.
PÉPIN, J., *Mythe et allégorie. Les origines grecques et les contestations judéo-chrétiennes*, dans *Philosophie de l'esprit*, Paris, 1958.
DANIÉLOU, J., *Philon d'Alexandrie*, dans *Les Temps et les Destins*, Paris, 1958.
YOUNG, E. J., *The Study of Old Testament Theology today*, Londres, 1958.
DESROCHES, A., *Jugement pratique et jugement spéculatif chez l'écrivain inspiré*, Ottawa, 1958.
CHARLIER, C., *The Christian Approach to the Bible*, 255-264. Westminster, 1958.
HILL, E., *Saving the Fathers*, dans *Blackfriars*, 1958, 39, 2-15.

HUNT, J., *Rome and the Literal Sense of Sacred Scripture*, dans *Am. Ben. Rev.*, 1958, 9, 79-103.

SPICQ, C., *Nouvelles réflexions sur la théologie biblique*, dans *Rev. Sc. Phil. Théol.*, 1958, 42, 209-219.

LEVI-STRAUSS, Cl. *Antropologie structurale*, Paris, 1958.

BRATCHER, R. G., *A Study of Isaiah 7 : 14. Its Meaning and Use in the Masoretic Text, the Septuagint and the Gospel of Matthew*, dans *The Bible Translator*, 1958, 9, 98-126.

GEISELMANN, J. R., *Un malentendu éclairé : la relation Écriture-Tradition dans la théologie catholique*, dans *Istina*, 1958, 197-214.

KOOIMAN, W. J., *Luther en de Bijbel*, Baarn, 1958.

PRENTER, R., *Luther on Word and Sacrament*, dans *More about Luther. Martin Luther Lectures*, 2, Decorah, 1958.

MEINHOLD, P., *Luthers Sprachphilosophie*, Berlin, 1958.

RAHNER, K., *Ueber die Schriftinspiration*, dans *Quaest. Disput.*, 1, Fribourg-en-Br., 1958.

HARL, M., *Origène et la fonction révélatrice du Verbe incarné*, Paris, 1958.

KÜMMEL, G., *Das Neue Testament. Geschichte der Erforschung seiner Probleme*, Fribourg-Munich, 1958.

SIEWERTH, G., *Ontologie du langage*, Bruges-Paris, 1958.

BULTMANN, R., *Die Bedeutung des Alten Testaments für den christlichen Glauben*, dans *Glauben und Verstehen*, 2e éd., II, 313 ss., Tubingue, 1958.

LE MÊME, *Weissagung und Erfüllung*, *ibid.*, II, 162 ss.

FUCHS, E., *Hermeneutik*, 2e éd., Bad Cannsatt, 1958.

GESE, H., *Lehre und Wirklichkeit in der alten Weisheit. Studien zu den Sprüchen Salomos und zu dem Buche Hiob*, Tubingue, 1958.

WÜRTHWEIN, E., *Der Sinn des Gesetzes im Alten Testament*, dans *Zeitschr. Theol. Kirche*, 1958, 55, 255-270.

KRUSCHE, W., *Das Wirken des Heiligen Geistes nach Calvin*, Goettingue, 1958.

WÖLFEL, E., *Luther und die Skepsis. Eine Studie zur Kohelet-Exegese Luthers*, dans *Forsch. Gesch. Lehre Prot.*, sér. 10, 12, Munich, 1958.

VOLZ, H., *Luthers Stellung zu den Apokryphen des A. T.*, dans *Luther-Jahrbuch 1959*, 93-108, Berlin, 1959.

THESTRUP-PEDERSEN, E., *Luther som skriftfortolker. En studie i Luthers skriftsyn, hermeneutik og eksegese*, Copenhague, 1959.

BARROSSE, TH., *The Senses of Scripture and the Liturgical Pericopes*, dans *Cath. Bibl. Quart.*, 1959, 21, 1-23.

BEA, A., *'Religionswissenschaftliche' oder 'theologische' Exegese*, dans *Biblica*, 1959, 40, 322-334.

BIJLSMA, R., *Schriftuurlijk Schriftgezag*, Nijkerk, 1959.

DUMÉRY, H., *La foi n'est pas un cri, suivi de Foi et institution*, Paris, 1959.

MCDONALD, H. D., *Ideas of Revelation. An Historical Study A. D. 1700 - A. D. 1860*, New-York, 1959.

KERRIGAN, A., *The 'sensus plenior' of Joel, III, 1-5 in Act., II, 13-46*, dans *Sacra Pagina*, Gembloux, 1959, II, 295-313.

DE LUBAC, H., *A propos de l'allégorie chrétienne*, dans *Rech. Sc. Rel.*, 1959, 47, 5-43.

LE MÊME, *Exégèse médiévale. Les quatre sens de l'Écriture*, 4 vol., Paris, 1959.

MAAG, V., *Historische und ausserhistorische Begründung alttestam. Theologie*, dans *Schweiz. Theol. Umschau*, 1959, 29, 6-18.

MISKOTTE, K. H., *Zur biblischen Hermeneutik*, dans *Theol. Studien*, 55, Basel, 1959.

SCHMID, J., *Die alttestamentliche Zitate bei Paulus und die Theorie vom Sensus plenior*, dans *Bibl. Zeitschr.*, 1959, 3, 161-173.
HANSON, R. P. C., *Allegory and Event. A Study of the Sources and Significance of Origen's Interpretation of Scripture*, London, 1959.
CROUZEL, H., *Origène est-il un systématique ?*, dans *Bull. Litt. Eccl.*, 1959, 81-116.
O'ROURKE, JOHN J., *Marginal Notes on the Sensus Plenior*, dans *Cath. Bibl. Quart.*, 1959, 21, 64-71.
BENOIT, P., *Les analogies de l'inspiration*, dans *Sacra Pagina*, Gembloux, 1959, I, 86-99.
DESCAMPS, A., *Réflexions sur la méthode en théologie biblique*, *ibid.*, I, 132-157.
GELIN, A., *La question des relectures bibliques à l'intérieur d'une tradition vivante*, *ibid.*, I, 303-315.
LEVIE, J., *Interprétation scripturaire en théologie, en exégèse*, *ibid.*, 100-118.
PEINADOR, M., *La integración de la exégesis en la teología. Hacia una auténtica teología bíblica*, *ibid.*, 158-180.
MAILHIOT, M. D., *La pensée de S. Thomas sur le sens spirituel*, dans *Rev. Thomiste*, 1959, 59, 613-663.
FESTUGIÈRE, A. J., *Antioche païenne et chrétienne. Libanius, Chrysostome et les moines de Syrie*, dans *Bibl. Écoles françaises Athènes et Rome*, 194, Paris, 1959.
SICK, H., *Melanchthon als Ausleger des Alten Testaments*, dans *Beiträge zur Geschichte der biblischen Hermeneutik*, 2, Tubingue, 1959.
PELIKAN, J., *Luther the Expositor. Introduction to the Reformer's Exegetical Writings*, Saint-Louis, 1959.
EBELING, G., *Wort Gottes und Hermeneutik*, dans *Zeitschr. Theol. Kirche*, 1959, 56, 224-251.
FUCHS, E., *Gesammelte Aufsätze. I. Zum hermeneutischen Problem. Die existentiale Interpretation*, Tubingue, 1959.
MARXSEN, W., *Der Exeget als Theologe*, dans *Wort u. Dienst*, 1959, 6, 147-158.
GADAMER, H. G., *Zum Zirkel des Verstehens*, dans *M. Heidegger. Zum 70. Geburtstag*, Pfullingen, 1959, 24-34.
STRAUSS, G., *Schriftgebrauch, Schriftauslegung und Schriftbeweis bei Augustinus*, dans *Beitr. Geschichte Bibl. Hermeneutik, 1*, Tubingue, 1959.
BRUCE, F. F., *Biblical Exegesis in the Qumran Texts*, Grand Rapids, 1959.
O'ROURKE, J. J., *Marginal Notes on the Sensus Plenior*, dans *Cath. Bibl. Quart.*, 1959, 21, 64-71.
BERNHARDT, K. H., *Die gattungsgeschichtliche Forschung am Alten Testament als exegetische Methode*, dans *Aufsätze u. Vorträge zur Theologie und Religionswissenschaft*, nº 8, Berlin, 1959.
PANNENBERG, W., *Heilsgeschehen und Geschichte*, dans *Kerygma und Dogma*, 1959, 5, 218-237, 259-288.
BLACKMAN, E. C., *Biblical Interpretation*, Philadelphia, 1959.
BIJLSMA, R., *Schriftuurlijk leergezag*, Nijkerk, 1959.
MURPHY, J. L., *The Notion of Tradition in John Driedo*, Milwaukee, 1959.
BACHT, H., *Sind die Lehrentscheidungen der ökumenischen Konzilien göttlich inspiriert ?*, dans *Cath.*, 1959, 13, 128-139.
GEISELMANN, J. R., *Die lebendige Ueberlieferung als Norm des christlichen Glaubens*, Fribourg-en-Br., 1959.

STEINMANN, J., *Richard Simon et les origines de l'exégèse biblique*, Paris, 1959.

PHILBEN, R., *Some Modern Protestant Attitudes toward Hermeneutics*, dans *Cath. Bibl. Quart.*, 1959, 21, 115-135.

HOFFMANN, J. C. K. von, *Interpreting the Bible*, Minneapolis, 1959. — Traduction du texte allemand paru en 1880.

STARFELT, E., *Studier i rabbinsk och nytestamentlig skrifttolkning*, dans *Studia theologica*, 17, Lund, 1959.

RATSCHOW, C. H., *Zur Frage der Begründung des neutestamentlichen Kanons aus Sicht der systematischen Theologie*, dans *Zeitschr. Syst. Theol.*, 1960, 2, 150-160.

MARXSEN, W., *Das Problem des neutestamentlichen Kanons aus der Sicht der Exegeten*, *ibid.*, 137-150.

LE MÊME, *Kontingenz der Offenbarung oder (und) Kontingenz des Kanons ? ibid.*, 355-364.

H. BRAUN, *Hebt die heutige neutestamentliche Forschung den Kanon auf ?* Berlin, 1960.

KÄSEMANN, E., *Exegetische Versuche und Besinnungen*, Goettingue, 1960.

CONGAR, Y., « *Traditio* » *und* « *sacra doctrina* » *bei Thomas von Aquin*, dans *Kirche und Ueberlief. Festschrift J. R. Geiselmann*, Fribourg-en-Br., 1960, 170-206.

KARRER, O., *Spiritualität und Dogma in ökumenischer Fragestellung*, *ibid.*, 311-329.

RAD, G. VON, *Das Alte Testament ist ein Geschichtsbuch*, dans *Probleme Alttest. Hermeneutik*, 11-17, Munich, 1960.

GADAMER, H. G., *Wahrheit und Methode. Grundzüge einer philosophischen Hermeneutik*, Tubingue, 1960 ; 2e éd., 1965.

BULTMANN, R., *Ist voraussetzungslose Exegese möglich ?*, dans *Glauben und Verstehen*, III, 142-150. Tubingue, 1960.

AMSLER, S., *L'Ancien Testament dans l'Église*, Neuchâtel, 1960.

BAUMGÄRTEL, F., *Das hermeneutische Problem des Alten Testaments*, dans *Probleme alttestam. Hermeneutik*, Munich, 1960.

BENOIT, P., *La plénitude de sens des Livres Saints*, dans *Rev. Bibl.*, 1960, 67, 161-196.

BULTMANN, R., *Weissagung und Erfüllung*, dans *Probleme alttestam. Hermeneutik*, Munich, 1960, 28-54.

EICHRODT, W., *Ist die typologische Exegese sachgemässe Exegese*, dans *Probleme alttest. Hermeneutik*, Munich, 1960, 205-227.

HERRMANN, S., *Das Prophetische*, dans *Probleme alttest. Hermeneutik*, Munich, 1960, 341-362.

WOLFF, H. W., *Zur Hermeneutik des Alten Testaments*, dans C. WESTERMANN, *Probleme alttestam. Hermeneutik*, Munich, 1960, 140-181.

LE MÊME, *Das Geschichtsverständis der alttestam. Prophetie*, *ibid.*, 319-341.

ZIMMERLI, W., *Verheissung und Erfüllung*, *ibid.*, p. 69-102.

CONGAR, Y., *La Tradition et les traditions. Essai historique*, Paris, 1960.

SMALLEY, B., *English Friars and Antiquity in the Early Fourteenth Century*, Oxford, 1960.

FITZMYER, J., *The Use of Explicit Old Testament Quotations in Qumran Literature and in the New Testament*, dans *New Test. Stud.*, 1960-1961, 7, 297-233.

HOUTIN, A. - SARTIAUX, F., *Alfred Loisy. Sa vie. Son œuvre*. Manuscrit annoté et publié par É. POULAT. Paris, 1960.

MISKOTTE, K. H., *In de weegschaal*, Amsterdam, 1959.
SUTCLIFFE, E., *The Plenary Sense, Original or Super-imposed ?*, dans *Heythrop Journ.*, 1960, 1, 68-70.
AMSLER, S., *Texte et événement*, dans *Hommage à Wilhelm Vischer*, Montpellier, 1960, 12-19.
NICOLAU, M., *Sentido « plenior » de la Sagrada Escritura*, dans *Est. Bibl.*, 1960, 34, 349-359.
O' ROURKE, J., *Theology and the Sensus Plenior*, dans *Am. Eccl. Rev.*, 1960, 143, 301-306.
SMYTH, K., *The Inspired Writer as God 's Instrument*, dans *Theol. Dig.*, 1960, 8, 15-19. Cfr *Scripture*, 1954, 6, 67-75.
EBELING, G., *Was heisst « Biblische Theologie » ?*, dans *Wort und Glaube*, 1960, 69 ss.
HESSE, F., *Zur Frage der Wertung und Geltung alttestam. Texte*, dans *Probl. Altt. Hermeneutik*, 266 ss. Munich, 1960.
LE MÊME, *Das Alte Testament in der gegenwärtigen Dogmatik*, dans *Neue Zeitschr. Syst. Theol.*, 1960, 2, 1-44.
LE MÊME, *Kerygma oder geschichtliche Wirklichkeit*, dans *Zeitschr. Theol. Kirche*, 1960, 57, 1-44.
JEPSEN, A., *Wissenschaft vom Alten Testament*, dans *Probl. Altt. Hermeneutik*, 227 ss. Munich, 1960.
RATSCHOW, C. H., *Der angefochtene Glaube*, 2e éd., 1960.
CONGAR, Y., *Tradition et traditions*, I, Paris, 1960. — II, Paris, 1963.
LENGSFELD, P., *Ueberlieferung, Tradition und Schrift in der evangelischen und katholischen Theologie der Gegenwart*, Paderborn, 1960.
SUTER, J.-F., *Philosophie et histoire chez W. Dilthey*, dans *Studia Philosophica. Suppl.*, 8, Bâle, 1960.
EBELING, G., *Der Grund christlicher Theologie*, dans *Zeitschr. Theol. Kirche*, 1961, 58, 227-244.
FUCHS, E., *Ueber die Aufgabe einer christlichen Theologie*, *ibid.*, 245-267.
RENDTORFF, R., *Die Offenbarungsvorstellungen im Alten Israel*, dans *Offenbarung als Geschichte*, hrsg. v. W. PANNENBERG, 21-41, Goettingue, 1961.
MARLÉ, R., *Au cœur de la crise moderniste. Le dossier inédit d'une controverse*, Paris, 1961.
MOREAU, J. L., *Language and Religious Language. A Study in the Dynamics of Translation*, Philadelphia, 1961.
FRAENKEL, P., *Testimonia Patrum. The Function of the Patristic Argument in the Theology of Philip Melanchthon*, Genève, 1961.
BLONDEL, M. - LABERTHONNIÈRE, L., *Correspondance philosophique publiée et présentée par* Cl. TRESMONTANT, Paris, 1961.
BARR, J., *The Semantics of Biblical Language*, Londres, 1961.
COPPENS, J., *Les idées réformistes d'Érasme dans les Préfaces aux Paraphrases du Nouveau Testament*, dans *Scrinium Lovaniense. Mélanges historiques Étienne Van Cauwenbergh*, 344-371, Louvain, 1961.
BENOIT, P., *Recension de R. M. Brown*, dans *Exégèse et théologie*, Paris, 1961, I, 285-287.
BENOIT, P., *La Septante est-elle inspirée ?*, *ibid.*, I, 3-12.
KUSS, O., *Exegese als theologische Aufgabe*, dans *Bibl. Zeitschr.*, 1961, 5, 161-185.
PRIGENT, P., *Les testimonia dans le christianisme primitif. L'Épître de Barnabé I-XVI et ses sources*, dans *Études bibliques*, Paris, 1961.

MARKUS, R. A., *Presuppositions of the Typological Approach to Scripture*, dans *The Communication of the Gospel in the New Testament Times*, 75-85. Londres, 1961.
MCKENZIE, J. L., *Letter to the Editor*, dans *Theol. Digest*, 1961, 9, 66, 126.
MUSURILLO, H., *Shadow and Reality. Thoughts on the Pattern of Typology*, dans *Theol. Stud.*, 1961, 22, 455-460.
O'ROURKE, J. J., *Notes on the Sensus Plenior*, dans *Am. Eccl. Rev.*, 1961, 145, 319-325.
DE BOER, P. A. H., *Over Bijbel en Openbaring*, Assen, 1961.
DE WILDE, A., *Hoe exegetiseerde Augustinus ?* dans, *Bijbel en Openbaring*, 55-75, Assen, 1961.
RICŒUR, P., *Herméneutique des symboles et réflexion philosophique*, dans *Il Problema della Demitizzazione*, 51-74, Rome, 1961.
STEIGER, L., *Die Hermeneutik als dogmatisches Problem*, Gütersloh, 1961.
DANIÉLOU, J., *Message évangélique et culture hellénistique*, dans *Bibliothèque de théologie*, Paris, 1961.
BENOIT, P., dans *Theol. Digest*, 1961, 9, 3-8.
BENOIT, P., *Prophecy and Inspiration*, 147-154. New-York, 1961.
BOURKE, M., Lettre dans *Theol. Digest*, 1961, 9, 66.
LEVIE, J., *The Bible Word of God in Words of Men*, 247-272, New-York, 1961.
BRAUN, H., *Das Alte Testament im Neuen Testament*, dans *Zeitschr. Theol. Kirche*, 1962, 59, 16-31.
KLEIN, G., *Offenbarung und Geschichte*, dans *Ms. Past. Theol.*, 1962, 41, 65-88.
PANNENBERG, W., *Was ist eine dogmatische Aussage ?*, dans *Kerygma und Dogma*, 1963, 8, 81-99.
STEIGER, L., *Offenbarungsgeschichte und theologische Vernunft*, dans *Zeitschr. Theol. Kirche*, 1962, 59, 88-113.
ZIMMERLI, W., « *Offenbarung* » *im Alten Testament*, dans *Evang. Theol.*, 1962, 22, 15-21.
RAD, G. VON, *Typological Interpretation of the Old Testament*, dans *Interpr.*, 1961, 15, 174-192.
VAWTER, BR., *The Conscience of Israel*, 289-295, New-York, 1961.
BAUMGÄRTEL, F., *Gerhard von Rads « Theologie des Alten Testaments »*, dans *Theol. Lit. Zeit.*, 1961, 86, 801-816, 895-908.
FOHRER, G., *Tradition und Inspiration im Alten Testament*, dans *Zeitschr. Altt. Wiss.*, 1961, 73, 1-30.
FRÖR, K., *Biblische Hermeneutik*, Munich, 1961.
PANNENBERG, W., *Kerygma und Geschichte*, dans *Stud. z. Theologie der altt. Ueberlieferungen. Festschrift von Rad*, Neukirchen, 1961, 129-130.
WEISER, A., *Glaube und Geschichte im Alten Testament und andere ausgewählte Schriften*, Goettingue, 1961.
BIEMER, G., *Ueberlieferung und Offenbarung, Die Lehre von der Tradition nach John Henry Newman*, Fribourg-en-Br., 1961.
HORNIG, G., *Die Anfänge der historisch-kritischen Theologie. Johann Salomo Semlers Schriftverständnis und seine Stellung zu Luther*, Goettingue, 1961.
POULAT, É., *Histoire, dogme et critique dans la crise moderniste*, dans *Religion et Sociétés*, Paris, 1962.
STEINMANN, J., *Friedrich von Hügel. Sa vie, son œuvre et ses amitiés*, Paris, 1962.
LAENCHLI, S., *The Language of Faith. An Introduction to the Semantic Dilemna of the Early Church*, New-York, 1962.

BARR, J., *The Semantics of Biblical Language*, Oxford, 1962.
MARLÉ, R., *Foi et parole. La théologie de Gerhard Ebeling*, dans *Rech. Sc. Rel.*, 1962, 50, 5-31.
METZ, J. B., *Weltverständnis im Glauben. Christliche Orientierung in der Weltlichkeit der Welt heute*, dans *Geist u. Leben*, 1962, 35, 165-184.
ALTHAUS, P., *Die Theologie Martin Luthers*, Gütersloh, 1962.
KASPER, W., *Die Lehre von der Tradition in der römischen Schule*, Fribourg-en-Br., 1962.
JASPERS, K., *Der philosophische Glaube angesichts der Offenbarung*, Munich, 1962.
GEISELMANN, J. R., *Die Heilige Schrift und die Tradition. Zu den neueren Kontroversen über das Verhältnis der Heiligen Schrift zu den nichtgeschriebenen Traditionen*, Fribourg-en-Br., 1962.
KÖSTER, H. M., *Der Stand der Frage über das Verhältnis von Schrift und Tradition unter Berücksichtigung der Mariologie*, Essen, 1962.
BENOIT, P., *Inspiration*, dans *Catholicisme, hier, aujourd'hui, demain*, Paris, 1962, fasc. 22, 1710-1721.
CONGAR, Y., *L'Ancien Testament, témoin du Christ*, dans *Les Voies du Dieu vivant*, 1962, 17-24.
GRELOT, P., *Sens chrétien de l'Ancien Testament*, 2e éd., Tournai, 1962.
GROLLENBERG, L. H., *Het ' begeleidend schrijven '. Bij het debat over de zin van het Oude Testament*, dans *Tijdschr. Theol.*, 1962, 2, 316-350.
LARCHER, C., *L'actualité chrétienne de l'Ancien Testament d'après le Nouveau*, dans *Lectio Divina*, 34, Paris, 1962.
RAHNER, K., *Exegese und Dogmatik*, dans *Schriften zur Theologie*, Einsiedeln, 1962, V, 82-115.
LE MÊME, *Ueber die Schriftinspiration*, 2e éd., Fribourg-en-Br., 1962.
SCHILLING, O., *Das Wort Gottes im Alten Testament. Zur Diskussion um die « Sakramentalität » des Wortes Gottes*, dans *Erfurter Theol. Stud.*, 1962, 12, 7-26.
SCHULZ, S., *Die R.-K. Exegese zwischen historisch-kritischer Methode und lehramtlichen Machtspruch*, dans *Evang. Theologie*, 1962, 22, 141-156.
SEIDEL, H. W., *Die Erforschung des Alten Testaments in der katholischen Theologie seit der Jahrhundertwende*, Diss., Hamburg, 1962.
STECK, K. G., *Kirche des Wortes oder Kirche des Lehramts*, dans *Theol. Studien*, 16, Zurich, 1962.
Exegese und Dogmatik. Ed. H. VORGRIMLER, Mainz, 1962.
WARNACH, V., *Was ist eine exegetische Aussage ?*, dans *Catholica*, 1962, 16, 103-130.
GIBLIN, Ch. H., *Structural and Theological Considerations on Luke 15*, dans *Cath. Bibl. Quart.*, 1962, 24, 15-31.
MURNION, PH., *Sensus Plenior and the Progress of Revelation*. dans *Downside Review*, 1962, 117-142.
O' ROURKE, J. J., *The Fulfillment Texts in Matthew*, dans *Cath. Bibl. Quart.*, 1962, 24, 394-403.
ZERAFA, P., *The Limits of Biblical Inerrancy*, dans *Angel.*, 1962, 32, 92-119.
CONZELMANN, H., *Randbemerkungen zur Lage im « Neuen Testament »*, dans *Evang. Theologie*, 1962, 225-233.
LEIPOLD, H., *Offenbarung und Geschichte als Problem des Verstehens. Eine Untersuchung zur Theologie Martin Kählers*, Gütersloh, 1962.
LEVI-STRAUSS, Cl., *La pensée sauvage*, Paris, 1962.
DIETZFELBINGER, W., *Die Grenzen der Kirche nach römisch-katholischer Lehre*, Göttingen, 1962.

EBELING, G., *Evangelische Evangelienauslegung*, 2e druk, Darmstadt, 1962.
LE MÊME, *Wort und Glaube*, Tubingue, 1962.
DE LA POTTERIE, I., *Vérité*, dans *Vocab. Théol. Bibl.*, Paris 1962, 1092-1098.
BARR, J., *Biblical Words for Time*, dans *Stud. Bibl. Theology*, 33, Naperville, 1962.
Die Hermeneutik als allgemeine Methodik der Geisteswissenschaften, dans *Philosophie und Geschichte*, Tubingue, 1962.
KRISTENSEN, B., *Symbool en Werkelijkheid*. Pocketuitgave, Zeist, 1962.
COPPENS, J., *Erasmus' laatste bijdragen tot de hereniging der christenen*, dans *Meded. Kon. Vl. Acad. Wet., Lett., Sch. Kunsten*, 24, nº 3, Bruxelles, 1962.
MACKEY, J. P., *The Modern Theology of Tradition*, Londres, 1962.
ORTIGUES, E., *Le discours et le symbole*, dans *Philosophie de l'Esprit*, Paris, 1962.
SIMONSEN, H., *Overvejelser i tilknytning til den nyere hermeneutiske debat*, dans *Dansk Teol. Tidsskr.*, 1963, 26, 65-95.
BARTH, C., *Grundprobleme einer Theologie des Alten Testaments*, dans *Evang. Theol.*, 1963, t. 23, 342-373.
MISKOTTE, K. H., *Wenn die Götter schweigen. Vom Sinn des Alten Testaments*, Munich, 1963.
PANNENBERG, W., *Hermeneutik und Universalgeschichte*, dans *Zeitschr. Theol. Kirche*, 1963, 60, 90-121.
GALBIATI, E., *Teologia e esegesi*, dans *Bibbia e Oriente*, 1963, 5, 181-188.
LATOURELLE, R., *Théologie de la révélation*, dans *Studia*, 15, Paris-Bruges, 1963.
ROBINSON, J.-M., *Hermeneutic since Barth*, dans *The New Hermeneutic* (New Frontiers in Theology, 11), New-York, 1963.
ÉLIADE, M., *Aspects du mythe*, Paris, 1963.
BERKHOF, H., *Hoe leest het Nieuwe Testament het Oude ?* dans *Homiletica en Biblica*, 1963, 22, 241-245 ; 1964, 23, 1-7, 25-30.
BROWN, R. E., *The Sensus Plenior in the Last Ten Years*, dans *Cath. Bibl. Quart.*, 1963, 25, 262-285.
KAHMANN, J., *De eenheid van Oud en Nieuw Testament. Gedachten naar aanleiding van nieuwe publikaties*, dans *Ned. Kath. Stemmen*, 1963, 53, 353-367.
JAEGER, W., *Das frühe Christentum und die griechische Bildung*. Uebersetzt von W. Eltester, Berlin, 1963.
SANSEGUNDO, P., *Exposición historico-critica del hoy llamado ' Sensus plenior ' de la Sagrada Escritura*, Avila, 1963.
STECK, K. G., *Das römische Lehramt und die heilige Schrift*, dans *Theol. Exist. Heute*, 107, Munich, 1963.
WEBER, O., *Der Ort der historisch-kritischen Methode in der Selbstauslegung der Schrift*, dans *Kirche in der Zeit*, 1963, 18, 133-139.
WILKINSON, J., *Interpretation and Community*, Londres, 1963.
STECK, K. G., *Lehre und Kirche bei Luther*, dans *Forsch. Gesch. Lehre Prot.*, 27, Munich, 1963.
MCDONALD, H. D., *Theories of Revelation. An Historical Study 1860-1960*, Londres, 1963.
BARTHEL, P., *Interprétation mythique et théologie biblique*, Leyde, 1963.
WOLFF, H. W., *Das Alte Testament und das Problem der existentialen Interpretation*, dans *Evang. Theol.*, 1963, 23, 1-17.
WESTERMANN, C., *Essays on Old Testament Hermeneutics*, Richmond, 1963.

RODENBERG, O., *Um die Wahrheit der Heiligen Schrift. Aufsätze und Briefwechsel zur existentialen Interpretation*, Wuppertal, 1963.
BUREN, P. VAN, *The Secular Meaning of the Gospel*, Londres, 1963.
KÜNG, H., *Der Frühkatholizismus im Neuen Testament als Kontroverstheologisches Problem*, dans *Kirche im Konzil*, 124-155. Fribourg-en-Br., 1963.
BEUMER, J., *Zu den Anfängen der neutestamentligen Kontroverstheologie. Die Regula fidei des Franziscus Veronius*, dans *Cath.*, 1963, 17, 25-43.
BLANK, J., *Der johanneische Wahrheitsbegriff*, dans *Bibl. Zeitschr.*, 1963, nouv. sér., 7, 163-173.
AUDET, J.-P., *L'hypothèse des Testimonia*, dans *Rev. Bibl.*, 1963, 70, 381-405.
BENOIT, P., *Révélation et inspiration*, dans *Rev. Bibl.*, 1963, 70, 321-370.
MARLÉ, R., *Le problème théologique de l'herméneutique. Les grands axes de la recherche contemporaine*, dans *Orientations*, Paris, 1963.
SCHILDENBERGER, J., *Literarische Arten der Geschichtsschreibung im A. T.*, dans *Bibl. Beiträge*, n. s., 5, Einsiedeln, 1963.
TAVARD, G. H., *Écriture ou Église ? La crise de la Réforme ?* Traduit par C. TUNMER, dans *Unam Sanctam*, 42, Paris, 1963.
CASTELLI, E., *Ermeneutica e Tradizione*, Rome, 1963.
KÖSTER, H. M., *De Scriptura et Traditione*, Rome, 1963.
BULTMANN, R., *Glauben und Verstehen*, 4 vol., Tubingue, 1964-1965.
MCKELWAY, A., *The Systematic Theology of Paul Tillich*, 1964.
MÉNARD, É., *La tradition. Révélation, Écriture, Église selon saint Thomas d'Aquin*, dans *Studia*, 18, Bruges-Paris, 1964.
DEISSLER, A. - RAHNER, K. - SCHELKE, H. - SCHLIER, H. - SCHNACKENBURG, R. - VÖGTLE, A., *Discussie over de Bijbel*, Bilthoven, 1964.
LOHFINK, N., *Ueber die Irrtumslosigkeit und die Einheit der Schrift*, dans *Stimmen d. Zeit*, 1964, 174, 161-181.
SCHEFFCZYK, L., *Die Auslegung der Heiligen Schrift als dogmatische Aufgabe*, dans *Münch. Theol. Zeitschr.*, 1964, 15, 190-204.
LÖHRER, M., *Ueberlegungen zur Interpretation lehramtlicher Aussagen als Frage des ökumenischen Gesprächs*, dans *Gott in Welt. Festschrift K. Rahner*, II, 499-523, Fribourg-en-Br., 1964.
SCHLIER, H., *Meditationen über den Johanneischen Begriff der Wahrheit*, dans *Besinnungen auf das N. T.*, 272-278, Fribourg-en-Br., 1964.
KASPER, W., *Schrift und Tradition, eine Quaestio disputata*, dans *Theol. Prakt. Quart.*, 1964, 112, 205-214.
SCHLIER, H., *Ueber Sinn und Aufgabe einer Theologie des N. T.*, dans *Besinnung auf das N. T.*, Fribourg-en-Br., 1964.
SCHNACKENBURG, R., *Von der Wahrheit die freimacht. Gottes in der Bibel geoffenbarte und präsente Wahrheit*, Munich, 1964.
MUSSNER, F., *« Evangelium » und « Mitte des Evangelium »*, dans *Gott in Welt. Festschrift K. Rahner*, I, 492-514, Fribourg-en-Br., 1964.
MOLTMANN, J., *Theologie als Hoffnung. Untersuchungen zur Begründung und zu den Konsequenzen einer christlichen Eschatologie*, Munich, 1964.
ELZE, M. *Der Begriff des Dogmas in der alten Kirche*, dans *Zeitschr. Theol. Kirche*, 1964, 61, 421-438.
BEUMER, J., *Die Regula Fidei catholicae des Ph. N. Chrismann OFM und ihre Kritik durch J. Kleutgen, S. J.*, dans *Franz. Studien*, 1964, 46, 321-334.
MAYER, F. K., *Prolegomena zur Philosophie und Theologie der Sprache*, dans *Gott in Welt. Festschrift K. Rahner*, 39-84, Fribourg-en-Br., 1964.

LE MÊME, *Philosophie im Wandel der Sprache Zur Frage der « Hermeneutik »*, dans *Zeitschr. Theol. Kirche*, 1964, 61, 439-491.

BERKOUWER, G. C., *Vaticaans Concilie en Nieuwe Theologie*, Kampen, 1964.

COPPENS, J., *Comment mieux concevoir et énoncer l'inspiration et l'inerrance des Saintes Écritures ?*, dans *Nouv. Rev. Théol.*, 1964, 86. 933-947.

EBELING, G., *Wort Gottes und Tradition. Studien zur Hermeneutik der Konfessionen*, Göttingen, 1964.

DE PETTER, D. M., *Begrip en werkelijkheid. Aan de overzijde van het conceptualisme*, Hilversum-Anvers, 1964.

KRUSE, H., *Die Heilige Schrift in der theologischen Erkentnislehre*, Paderborn, 1964.

LOHFINK, N., *Das Siegelied am Schilfmeer. Christliche Auseinandersetzungen mit dem Alten Testament*, Frankfurt, 1964. — Cfr aussi *Stimmen der Zeit*, 1964, 96, 933-947.

PRIGENT, P., *Justin et l'Ancien Testament*, dans *Études Bibliques*, Paris, 1964.

SCHILLEBEECKX, E., *Openbaring en theologie*, Bilthoven, 1964.

KOCH, Kl., *Was ist Formgeschichte ? Neue Wege der Bibelexegese*, Neukirchen-Vluyn, 1964.

MURPHY, R. E., *The Relationship between the Testaments*, dans *Cath. Bibl. Quart.*, 1964, 26, 349-359.

NIDA, E. A., *Toward a Science of Translating*, Leyde, 1964.

BROWN, R. E., *After Bultmann, what ? An Introduction to the Post-Bultmannians*, dans *Cath. Bibl. Quart.*, 1964, 26, 1-30.

CAIRNS, D., *Noch einmal : « A Theology without Myth ? »*, dans *Theol. Lit. Zeit.*, 1964, 89, 311-314.

LEVI-STRAUSS, CL., *Le cru et le cuit*, Paris, 1964.

VAWTER, B., *The Fuller Sense. Some Considerations*, dans *Cath. Bibl. Quart.*, 1964, 26, 85-96.

FANGMEIER, J., *Ernst Fuchs*, Zurich, 1964.

LORETZ, O., *Die Wahrheit der Bibel*, Fribourg-en-Br., 1964.

Verbum. Essays on Some Aspects of the Religious Function of Words dedicated to H. W. Obbink, Utrecht, 1964.

SOGGIN, J. A., *Geschichte, Historie und Heilsgeschichte im Alten Testament. Ein Beitrag zur heutigen theologisch-hermeneutischen Diskussion*, dans *Theol. Lit. Zeit.*, 1964, 89, 721-736.

HUMMEL, B., *The Old Testament Basis of Typological Interpretation*, dans *Bible Relig.*, 1964, 9, 38-50.

POP, F. J., *Bijbelse woorden en hun geheim*, La Haye, 1964.

BEEK, M. A. - SPERNA WEILAND, J., *Martin Buber*, Baarn, 1964.

CULLMANN, O., *Heil als Geschichte*, Tubingue, 1965.

GRELOT, P., *La Bible parole de Dieu. Introduction théologique à l'étude de l'Écriture sainte*, dans *Bibl. de théologie*, Paris, 1965.

HULSBOSCH, A., *Het verstaan van de Schrift*, dans *Tijdschr. Theologie*, 1965, 5, 1-28.

MISKOTTE, K. H., *Als de goden zwijgen. Over de zin van het Oude Testament*, 2e éd., Amsterdam, 1965.

LOHFINK, *Das Siegeslied am Schilfmeer*, Frankfurt-a-M., 1965.

PAULUS VI, *Constitutio dogmatica de divina revelatione, 18-11-1965.*

RAHNER, J. - RATZINGER, J., *Openbaring en overlevering*, Amsterdam, 1965.

SEVENSTER, J. N., *Een instructie van de pauselijke Bijbelcommissie over het onderzoek van het Nieuwe Testament*, dans *Reformatorische Oriëntatie*, 1965, juni, 1-12.

SHOTWELL, W. A., *The Biblical Exegesis of Justin Martyr*, Londres, 1965.
MEYER, R., *Tradition und Neuschöpfung im antiken Judentum dargestellt an der Geschichte des Pharisäismus*, dans *Sitzungsberichte sächs. Akad. Wiss. Leipzig*, Philol.-hist. Klass, t. 110, nº 2, Berlin, 1965.
PRENTER, R., *The Word and the Spirit. Essays on Inspiration of the Scriptures*, Minneapolis, 1965.
EMPSON, W., *Sette tipi di ambiguità. Indagine sulla funzione dell' ambiguità nel linguaggio poetico*. Trad. G. MELCHIORI, 1965.
RICHARDS, I. A., *The Philosophy of Rhetoric*, dans *Galaxy Book*, 131, 1965.
SMART, J. B., *The Old Testament in Dialogue with Modern Man*, Londres, 1965.
GRILLMEYER, A., *Die Wahrheit der Heiligen Schrift und ihre Erschliessung. Zum dritten Kapitel der dogmatischen Konstitution «Dei Verbum» des Vaticanum II*, dans *Theol. Phil.*, 1965, 41, 161-187.
LOHFINK, N., *Die Wahrheit der Bibel und die Geschichtlichkeit der Evangelien*, dans *Orientierung*, 1965, 29, 254-256.
RATZINGER, J., *Ein Versuch zur Frage des Traditionsbegriffes*, dans *Offenbarung und Ueberlieferung*, 25-49, Fribourg-en-Br., 1965.
ROBINSON, J. M., *Scripture and Theological Method. A Protestant Study in Sensus Plenior*, dans *Cath. Bibl. Quart.*, 1965, 27, 6-27.
KITCHEN, K. A., *Alter Orient und Altes Testament*, Wuppertal, 1965.
RODÉ, FR., *Le miracle dans la controverse moderniste*, dans *Théologie historique*, 3, Paris, 1965.
Was ist Wahrheit? Ringvorlesung der Evangelisch-theologischen Fakultät der Universität Hamburg hrsg. von H. R. MÜLLER-SCHWEFE, Goettinge, 1965.
THIELICKE, H., *Wahrheit und Verstehen, ibid.*, 9-34.
KRAUS, H. J., *Wahrheit in der Geschichte, ibid.*, 35-46.
KOCH, KL., *Der hebräische Wahrheitsbegriff im Griechischen Sprachraum, ibid.*, 47-65.
HUNZIGER, Cl. H., *Die historische Wahrheit der Geschichte Jesu*, 66-79.
GOPPELT, L., *Wahrheit als Befreiung. Das neutest. Zeugnis von der Wahrheit nach dem Johannes-Evangelium, ibid.*, 80-93.
KRETSCHMAR, G., *Wahrheit als Dogma. Die alte Kirche, ibid.*, 94-120.
LOHSE, B., *Wahrheit und kirchliches Lehramt, ibid.*, 121-136.
NEILL, St. Ch., *Die Wahrheit in den Religionen, ibid.*, 137-151.
MÜLLER-SCHWEFE, H. R., *Wahrheit als Sprachereignis, ibid.*, 162-177.
LOHFF, W., *Wahrheit als heiliges Geist, ibid.*, 178-197.
DE LUBAC, H., *La Tradition dans l'Écriture*, Paris, 1966.
GRILLMEIER, A., *Die Wahrheit der Heiligen Schrift und ihre Erschliessung. Zum dritten Kapitel der Dogmatischen Konstitution «Dei Verbum»*, dans *Theol. Phil.*, 1966, 41, 161-187.
BISER, E., *Glaube als Verstehen, ibid.*, 504-519.
GRELOT, P., *La Constitution sur la révélation*. I. *Préparation d'un schéma conciliaire*. II. *Contenu et portée du texte conciliaire*, dans *Études*, 1966, 324, 99-113, 233-246.
SCHOLDER, Kl., *Ursprünge und Probleme der Bibelkritik im 17. Jahrhundert. Ein Beitrag zur Entstehung der historisch-kritischen Theologie*, dans *Forsch. Gesch. Lehre Prot.*, 10e sér., 33, Munich, 1966.
WRIGHT, G. E., *Reflections concerning Old Testament Theology*, dans *Studia Biblica et Semitica. Festschrift Vriezen*, Wageningen, 1966, 376-388.
HESSE, F., *Das Alte Testament als Buch der Kirche*, Gütersloh, 1966.
CAPRILE, G., *Tre emendamenti allo Schema sulla Rivelazione*, dans *Civ. Catt.*, 1966, 117, 214-231.

BEUMER, J., *Die katholische Inspirationslehre zwischen Vatikanum I und II*, dans *Stuttgarter Bibelstudien*, 20, Stuttgart, 1966.

MISKOTTE, H. H., *Letter en Geest. Om het verstaan van het Oud Testament in de Rooms-katholieke Theologie*, Nijkerk, 1966.

SEMMELROTH, O., - ZERWICK, M., *Vaticanum II über das Wort Gottes*, dans *Stuttgarter Bibelstudien*, 16, Stuttgart, 1966.

DE JONG, A., *Een wijsbegeerte van het woord*, Amsterdam, 1966.

BERKOUWER, G. C., *De Heilige Schrift*, I, Kampen, 1966.

BEISER, Fr., *Claritas Scripturae bei Martin Luther*, Göttingen, 1966.

DE JONGE, M., *De Nieuwtestamenticus als historicus en theoloog*, Leyde, 1966.

KÜNNETH, W., *Entscheidung heute*, Hamburg, 1966.

KINDER, E., *Was bedeutet « Wort Gottes » nach dem Verständnis der Reformation*, dans *Kerygma und Dogma*, 1966, 12.

LOHFINK, N., *De actualiteit van het Oude Testament*, Hilversum, 1966.

GEISSER, H., *Viva vox Evangelii in Ecclesia. Beobachtungen an der dogmatischen Konstitution*, dans *Materialdienst Konfessionskundl. Instituts*, 1966, 17, 41-50.

NYLUND, BO, *Korsets Plats i Paul Tillichs kristologiska tänkande*, dans *Svensk Teol. Kwartelskrift*, 1966, 214-236.

VRIEZEN, TH., *Hoofdlijnen der theologie van het Oude Testament*, nouv. éd., Wageningen, 1966.

MISKOTTE, K. H., *Bijbels Abc*, nouv. éd., Amsterdam, 1966.

VAN DIJK, M. P., *Naar een nieuwe vrijzinnigheid*, 1966.

BODIN, Y., *Saint Jérôme et l'Église*, dans *Théologie historique*, 6, Paris, 1966.

ROHDE, J., *Die redaktionsgeschichtliche Methode*, Hambourg, 1966.

DE LA POTTERIE, I, *La vérité dans la sainte Écriture et l'histoire du salut d'après la Constitution dogmatique « Dei Verbum »*, dans *Nouv. Rev. Théol.*, 1966, 88, 149-164.

FOUCAULT, MICHEL, *Les mots et les choses*, dans *Bibl. Sc. Humaines*, Paris, 1966.

KASPER, WALTER, *Dogme et évangile*, dans *Christianisme en mouvement*, Tournai, 1967.

MÜHLHAUPT, E., *Das lebendige Wort der Reformation*, dans *Luther. Zeitschr. Luthergesellschaft*, 1967, 38, 1-13.

SEMMELROTH, O., *Zur Frage nach der Verbindlichkeit der dogmatischen Aussagen des Zweiten Vatikanischen Konzils*, dans *Theol. Philos.*, 1967, 42, 236-446.

BLEEKER, C. J., *Drie hermeneutische beginselen voor de studie van de godsdienstgeschiedenis*, dans SPELBREKERS, *Een bundel essays over hermeneutische regels en hun toepassing in de theologie*, 9-27. Amsterdam, 1967.

BEEK, M. A., *Wijkende wegen*, *ibid.*, 28-45.

SEVENSTER, J. N., *Beweeglijke hermeneutiek*, *ibid.*, 46-65.

MÖNNICH, C. W., « *Naar de Schriften* ». *Vragen der christelijke hermeneutiek in de Oudheid*, *ibid.*, 66-92.

KOOIMAN, W. J., *Verbum vocale en focale visie. Brandpunten in Luthers bijbelbeschouwing*, *ibid.*, 93-120.

SPERNA WEILAND, J., *Kant en de strijd der faculteiten*, *ibid.*, 121-137.

OOSTERBAAN, J. A., *Hermes in Freiburg. Heideggers hermeneutische filosofie*, *ibid.*, 138-158.

VAN NIFTRIK, G. C., *De « historische » Jezus der hermeneutische theologie*, *ibid.*, 159-180.

GOLTERMAN, W. F., *Zonder hermeneutiek geen heil voor de oecumene*, *ibid.*, 220-241.

Klare wijn. Rekenschap over geschiedenis, geheim en gezag van de Bijbel aangeboden door de Generale Synode der Nederlandse Hervormde Kerk, 's Gravenhage, 1967.

WALGRAVE, J. H., *Parole de Dieu et existence*, dans *Cahiers de l'actualité religieuse*, Tournai, 1967.

HAHN, H. F., *The Old Testament in Modern Research. With a Survey of Recent Literature* by H. D. HUMMEL, Philadelphia, 1967.

GRANT, R. M., *L'interprétation de la Bible des origines chrétiennes jusqu'à nos jours*, Paris, 1967.

GNENET, P., *Prise de contact avec les structuralistes*, dans L'*Ami du Clergé*, 2 nov. 1967, 77, n° 44, 623-630 (Claude Levi-Strauss, J. Lacan, M. Foucault).

SANT, C., *The Old Testament Interpretation of Eusebius of Caesarea. The Manifold Sense of Holy-Scripture*, Malte, Royal University, 1967.

SMITH, J. J., *Emil Brunner's Theology of Revelation*, dans *Logos*, 2, Manila, 1967.

BARTHÉLEMY, D., *La place de la Septante dans l'Église*, dans CH. HAURET, *Aux grands carrefours de la révélation et de l'exégèse de l'A. T.*, 13-28, Bruges-Paris, 1967.

LAPOINTE, R., *Les trois dimensions de l'herméneutique*, dans *Cahiers de la Revue Biblique*, 8, Paris, 1967.

CELADA, B., *La cuestión de la verdad de la Biblia, partiendo del concepto de verdad en el Oriente antiguo y en la Bíblia misma*, dans *Cult. Bibl.*, 1967, n° 216, 289-292.

SODEN, W. VON, *Alter Orient und Altes Testament. Grundsätzliche Erwägungen zu einem Buch*, dans *Die Welt des Orients*, 1947, 38-47.

II

L'ŒUVRE DE HENRY DUMÉRY

RELEVÉ BIBLIOGRAPHIQUE *

I. OUVRAGES

1. *La philosophie de l'action. Essai sur l'intellectualisme blondélien. Avec une préface de Maurice Blondel*, dans *Philosophie de l'Esprit*. Paris, Aubier (1948). In-8, 223 p.

---

*. Le 19 septembre 1967, l'abbé Urbain Scheire, né à Gand, le 9 septembre 1938, prêtre du diocèse de Gand, licencié en philosophie et en théologie, décéda à Djevdjilja (Yougoslavie) à la suite d'un tragique accident d'auto survenu à Udovo. Il préparait sous la direction de M. le chanoine G. Van Riet une dissertation sur la philosophie religieuse de H. Duméry. Son mémoire de licence intitulé : *Aanzet tot een genetisch-kritische Studie van het begrip « Openbaring » in het werk van Henry Duméry* (Louvain, 1967, 2 vol. in-4° dactyl.) comprenait une introduction bibliographique à l'œuvre du philosophe français. Cette liste, rédigée avec beaucoup de soin, rendra, nous en sommes convaincu, d'appréciables services. Nous avons tenu à la publier en souvenir d'un prêtre intelligent et zélé qui nous assista comme sous-régent durant deux années et sur lequel nous avions fondé de grands espoirs. Nous traduisons en français les quelques notes accompagnant le relevé bibliographique. — J. Coppens.

2. *Les trois tentations de l'apostolat moderne. Avec une adresse du Cardinal Saliège*, dans *Rencontres*, nº 28. Paris, Éditions du Cerf, 1948. In-16, 160 p.
3. *Foi et interrogation*, dans *Notre monde*. Paris, Téqui, (1953), 157 p., dont quatorze en chiffres romains [1].
4. *Blondel et la religion. Essai critique sur la « Lettre » de 1896*, dans *Bibliothèque de philosophie contemporaine*. Paris, P.U.F., 1954. In-8, 118 p.
5. *Regards sur la philosophie contemporaine*. Tournai-Paris, Casterman, 1956 ; 2e éd., 1957. In-8, 259 p. [2]
6. *La tentation de faire du bien*, dans *Esprit. La condition humaine*. Paris, Seuil, (1957). In-16, 322 p. [3].
7. *La foi n'est pas un cri*. Tournai-Paris, Casterman, 1957. In-8, 187 p.
8. *Critique et religion. Problèmes de méthode en philosophie de la religion*, dans *Pensée*. Paris, Éd. Enseign. Supér., 1957, In-8, 358 p.
9. *Le problème de Dieu en philosophie de la religion. Examen critique de la catégorie d'Absolu et du schème de transcendance*, dans *Textes et études philosophiques*. Bruges, Desclée De Brouwer (1957). In-8, 143 p.
10. *Philosophie de la religion. Essai sur la signification du christianisme*, dans *Bibliothèque de philosophie contemporaine*, 2 vol. Tome premier : *Catégorie de sujet. Catégorie de grâce*. Paris, P.U.F., 1957. In-8, XII-305 p. — Tome second : *Catégorie de foi*. Paris, P.U.F., 1957. In-8, 299 p.
11. *Phénoménologie et religion. Structures de l'institution chrétienne*, dans *Initiation philosophique*. Paris, P.U.F., 1958 ; 2e éd., 1962. In-8, 105 p.
12. *La foi n'est pas un cri*, suivi de *Foi et institution*. Paris, Seuil (1959). In-8, 398 p.
13. *Die Ungeteiltheit des Geistes. Philosophische Strömungen der Gegenwart*. Uebersetzt aus dem Französischen von H.P.M. SCHAAD. Freiburg-München, Alber, 1959. In-8, XVI-341 p. [4].
14. S. BONAVENTURE. *Itinéraire de l'esprit vers Dieu*. Texte de Quaracchi. Introduction, traduction et notes par Henry DUMÉRY, dans *Bibliothèques des textes philosophiques*. Paris, Vrin, 1960. In-8, 112 p.
15. *Raison et religion dans la philosophie de l'action*. Paris, Seuil (1963). In-8, 640 p.
16. *The Problem of God in Philosophy of Religion. A Critical Examination of the Category of the Absolute and the Scheme of Transcendence*. Translated with an Introd. by Charles COURTNEY, dans *North-*

---

1. L'ouvrage contient une série d'articles parus en divers périodiques qui malheureusement ne sont pas indiqués dans le volume.

2. L'ouvrage contient une série de chroniques publiées depuis 1942 dans diverses revues. La date de la publication originale n'est pas indiquée. Dans *Foi et interrogation*, le volume est signalé comme ayant été publié chez Téqui en 1953 ; dans *Blondel et la religion*, p. 11, il est mentionné comme paru chez Téqui en 1954 dans la collection *Croire et savoir*.

3. L'ouvrage contient une série d'articles. Pour un seul, l'auteur indique la date et le lieu de parution.

4. Il s'agit de la traduction de *Regards sur la philosophie contemporaine*.

western Univ. Studies in Phenomenology and Existential Philosophy. Evanston (Ill.), Northwest. Univ. Press, 1964. In-8, LV-135 p.[5].

II. Articles [6]

1. *De la méthode dans les Sciences Familiales,* dans G. Marcel, Dr Biot, F. Charmot (e.a.). *Recherche de la famille. Essai sur « l'être familial ».* Paris, Éd. Fam. de France (1949), p. 13-26.
2. *Catholic Philosophy in France,* dans *Philosophic Thought in France and the United States. Essays representing Major Trends in Contemporary French and American Philosophy.* Edited by Marvin Farber. Buffalo (N. Y.), Univ. Publ., 1950, p. 219-248.
3. *La philosophie catholique en France,* dans *L'Activité philosophique contemporaine en France et aux États-Unis.* Tome second : *La Philosophie française.* Paris, P.U.F., 1950, p. 253-264.
4. *Pour une philosophie de la religion,* dans *Études philos.,* V, 1950, p. 34-42.
5. *Blondel et la philosophie contemporaine,* dans *Études blondéliennes,* fasc. 2. Paris, P.U.F., (1952), p. 71-142.
6. *Le Senne et Blondel,* dans *Giornale di Metafisica* (Torino), X, 1955, p. 426-431.
7. *Maurice Blondel (1861-1949),* dans *Les philosophes célèbres.* Ouvrage publié sous la direction de Maurice Merleau-Ponty, dans *La galerie des hommes célèbres,* 10. Paris, Mazenod, 1956, p. 300-303.
8. (Notices sur) J. H. Newman, J. Paliard, E. Mounier, dans *Les philosophes célèbres.* Ouvrage publié sous la direction de Maurice Merleau-Ponty, dans *La galerie des hommes célèbres,* 10. Paris, Mazenod, 1956, p. 395, 420, 434-435.
9. *Foi, dogmes et sacrements (étude phénoménologique),* dans *L'Encyclopédie française, t. XIX (Philosophie. Religion).* Paris, Public. Éduc. Nation., (1957), p. 19-38 (9 à 14).
10. *Les rapports mutuels de l'être et du connaître d'après Joseph Moreau. (Étude critique),* dans *Études philos.,* XIII, 1958, p. 345-359 ; 525-532.
11. *Déclaration,* dans *Le Monde,* XV, nº 4172, 22-23 juin 1958, p. 14.
12. *La philosophie comme langage,* dans *La philosophie et ses problèmes. Recueil d'études de doctrine et d'histoire offert à Monseigneur R. Jolivet.* Lyon-Paris, Vitte, 1960, p. 261-267.
13. *Foi et connaissance,* dans *Rev. Thom.,* LX, 1960, p. 419-424 [7].
14. *Postface à un dialogue. Dernières difficultés,* dans *Rev. scienc. philos. théol.,* XLIV, 1960, p. 95-97 [8].

---

5. C'est la traduction du livre : *Le problème de Dieu en philosophie de la religion.*

6. Nous signalons seulement les articles qui ne furent pas repris dans les recueils *Foi et intégration, Regards sur la philosophie contemporaine* et *La tentation de faire du bien.*

7. Il s'agit d'une correspondance échangée entre H. Duméry et J. H. Nicolas à l'occasion de la critique de *La Foi n'est pas un cri. Suivi de Foi et Institution,* par J. H. Nicolas dans *Rev. Thom.,* LIX, 1959, p. 719-739.

8. H. Duméry s'y livre à des considérations variées en marge de la recension de *La Foi n'est pas un cri. Suivi de Foi et Institution,* faite par J. Mouroux.

15. *La théorétique,* dans *Gaston Berger. Études philos.*, XVI, 1961, nº 4, p. 349-362.
16. *Le modernisme,* dans *Les grands courants de la pensée mondiale contemporaine.* Ouvrage publié sous la direction de M. F. SCIACCA. IIe Partie : *Les tendances principales.* Vol. I. Paris, Fischbacher, (1961), p. 123-157.
17. *Maurice Blondel,* dans *Les grands courants de la pensée mondiale contemporaine.* Ouvrage publié sous la direction de M. F. SCIACCA. IIIe Partie : *Portraits.* Vol. I. Paris, Fischbacher, 1964, p. 153-181.
18. *Blondel et ses interprètes,* dans *Rech. scienc. relig.*, LII, 1964, p. 599-600 [9].
19. *Correspondance. Philosophie et surnaturel,* dans *Rev. phil. Louv.*, LXII, 1964, p. 692-695 [10].
20. *Doctrine et structure,* dans *Hommage à Martial Gueroult. L'histoire de la philosophie, ses problèmes, ses méthodes.* Paris, Fischbacher, 1964, p. 155-176.
21. *Logique et phénoménologie de l'histoire,* dans *Memorias del XIII Congreso Internacional de Filosofia (México, D. F., 7-14 sept. de 1963),* t. VI. Mexico, Univers. Nacion., 1964, p. 221-231.
22. *Blondel ou l'occasion d'apprendre à lire,* dans *Arch. philos.*, XXVIII, 1965, p. 64-97 [11].
23. *Philosophie et Religion,* dans *Bulletin de la Société française de Philosophie* (Séance du 25 avril 1964), LIX, 1965, nº 2, p. 37-113.
24. *Philosophie, mythe et foi chrétienne,* dans *Rev. théol. philos.*, XCVIII, 1965, p. 156-171 [12].
25. *La philosophie du jeune Blondel,* dans *Rev. philos. Louv.*, LXIV, 1966, p. 390-415.

III. RECENSIONS

1. ROQUES, René. *L'univers dionysien. Structure hiérarchique du monde selon le Pseudo-Denys,* dans *Théologie*, 29. Paris, Aubier, 1954, 382 p., dans *Esprit*, XXII, 1954, p. 680-682.
2. BACHELARD, Suzanne. *La logique de Husserl. Étude sur logique formelle et logique transcendantale,* dans *Epiméthée.* Paris, P.U.F., 1957, 316 p., dans *Rev. génér. scienc. pures appliquées*, LXIV, 1957, p. 323-324.
3. *Enciclopedia filosofica.* 4 Vol. (Centro di Studi filosofici di Gallarate.) Venezia-Roma, 1957/58, XXVIII p. + 1958 col. ; XIX p. + 1916

9. Réponse à une critique consacrée par H. BOUILLARD à *Raison et Religion dans la philosophie de l'action* sous le titre : *Philosophie de l'action et foi chrétienne. A propos d'un ouvrage de M. Henry Duméry,* dans *Rech. scienc. relig.*, LII, 1964, p. 261-268.

10. Réponse à la recension consacrée par G. VAN RIET à *Raison et Religion dans la philosophie de l'action,* recension parue dans *Rev. philos. Louv.*, LXII, 1964, p. 368-373.

11. Réponse à une réplique de H. BOUILLARD : *Philosophie de l'action et logique de la foi* dans *Arch. Phil.*, XXVII, 1964, p. 113-150.

12. Correspondance échangée entre H. DUMÉRY et P. BARTHEL à l'occasion de l'ouvrage de ce dernier : *Interprétation du langage mythique et théologie biblique,* Leyde, 1963.

col. ; XX p. + 1942 col ; XX p. + 1964 col., dans *Études philos.*, XIII, 1958, p. 212-213.

4. MOREAU, Joseph. *L'horizon des esprits. Essai critique sur la phénoménologie de la perception*, dans *Bibliothèque de Philosophie contemporaine*. Paris, P.U.F., 1960, 136 p., dans *Études philos.*, XVII, 1960, p. 519-520.
5. BOUILLARD, Henri. *Blondel et le christianisme*. Paris, Seuil, 1961, 288 p., dans *Études philos.*, XVI, 1961, p. 441-442.
6. *Au cœur de la crise moderniste. Le dossier inédit d'une controverse*. Lettres de Maurice BLONDEL, H. BREMOND, Fr. VON HÜGEL, Alfred LOISY, Fernand MOURET, J. WEHRLE... présentées par René MARLÉ S. J. Paris, Aubier, 1960, 360 p., dans *Études philos.*, XVI, 1961, p. 263.
7. BASTIDE, G. *Traité de l'action morale*. T. I. *Analytique de l'action morale*. T. II. *Dynamique de l'action morale*, dans *Logos*. Paris, P.U.F., 1961, 858 p., dans *Études philos.*, XVII, 1962, p. 445-451.
8. BLONDEL, Maurice - LABERTHONNIÈRE, Lucien. *Correspondance philosophique*, présentée par Claude TRESMONTANT. Paris, Seuil, 1962. In-8, 392 p., dans *Études philos.*, XVII, 1962, p. 571-572.
9. TRESMONTANT, Claude. *La métaphysique du christianisme et la naissance de la philosophie chrétienne*, Paris, Seuil, 1962, 525 p., dans *Étud. philos.*, XVII, 1962, p. 572-574.
10. WOLFF, Christian. *Philosophia primasive ontologia*, edidit et curavit Joannes ECOLE (Gesammelte Werke herausgegeben und bearbeitet von Jean Ecole und H. W. Arndt. II. Abteilung, lateinische Schriften, Band 3.) Hildesheim, Olms, 1962, XXIV-18, 776 p., dans *Rev. théol. philos.*, XII, 1962, p. 148-149.
11. *Il problema della dimitizzazione*. Introd. di E. CASTELLI, dans *Arch. Filos.*, 1961, n. 1-2. Padova, Cedam, 1961, 334 p., dans *Études philos.*, XVII, 1962, p. 94-95.
12. *Il problema dell' esperienza religiosa* (Atti del XV Convegno del Centro di Studi Filosofici tra Professori Universitari - Gallarate 1960). Brescia, Morcelliana, 1961, 490 p., dans *Études philos.*, XVII, 1962, p. 94-95.
13. ANSELME DE CANTORBÉRY. *Pourquoi Dieu s'est fait homme ?* Texte latin. Introduction, bibliographie, traduction et notes de R. ROQUES, dans *Sources Chrétiennes*, 91. Paris, Cerf, 1963, 532 p., dans *Études philos.*, XVIII, 1963, p. 350-351.
14. CRIPPA, R. *Profilo della critica Blondeliana* (Publ. Instit. Filosof. Univ. Genova, 22). Milano, Marzorati, 1962, 157 p., dans *Études philos.*, XVIII, 1963, p. 84.
15. GENTILE, G. *L'esprit, la vérité et l'histoire*. Textes choisis par Vito A. BELLEZZA. Traduits par Joseph MOREAU. Préface de M. F. SCIACCA, dans *Philosophes italiens*. Paris, Aubier, 1963, 331 p., dans *Études philos.*, XVIII, 1963, p. 356-357.
16. GUÉRIN, P. *Vérité et religion. Essai sur le problème philosophique du christianisme*, dans *Bibliothèque de Philosophie contemporaine*. Paris, P.U.F., 1962, VIII-216 p., dans *Études philos.*, XVIII, 1963, p. 359-360.
17. PEPIN, J., *Les deux approches du christianisme*. Paris, Minuit, 1961, 286 p., dans *Études philos.*, XVIII, 1963, p. 110-111.
18. ROQUES, René. *Structures théologiques. De la Gnose à Richard de Saint-Victor. Essais et analyses critiques*, dans *Bibl. École Hautes Études*.

Sect. Sciences relig., t. LXXII. Paris, P.U.F., 1962, 436 p., dans *Études philos.*, XVIII, 1963, p. 377.

19. *Pascal e Nietzsche.* Scritti di E. Catelli, H. Gouhier, A. Del Noce, H. Birault, K. Takeno, K. Lowith, J. Delhomme, G. Vatimo, R. Boehm, G. Morra, dans *Arch. Filos.*, 1962, n. 3. Padova, Cedam, 1962, 218 p., dans *Études philos.*, XVIII, 1963, p. 212.
20. Barthel, Pierre. *Interprétation du langage mythique et théologie biblique. Étude de quelques étapes de l'évolution du problème de l'interprétation des représentations d'origine et de structure mythiques de la foi chrétienne.* Leiden, Brill, 1963, 399 p., dans *Études philos.*, XIX, 1964, p. 295-296.
21. Bouillard, Henri. *Logique de la foi. Esquisses, dialogues avec la pensée protestante, approches philosophiques,* dans *Théologie,* 60. Paris, Aubier, 1964, 200 p., dans *Études philos.*, XIX, 1964, p. 297.
22. Chenu, M.-D., *La parole de Dieu.* T. I : *La foi dans l'intelligence,* dans *Cogitatio fidei,* 10. Paris, Cerf, 1964, 416 p., dans *Études philos.*, XIX, 1964, p. 299.
23. Lacroix, Jean. *Maurice Blondel. Sa vie, son œuvre, avec un exposé de sa philosophie,* dans *Philosophes.* Paris, P.U.F., 1963, 140 p., dans *Études philos.*, XIX, 1964, p. 111-112.
24. Levêque, Raphaël. *Unité et diversité,* dans *Init. philos.* Paris, 1963, 124 p., dans *Études philos.*, XIX, 1964, p. 112-113.
25. Poulat, Émile. *Histoire, dogme et critique dans la crise moderniste,* dans *Religion et Sociétés.* Tournai, Casterman, 1962, 704 p., dans *Études philos.*, XIX, 1964, p. 318.
26. Robinet, André. *Merleau-Ponty. Sa vie, son œuvre, avec un exposé de sa philosophie,* dans *Philosophes.* Paris, P.U.F., 1963, 124 p., dans *Études philos.*, XIX, 1964, p. 318.
27. *Herméneutique et tradition.* Actes du Colloque international de Rome : 10-16 janvier 1963, dans *Bibliot. d'hist. de la philos.* Roma-Paris, Vrin, 1963, XVI-450 p., dans *Études philos.*, XIX, 1964, p. 103-105.
28. *L'homme devant Dieu. Mélanges offerts au Père Henri de Lubac.* T. I : *Exégèse et patristique.* T. II : *Du moyen âge au siècle des lumières.* T. III : *Perspectives d'aujourd'hui,* dans *Théologie,* 56, 57, 58. Paris, Aubier, 1963/'64, 380 ; 324 ; 362 p., dans *Études philos.*, XIX, 1964, p. 443-444.
29. Guardini, Romano. *Scritti filosofici,* 2 vol. A cura di G. Sommavilla, dans *Centro di Studi Filosofici di Gallarate.* Milano, Fabbri, 1964, 358 ; 367 p., dans *Études philos.*, XX, 1965, p. 222-223.
30. Robinet, André. *Jaurès,* dans *Philosophes de tous les temps.* Paris, Seghers, 1964, 192 p., dans *Études philos.*, XX, 1965, p. 104.
31. Robinet, André. *Système et existence dans l'œuvre de Malebranche,* dans *Bibliographie d'histoire de la philosophie.* Paris, Vrin, 1965, 507 p., dans *Études philos.*, XX, 1965, p. 374-375.
32. Wolff, Christian. *Christiani Wolffii Cosmologia generalis,* edidit et curavit Joannes École (Christian Wolff, Gesammelte Werke, II. Abteilung. Lateinische Schriften. Bd. 4). Hildesheim, Olms, 1964, XLIV-16-534 p., dans *Rev. théol. philos.*, XCVIII, 1965, p. 111.
33. Van Luijk, Henk. *Philosophie du fait chrétien. L'analyse critique du christianisme de Henry Duméry,* dans *Museum Lessianum,* sect.

théol., 60. Paris-Brugge, 1964, 316 p., dans *Études philos.*, XX, 1965, p. 361-366.

34. *Tecnica e casistica. Tecnica, escatologia e casistica. Atti del Convegno indetto dal Centro Internazionale di Studi Umanistici e dall' Istituto di Studi Filosofici. Roma, 6-12 Gennaio 1964.* A cura di Enrico CASTELLI. Roma, Istit. Studi Filosof., 1964, 372 p., dans *Études philos.*, XX, 1965, p. 83.
35. AUDRY, Colette. *Sartre*, dans *Philosophes de tous les temps*. Paris, Seghers, 1966, 192 p., dans *Études philos.*, XXI, 1966, p. 295.
36. PARAIN-VIAL, Jeanne. *Gabriel Marcel*, dans *Philosophes de tous les temps*. Paris, Seghers, 1966, 192 p., dans *Études philos.*, XXI, 1966, p. 293-294.
37. ROBINET, André. *Bergson*, dans *Philosophes de tous les temps*. Paris, Seghers 1965, 192 p., dans *Études philos.*, XXI, 1966, p. 293.
38. ZAC, Sylvain. *Maïmonide*, dans *Philosophes de tous les temps*. Paris, Seghers, 1965, 192 p., dans *Études philos.*, XXI, 1966, p. 293.
39. *Les Études bergsonniennes*, VII, Paris, P.U.F., 1966, 229 p., dans *Études philos.*, XXI, 1966, p. 274.

IV. PUBLICATIONS RELATIVES A L'ŒUVRE DE HENRY DUMÉRY

A. *Ouvrages généraux* [13].

1. BARTHEL, Pierre. *Interprétation du langage mythique et théologie biblique. Étude de quelques étapes de l'évolution du problème de l'interprétation des représentations d'origine et de structure mythiques de la foi chrétienne.* Leiden, Brill, 1963, 399 p., surtout p. 199-285.
2. *BARTHEL, Pierre. *Philosophie, mythe et foi chrétienne. Réponse de P. Barthel*, dans *Rev. théol. philos.*, XCVIII, 1965, p. 162-167 [14].
3. *BOUILLARD, Henri. *Lecture de Blondel*, dans *Arch. philos.*, XXVIII, 1965, p. 279-287 [15].
4. DANIÉLOU, Jean. *Approches du Christ*. Paris, Grasset, 1960, 253 p., surtout p. 119-128.
5. *DANIÉLOU, Jean. *Die Phänomenologie der Religionen und die Religionsphilosophie*, dans *Grundfragen der Religionswissenschaft*. Acht Studien, herausgegeben von Mircia ELIADE und Joseph M. KITAGAWA, dans *Wort und Antwort*, 32. Salzburg, Müller, (1963), p. 147-174.
6. DE BRABANDER, René. *Immanent Philosophy and Transcendent Religion. Henry Duméry's Philosophy of Christianity.* A Dissertation

---

13. Nous visons les ouvrages et les articles qui ne se rapportent pas spécialement à l'une des publications de Duméry. Les articles sont désignés par un astérisque. Dans les ouvrages qui ne traitent pas uniquement de Duméry, nous signalons par l'adverbe *surtout* les pages qui concernent le plus directement le philosophe français.

14. Correspondance avec H. Duméry à l'occasion de sa critique de l'ouvrage de P. Barthel : cfr *supra*, n. 12.

15. Réponse à la réplique de H. Duméry parue sous le titre : *Blondel ou l'occasion d'apprendre à lire*, dans *Arch. Phil.*, XXVIII, 1965, p. 64-97.

to the Faculty of the Graduate School of Georgetown University in partial fulfilment of the requirement for the degree of doctor in philosophy (polycopie). Washington D.C., 1965, VII-409 p.

7. DONDEYNE, Albert. *Geloof en rede.* (Cursus godsdienstfilosofie 1964-1965. Studentennota's in Off-set.) Leuven, Fac. theol., Schola major. In-8, 40 p.

8. *FESQUET, Henri. *La mise à l'index de quatre ouvrages de M. Henri Duméry s'accompagne d'un sévère commentaire de l'Osservatore Romano,* dans *Le Monde,* XV, nº 4172, 22/23 juin 1958, p. 14.

9. LACROIX, Jean. *Panorama de la philosophie française contemporaine.* Paris, P.U.F., 1966, 248 p., surtout p. 84-90.

10. *MALEVEZ, L. *La connaissance de Dieu selon H. Duméry,* dans *Nouv. rev. théol.,* LXXX, 1958, p. 806-839.

11. MALEVEZ, L. *Transcendance de Dieu et création des valeurs. L'absolu et l'homme dans la philosophie de Henry Duméry,* dans *Museum Lessianum,* sect. philos., 46. Paris-Louvain, Desclée De Brouwer, 1958, 139 p.

12. MARTIN VELASCO, Juan. *La philosophie de la religion selon Henry Duméry. Étude de sa méthode et de ses présupposés philosophiques.* (Dissertation doctornale de l'Inst. Sup. Phil. Polycopie.) Leuven, 1960, 250-VIII p.

13. *NICOLAS, J-H. *Foi et connaissance,* dans *Rev. Thom.,* LX, 1960, p. 149-424 [16].

14. PEPIN, Jean. *Les deux approches du christianisme.* Paris, Éd. Minuit, (1961), 285 p., surtout p. 61-96.

15. VAN LUIJK, Henk. *Philosophie du fait chrétien. L'analyse critique du christianisme de Henry Duméry.* Texte français de René ANDRIANNE, S. J., dans *Museum Lessianum,* sect. théol., 60. Paris-Bruges, Desclée De Brouwer, 1964, 316 p.

16. VAN RIET, Georges. *Problèmes d'épistémologie,* dans *Bibliothèque philosophique de Louvain,* 20. Louvain-Paris, Public. Univ. de Louv., 1960, VI-425 p., surtout p. 249-320, 321-344 [17].

17. *VAN RIET, Georges. *Correspondance. Quelques réflexions,* dans *Rev. philos. Louv.,* LXII, 1964, p. 696-704 [18].

18. *ANONYMUS. *Il significato di una condemna,* dans *Osservatore Romano,* samedi 21 juin 1958, p. 1 [19].

---

16. Correspondance entre J. H. NICOLAS et H. DUMÉRY à l'occasion de la critique de Nicolas consacrée à *La Foi n'est pas un cri. Suivi de Foi et Institution,* dans *Rev. Thom.,* LX, 1960, p. 419-424.

17. Reprise de l'article *Idéalisme et christianisme,* paru dans *Rev. philos. Louv.,* LVI, 1958, p. 361-428 et de l'article *Philosophie de la religion et théologie,* paru *ibid.,* LVII, 1959, p. 415-437.

18. Réponse à H. Duméry en réplique à la recension consacrée par G. VAN RIET dans *Rev. philos. Louvain,* LXII, 1964, p. 696-704, à *Raison et religion dans la philosophie de l'action.*

19. Traduction française dans *Doc. Cath.,* LV, 6 juillet 1958, col. 841-842.

B. *Recensions des ouvrages de H. Duméry.*

a. *Articles qui s'occupent à la fois de divers ouvrages.*

1. BOROS, Ladislas. « *Entschematisiertes Christentum ?* » *Die phänomenologische Religionsphilosophie Henry Dumérys,* dans *Orientierung,* XII, 1958, p. 152-154 ; 169-172.

2. BRUGGER, W.H. *Duméry und das Problem der Gotteserkenntnis,* dans *Scholastik,* XXXIV, 1959, p. 233-239.

3. COPPENS, J. *Chronique,* dans *Ephem. theol. Lovan.,* XXXIV, 1958, p. 252-253.

4. D(UNAS), N. (Chronique) *Philosophie de la religion,* dans *Bullet. Thom.,* X, 1957 /'59, fasc. 2, p. 457-458, n°s 1066-1075.

5. MARLÉ, René. *La « philosophie de la religion » de Henry Duméry,* dans *Rech. scienc. relig.,* XLVII, 1959, p. 225-241.

6. NICOLAS, J.-H. (Recension sur l'ensemble des publications de philosophie religieuse de H. Duméry), dans *Rev. Thom.,* LVIII, 1958, p. 348-370.

7. PEPIN, J. *La religion et sa philosophie,* dans *Critique,* XIV, 1958, p. 422-439 ; 511-530.

8. WIDMER, Gabriel. *Synthèse chrétienne et exigence critique. La philosophie de la religion selon Henry Duméry,* dans *Rev. théol. philos.,* VIII, 1958, p. 203-217.

C. *Articles et recensions sur un ouvrage ou article particulier* [20].

1. *La philosophie de l'action. Essai sur l'intellectualisme blondélien. Avec une préface de Maurice Blondel.* Paris, Aubier, 1948.

PALIARD, Jacques. *L'essai d'Henry Duméry sur l'intellectualisme blondélien,* dans *Études philos.,* IV, 1949, p. 33-36. — BONETTI, A., dans *Rivista Filos. Neo-Scolast.* (Milano), XLIII, 1951, p. 269-270. — DE JAEGER, J. dans *Rev. philos. Louv.,* L, 1952, p. 348-350. — LÉONARD, A., dans *Rev. scienc. philos. théol.,* XXXVII, 1953, p. 117-118. — MARTINS, D., dans *Revista Portug. Filos.* (Braga), VI, 1950, p. 204-205. — MOREAU, J., dans *Rev. philos. France Étranger,* LXXVI, 1951, p. 133-134. — NÉDONCELLE, M., dans *Rev. scienc. relig.,* XXIII, 1949, p. 183-185. — NICOLAS, J.-H., dans *Rev. Thom.,* XLVIII, 1948, p. 579-582. — RABOTTEAU, dans *Témoign.,* 1949, p. 206-207. — ROMEYER, B., dans *Arch. philos.,* XVIII, 1949, p. 150-151. — TAYMANS, F., dans *Nouv. rev. théol.,* LXXI, 1949, p. 1114. — M. V., dans *Rev. intern. philos.,* III, 1949, p. 232-234. — R. C., dans *Revista Filos.,* Madrid, VIII, 1949, p. 503-505. — X., dans *Rev. métaph. morale.,* LIV, 1959, p. 411-413.

---

20. Nous énumérons dans l'ordre chronologique adopté plus haut les publications de Duméry. Ensuite nous indiquons d'abord les recensions étendues parues avec titre spécial sous forme d'articles, puis les comptes rendus ordinaires.

2. *Foi et interrogatoire*. Paris, Téqui, 1953.

CLOUTIER, G., dans *Rev. Univ. Ottawa*, XXVIII, 1958, p. 136. — GUÉRIN P., dans *Rev. hist. philos. relig.*, XXXIV, 1954, p. 419-420. — HOLSTEIN, H., dans *Études*, LXXXVII, 1954, p. 134-135. — NÉDONCELLE, M., dans *Rev. scienc. relig.*, XXIX, 1955, p. 100-102. — PIRES, C., dans *Revista Portug. Filos.* Braga. *Supl. bibl.*, III, 1957, p. 125. — T(HONNARD), F.-J., dans *Rev. Études August.*, I, 1955, p. 447. — WIDMER, G., dans *Rev. théol. philos.*, V, 1955, p. 152.

3. *Blondel et la religion. Essai critique sur la « Lettre » de 1896*. Paris, P.U.F., 1954.

BAUSOLA, A., dans *Rivista Filos. Neo-Scolast.* (Milano), XLVIII, 1956, p. 402-403. — DE BOVIS, A., dans *Rech. scienc. relig.*, XLIII, 1955, p. 612-617. — DE JAEGER, J., dans *Rev. philos. Louv.*, LIII, 1955, p. 446-447. — DESTENAY, G., dans *Témoign.*, 1955, nº 49, p. 279. — ÉCOLE, J., dans *Études philos.*, X, 1955, p. 120-121. — GRENIER, J., dans *Rev. philos. France Étranger*, LXXXIV, 1959, p. 415-416. — GUILLAUMONT, A., dans *Rev. hist. relig.*, CLI, 1957, p. 118-119. — HAYEN, A., dans *Rev. nouv.*, XXI, 1955, p. 673-674. — HAYEN, A., dans *Nouv. rev. théol.*, LXXVIII, 1956, p. 878. — LACROIX, J., dans *Critique*, XVIII, 1962, p. 162-163. — NICOLAS, J.-H., dans *Rev. Thom.*, LIV, 1954, p. 681-687. — T(HOMPSON), M., dans *Personalist*, XXXVII, 1956, p. 107-108. — TROUILLARD, J., dans *Esprit*, XXIII, 1955, p. 326-329. — WALGRAVE, J. H., dans *Tijdschr. philos.*, XVIII, 1956, p. 500-503. — WIDMER, G., dans *Rev. théol. philos.*, V, 1955, p. 236-237. — YANITELLI, V. R., dans *Theolog. Stud.* (Baltimore), XVI, 1955, p. 479-481. — D.P.B., dans *Irénikon*, XXIX, 1956, p. 107. — J.I., dans *Razon y Fe*. Madrid, CLIV, 1956, p. 255. — X., dans *Rev. métaph. morale*, LXI, 1956, p. 102-103.

4. *Regards sur la philosophie contemporaine*. Tournai -Paris, Casterman, 1956.

BARBERENA, F., dans *Estud. Filosof.* (Santander), VI, 1957, p. 167. — ÉCOLE, J., dans *Études philos.*, XII, 1957, p. 245. — GIANNINI, G., dans *Giornale Metafisica* (Genova-Torino), XIII, 1958, p. 363-364. — GILBERT, J., dans *Nouv. rev. théol.*, LXXIX, 1957, p. 210-211. — KERN, W., dans *Scholastik*, XXXIV, 1959, p. 465. — LACROIX, J., dans *Lumière et Vie*, 1957, nº 32, p. 136-137. — MAIA, J., dans *Revista Portug. Filos.* (Braga), XIV, 1958, p. 209-210. — MARC, A., dans *Études*, XC, 1957, p. 133. — NÉDONCELLE, M., dans *Rev. scienc. relig.*, XXXI, 1957, p. 417-418. — RAUWENS, J., dans *Collect. Mechlin.*, XLII, 1957, p. 553-554. — THILS, G., dans *Ephem. theol. Lovan.*, XXXIII, 1957, p. 376-377. — TROUILLARD, J., dans *Esprit*, XXV, 1957, p. 415-416. — VAN ACKER, L., dans *Revista Brasil. Filos.*, VII, 1957, p. 356-357. — VAN DER GUCHT, R., dans *Rev. nouv.*, XXVI, 1957, p. 110. — WIDMER, G., dans *Rev. théol. philos.*, VIII, 1958, p. 237. — J. P., dans *Rev. dioc. Namur*, XI, 1957, p. 236. — X., dans *Philos. Stud.*, (Maynooth), VIII, 1958, p. 241.

5. *La tentation de faire du bien.* Paris, Seuil, 1957.

DELFOSSE, J., dans *Rev. nouv.*, XXVI, 1957, p. 373. — DUNAS, N., dans *Rev. scienc. philos. théol.*, XLI, 1957, p. 527-528. — ÉCOLE, J., dans *Études philos.*, XIII, 1958, p. 73. — THILS, G., dans *Ephem. theol. Lovan.*, XXXIII, 1957, p. 767-768. — WIDMER, G., dans *Rev. théol. philos.*, VIII, 1958, p. 237-238.

6. *La foi n'est pas un cri.* Tournai-Paris, Casterman, 1957.

DEJAIFVE, G., *A propos d'un récent ouvrage. H. Duméry, La foi n'est pas un cri*, dans *Nouv. rev. théol.*, LXXX, 1958, p. 468-494. — COPPENS, J., dans *Eph. theol. Lovan.*, XXXIV, 1958, p. 753-758. — DE LA POTTERIE, I., dans *Streven*, X, 1956/'57, p. 1097. — ÉCOLE, J., dans *Études philos.*, XII, 1957, p. 244. — FRAEYMAN, M., dans *Collat. Brug. Gandav.*, III, 1957, p. 425-426. — MARC, A., dans *Études*, XC, 1957, p. 295. — MARTINS ALVES, A., dans *Revista Portug. Filos.* (Braga), *Suppl. bibl.*, III, 1958, p. 271-272. — MORERA, G., dans *Giornale Metafisica*. Genova-Torino, XIV, 1959, 113-114. — PAUL, A., dans *Rev. Synthèse*, LXXIX, 1958, p. 285-286. — WIDMER, G., dans *Rev. théol. philos.*, IX, 1959, p. 102.

7. *Critique et religion. Problèmes de méthode en philosophie de la religion.* Paris, Éd. Enseign. Supér., 1957.

BURGELIN, P., dans *Rev. hist. philos. relig.*, XXXVIII, 1958, p. 192-194. — ÉCOLE, J., dans *Études philos.*, XII, 1957, p. 364-367. — LE BLOND, J. M., dans *Études*, XC, 1957, p. 132-145. — NÉDONCELLE, M., dans *Rev. scienc. relig.*, XXXII, 1958, p. 106-109. — PIRLOT, J., dans *Rev. dioc. Namur*, XI, 1957, p. 655-672. — X., dans *Rev. métaph. morale*, LXIV, 1959, p. 377-379.

8. *Le problème de Dieu en philosophie de la religion. Examen critique de la catégorie d'Absolu et du schème de transcendance.* Bruges, Desclée De Brouwer, 1957.

BUENO, M. G., dans *Ciencia Tomista* (Salamanca), LXXXV, 1958, p. 355-356. — BURGELIN, P., dans *Rev. hist. philos. relig.*, XXXVIII, 1958, p. 194-195. — DE RAEDEMAEKER, F., dans *Streven*, X, 1956/'57, p. 898. — DE VOGELAERE, A. V., dans *Kultuurleven*, XXV, 1958, p. 140. — ÉCOLE, J., dans *Études philos.*, XII, 1957, p. 244-245. — LE BLOND, J. M., dans *Études*, XC, 1957, p. 132-135. — PHILIPS, G., dans *Ephem. theol. Lovan.*, XXXIV, 1958, p. 563-564. — TROUILLARD, J., dans *Esprit*, XXV, 1957, p. 458-464. — VAN LIER, H., dans *Rev. nouv.*, XXVI, 1957, p. 483-484. — VAN LUIJK, H., dans *Bijdragen*, XXII, 1961, p. 571. — J. P., dans *Rev. dioc. Namur*, XI, 1957, p. 446-447. — Pl. B., dans *Irénikon*, XXXIII, 1960, p. 556-557. — X., dans *Modern Schoolman* (St Louis. Missouri), XXXV, 1958, p. 311-312.

9. *Philosophie de la religion. Essai sur la signification du christianisme.* 2 vol. Tome premier. *Catégorie de sujet. Catégorie de grâce.* Tome second. *Catégorie de foi.* Paris, P.U.F., 1957.

École, J., *La philosophie de la religion selon Henry Duméry*, dans *Études philos.*, XII, 1957, p. 364-367. — Léonard, A., *La tentative de M. H. Duméry. II : Philosophie et Religion*, dans *Rev. scienc. philos. théol.*, XCIII, 1959, p. 283-300. — Mouroux, J., *La tentative de M. H. Duméry. I : Remarques d'un théologien*, dans *Rev. scienc. philos. théol.*, XLIII, 1959, p. 95-102. — Van Riet, G., *Idéalisme et christianisme. A propos de la Philosophie de la Religion de M. Henry Duméry*, dans *Rev. philos. Louv.*, LVI, 1958, p. 361-428. — B(urkhart), J. E., dans *Personalist*, XXXIX, 1958, p. 102-103. — Le Blond, J. M., dans *Études*, XC, 1957, p. 132-135. — Nédoncelle, M., dans *Rev. scienc. relig.*, XXXII, 1958, p. 106-109. — Riefstahl, H., dans *Zeitschr. philos. Forsch.*, XIV, 1960, p. 320-325. — Trouillard, J., dans *Rev. philos. France Étranger*, LXXXV, 1960, p. 550-556. — F.-J. T., dans *Rev. Études August.*, VI, 1960, p. 391-392. — X., dans *Rev. métaph. morale*, LXV, 1960, 107-108.

10. *Phénoménologie et religion. Structures de l'institution chrétienne.* Paris, P.U.F., 1958.

École, J., dans *Études philos.*, XIII, 1958, p. 544-545. — Le Blond, J.-M., dans *Études*, XCII, 1959, p. 252-258. — Widmer, G., dans *Rev. théol. philos.*, IX, 1959, p. 285-286. — Pl. B., dans *Irénikon*, XXXIII, 1960, p. 556-557.

11. *La foi n'est pas un cri, suivi de Foi et institution.* Paris, Seuil, 1959.

Mouroux, J., *Postface à un dialogue*, dans *Rev. scienc. philos. théol.*, XLIX, 1960, p. 89-94 [21]. — Nicolas, J.-H., *La foi est plus qu'une visée*, dans *Rev. Thom.*, LIX, 1959, p. 719-737 [22]. — Van Riet, G., *Philosophie de la religion et théologie. A propos d'un nouvel ouvrage de M. Henry Duméry*, dans *Rev. philos. Louv.*, LVII, 1959, p. 415-437. — D(unas), N., dans *Bullet. Thom.*, X, 1957/'59, p. 458-459. — École, J., dans *Giornale Metafisica* (Genova-Torino), XV, 1960, p. 359. — Millet, L., dans *Études philos.*, XIV, 1959, p. 537. — Riefstahl, K., dans *Zeitschr. philos. Forsch.*, XIV, 1960, p. 320-325. — Van der Gucht, R., dans *Rev. nouv.*, XXXII, 1960, p. 110. — Widmer, G., dans *Rev. théol. philos.*, X, 1960, p. 454. — J.-B. R., dans *Rev. Bénédictine* (Maredsous), LXX, 1960, p. 454. — Pl. B., dans *Irénikon*, XXXIII, 1960, p. 556-557.

12. *Die Ungeteiltheit des Geistes. Philosophische Strömungen der Gegenwart.* Freiburg-München, Alber, 1959.

Kern, W., dans *Scholastik*, XXXV, 1960, p. 455-456.

13. *Raison et religion dans la philosophie de l'action.* Paris, Seuil, 1963.

Bouillard, H., *Philosophie de l'action et foi chrétienne. A propos d'un ouvrage de M. Henry Duméry*, dans *Rech. science. relig.*, LII,

21. H. Duméry (cfr *supra* les articles) répliqua à cette recension.
22. Cfr *supra*, p. 317, n. 7.

1964, p. 261-268 [23]. — BOUILLARD, H., *Philosophie de l'action et logique de la foi. A propos d'un ouvrage de M. Henry Duméry*, dans *Arch. philos.*, XXVII, 1964, p. 113-150 [24]. — HENRICI, P., dans *Philos. Jahrb.*, LXXII, 1964/'65, p. 408-413. — MOREAU, J., dans *Études philos.*, XIX, 1964, p. 302-304. — VAN RIET, G., dans *Rev. philos. Louv.*, LXII, 1964, p. 368-373 [25]. — X., dans *Rev. métaph. morale*, LXIX, 1964, p. 474.

14. *The Problem of God in Philosophy of Religion. A Critical Examination of the Category of the Absolute and the Scheme of Transcendence.* Evanston (Ill.), Northwest Univ. Press, 1964.

CARPS, W. H.. dans *Journ. Relig.*, XLVI, 1966, p. 307-310. — COLLINS, J., dans *Modern Schoolman* (St Louis. Missouri), XLII, 1964/'65, p. 415-417.

Louvain, Collège du Pape, 30 mai 1967. † URBAIN SCHEIRE

IMPRIMATUR

Lovanii, die 1 maii 1968
† A. DESCAMPS, *Episc. Tunet.*,
Rector magnificus Universitatis.

23. Cfr *supra*, p. 318, n. 9.

24. A cette réplique de Bouillard H. Duméry répondit par un article. Cfr *supra*, p. 318, n. 9. H. Bouilliard prolongea la discussion par une nouvelle étude. Cfr *supra*, p. 320, n. 15.

25. H. Duméry répondit à cette recension : cfr *supra*, p. 318, n. 10.

Donum Natalicium I. Coppens

I

L'Ancien Testament et son milieu
à la lumière des études récentes
De Mari à Qumrân

A paraître au début de 1969

II

De Jésus aux Evangiles
Tradition et rédaction
des Évangiles synoptiques, 1967

In-8, 288 p.

III

Exégèse et théologie
Les Saintes Écritures
et leur interprétation théologique, 1968

In-8, 340 p.